LA RUSSIE

PITTORESQUE

P.-A. CHANGEUR

LA RUSSIE

PITTORESQUE

Ouvrage illustré de nombreuses Gravures

PARIS

LIBRAIRIE D'ÉDUCATION A. HATIER

33, QUAI DES GRANDS-AUGUSTINS, 33

PRÉFACE

Un empire géant dont l'aigle à deux têtes tient en ses serres une immense partie de l'Europe, une grande partie de l'Asie et convoite la Turquie, la Perse, l'Inde et la Chine, qui, avec Saint-Pétersbourg pour cerveau et Moscou comme cœur, étend son organisme puissant de la mer Baltique à l'océan Pacifique, qui réunit sous son drapeau les races les plus disparates, qui retentit des idiomes les plus variés, telle est la Russie. Nul pays n'est plus intéressant à visiter et à connaître.

Fille de ces Scythes insaisissables à la puissance romaine, comme à toute autre, qui adoraient un glaive fiché en terre, symbole du dieu de la Guerre, et arrosé de sang humain, et dont une reine vainquit et tua Cyrus, la Russie, par de longues et persistantes conquêtes, conquêtes sanglantes ou pacifiques, par le sabre ou par la locomotive, a lentement établi sa domination sur une superficie de 22 millions de kilomètres carrés et une population de 117 millions de sujets !

Ivan le Terrible, qui avait pour sceptre un épieu de fer, Pierre le Grand, Catherine II, Alexandre Iᵉʳ, le vainqueur généreux de Napoléon, ont illustré son histoire. Pouschkine, Gogol, Tourguenef, Dostoïewsky, Tolstoï, en littérature, Tchaïkowski et Rubenstein, en musique, ont enrichi leur patrie et accru sa gloire.

Les lecteurs ne peuvent éprouver d'indifférence pour un pays qui, en outre de considérations générales d'histoire, d'art ou de pittoresque, offre un titre particulier à l'intérêt de la France. On sait qu'en dépit des luttes où ils furent entraînés l'un contre l'autre, les deux peuples ont toujours ressenti une mutuelle sympathie qui s'est manifestée ces temps derniers par un traité d'alliance officiel.

Enfin, s'il est permis de faire allusion à des événements qui se déroulent en ce moment même, le terrible conflit où se trouve engagée la Russie, malgré les intentions résolument pacifiques de son souverain, le rôle qu'elle a été amenée à assumer de champion de l'Europe contre un peuple qui se pose en champion de l'Asie, sont des motifs de plus de vouloir connaître l'empire des tzars.

Nous souhaitons que l'excursion que doit constituer la lecture de ce volume, soit fertile en agréments et en enseignements.

LA RUSSIE PITTORESQUE

CHAPITRE PREMIER

LE PEUPLE RUSSE

CARACTÈRES, MŒURS ET COUTUMES

La population de l'empire de Russie s'élève à cent quinze millions d'habitants, sur lesquels cent millions appartiennent à la Russie européenne (la Pologne et la Finlande comprises).

Cette population, peu en rapport, d'ailleurs, avec l'étendue du territoire, puisqu'elle ne donne pas plus de 17 habitants par kilomètre carré présente une telle variété de types et de races que les ethnographes les plus experts ont peine à s'y reconnaître. M. Vsevolojsky, dans son *Dictionnaire géographique et historique de l'empire de Russie*, donne l'énumération de soixante-cinq peuples qui se partagent, d'après leur origine, en dix groupes distincts : le groupe *slave*, qui comprend les Russes et les Polonais ; le groupe *tchoude*, composé des Esthoniens et des Lithuaniens ; le groupe *allemand et scandinave* ; le groupe *finnois* ; le groupe *tartare* ; le groupe *mongol* ; le groupe *samoyède* ; le groupe *mandjoure* ou *mantchou* ; le groupe *sibérien oriental*. Le dixième groupe comprend les peuples étrangers qui ont formé des colonies, ou qui vivent disséminés dans l'empire, tels que les Grecs, les Serbes, les Bulgares, les Arméniens, les Roumains ou Moldo-Valaques, les Arnautes (Albanais), les Persans, les Indiens, les Bohémiens ou Tziganes, les Khivintzys, les Juifs, etc.

Si l'on ajoute à cette liste les vingt grandes peuplades de la Géorgie et du Caucase, dont le territoire a été annexé postérieurement à la Russie, l'on trouve que la population de cet empire est formée de plus de quatre-vingts nations différant entre elles d'origine, de mœurs, de langage, de religion. C'est sept et une fraction de plus qu'en Turquie, où l'on compte, suivant un dicton populaire, soixante-douze peuples *et demi* : en sorte que s'il n'existe pas d'Etat en Europe égal à la Russie en étendue, il n'en est pas non plus qui soit formé d'éléments aussi divers et aussi hétérogènes, et que l'on peut dire d'elle, à plus forte raison, ce qu'on a dit de la Turquie et de l'Autriche, qu'elle n'est pas une nation, mais un composé de nations.

Les types que reproduit notre gravure sont empruntés aux diverses catégories que nous avons énumérées.

Le Russe, le Polonais et le Serbe font partie du groupe slave, lequel forme à lui seul les quatre cinquièmes de la population totale.

Les Russes se subdivisent ordinairement en Russes de la Grande-Russie, de la Petite-Russie, et de la Russie-Blanche (incorporée au royaume des czars dès le premier partage de la Pologne, en 1771). Contrairement à l'opinion de Muller, qu'il n'y aurait eu anciennement qu'une seule Russie, indivise sous cette dénomination générale, laquelle s'étendait dans l'ouest à peu près vers la Vistule ; il paraît probable, d'après les recherches des ethnographes et des philologues modernes, que non seulement les Petits-Russiens n'ont jamais été confondus avec les Grands-Russes, mais même que les premiers formeraient une race à part, entièrement distincte de la race slave.

Nous ne faisons que mentionner pour mémoire les Polonais et les Serbes ou Serviens. Ces derniers appartiennent moins à la Russie qu'à la Turquie d'Europe, où ils forment le fond de la population de la Bosnie, de l'Herzégovine, de la Métotrie, et de la principauté de Serbie.

Les Allemands ont formé un grand nombre de colonies dans l'intérieur de l'empire. De plus, toute la noblesse et la bourgeoisie des gouvernements de

TYPES RUSSES

Serbe. — Juif. — Polonais. — Georgien. — Ziriane. — Russe. — Allemand. — Arménien. — Arabe. — Kalmouk.

Finlande, d'Esthonie, de Livonie et de Courlande sont d'origine germanique, comme la famille impériale elle-même. Un grand nombre des notabilités de l'empire, dans l'armée et dans la politique, appartiennent également à l'Allemagne.

Les Ziriânes sont un peuple finnois de la même famille que les Permiens. Ils se désignent comme eux sous le nom de *Comi* ou *Comi-Mourte*, et habitent les gouvernements de Vologda, de Perm et de Tobolsk, voisins de l'Oural. Longtemps plongés dans l'idolâtrie et la barbarie, ils furent convertis au quatorzième siècle par saint Etienne, qui traduisit plusieurs livres d'église dans leur dialecte et leur composa un alphabet, malheureusement perdu.

Les Kalmouks sont un peuple de race mongole, originaire de la Grande-Tatarie. Les vexations et les abus du gouvernement russe ont de beaucoup diminué leur nombre dans l'empire, et, depuis la grande émigration de 1771, on en compte tout au plus quarante et quelques mille, campés sur la rive droite du Volga et sur les deux rives de la Couma, vers Mosdoc. Les Kalmouks sont de taille moyenne; ils ont les cheveux noirs, durs et luisants, des yeux très étroits, le nez large et épaté, ainsi que tout le visage. Ils ont de l'esprit naturel, sont diligents et beaucoup moins sauvages qu'on ne le croit communément.

La race Kartvel, à laquelle se rattachent les Géorgiens, les Mingréliens, les Ghuriels, les Imérétiens, tient sans contredit le premier rang parmi les races du Caucase. Grands, robustes, superbes à cheval et sous le costume de guerre persan, la ceinture chargée d'armes étincelantes, grands amateurs de tournois et de joutes, les Géorgiens ont conservé la beauté physique et la bravoure qui furent l'apanage de leurs ancêtres. Mais leurs mœurs se sont corrompues au contact des Persans, et l'énervement de la race amena la perte de l'indépendance nationale. Catherine II, par un manifeste daté du 24 juillet 1783, déclara solennellement qu'elle prenait la Géorgie sous sa protection; le 18 janvier 1801, un ukase du czar Alexandre Ier l'annexa « pour jamais » à l'empire.

Leurs femmes ont des traits délicats et réguliers, le regard doux, la taille élancée et la peau blanche. Leur beauté leur a de tout temps valu une grande célébrité. A l'époque où les provinces du Caucase n'étaient pas sous la protection de la Russie, les Géorgiennes peuplaient les harems de l'Orient et partageaient avec les Circassiennes l'honneur de donner des souveraines à l'Asie. Ajoutons que la Turquie a fait pour la Circassie et les autres contrées du Caucase ce que la Russie avait fait pour les provinces géorgiennes, un firman du mois d'octobre 1855 ayant prohibé le commerce des esclaves sur toute l'étendue de la côte de la mer Noire.

Depuis la chute du dernier royaume d'Arménie (1393), l'antique race d'Haiasdan, à l'exemple de la race juive, vit dispersée dans le monde entier. Toutefois le gros de la nation habite la Perse, la Turquie et la Russie. Les Arméniens de Russie sont au nombre de 600.000 environ. La majeure partie de cette population habite la province d'Erivan, formée d'un lambeau de l'ancien royaume d'Arménie, où se trouve le célèbre monastère d'Eczmiazin, résidence du *catholicos*, ou patriarche universel des Arméniens.

L'Arménien est dans le Caucase ce qu'est le Juif en Pologne, le « factotum » du pays. Actif, intelligent, très prompt à s'assimiler les langues étrangères, on le voit partout et en même temps fermier, commerçant, industriel, courtier, interprète. Plus insinuant, plus vif, plus spirituel, sous une lourdeur apparente, que le Géorgien, il parvient plus facilement, et il se console par le cumul des emplois et des richesses de la perte de son indépendance.

Les Juifs de Russie, au nombre d'un million et demi environ, vivent disséminés dans toutes les provinces de l'empire, mais principalement en Pologne. On les trouve également en assez grand nombre dans le sud de l'empire et dans ce qu'on appelle la Nouvelle-Russie. Une partie des Juifs de Crimée appartiennent à la secte des karaïtes, c'est-à-dire qu'ils rejettent le Talmud et les explications rabbiniques pour s'attacher uniquement à la lettre de l'Ecriture. « Ces Juifs, dit le duc de Raguse dans son *Voyage*, ne s'allient ni ne mangent avec les autres; ils sont fort riches et passent pour être fidèles à leurs engagements. »

Le caractère et les mœurs du peuple russe qui, sous tant de rapports, méritent d'être étudiés, sont encore assez peu connus. La plupart des voyageurs qui ont écrit sur ce sujet, n'ont vu de la Russie que Saint-Pétersbourg, Moscou

et quelques autres villes principales où s'est concentré tout ce que les gouvernements russes ont pu s'approprier de la civilisation d'Occident. Mais de cette
civilisation quelques rayons à peine ont glissé sur la barbarie du reste de ce
vaste empire.

Ainsi toute une partie de l'histoire de Pierre le Grand reste à faire
encore. Pour apprécier le génie de cet homme extraordinaire, pour déterminer
plus rigoureusement qu'on ne l'a fait encore la nature des principes qui
l'ont inspiré lorsqu'il créa l'empire russe, pour peser à la fois ce qu'il a eu et

Jeune fille russe.

Laitière ou paysanne mariée.

ce qui lui a manqué de prévision, en un mot, pour faire la part des circonstances
de temps et de lieu où il a agi, et comparer à sa grandeur ses faiblesses, il faudrait se tenir quelque peu à distance de l'éclat de sa renommée; il faudrait
ne pas seulement recueillir des notes historiques dans les salons de Saint-
Pétersbourg : mais pénétrer jusque dans la vie intérieure des cabanes; et il
faudrait peut-être encore chercher quelques sujets de méditation dans le
Musée de Saint-Pétersbourg et dans le Palais impérial de *Péterhof*, où l'on
garde précieusement, comme souvenirs nationaux, avec les modèles des
vaisseaux faits par Pierre, la canne dont il se servit un jour pour battre un
sénateur récalcitrant qui ne voulait pas couper sa barbe, et la peau bourrée
de paille d'un énorme *heyduke* (valet de pied) qui, le knout à la main, suivait

partout ses pas, distribuant, d'après ses ordres augustes, des coups à droite et à gauche.

L'historien ne doit pas oublier cette coutume du peuple romain de faire asseoir à côté de ses généraux, sur le char même du triomphe, un esclave chargé de proclamer à haute voix leurs fautes et leurs faiblesses.

L'autorité de Pierre Ier revit avec ses traits les plus caractéristiques dans ses successeurs. Quant à la noblesse, elle se divise en deux camps : les *Boiards*, qui habitent ordinairement les deux capitales, se sont laissé revêtir d'une apparence

Bourgeoise mariée.   Pope ou prêtre russe.

de civilisation ; mais ceux d'entre eux qui se disent *radicalement* Russes, et à qui leur fierté nationale ne permet pas de fréquenter la cour et de briguer les honneurs et les fonctions trop souvent accordés aux aventuriers venus de tous les pays d'Europe, se retirent dans les campagnes, et vivent dans leurs châteaux en véritables satrapes. Jusqu'en ces derniers temps, ce qu'on appelle tiers-état, en politique, n'était pas représenté en Russie. Les marchands et les bourgeois, surtout ceux des petites villes, ne diffèrent que bien peu des dernières classes. L'empereur Nicolas Ier a jeté, en quelque sorte, les premiers germes du tiers-état, en accordant, par un ukase de 1832 aux négociants et aux bourgeois, des privilèges héréditaires proportionnés à l'étendue de leur commerce et de leurs richesses. Le peuple russe est aujourd'hui, à quelques modifications près, le même qu'il était au temps de *Iwan-Grosny* (Jean-le-Cruel), et même à une époque anté-

rieure à son règne, c'est-à-dire superstitieux, fanatique et résigné ; adroit imita-
teur, bon, et hospitalier dans la vie agricole comme tous les peuples slaves ;
habile et rusé dans le négoce, discipliné et soumis. Un exemple entre mille peut
prouver jusqu'où va cette soumission. Un officier russe avait ordonné à son domestique, nouvellement arrivé de province à Saint-Pétersbourg, de tenir sa pelisse
pendant la parade militaire, et de ne pas bouger avant qu'il revînt la prendre. Soit
légèreté, soit nécessité de service, l'officier ne se rappela cet ordre que plusieurs
heures après la fin de la parade. Il se rend à la place où la revue avait eu lieu,
et il y trouve son domestique étendu mort sur la neige, mais serrant toujours

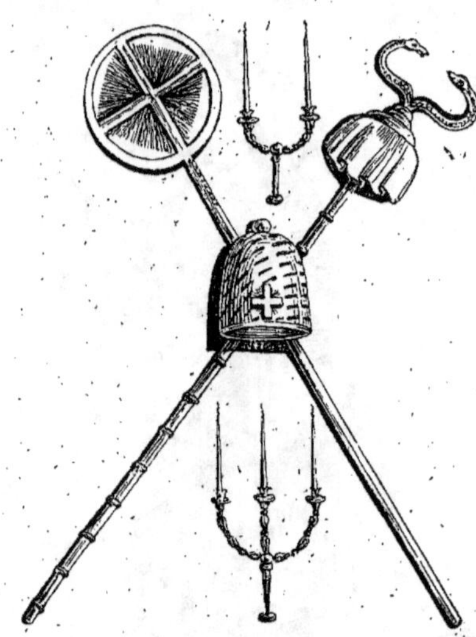

Insignes du Pope.

dans ses bras la pelisse. Cet homme avait mieux aimé périr de froid que de quitter sa place ou de se couvrir de la pelisse de son maître. N'est-ce point là l'héroïsme de la discipline! et c'est le fond de l'héroïsme russe. L'Europe civilisée ne sait encore ce qu'elle doit attendre de lui. « L'âme de ce peuple, dit un écrivain polonais, est maintenant « enveloppée dans une chrysalide, mais il est impossible de prévoir s'il en sortira « un brillant papillon, ami de la lumière du jour, ou une phalène commune, « informe création de la nuit. »

Beaucoup de jeux et de fêtes nationales ont conservé leur originalité primitive. Dans plusieurs provinces on peut voir pendant l'hiver une centaine et même
plus de paysans, divisés en deux camps, et se livrant, sur la glace polie d'un
étang ou d'une rivière, aux plaisirs du jeu, ou plutôt du combat terrible
appelé *koulatchi* (coups de poings). Ces luttes ne se terminent pas toujours sans la
mort de plusieurs des combattants. A Saint-Pétersbourg même, où la volonté des
czars a fait naturaliser avec beaucoup de succès toutes les merveilles et tous les
raffinements du luxe qui attirent les voyageurs à Paris, à Londres, à Amsterdam
ou à Venise, on voit plus d'une cérémonie qui serait bien déplacée dans ces
dernières villes, et qu'on retrouverait tout au plus dans nos départements
reculés. Par exemple, le jour de la Pentecôte, toute la population se presse dans
le *Letni-Sad* (Jardin d'été). L'allée principale de ce jardin est remplie de jeunes
filles à marier, qui attendent, comme sur un marché, l'arrivée des jeunes gens
qui doivent choisir parmi elles des épouses. Les fiançailles se font sur place, et
les noces se célèbrent ordinairement quelques jours après. C'est de cette
manière que se marient pour la plupart les ouvriers et les petits marchands de
Saint-Pétersbourg. Cette cérémonie se répète tous les ans ; autrefois les jeunes
filles étaient alignées sur deux rangs, maintenant au lieu de s'exposer aussi

ostensiblement aux regards publics, elles se promènent seulement en long et en large avec leurs mères et leurs parents.

La plupart des costumes du peuple russe ont aussi conservé leurs formes antiques. Notre première gravure représente celui d'une jeune fille. La coiffure ou l'ornement de tête appelé *kokochnike* (ce qui veut dire à peu près *crête de coq*) est assez pittoresque. Il est fait de carton recouvert avec une bande de velours, ou avec une étoffe de soie couleur bleu de ciel ou amarante, richement brodée en or ou en argent, et quelquefois en perles et en pierres précieuses. Le costume d'une laitière ou paysanne mariée, est représenté dans la deuxième gravure, et celui d'une bourgeoise mariée, dans la troisième. Les quatrième et cinquième gravures rendent fidèlement l'habillement et les insignes religieux d'un *pope* ou prêtre russe.

Le Troski.

VOITURES RUSSES. — En Russie, outre les traineaux, qui sont d'un usage journalier et général pendant l'hiver, on emploie toutes les voitures connues dans le reste de l'Europe : du moins, c'est ce que nous avons vu dans les grandes villes, où l'aristocratie a tout à fait adopté les habitudes de la France et de l'Allemagne. Les voitures véritablement russes sont presque toujours petites et découvertes ; les femmes seules et les vieillards se servent de voitures fermées.

Parmi les véhicules le plus communément employés, il en est surtout trois dont l'aspect frappe l'étranger ; nous voulons parler du *troski*, du *teleka* et du *kibitka*.

Le troski est une espèce de tilbury très bas et très étroit, dont se servent surtout les officiers et les jeunes gens. Bien qu'on n'y mette ordinairement qu'un cheval, certains élégants en ajoutent un second hors du brancard. Les chevaux sont appareillés pour la force et la taille, mais non pour la couleur. Le postillon, qui est un jeune garçon portant le costume national, se tient de côté ou sur le devant du traîneau ; on le nomme le *crieur*, parce que son principal emploi est d'avertir les piétons que pourrait surprendre le troski arrivant avec la rapidité d'une flèche sur la neige glacée qui éteint le bruit des roues. Le cheval de brancard est toujours un excellent trotteur ; l'autre est surtout destiné à la parade ; on l'appelle le *furieux*. Agitant une longue crinière véritable ou postiche, et tourmenté par le maître, il s'avance par soubresauts en piaffant ou galopant sur

Le Teleka

lui-même. Le troski, comme la plupart des voitures russes, est garni de fourrures souvent précieuses, du reste sans aucun ornement.

Le teleka est une voiture de voyage, dont se servent surtout les courriers, les officiers en mission, ou les voyageurs munis d'un *padroche* ; on donne ce nom à une pièce émanée des autorités compétentes, et qui permet d'avoir recours aux postes établies par le gouvernement.

Ces dernières ne ressemblent en rien à celles que l'on rencontre dans les autres contrées de l'Europe, et leur organisation tient à celle de la Russie elle-même. Pour les établir, le gouvernement a fait construire, de relai en relai, une maison de poste tenue par un seul commis. Tous les seigneurs des environs sont tenus d'y entretenir un nombre de chevaux et de telekas proportionné à l'importance de leurs domaines, qu'on apprécie par le nombre de leurs paysans. Les employés du gouvernement envoyés en mission se servent gratuitement de ces véhicules.

Le kibitka est moins une voiture qu'un chariot; on ne l'emploie que pour
le commerce. Le marchand qui va transporter ses denrées, ses étoffes ou
fourrures dans les foires établies sur toute la surface de l'empire, n'a pas d'autre
moyen de transport que ces voitures et ces chevaux; les voyageurs gratifiés d'une
padroche payent au postillon dix centimes par relai de quatre lieues; ils peuvent,
en outre, séjourner dans les stations, à condition de s'y faire un lit et de se
nourrir avec ce qu'ils apportent dans le teleka. L'empereur se contente d'entretenir les maisons, de les éclairer, de les chauffer et de payer les commis qui les
gardent.

Les attelages employés pour ces voyages en poste sont d'une médiocre apparence, mais très vifs. Le postillon russe ne cesse jamais de chanter ou de parler à

Le Kibitka.

ses chevaux, qui gravissent au galop toutes les montées; on franchit ainsi environ cinq lieues à l'heure.

On voit souvent des centaines de kibitkas se déployer sur les grandes routes
pavées de troncs d'arbres, conduits seulement par quelques hommes, à peu
près comme nos voitures comtoises. C'est à la fois le roulage et le colportage de
toute la Russie; les marchands s'arrêtent à tous les hameaux où ils espèrent
rencontrer quelques acheteurs.

L'IZBA. — Le cabaret russe (lieu de refuge, *prytinni-kabatchok*) est une
chaumière composée d'abord d'une pièce d'entrée sombre, puis d'une grande
chambre plus claire, et, à cause de cela, appelée *béelaia izba*, qui est toujours
divisée en deux par une cloison derrière laquelle, à moins d'être de la famille,
personne n'a le droit d'entrer. Dans cette cloison, au-dessus d'une large table de
bois de chêne, figurant le comptoir, est découpée une ouverture plus large que

haute. Sur cette table, disposée quelquefois en double ou triple étagère, on voit
des deux côtés les spiritueux en vidange ; au fond, des flacons cachetés, de différentes capacités, sont rangés en gradins. Dans la partie antérieure de l'izba, mise
à la disposition des visiteurs, on remarque, pour tout mobilier, un banc fixé tout
autour de la paroi, deux ou trois futailles vides et une table près de l'angle, au-
dessous de l'image sainte.

    A part les futailles, la gravure reproduit exactement cet aménagement du
cabaret russe, y introduisant des personnages qui, par leur grâce et leur quasi-
distinction, ne sont pas tout à fait les personnages ordinaires de ces sortes
d'endroits. A droite, une jeune fille en longue robe bleue, d'une beauté

L'Izba.

remarquable, et un jeune homme, chantent quelque chanson mélancolique ;
derrière et à moitié caché par eux, un musicien les accompagne sur la *balalaïca*,
sorte de guitare ou guimbarde à longue anche. Au fond, près de la fenêtre, est
un homme assis. A gauche, quelques hommes et quelques femmes, debout, écoutent religieusement les deux chanteurs. A travers les derniers groupes passe un
enfant tenant un vase sans doute plein de kvass écumeux.

    Cette scène est empreinte de gravité : on devine que ce sont des paysans qui
oublient leur labeur et leurs peines, en se berçant dans les songes du passé ou
dans les espérances de l'avenir.

    Que chantent-ils? Assurément quelque légende bien triste, à en juger par la
physionomie de ceux qui écoutent. « Les chansons populaires russes, dit

X. Marmier dans ses *Lettres sur la Russie*, sont remarquables par leur plaintive mélancolie, par leur richesse d'images empruntées aux scènes de la nature, par les idées superstitieuses qu'elles retracent et les tendres soupirs qu'elles répètent. Les Russes ont dans leur langue une quantité de diminutifs caressants et pleins de charme. Ils ont souvent recours aux comparaisons, et ces comparaisons sont pour la plupart autant de symboles gracieux ou énergiques. Dans l'émotion qui les saisit, ils s'adressent à tout ce qui les environne, et confient au nuage, au vent, les regrets de leur amour ou l'élan de leur espoir. Le rossignol

Un lit à Coldeau.

et le coucou sont les oiseaux compatissants qui répondent à leurs douleurs ; l'hirondelle porte leurs messages. L'arc-en-ciel qui se lève sur une maison annonce qu'il s'y trouve une fiancée. La lune se cache avec tristesse après la mort de l'empereur. La plaine où les ennemis ont passé se couvre de plantes amères. Les larmes qui coulent en abondance ressemblent au ruisseau ; les larmes qui tombent doucement sont comme la rosée. Le jeune guerrier est semblable au courageux faucon, la jeune fille au cygne blanc. La belle fiancée tremble pour son fiancé en apercevant le noir corbeau, et le criminel tressaille au murmure des arbres. Ainsi, partout ce rapprochement de la nature extérieure et des pensées les plus intimes : partout cette loi mystérieuse de l'attraction morale et physique ; cette nécessité de l'homme qui, sentant sa faiblesse dans la souffrance et dans la joie, élève ses regards vers le ciel et cherche un accent de sympathie parmi les êtres qui l'environnent. »

Les chants ont cessé. Les femmes ne tarderont pas à sortir. Les hommes resteront jusqu'à la dernière heure de leur journée à boire leur kvass, vin de grain, aussi capiteux que le vin de raisin. Ce sera encore l'oubli des misères présentes, comme tout à l'heure cette chanson mélancolique que chantait la belle jeune fille en robe bleue ; puis il leur faudra aussi regagner leur demeure, et se préparer aux travaux du lendemain ; le *barine* ne plaisante pas avec ses moujiks : ils sont sa richesse, son capital, et doivent chaque jour produire intérêt.

Les poêles dans la Russie. — Dans nos climats tempérés, le poêle n'est qu'un meuble. Il est indépendant de la maison. Quand il n'est plus utile, il gêne, il attriste, et souvent on le fait disparaître.

Il n'en est pas de même dans les contrées de l'est de l'Europe, où l'hiver est rigoureux et surtout prolongé. Là, le poêle occupe une place prépondérante dans la chambre où se tient la famille : il y est fixé à demeure ; il est construit en maçonnerie, avec autant et plus de solidité que les murs mêmes de la maison, et il prend des proportions monumentales : sa hauteur atteint quelquefois de trois à quatre mètres, et sa base équivaut à un carré de six ou sept mètres de côté. C'est autour de lui et contre ses parois que se pressent les sièges ; il n'est pas rare qu'on s'y assoie ou qu'on s'y étende durant les longues veillées du soir, et que, dans les grands froids on s'en fasse un lit en y transportant matelas et couvertures.

Tandis que nos petits poêles de fonte ou de tôle jettent une chaleur violente, mais sans durée, après quoi ils se refroidissent tout à coup et refroidissent tout ce qui les touche, les vastes poêles des habitations de la Russie, quoique allumés pendant peu de temps chaque matin, avec une petite quantité de bois, répandent une chaleur douce, égale et continue. Ils sont comme le soleil intérieur de la maison. Ils constituent le foyer domestique. En eux résident les pénates de la famille, et les poètes les ont chantés comme le symbole de l'heureuse vie d'intérieur, le plus cher des souvenirs d'enfance, le plus cuisant regret de l'absent et de l'exilé.

Réjouissances villageoises. — La gravure ci-contre représente une scène populaire, la danse villageoise russe.

C'est aujourd'hui fête dans l'empire du tzar. Après avoir entendu la messe, les paysans se sont rassemblés devant la porte d'un cabaret. Des groupes d'hommes causent en buvant. Un musicien, assis par terre ou sur un escabeau en bois blanc, fait grincer les cordes d'un instrument à long manche qu'il tient sur ses genoux.

Écoutez cette mélodie bizarre ; elle roule tout entière sur quatre ou cinq notes lancées à toute vitesse, ramenées avec une lenteur mélancolique, parfois résolument accentuées. Où l'air commence, où il finit, le musicien pourrait seul nous le dire, en admettant toutefois qu'il le sût. Il joue de mémoire, et sans y changer une accentuation, le répertoire d'il y a cent ans.

Le danseur frappe la terre du talon d'abord, puis de la pointe du pied. En ce moment, l'instrument paresseux fait à peine entendre quelques notes plaintives : aussi notre chorégraphe a-t-il l'air de réfléchir à la façon dont il va poser ses pieds ; on dirait qu'il médite sur chacun de ses mouvements. Patience ! Le musicien se réveille ; les notes se précipitent ; le danseur relève la tête, et le voilà gambadant et gesticulant, en accompagnant de la voix, suivant l'usage,

l'instrument du musicien. Il se livre à ce double exercice jusqu'à ce que le
souffle manque à sa poitrine. S'il y a dans le groupe quelque jeune fille qui soit
de force à lutter avec lui, — et ce serait merveille qu'il n'y en eût pas, — il va la
chercher ; il enlace sa taille du bras droit, tandis que de la main gauche elle le
saisit par la ceinture, et tous deux dansent, sur une même ligne horizontale,
dans le plus parfait accord. Tout à coup, la jeune fille se dégage et fuit, en
dansant, à l'extrémité de l'enceinte qui leur est réservée ; le danseur la pour-
suit ; il se rapproche, il va la saisir ; mais elle, par une feinte adroite, lui échappe
encore et s'élance de nouveau en lui jetant une fleur qu'elle détache des tresses

Danse villageoise russe. — Dessin de Durand, d'après une estampe russe.

de sa chevelure. Il doit la ramasser sans perdre la mesure, sans manquer un
mouvement. Lorsqu'il a réussi, il recommence sa poursuite. Enfin, il a rejoint
la fugitive, et ils se remettent à danser de plus belle. A ce premier couple
viendront bientôt s'en joindre plusieurs autres. Les pas ne sont pas variés ; mais
la combinaison des figures est laissée à l'imagination des danseurs. Quelques-
unes rappellent celles du cotillon.

Chaque danseur interrompt de temps en temps son jeu favori pour se
livrer à un autre exercice. Lequel ? Voyez-vous ce gros baril qui supporte un
vase en cuivre ? Cet ustensile de ménage, si commun en Russie, s'appelle un

samowar. Dès le début de la réunion, on a jeté dans ce vase quelques pincées de
thé sur lesquelles on a versé plein un chaudron d'eau bouillante. Ceux qui ont
soif prennent un verre placé en permanence devant le samowar ; ils le mettent
sous le robinet et le remplissent de cette infusion, délicieuse sans doute, si l'on
en juge par la fréquence de leurs libations. Le sucre ne figure là que comme un
accessoire de luxe : un même petit morceau sert à toute une compagnie : chacun
le suce à tour de rôle.

CHAPITRE II

LA POLOGNE RUSSE

Après ces rapides aperçus sur la vie et les mœurs en Russie, c'est par la
Pologne que nous commencerons notre voyage.

La Pologne et la Russie se trouvent depuis longtemps à la tête des peuples
slaves, qui, au nombre de 70 millions environ, occupent l'espace compris entre
l'Adriatique et la mer Glaciale. L'histoire de ces peuples, presque inconnue
des anciens, commence à sortir de l'obscurité.

En étudiant l'histoire politique des Slaves et leur législation, avant et
après l'introduction du christianisme, on aperçoit facilement que le principe de
l'indépendance et de l'égalité formait depuis longtemps la base de leur existence
sociale. Ce principe se faisait souvent jour à travers les entraves que lui opposaient le système féodal et les autres circonstances historiques qui influèrent sur
l'organisation de la monarchie européenne. On le voyait surgir dans les républiques russiennes de Novogorod, Klazma, et autres, ainsi que dans cette
noblesse polonaise la plus nombreuse, la plus privilégiée de toutes les noblesses
de l'Europe, mais dont les membres, impatients du joug les uns des autres,
formaient cependant la société la plus ennemie de la hiérarchie qui ait jamais
paru en Europe.

Un roi de Pologne, Boleslas-le-Grand, conçut l'organisation de l'unité
slave, et tout son règne glorieux ne fut qu'un effort vers la réalisation de cette
belle et féconde pensée ; mais ses successeurs ne surent ni comprendre ni poursuivre son œuvre, et les Slaves commencèrent à se diviser de plus en plus. La
Pologne resta fidèle à sa bannière antique, et, tout en combattant sans repos
les ennemis mahométans de l'Europe chrétienne, elle s'assimilait peu à peu les
idées progressives qui s'élaboraient en Occident ; la Russie, au contraire, mise
en dehors du mouvement civilisateur européen par son schisme avec l'Eglise
romaine, et façonnée au joug par l'esclavage de deux siècles que lui imposèrent
les Tartares, suivit la route opposée. De là cette lutte acharnée que la Pologne
ne cesse de soutenir contre la Russie ; de là cette haine qui partage ces deux

peuples sortis d'un même tronc ; de là la différence de caractère entre le peuple russe et le peuple polonais.

Les paysans polonais ont perdu depuis longtemps leur ancienne aisance et leur liberté ; ils sont pauvres, et, à quelques exceptions près, ils ne sont pas propriétaires du sol qu'ils cultivent. Cet asservissement des paysans a été une des causes principales de la chute de la Pologne.

Ce n'est cependant que dans les provinces polonaises qui échurent en

Costume d'hiver d'un Lithuanien.

Costume d'hiver d'une Lithuanienne.

partage à la Russie que le servage s'est conservé jusqu'au siècle dernier dans toute sa rigueur. Il avait été aboli par la constitution dans le duché de Varsovie, qui fut érigé au congrès de Vienne en royaume de Pologne et n'existait plus dans le duché de Posen, ni dans la Galicie.

Les paysans polonais, pauvres, comme nous l'avons dit, sont cependant gais et assez contents de leur sort. Ils ne savent ni lire, ni écrire ; mais leur esprit est si alerte et leur intelligence si grande, que pour peu que l'instruction se répande davantage parmi eux, pour peu que le gouvernement et les propriétaires soulagent leur misère, ils se mettront bien vite au niveau des populations de la France et de l'Allemagne. Elevés et nourris au milieu des travaux agricoles, ils n'ont eu et n'auront jamais de penchant pour le commerce. Très scrupuleux en cas de conscience, ils ont conservé ce préjugé du moyen âge : que l'argent gagné par le trafic n'est pas un gain honorable, et que Dieu ne le bénit pas ; c'est pourquoi depuis les temps les plus reculés, le commerce de la Pologne a toujours été entre les mains des Juifs et des Allemands. Sans doute le bien-être du pays y a perdu, mais le caractère national y a conservé cette pureté et cette franchise que l'appât du gain altère souvent, surtout dans les pays où le commerçant, mal partagé en fait de considération sociale, doit se borner à un ténébreux trafic et chercher dans les jouissances de la fortune une sorte de guérison aux blessures faites à sa dignité et à son honneur.

Paysan des environs de Varsovie.

Paysanne des environs de Varsovie.

L'hospitalité est une vertu pour ainsi dire innée chez le peuple polonais, et elle ne peut être comparée qu'à celle qui se trouve sous la tente de l'Arabe du désert. Le paysan polonais partage avec joie son dernier morceau de pain bis, sa dernière coupe de lait avec celui qui entre sous le toit de sa cabane. En Ukraïne, les chaumières, délaissées pendant les travaux des champs, restent ouvertes toute la journée et le voyageur qui y entre trouve toujours sur la table, couverte avec une nappe bien grosse, mais bien propre et bien blanche, du pain, du miel en gâteaux, du fromage, de l'eau-de-vie, une pastèque, etc. : il peut se rafraîchir s'il est fatigué, car c'est pour lui qu'on a préparé là toutes ces choses. Nous avons plus d'une fois pris notre part du pain de cette hospitalité muette et désintéressée.

Un poëte polonais a dit : *Quand Dieu bâtit une église, le diable jette vis-à-vis les fondements d'un cabaret ;* et il connaissait bien son pays. En Pologne, le bâtiment le plus voisin de l'église est toujours en effet le cabaret ; c'est là que le dimanche et les jours de fête le paysan oublie sa misère. Un ménétrier de village joue une danse nationale sur une basse grossière construite par lui-même : pendant ce temps les vieillards bavardent et boivent, et les jeunes gens dansent et chantent. Les danses et les chansons varient, selon la province. En Ukraine, c'est la *doumka*, qui respire une suave et plaintive mélancolie ; dans les environs de Cracovie, c'est le *cracoviac*, chant joyeux, frétillant et insouciant ; dans la grande Pologne, c'est la *mazourka*, pleine d'une gaieté folâtre et aimable. Ces chansons sont bien simples et bien naïves ; personne ne sait qui les a faites ; le paysan les a entendu chanter par son père, qui lui-même les a apprises par tradition ; mais elles ont toutes dans la mélodie et dans l'expression quelque chose qui va au cœur, et qui plait comme les fleurs des champs, dont la corolle n'est pas brillante, mais exhale un parfum délicieux.

Les paysans polonais croient fort aux revenants, aux sorcières, et surtout au diable : ils ne manquent jamais en prenant une boisson quelconque, de signer le verre pour en faire sortir le malin esprit. Si crédules pour les choses surnaturelles, ils ne croient pas à des choses beaucoup plus positives, par exemple, à la médecine ; c'est un art qui, d'après eux, a été imaginé par les *Allemands*, et par conséquent ne peut pas être utile aux *chrétiens*. Lorsqu'ils se sentent affaiblis, ils jettent quelques charbons éteints et un peu de poudre de chasse dans un verre d'eau-de-vie, placent au-dessus deux pailles en forme de croix pour *rompre le charme*, et boivent ; et il faut avouer (tout bas, par respect pour la médecine) que souvent la foi opère la guérison.

Quant à la politique, on ne peut disconvenir que les paysans polonais n'ont pas *marché avec le siècle ;* ils détestent cordialement tout ce qui est Russe, Prussien, ou Autrichien. Tous les étrangers sont pour eux ou Français ou Allemands. Le nom français est aussi populaire en Pologne que le nom polonais l'est en France ; mais le titre d'Allemand n'est pas une bonne recommandation pour les paysans polonais ; cela n'est pas étonnant, car ils n'ont connu d'Allemands que les Autrichiens et les Prussiens qui ont tendu leurs mains lors du partage de la Pologne, et qui plusieurs fois ont ravagé ce malheureux pays. Aussi lorsque les paysans polonais veulent injurier quelqu'un, ils lui disent : « Tu es un Allemand » ; et il arrive souvent qu'en racontant quelque chose, ils s'expriment en ces termes : « Il y avait deux hommes et un Allemand. » Ajoutons que le diable des paysans polonais s'habille à l'allemande, et parle en langue germanique. — Tout ceci prouve que le préjugé est bien enraciné.

Tels sont les traits généraux qui caractérisent les paysans polonais. Ils varient plus ou moins, selon les provinces ; car en Pologne, comme dans la plupart des pays peu centralisés, chaque province a ses mœurs et ses coutumes à part. Cette variété se montre surtout dans les costumes dont la coupe est appropriée au climat local, et qui généralement sont faits en étoffes tissées par les paysans eux-mêmes. L'habillement des hommes se compose d'une capote de drap, blanche, grise, noire, ou d'un bleu foncé, chamarrée de cordons rouges ; d'une ceinture de laine aux couleurs brillantes, et d'un bonnet en peau de mouton gris ou noir, sur lequel flottent des rubans ou des plumes de paon. La chaussure des plus riches paysans consiste en longues bottes de cuir, attachées au-dessus des genoux par des courroies, dont les glands sont en étain ou en cuivre jaune ; et celle des plus pauvres en sandales faites avec de l'écorce de tilleul ou de saule. Les femmes et les filles mettent le dimanche des corsets d'une étoffe brillante lacés par devant avec des rubans en fil doré, et suspenden

Veilleurs de nuit polonais, d'après un Album de costumes polonais (cabinet et estampes).

à leur cou des colliers de corail ou de verroteries. Les longues tresses blondes des jeunes filles sont toujours entrelacées de rubans, car les paysannes polonaises aiment par-dessus tout les rubans et les perles en verre. Les costumes des environs de Cracovie sont les plus beaux et les plus gracieux ; celui des femmes de l'Ukraine ressemble tout à fait au costume des femmes de la Grèce, tel qu'il s'est conservé jusqu'à présent dans l'île de Procida, près de Naples ; ce qui peut s'expliquer par ce fait que les Grecs avaient des colonies sur les bords de la mer Noire, et même dans l'Ukraine.

L'institution des veilleurs de nuit en Pologne était d'origine très ancienne. Ils parcouraient les rues deux à deux, portant une lanterne, une crécelle, et des bâtons pour se défendre au besoin et frapper aux portes des maisons où l'on apercevait de la lumière après l'heure du couvre-feu. La lanterne était d'autant plus nécessaire qu'ils marchaient dans une obscurité complète. Aujourd'hui même, les rues principales de chefs-lieux des provinces sont seules éclairées pendant la nuit. Un littérateur polonais très distingué, nous a dit qu'il existait encore, en 1824, à Vilna et à Varsovie, des veilleurs de nuit tout semblables à ceux que notre gravure représente. Il se rappelait de plus deux des couplets que ces hommes chantaient avec accompagnement de crécelle, et il a bien voulu nous en donner la traduction :

RONDE DE NUIT

Ohé! messieurs les propriétaires,
Il est déjà dix heures à l'horloge.
Couvrez le feu de vos cuisines ;

Faites-le vous-mêmes, sans vous en remettre
Aux soins de vos domestiques.
Fiez-vous à Dieu et espérez ;
Gardez-vous du feu! gardez-vous du voleur!

Ohé ! messieurs les propriétaires,
Il est déjà onze heures à l'horloge.
Eteignez vous-même vos flambeaux ;
Ne vous en remettez pas à la prudence de vos gens.
Fiez-vous à Dieu, et bonne nuit !
Gardez-vous du feu! gardez-vous du voleur !

Dans le palatinat de Sandomir, situé sur les deux rives de la Vistule, lorsque les champs du seigneur propriétaire ont été moissonnés, les jeunes filles et les jeunes garçons font une tresse de paille où ils entremêlent des épis de blé, des fleurs, des baies sauvages, des noix dorées et des rubans de diverses couleurs. Le jour de l'Assomption, dès le matin, on pose cette sorte de couronne rustique sur la tête de la jeune fille qui a le meilleur renom. Les cloches sonnent, et la *rosière* polonaise, suivie des villageois et des villageoises, se rend à l'église, où elle dépose sa couronne sur le maître-autel. Le prêtre, après la messe, bénit la couronne ; le cortège, accompagné d'instruments de musique, sort en chantant, et se dirige vers la maison du maire, qui attache au sommet de la couronne un jeune coq. Si le coq chante, la joie des assistants éclate en applaudissements : c'est le présage d'une abondante récolte pour l'année suivante et du bon accueil que fera le seigneur propriétaire ; si le coq ne chante pas, ou ne becquète pas les épis avec avidité, on se tait, on est inquiet, on craint une année de misère et de mauvaise humeur du châtelain : mais on a eu soin de choisir un coq jeune et vaillant.

Le cortège se remet en route, et, à l'entrée du château, chante en chœur :

« Ouvrez-vous, portes du château ! Nous avons achevé la moisson dans les champs du seigneur, et nous lui avons dressé autant de belles gerbes qu'il y a d'étoiles au ciel !

La Fête de la Moisson en Pologne (d'après un album polonais).

« Nous avons préparé mille gerbes pour le seigneur, mille pour sa femme, dix mille pour ses fils et ses filles, cent mille pour leurs hôtes, et un million pour l'argent des marchands anglais de Dantzig.

« Sors, seigneur, des blanches murailles de ton château, et accepte la couronne qui orne la tête de la jeune fille, car c'est la couronne des couronnes : elle est d'or pur, et non de blé!

« Nous avons bien mérité que tu nous reçoives dans ton palais, car nos têtes sont brûlées par le soleil, nos mains sont coupées par la faucille; nos genoux se sont brisés en se ployant vers la terre, nos pieds sont blessés par le chaume, notre dos s'est roidi à force de se courber sur tes champs.

« Ordonne, seigneur, que le sang de tes étables et de tes bergeries coule comme des ruisseaux sur le vert gazon de ta cour, et que des feux soient allumés aux quatre vents de ta terre; car un grand repas est nécessaire pour délasser les moissonneurs de leurs fatigues.

« N'oublie pas, seigneur, qu'un bœuf rôti est bon pour calmer les douleurs de l'épine dorsale; une brebis, pour les genoux ; un veau, pour les pieds; une oie, un coq, un canard pour les mains; de l'eau-de-vie et de la bière, pour la tête brûlée par le soleil.

« O seigneur! ne te cache pas plus longtemps, car nous entendons souffler de Cracovie un vent violent qui, écartant les rideaux des fenêtres de ton château, nous permet de voir ta figure, semblable à un soleil qui brille au ciel; celle de ta femme, comme une pleine lune; celle de tes jeunes garçons et de tes demoiselles, comme des étoiles étincelantes ! »

Un orateur s'avance ensuite et adresse, soit en prose, soit en vers, un discours au seigneur ; puis la musique se fait entendre de nouveau, et le seigneur, sa femme et ses enfants distribuent des présents aux paysans et aux paysannes qui se font remarquer, pendant la moisson, par leur zèle et leur assiduité au travail.

La maîtresse du château détache la couronne de la tête de la rosière, et la dépose sur la table couverte d'une blanche nappe. La jeune villageoise reçoit un présent avec une somme d'argent. Bientôt après, les domestiques du château servent sur de grandes tables des rôtis et des mets de toute espèce ; ils roulent des tonneaux de bière et d'eau-de-vie à la portée des convives, qui prennent place et sont servis avec la même attention que le seigneur et sa famille.

Au repas succèdent les danses : le seigneur ouvre le bal avec la rosière, sa femme offre sa main à l'orateur de l'assemblée, et leurs enfants, demoiselles ou jeunes gens, donnant la main aux paysans et aux paysannes, valsent ou dansent gaiement avec eux. La bière et l'eau-de-vie ne sont point épargnées, et la fête se prolonge souvent jusqu'au lever du jour.

CHAPITRE III

LES GRANDES VILLES DE LA RUSSIE

Cronstadt est une des portes de la Russie proprement dite.

Le mot Cronstadt (Kronstadt), signifie ville de la couronne.

Cronstadt est la grande station navale des flottes russes, sur la Baltique ; c'est aussi le port de Saint-Pétersbourg, quoique la distance entre les deux villes soit de dix lieues environ. Le lit de la Neva, qui traverse Saint-Pétersbourg, est trop étroit pour recevoir des vaisseaux de grand tonnage ; on décharge les cargaisons à Cronstadt, et des barges les transportent dans la capitale.

Cronstadt est bâtie au bord d'une île qui a deux ou trois lieues de longueur et moins d'une demi-lieue de largeur ; l'entrée du port est défendue par une forteresse bâtie sur un roc que les eaux couvrent à la marée montante. Des docks vastes et parfaitement disposés, d'immenses magasins, de riches établissements de commerce, un arsenal qui occupe un nombre considérable d'ouvriers, de beaux bassins, des canaux destinés, les uns aux bâtiments marchands, les autres aux bâtiments de guerre ; en un mot, toutes les constructions nécessaires à une ville maritime de premier ordre, donnent au voyageur qui arrive dans le port la plus grande idée de Cronstadt. On s'étonne surtout en pensant à la rapidité avec laquelle ces progrès de civilisation se sont accomplis. C'est Pierre le Grand qui a fondé Cronstadt. En 1703, un navire hollandais fut le premier bâtiment de commerce qui eût jamais paru dans la Neva : Pierre accueillit le capitaine et l'équipage avec un empressement et une bienveillance très louables et très politiques, car en 1714, seize navires entrèrent à Cronstadt. A l'époque actuelle, la navigation est ouverte pendant cent quatre-vingt-dix jours de l'année, depuis le milieu de mai jusqu'à la fin de décembre. La ville est en général bien pavée ; quelques rues sont fort belles ; mais les monuments publics sont presque seuls construits en pierre ; la plupart des maisons sont en bois. Les principaux édifices publics sont : l'Amirauté, l'Hôpital naval, l'Ecole des pilotes, la Bourse, la Douane et les Casernes. On ne saurait concevoir une juste idée de l'animation, de l'activité qui règnent à Cronstadt pendant l'été : la population s'accroît avec chaque navire qui arrive, et l'on y voit représentés tous les costumes, tous les langages, tous les usages du monde. Mais à mesure que l'hiver approche, les navires s'agitent dans le port et s'éloignent en hâte de crainte d'être surpris par les glaces ; la population diminue, les bruits s'apaisent, les rues deviennent désertes : toute la scène est changée ; Cronstadt n'a plus ni gaieté ni mouvement : pour six mois elle est vouée au silence, au repos et à l'ennui.

Saint-Pétersbourg. — En 1703, une chétive maison de campagne appartenant à un Suédois, et quelques cabanes de pêcheurs, se distinguaient à peine au milieu des marais qui couvre aujourd'hui la capitale de toutes les Russies.

En cette année, la forteresse de Nienchatz, au bord de la Néva, tombe au pouvoir de Pierre, et Pierre se décide aussitôt à bâtir une ville. Ce n'était pas tant encore pour le commerce de la Baltique que pour servir de poste avancé contre les Suédois : le tzar n'en regardait pas la possession comme définitive. Mais Charles XII donne trop aux destins, et sur le champ de bataille de Pultava, le jour même de la victoire, Pierre écrit à son amiral : *C'est aujourd'hui que, par la grâce de Dieu, j'ai véritablement posé la pierre angulaire des fondements de Pétersbourg.* Bientôt, en effet, Moscou dut céder à la ville à peine tracée le siège de l'empire.

Saint-Pétersbourg est à près de 500 lieues de Paris. C'est la plus grande ville de l'Europe après Moscou et Londres : son enceinte a huit lieues et demie de circonférence. Cependant de vastes terrains restent encore à bâtir ; et sa population moindre que la moitié de celle de Paris ne suffit point pour animer ses quais immenses, ses vastes rues décorées de palais, d'édifices et d'églises. On ne peut mieux comparer la physionomie de l'intérieur de la ville qu'à celle de notre faubourg Saint-Germain ou de Versailles : c'est une morne tranquillité. Point de boutiques pour en vivifier les larges trottoirs ; car les marchands sont relégués dans les caves, placés au premier étage, ou confinés dans un vaste bazar. Les flâneurs de Paris ou de Pékin y périraient promptement d'ennui.

Le sol, formé de marais desséchés, où l'on rencontre l'eau à sept, trois et même deux pieds de profondeur, est parfaitement plat et bas. Non seulement l'enceinte de la ville renferme plusieurs bras de la Néva qui déterminent des îles de différentes grandeurs, mais encore de nombreux cours d'eau y circulent, et le plus magnifique quartier situé sur la rive gauche du fleuve est partagé par trois principaux canaux sur lesquels s'en embranchent d'autres de moindre importance. Toutes ces coupures ont été pratiquées pour l'assainissement et le desséchement du terrain fangeux ; la culture a aussi considérablement amélioré le climat ; néanmoins l'humidité est extrême au printemps et à l'automne ; il tombe alors un déluge de pluies ; et un brouillard impénétrable et malsain pèse sur la ville.

De jolis ponts en fer établissent les communications d'un bord des canaux à l'autre.

A l'époque des grands froids, il n'était pas rare autrefois de voir des loups affamés visiter quelques quartiers de Saint-Pétersbourg ; en 1821, il en arriva une troupe nombreuse.

Le thermomètre centigrade descend quelquefois jusqu'à 30 et 36 degrés, mais il se tient ordinairement vers 20. La saison d'hiver est la plus agréable pour les habitants de Saint-Pétersbourg. « Chacun soupire après la neige, dit Muller, après le moment où la Néva gèle et où l'on peut librement glisser sur la glace. L'air pur et clair soulage alors le malade ; l'homme bien portant se croit rajeuni ; il contemple avec transport les vibrations dorées de cet air brillant et serein. »

En juin et en juillet, les nuits sont presque aussi claires que le jour ; aussi les consacre-t-on au même usage que les jours mêmes dont on ne peut supporter la chaleur. A une heure ou deux de la nuit, dans les deux jardins d'été, sur les boulevards, dans la perspective Newsky, tout est plein de promeneurs des deux sexes et du premier rang ; les équipages roulent et se croisent ; tout le monde est en activité : on se reconnaît même de loin; souvent on s'assied sur un banc pour y lire les journaux. Vers quatre ou cinq heures du matin on se souhaite bonne nuit et tout demeure vide et tranquille.

Signalons en quelques mots les principaux monuments de Saint-Pétersbourg. Le *palais d'Hiver* où réside la famille impériale; on assure que les travaux de dessèchement qu'il a fallu exécuter sur les terrains marécageux qu'il occupe ont coûté la vie à plusieurs milliers d'ouvriers.

L'*Ermitage* est dû à Catherine II. Cette princesse y venait chaque jour s'isoler quelques heures; on y admire une nombreuse suite de tableaux dont la collection de la Malmaison, achetée en 1815, forme le fond principal; c'est là que se trouvent aussi les bibliothèques de Voltaire, de Galiani et de Diderot.

L'*Amirauté* ou l'*Arsenal*, est un immense parallélogramme qui renferme des chantiers de construction pour huit ou dix vaisseaux, une fonderie et de nombreux magasins. On a conservé dans l'arsenal le canon de vingt-et-un pieds de long, fondu sous le règne d'Ivan Vassilievitch, enlevé par Charles XII en 1703, et qu'un particulier parvint à voler à ce conquérant pour le rendre à Pierre le Grand; dérober un canon de 17.000 livres n'est pas l'affaire d'un larron ordinaire! aussi celui-ci fut-il honoré d'une statue équestre. A l'une des murailles est suspendu le drapeau des strélitz, représentant l'Enfer et le Paradis : dans l'Enfer sont tous les étrangers, les strélitz seuls sont en Paradis. On conçoit que Pierre le Grand ne devait point s'accorder avec ces farouches Moscovites, lui qui n'importa la civilisation chez les siens qu'à l'aide des étrangers.

Parmi les nombreux temples dont Saint-Pétersbourg est rempli, le plus magnifique est la *Cathédrale de Notre-Dame de Kasan*, soutenue et ornée, tant à l'extérieur qu'à l'intérieur, par d'innombrables colonnes de granit d'un seul bloc. Elle a été construite sur le modèle réduit de Saint-Pierre de Rome, et avec les modifications qu'exige le culte grec.

La *Bourse* n'est ouverte au commerce que depuis le 15 juin 1816, mais elle est terminée depuis 1811. Construite sur les plans de M. Tomon, architecte français, elle décore pompeusement un des points où se réunissent deux branches de la Néva.

La *Bibliothèque* fut établie par Catherine II. Le premier fonds en a été fourni par les livres du collège des Jésuites de Varsovie; ces 200,000 volumes recueillis avec le plus grand soin pendant 43 ans de travaux par un évêque de Kiev, tombèrent au pouvoir de Souwarow et furent apportés à Saint-Pétersbourg en 1795. Un grand nombre d'in-folios furent mutilés par les Cosaques, qui, les trouvant parfois trop longs pour entrer dans les caisses, les taillaient avec leurs sabres à la grandeur convenable, sans plus de cérémonie que s'ils eussent eu affaire à des planches. En 1805, la bibliothèque impériale fut augmentée de celle de M. Dombrowski, riche diplomate, qui, pendant 26 ans passés hors de la Russie, se livra à la bibliomanie la plus intrépide. A l'époque de la Révolution française, où la destruction des couvents et des châteaux ouvrit un champ libre à ses conquêtes, il acquit à vil prix les ouvrages les plus précieux qui se trouvaient à la Bastille, dans la bibliothèque de Saint-Germain, riche alors de plus de quatre-vingt mille manuscrits.

Le *Palais impérial d'hiver*, à Saint-Pétersbourg, construit sous le règne de Catherine II, par l'architecte italien Rastrelli, est borné au nord par la Néva,

Le Palais impérial d'hiver, à Saint-Pétersbourg.

dont le sépare un large quai, promenade du monde élégant pendant la saison
rigoureuse; au sud s'étend une place demi-circulaire, où s'élève la colonne
dédiée à l'empereur Alexandre Ier; à l'ouest sont les bâtiments de l'Amirauté et
à l'est ceux de l'Ermitage, de l'autre côté d'un canal qui vient se jeter dans la
Néva : l'Ermitage se relie au palais par un pont d'une seule arcade d'un effet
monumental.

Le palais est de forme carrée, mais ses faces latérales ont moins d'étendue
que les deux autres. Ce qu'il renferme de richesses est, dit-on, au-dessus de ce
qu'on peut supposer, malgré les ravages du grand incendie de 1838. Les
étrangers n'en connaissent guère que les magnifiques services d'argenterie, d'or
massif et de porcelaine de vieux Sèvres qui ornent les tables lors des grandes
agapes impériales, assez fréquentes pendant le séjour de la cour à Saint-
Pétersbourg.

Les salles et les salons qui composent ce que l'on nomme « la grande
réception » sont vastes et splendides. Quelque prodigieux que soit le nombre des
invités, l'espace ne manque jamais; on a le bon esprit, en Russie, de ne pas
s'étouffer sous prétexte de s'amuser. Des centaines de domestiques, revêtus de
livrées d'un luxe éblouissant, circulent sans cesse au milieu de la foule des
invités pour leur offrir des rafraichissements, et lorsque, dans la salle Saint-
Nicolas, on se réunit autour des tables couvertes de tout ce que l'art des Vatel
peut ajouter à la nature, le nombre des serviteurs est presque aussi considérable
que celui des convives.

C'est dans ce palais que sont conservés les diamants de la couronne : le plus
célèbre est connu sous le nom d'Orloff.

Dans une petite chambre située au rez-de-chaussée, du côté de l'ouest, on
voit un lit de fer sur lequel est repliée une capote militaire, deux tables et
quelques chaises; sur les murs, des aquarelles de peu de valeur. C'est dans ce
réduit qu'un homme qui a pesé longtemps sur les destinées de l'Europe,
l'empereur Nicolas Ier, a rendu le dernier soupir. C'était là sa chambre à coucher
et son cabinet de travail.

Le palais est bâti en briques; toute l'ornementation est en revêtement de
stuc. Le granit et la brique sont les seuls matériaux dont l'architecture dispose à
Saint-Pétersbourg. Le granit n'est pas d'un emploi commode pour la décoration;
il se chaufferait difficilement à l'intérieur, et d'ailleurs, quand on a pu voir sur
les quais de la Néva le magnifique granit de la Finlande se fendre et se déliter
sous l'influence du froid et de la pluie, on comprend qu'on lui préfère la brique,
plus modeste, mais qui a l'avantage de défendre l'intérieur contre toute humidité
et de résister aux froids les plus intenses.

Les constructions du *Nouvel-Ermitage*, commencées en 1840, ont été terminées en 1850. L'inauguration solennelle eut lieu en présence de l'empereur
Nicolas, qui passe pour avoir donné les plans et surveillé jour par jour les travaux
du monument. L'architecte titulaire est le Bavarois Léon de Klenze, le célèbre
auteur de la Pinacothèque de Munich, auquel on dut ajoindre, — pour ne pas
froisser le patriotisme moscovite, — le professeur Sephimoff. L'ancien Ermitage,
auquel est soudé le nouveau monument, a sa façade tournée sur la rive gauche
de la Néva, en face la citadelle. Il a été construit de 1768 à 1775, par l'impératrice
Catherine II, pour lui servir d'habitation particulière. C'est là, qu'entourée d'un
cercle d'intimes, elle se délassait des lois de l'étiquette. Dès cette époque, les

salons de l'ancien Ermitage contenaient des tableaux, statues, meubles, raretés
de toute espéce, provenant soit de l'ancien trésor des tsars, soit des acquisitions
faites en France par les agents de Catherine elle-même. Son petit-fils Alexandre I⁰ʳ
accrut ce premier fonds en changeant la destination de l'ancien Ermitage et en
le consacrant uniquement à l'installation d'un Musée public. L'édifice devint
rapidement trop étroit ; et c'est en 1839 que le tsar Nicolas I⁰ʳ ordonna l'adjonction de bâtiments nouveaux à ceux de l'ancien palais de Catherine II.

Le nouveau Musée de l'Ermitage, à Saint-Pétersbourg.

Le monument présente en plan quatre ailes perpendiculaires l'une à l'autre,
réunies au centre par une cinquième aile dont le premier étage contient trois
galeries. Ces ailes sont diversement divisées suivant les étages et les collections.
La façade nord, celle qui s'élève sur le quai de la Néva et qui comprend l'école
française, est l'*Ancien-Ermitage* proprement dit.

On peut se rendre compte, en étudiant notre gravure, du désaccord qui
existe entre le style grec adopté par l'artiste bavarois et celui des constructions
qui l'entourent. L'œil en est désagréablement affecté ; et c'est bien pis en présence du monument même. Sous le ciel étincelant et la lumière diffuse de
l'Attique, avec les croupes de l'Hymette pour arrière-plan, la vue serait moins

choquée; mais elle le serait encore par l'absence de proportions. Les étages sont trop bas de plafond et donnent aux salles l'aspect funéraire d'un hypogée. C'est un défaut qui devient une qualité dans les pays méridionaux, où l'on évite la lumière dans les habitations, et où on les convertit volontiers en caves pour obtenir de la fraîcheur, mais qui choque dans des climats septentrionaux, où l'on recherche avant tout les chambres claires et largement aérées.

La nouvelle façade est percée de baies séparées dans le sens de la hauteur par des termes imités de l'antique. La porte d'entrée, d'une proportion très majestueuse, ne s'ouvre pas directement sur la voie publique, mais sur un péristyle ou atrium dont l'entablement, formant terrasse à la partie supérieure, est supporté à la partie inférieure par des statues colossales d'esclaves soutenant la tablette. Ces statues sont beaucoup plus grosses que grandes. En outre, elles font, pour soutenir l'entablement, des efforts dont la violence n'est pas justifiée par la légèreté du poids qu'elles soutiennent. Elles se donnent de la peine comme quatre. Notre gravure reproduit l'aspect de ce péristyle et permet de juger de l'effet général. Les statues sont exécutées en granit de Finlande gris foncé d'un admirable poli, mais d'une couleur affadie et incertaine qui forme un complet disparate avec la teinte générale des pierres et de leurs lits.

Une fois entré, l'on se trouve dans un vestibule supporté par de magnifiques colonnes, et sur lequel débouchent à gauche et à droite les galeries qui enveloppent l'édifice au rez-de-chaussée. Immédiatement devant soi s'élève un monumental escalier tout droit, conduisant aux galeries de peinture par soixante-dix marches coupées de deux paliers. Ces marches sont en marbre de Carrare. Les parements des murs de cet escalier sont plaqués de lames des marbres les plus précieux.

Les richesses d'art que contient le Nouvel-Ermitage sont nombreuses, d'une incomparable beauté, dignes, en un mot, de la capitale d'un grand empire et d'un grand peuple. La sculpture antique, les vases peints, les bronzes, les antiquités sibériennes et cimmériennes, les gravures, les dessins, occupent le rez-de-chaussée. A l'étage supérieur sont placés les tableaux.

Parmi les œuvres principales, dont beaucoup de chefs-d'œuvre, nous citerons : la *Vierge de la casa Staffa*, le *Saint-Georges à la jarretière* et la *Vierge de la maison d'Albe*, de Raphaël; la *Colombine* et la *Vierge à l'ancolie*, de Bernardino Luini; la *Danaé*, de Rembrandt; de nombreux spécimens des maîtres de l'école française du XVII° et du XVIII° siècle, la plupart d'ailleurs, d'origine parisienne.

Les Français, qui s'imaginent volontiers que le monde finit aux frontières de leur pays, sont surpris de rencontrer au fond de la Russie, à mille lieues du Louvre, un musée si riche, si bien classé, si hospitalier, apportant une telle masse de documents nouveaux et précieux à l'histoire de l'art dans tous les temps et dans tous les pays.

Marché aux Poissons. — La grande barque pontée et couverte figurée sur notre gravure, représente l'habitation et la boutique d'un marchand de poissons à Saint-Pétersbourg, durant la courte saison d'été. Dans l'hiver, le poisson, engourdi par l'action excessive du froid, se vend en plein air, et l'on étale sur la même table les poissons d'Astrakan, du lac Ilmen ou du Volga. Vers les huit ou neuf heures du matin, on voit des maîtresses de maison de toute condition, souvent dans le négligé le plus riche, accompagnées d'un domestique, traverser

les minces planches qui servent de pont entre le quai de la Néva et les barques
aux poissons. Le premier objet qui s'offre à la vue dans ces marchés flottants est
l'image du patron de la barque, saint Ivan ou saint Nicolas, au-dessous de
laquelle brûle une lampe toujours allumée. Après avoir respectueusement fait
le signe de la croix devant cet objet de vénération, la ménagère entre dans les
divers compartiments qui renferment le poisson : les uns, remplis d'eau salée,
contiennent les poissons de mer ; les autres sont en communication avec l'eau
du fleuve par de nombreuses et étroites ouvertures. Elle choisit et désigne du
doigt les poissons qu'elle désire, le marchand les retire de l'eau avec un filet, les
lui montre, et les rejette quand ils ne lui conviennent pas ; ce n'est le plus

Barque de marchand de poissons, en Russie.

souvent qu'après d'interminables débats que le prix est convenu, et l'addition
se fait à l'aide de ces tablettes à boules mobiles qui servent à calculer dans la
plus pauvre boutique, dans les plus somptueux comptoirs, et même à la banque.

La résidence impériale de *Tzarskoé-Selo* (le Bourg du Tzar), est située à
vingt-deux verstes environ de Saint-Pétersbourg, sur une éminence peu élevée
qui domine la vaste plaine d'alluvion formée par la Néva ; un chemin de fer la
met en communication avec la capitale.

La ville (car on ne peut plus lui donner le nom de bourg) est, comme toutes
les villes nouvelles de Russie, vaste et bien percée ; de coquettes maisons de
campagne, ornées de fleurs pendant la saison d'été, bordent ses rues larges et
bien alignées ; l'église principale, avec ses cinq coupoles dorées, placée au

milieu d'un quinconce de tilleuls, annonce au loin l'importance de cette cité,
qui doit toute son animation à la fréquence des séjours de la cour impériale.

Catherine II en avait fait son séjour de prédilection. C'était alors le règne
des festons et des astragales, de cette architecture d'un goût contesté à laquelle
Louis XV et Mme de Pompadour ont laissé leur nom, mais à qui cependant on ne

Le Kiosque de Catherine II à Tzarskoé-Selo.

peut refuser une certaine grâce et de l'invention dans le détail. Le palais de
Tzarskoé-Selo, dû à l'architecte Forster, est peut-être l'expression la plus complète de l'architecture de cette époque; la façade, vaste et de belles proportions,
est entourée d'un hémicycle renfermant d'immenses dépendances; de nombreux
logements forment une cour d'honneur avec la splendeur du palais; la décoration extérieure est riche et mouvementée; l'ornementation, qui jadis, par excès de
recherche, était entièrement dorée, a été, sous le règne de l'empereur Nicolas Ier,
recouverte d'une couche de bronze. Peut-être l'aspect général du monument
avait-il plus d'originalité, alors que sous ce ciel doux du Nord il attirait de loin

les regards sur ces murs blancs constellésde paillettes d'or et que surmontait un
toit peint en vert, clair et de ton brillant.

L'intérieur du palais témoigne également de la richesse des souverains de la
Russie; ce serait une longue nomenclature que celle des œuvres d'art qu'il renferme; là plume richement colorée d'un écrivain français, Théophile Gautier, les
a fait connaître à tous ceux qui s'intéressent aux arts.

Le parc, couvert de beaux ombrages, entouré de vertes prairies, de bois
d'essences variées, arrosé par de nombreux canaux serpentant en rivières ou
s'élargissant en lacs, est planté sur un terrain un peu accidenté qui contraste
avec la vue des plaines unies des environs de Saint-Pétersbourg. Ses allées
sinueuses, entretenues incessamment avec une minutieuse propreté, ménagent
à chaque pas une surprise au promeneur. Là, c'est une colonne monumentale;
ici, les ruines d'une église gothique; plus loin, un théâtre; au détour d'une
allée, on rencontre un obélisque au pied duquel sont enterrés quelques-uns
des chiens favoris de la Sémiramis du Nord, et sur la pierre funéraire de l'un
d'eux on peut lire les vers agréables que M. le comte de Ségur a consacrés à sa
mémoire. Citons encore l'arsenal fondé par l'empereur Nicolas Ier, près duquel
pâliraient l'Armeria de Madrid et la salle des Armures de Malte, tant sont nombreuses et riches les armes qui y sont renfermées. Il faudrait décrire aussi le
palais bâti pour l'impératrice, mère de l'empereur Alexandre II; le village
chinois, *Kitaïskaya-Derevna*, groupe de maisons dont la vue fait songer aux
temples bouddhiques, et qui servent de résidence aux personnages les plus haut
placés de la cour; et le bâtiment de l'Amirauté. Mais nous devons nous borner,
et parler ici avec quelques-détails du kiosque que représente notre gravure.

A peu de distance du palais, dans le fond de la vallée, on a creusé un vaste
lac. Sur l'eau limpide, une flottille en miniature sert à initier au rude métier de
la mer les jeunes fils de l'empereur; au bord, on remarque un bâtiment sombre
d'apparence, c'est l'Amirauté. Là, sous des cales couvertes, sont rangés tous les
genres connus d'embarcations, depuis la pirogue de Malaisie jusqu'à la gondole
vénitienne. Plus loin, on remarque un charmant petit monument: c'est un bain
turc qui reflète sa délicate construction dans les eaux pures du lac. L'intérieur
en a été rapporté d'Andrinople lors de la guerre, heureuse pour la Russie, qui
se termina par le traité signé dans cette ville. Si l'on porte la vue sur l'autre
rive, on voit le palais dominant de sa masse imposante la verte ceinture qui
l'entoure, et au bas d'une longue allée de sycomores et de sapins, près du
rivage, un kiosque coquet et élégant opposant sur le vert foncé de la végétation
sa blonde silhouette. Ce kiosque est un de ces monuments comme il s'en trouve
dans tout jardin anglais; il n'a aucune destination, mais on peut le considérer
comme le type complet de ce que le siècle dernier a laissé en architecture de
plus fin et de plus recherché dans les détails.

Le parc et les jardins de Tzarskoé-Selo se joignent sans interruption avec
ceux de Pavloskij. Là, le terrain est encore plus accidenté, la végétation peut-être
plus puissante, les eaux sont plus abondantes, et lorsque, entraîné dans un
léger drajsky, on parcourt ces deux fraîches oasis par un beau jour d'été, il est
impossible de se figurer que l'on touche à la limite du soixantième degré de
latitude.

(1) Voy. t. XXVIII, 1860, p. 297.

Les voyageurs qui vont visiter en été le parc de Tzarskoé-Selo ne soupçonnent
point, pour la plupart, que dans un coin de cette belle propriété impériale se

Hôtel impérial des Chevaux invalides, à Tzarskoé-Selo, près de Saint-Pétersbourg.

trouve un établissement probablement unique en Europe, on peut même dire
au monde : c'est l'hôtel impérial des Chevaux invalides qui ont eu l'honneur de
porter leurs majestés czariennes. Il existe, à la vérité, en Angleterre, une mai-

son de retraite analogue à celle-ci pour les simples et reconnaissants particuliers, mais on n'y voit rien de semblable au cimetière que représente notre
gravure, véritable nécropole avec monuments et inscriptions. Les pierres tumulaires sont alignées très rigoureusement. Chacune porte une indication spéciale :
le nom de la monture honorée, celui du souverain qui l'a illustrée, souvent la
date de la naissance et celle de la mort de la pauvre bête, quelquefois enfin des
faits historiques. Ainsi, sur l'une de ces sépultures, une épitaphe russe rappelle
que là gît le cheval ou plutôt l'*ami* que montait Alexandre Ier à son entrée dans
Paris à la tête des armées alliées.

Ce singulier hôtel des invalides est parfaitement administré. Chaque animal,
placé dans une très confortable box, est fort bien nourri et soigné. De temps en
temps on lui permet d'aller se promener sur une large pelouse entourée de palissades, et située tout à côté du cimetière.

En général, les chevaux qui font le service personnel des empereurs de
Russie vivent longtemps, parce qu'ils sont merveilleusement soignés.

Avant de nous engager plus avant dans le Sud, arrêtons-nous à la Finlande,
qui mérite bien une visite. Le costume
des habitants de la Finlande n'est
plus, à beaucoup près, ce qu'il était
autrefois. Nos modes pénètrent de
toutes parts, et remplacent peu à peu,
dans les villages comme dans les villes,
le vêtement national par les inventions
de nos tailleurs. Au bord du Torneo,
et dans l'intérieur même de la Finlande, le paysan porte, les jours de
dimanche, le pantalon et la veste de
laine, comme le paysan de nos provinces ; la femme abandonne la coiffure originale qui la parait si bien,
pour prendre le bonnet de laine ou le
chapeau de soie. Cependant il y a
encore çà et là certain costume que
rien n'a pu faire changer : tel est
entre autres celui de cette femme qui
porte le berceau de son enfant. Elle
le porte sur la tête à l'aide de quatre
lanières de cuir. Le reste de ses vêtements est à peu près tel aussi qu'il
existait dans les anciens temps : c'est
la robe de Vadmel, tissue, teinte, cou-
sue par la mère de famille elle-même ;
le tablier en étoffe grossière, les souliers formés d'un morceau de peau

Berceau finlandais.

tannée sans semelle, assez larges du pied pour qu'on puisse y mettre du foin
et serrés seulement à la cheville.

Les Finlandais sont remarquables par leur caractère de douceur, de patience, de résignation, et les femmes ont à un haut degré les mêmes qualités. La plupart ont en outre un sentiment de la poésie en quelque sorte inné; à chaque fête, à chaque cérémonie, elles se réunissent et improvisent des chants. Elles accompagnent le cortège de noces en modulant des strophes joyeuses ; elles suivent le convoi mortuaire en récitant des élégies. Le bonheur d'aimer et le bonheur d'être mère exalte encore cette faculté poétique, et leur inspire parfois de gracieuses pensées. La femme finlandaise abandonne rarement son enfant au berceau; elle l'emporte le dimanche à l'église, l'hiver dans les excursions qu'elle entreprend à vingt ou trente lieues pour aller voir ses parents et ses amis ; elle le tient le long de la route suspendu à son flanc dans un berceau recouvert d'une étoffe de laine, et l'endort avec des chants qu'elle compose elle-même. En voici un entre autres qui a été recueilli dans la maison d'une pauvre femme des environs d'Ellenbourg, au moment où elle venait de le composer. Il peut servir à donner une idée de cette tendre et naïve poésie que l'on retrouve à chaque page dans le pays.

« Dors, dors, petit oiseau de la prairie ; dors doucement joli petit rouge-gorge ; Dieu t'éveillera quand il en sera temps. Il t'a donné un rameau d'arbre pour te reposer, et des feuilles de bouleau pour te couvrir. Le Sommeil est à la porte et dit : N'y a-t-il pas ici un doux enfant couché dans un berceau qui voudrait dormir, un petit enfant enveloppé dans ses langes, un bel enfant qui repose sous sa couverture de laine ? »

Moscou, en russe *Moskva*, cette première capitale des czars, la cité sainte des Russes, le berceau de l'empire des Moscovites, est, après Constantinople, la ville la plus considérable de l'Europe, non en population, mais en superficie : on en évalue le circuit à 30 kilomètres et la population actuelle à 1.035.664 âmes. Située dans une contrée pittoresque et sur un terrain accidenté qui contraste agréablement avec la monotonie de cette vaste plaine qui forme l centre et la presque totalité de la Russie d'Europe, Moscou est arrosée par une large rivière, la *Moskva*, que la fonte des neiges grossit et rend navigable au printemps. L'immense superficie que couvre la capitale des czars est occupée en grande partie par des jardins qui lui donnent en été un aspect des plus riants, mais en hiver une physionomie triste et glaciale ; car le climat y est rude, et bien que la latitude septentrionale soit moins reculée de 4 degrés que celle de Saint-Pétersbourg, la température moyenne y est plus basse que dans cette dernière ville. Il ne faudrait pas juger de la moderne Moscou par les descriptions qui en ont été faites avant la catastrophe de 1812. Jusque-là cette ville méritait son surnom de *grand village* : elle était irrégulière, sale, bâtie en bois plutôt qu'en pierre, entrecoupée de prairies et de potagers.

Après le terrible incendie de 1812, l'empire tout entier s'est associé pour concourir à la reédification de la ville sainte, et, de nos jours, Moscou, avec ses vingt et un quartiers, ses trois cents églises ou couvents, ses palais, son trésor, ses arsenaux, sa ceinture de jardins, offre l'aspect féerique d'une cité à la fois asiatique et chrétienne, aux coupoles étincelantes de dorures ou bariolées de couleurs éclatantes, aux rues larges et bordées de maisons élégantes, bâties dans le goût européen, en briques ou en pierres. Au centre de la ville s'élève majestueusement la citadelle célèbre connue sous le nom de Kremlin, ou plus exactement de *Kreml*. Le *Kitai-Gorod*, quartier attenant au Kremlin, est le noyau

Vue du Kremlin et du pont en bois à Moscou.

de Moscou. On y vend, de temps immémorial, le thé et les marchandises
fournies par le commerce avec la Chine. C'est là que l'on admire la belle
cathédrale de la Protection (*Pakrofskoi*), plus communément appelée par le
peuple église de Saint-Basile. Aucune de ses tours et de ses coupoles, au
nombre de seize, ne ressemble à l'autre. Le rouge éclatant, le vert, le jaune, le
bleu, y alternent en dessins bizarres et tellement diversifiés qu'on pourrait les
comparer à ces dessins produits fortuitement par le kaléidoscope.

Une vue de Moscou.

Moscou, bien que les czars aient cessé d'y résider habituellement, n'est pas
seulement la première capitale de l'empire; elle en est encore la plus florissante
par son industrie manufacturière, et l'une des plus importantes par son
commerce. C'est de Moscou que partent chaque année les caravanes qui vont
traverser les deux Russies d'Europe et d'Asie pour aboutir à *Khiakhta*, sur les
frontières de la Chine, où se font les échanges commerciaux qui donnent, en
retour, le thé dit de caravane. On y trouve des manufactures de soieries, de tissus
de laine et de coton qui produisent pour plus de cent millions de francs; puis
viennent les filatures, l'orfèvrerie, les cuirs et maroquins, les savonneries, les

distilleries, les brasseries, les papeteries, les métaux ouvrés, et cent autres industries dont les progrès, il faut en convenir, sont dus à l'influence des artistes et ouvriers étrangers, parmi lesquels nos compatriotes tiennent le premier rang.

Le *Kremlin*, dont le nom signifie *forteresse*, est situé dans la partie centrale de Moscou, sur un mamelon qui s'élève à 60 pieds au-dessus du niveau de la Moskwa. Une enceinte garnie de tours angulaires ou rondes, revêtues de briques vertes et rouges, l'environne sur une longueur d'environ 2.000 toises; la rivière serpente à ses pieds.

En Europe, on a toujours attaché un certain caractère mystérieux au Kremlin et à Moscou, et certes la campagne des Français en Russie n'a fait qu'ajouter au prestige répandu sur cette forteresse et cette ville fameuse. C'est là que Napoléon, pour la première fois, s'est trouvé surpassé en détermination et en énergie. Sa vaste ambition se glorifiait d'avoir conquis cette capitale connue à peine depuis deux siècles des nations occidentales, et d'avoir pénétré jusqu'à cette cité sainte et vénérée, *nœud brillant de l'Europe et de l'Asie*, suivant l'expression de M. Ségur. « *Je suis donc enfin dans Moscou!* s'écriait-il en entrant; *dans l'antique palais des czars! dans le Kremlin!* » Hélas! l'homme trouve souvent la fin de son rêve doré au moment même où il saisit le but qu'il s'est épuisé à poursuivre! Napoléon n'avait encore donné à la victoire fatiguée que quelques heures de repos lorsque éclata ce terrible incendie devant lequel s'arrêta sa marche triomphale.

Moscou, rendez-vous merveilleux de deux civilisations, semble avoir élevé silencieusement et à l'insu de la France ses palais asiatiques et ses clochers bizarres, et à peine les a-t-elle abandonnés au premier regard du vainqueur, qu'elle se hâte de les soustraire à son orgueilleuse contemplation en les livrant aux flammes. La dernière halte de la grande armée fut ainsi signalée au monde par l'incendie de Moscou, que l'histoire placera comme un phare entre une ère de succès et une ère de revers.

Le Kremlin fut préservé des flammes par un bataillon de la garde impériale; le feu qui y prit plusieurs fois fut toujours maîtrisé. Aujourd'hui les traces du désastre ont presque entièrement disparu de la ville, et, sur les décombres des vieux palais, il s'en est élevé de plus magnifiques.

A mesure qu'on marche, les accidents du terrain présentent Moscou sous un aspect différent; mais c'est partout le Kremlin restauré qui domine les anciens et les nouveaux édifices; c'est lui qui d'abord attire les regards et la curiosité du voyageur. On ne voit rien en Europe de pareil à l'architecture de ses palais, de ses églises, de ses monuments, qui ont été généralement construits par des Italiens, mais sur un style varié, tartare, indien, chinois, ou gothique. « Ici une pagode, là une arcade, dit le docteur Clarke; de la richesse et de l'élégance dans quelques parties; ailleurs, de la barbarie et du mauvais goût. »

Les étrangers entrent ordinairement au Kremlin par la *Porte Sainte*, arcade qui traverse une tour sous laquelle, en passant, les personnes de tout rang sont obligées de marcher tête nue, l'espace de cent pas. Suivant la tradition, ce serait par respect pour un saint qui, jadis, aurait délivré la citadelle, en jetant une terreur panique dans le camp des Polonais, déjà en possession de la ville et presque maîtres de cette porte.

La gravure représente sur la droite les murs du Kremlin et la tour de la

Porte Sainte; en face est une église bizarre composée d'un assemblage de clochers, dont l'un est la principale chapelle. Tous ces clochers, dit un voyageur, sont aussi variés dans leurs couleurs que dans leurs formes, qui se dessinent agréablement sur l'horizon dont l'étendue est augmentée par la pente subite du terrain.

Au milieu du Kremlin, gît, dans un fossé profond, la grosse cloche de Moscou, dont nous parlerons plus loin. Les jours de fête, les paysans la visitent pieusement; c'est du reste une dévotion générale à Moscou; on y professe une passion extraordinaire pour les cloches, et dès trois heures du matin c'est un bourdonnement et un tintement universels.

Entrée du Kremlin par la Porte-Sainte.

Parmi la grande quantité d'édifices que renferme le Kremlin, on distingue le trésor de l'Arsenal. Dans ce trésor, on a rassemblé mille curiosités : le trône de Pierre le Grand; des vases d'argent, d'or et de vermeil, des objets d'ivoire parfaitement travaillés par les moines; et une infinité d'ouvrages bizarres et délicats, provenant des présents offerts par les Orientaux, Turcs et Persans. On y voit aussi les couronnes des royaumes successivement conquis ; le grand peigne d'ivoire dont se servaient les czars pour leur longue barbe, etc.

A la porte de l'Arsenal est un énorme canon en bronze, coulé en 1694 ; il a seize pieds de longueur, et un homme peut se tenir debout dans l'intérieur, vers son ouverture. Son poids est de 79.000 livres.

En face de ce même Arsenal, sur une belle place, où Napoléon passait ses revues, on voit maintenant une grande quantité de pièces de canon qui, après la fonte des neiges, furent trouvées sur la terre avec les Français qui les conduisaient. C'est un amas de débris conquis sans peine et sans gloire.

Plusieurs monastères d'hommes et de femmes, le palais du Sénat, et enfin les trois palais impériaux, complètent un ensemble, unique probablement au monde.

La Grille dorée, au Kreml de Moscou.

Le plus considérable de ces palais est celui qui a été bâti pendant le règne de l'empereur Nicolas Ier. Il sert de résidence à la famille impériale pendant les différents séjours qu'elle fait à Moscou. Il renferme, outre les habitations particulières, d'énormes salles de réception décorées avec un luxe prodigieux et qui portent les noms des saints les plus vénérés en Russie, saint Vladimir, saint Georges, saint Alexandre, saint André. D'immenses dressoirs couverts de vases d'or et d'argent accompagnent dignement la profusion d'ornements qui recouvrent les murs.

La maison des Chevaliers, plus ancienne que ce palais, y est annexée au moyen d'une galerie soutenue par des arcades. Là, sont logés les ministres et les grandes charges de la couronne.

Vient enfin le troisième palais, réuni également à celui bâti par l'empereur Nicolas Ier. C'est l'ancienne demeure des czars. Inhabité aujourd'hui, il conserve encore quelques pièces remarquables de l'ancien ameublement. Là, se trouve la Grille dorée, vestibule conduisant aux appartements intérieurs, au *Terema* (gynécée) qui renfermait les femmes de la famille impériale, et où l'on voit une chapelle de petite dimension, dans laquelle les souverains de Russie vont entendre le service divin, en grande cérémonie : c'est ce que l'on nomme *une sortie de cour*.

L'architecture de ce palais a le caractère de lourdeur propre à l'époque byzantine, mais racheté par le fini et la grâce de l'ornementation. Si la Russie n'est pas riche en monuments anciens, du moins ceux qu'elle possède, grâce à un entretien incessant, sont d'une admirable conservation. Peut-être ne reste-t il rien des peintures primitives; mais, comme le dommage est réparé à mesure qu'il se manifeste, l'ensemble reste toujours satisfaisant et l'harmonie est toujours parfaite.

De la terrasse du Kremlin, le panorama de Moscou est admirable. La Moskova serpente lentement à travers un fouillis de maisons aux toits de fer peints en rouge et surtout en vert éclatant, surmontés d'une multitude de coupoles dorées, argentées, recouvertes d'un bleu d'azur aux étoiles d'or, ou de ce vert que produit le cuivre. Chaque climat a son harmonie qui lui est propre. Ces couleurs violentes, crues même, blesseraient peut-être les yeux sous le soleil ardent de Naples ou de Cadix ; la douce lumière du Nord a besoin de contrastes plus puissants, et lorsque dans l'hiver la neige enveloppe tout le pays d'un blanc linceul, les parties des coupoles qu'elle ne peut couvrir à cause de leur déclivité font penser à ces fleurs hâtives qui ouvrent leur corolle avant qu'un soleil bienfaisant les ait débarrassées de leur suaire glacé.

Trois portes établissent les communications entre le Kremlin, la Ville-Blanche et les faubourgs occidentaux de Moscou. C'est par une de ces portes que les Français sont entrés dans le Kremlin en 1812.

La célèbre église de Basile, qui se trouve devant la Porte Sainte du Kremlin, a été construite sous le règne du tzar Ivan Vasiliévitch ou Ivan *Grosnii* (c'est-à-dire le Terrible). Elle se composait originairement de neuf églises ou chapelles distinctes, et maintenant elle en renferme vingt. On ne peut assez admirer, dit-on, comment la lumière a pu être ménagée dans toutes ces constructions réunies et indépendantes les unes des autres.

Quoiqu'elle offre un modèle complet du goût tartare, en fait de bâtiments, elle est due cependant à un architecte italien. Le tzar lui avait commandé de se

surpasser dans la construction de l'édifice et lui avait donné liberté entière
quant aux dépenses. — Le monument achevé, le tzar et sa cour viennent le
visiter dans toutes ses parties, ne se lassent pas de l'admirer et de le louer ; l'architecte, dans l'enchantement, s'attend aux plus grandes récompenses. — Est-ce
là ton chef-d'œuvre? Ne saurais-tu rien faire de mieux? lui demande tout-à-coup
le tzar. — Oh! je pourrais bâtir une église deux fois plus belle, répond impru-
demment l'Italien qui se croit appelé à faire parade de ses talents. — Qu'on me
crève sur-le-champ les yeux de ce coquin-là qui m'a trompé! s'écrie le tzar
furieux; je ne veux pas qu'il aille faire ailleurs des églises supérieures à celle-ci. »

Vue de l'église de Basile, près du Kremlin, à Moscou.

Ce tzar *Terrible* a régné de 1534 à 1584. C'est lui qui a créé la garde des
strelitz ou fusiliers, qui a établi la première imprimerie à Moscou et fait avec
les Anglais le premier traité de commerce; dans la traduction anglaise de ce
traité, il est désigné par le nom *Emperour of Russia*. Ses possessions, déjà considérables, furent accrues de toute la Sibérie, que Iermak, chef de brigands proscrit, conquit sur Koutchoum-Khan, avec quelques centaines de Cosaques, et dont
il fit hommage au tzar pour obtenir le pardon de ses crimes.

L'une des églises qui forment celle de Basile est consacrée à l'entrée du
Christ à Jérusalem; le patriarche en partait pour se rendre à l'église cathédrale,
lors de l'entrée triomphale que ce prélat faisait jadis dans le Kremlin, le dimanche
des Rameaux. Le tzar tenait alors la bride de sa mule : les choses ont bien changé
depuis.

« Les nombreuses et lourdes coupoles, surmontées de croix dorées, offrent, dit le voyageur Clarke, un contraste bizarre de couleurs et d'ornements. De pieux individus laissent en mourant des legs pour dorer ou pour peindre à perpétuité tel ou tel dôme suivant leurs différents caprices. De sorte que ces divers travaux en font pendant plusieurs générations des pièces de rapiécetage. » Des couleurs diverses, en effet, recouvrent avec une affectation ridicule des coupoles renflées et semblables à des racines bulbeuses : ce sont des compartiments verts, pourpres, bleus, oranges ; sur le corps de l'édifice on a tracé des lignes irrégulières de jaune sale afin de leur donner l'apparence de pierres brutes ; les tours sont rouges et traversées de lignes blanches ; les principaux toits, les spirales du beffroi, les sommets pyramidaux des porches sont recouverts de tuiles vernissées couleur vert sombre ; les impostes, les moulures des arches, les pilastres, en un mot toutes les lignes saillantes sont blanches ; enfin, dans les compartiments des architraves, sur les piédestaux des colonnes et sur les arcs-boutants sont des groupes de fleurs si multipliées et si variées de forme et de couleur, qu'elles résisteraient aux classifications d'un nouveau Linné. »

L'intérieur est tout aussi excentrique. — Durant l'occupation de Moscou par les Français, les 19 chapelles furent converties en étables.

La place Rouge de Moscou a été le théâtre de luttes mémorables et sanglantes dans lesquelles faillit succomber la nationalité russe.

Ivan « le Terrible » avait essayé d'introduire dans ses États la civilisation de l'Occident, où florissait alors la renaissance. Il fit bâtir, en 1554, en commémoration de la prise de Kasan, l'église cathédrale de Wassili-Blagennoï.

Fédor, le troisième des fils qu'il avait eus d'Anastasie, le remplaça. Ce fut un prince indolent, qui abandonna le gouvernement au ministre Boris Godounof. De ce règne datent deux événements très considérables : la création du patriarcat de Moscou, qui rendit l'Église russe indépendante du joug ottoman, et l'asservissement du paysan à la glèbe, œuvre injuste et malheureuse, que trois décrets suffirent à consommer (ukases de 1592, 1593, 1597). Godounof ambitionna le titre de tzar, fit assassiner Dmitri ou Démétrius, tzarévitch qui mettait obstacle à ses vues, et régna en effet avec assez de bonheur pendant quelques années ; mais bientôt les disettes, les guerres intérieures et extérieures, les pestes désolèrent le pays, et Sigismond III, roi de Pologne, tira parti des embarras qu'elles suscitèrent au gouvernement russe. La nouvelle se répandit que Dmitri n'était pas mort, et qu'il reparaîtrait bientôt. Un jeune homme d'une vingtaine d'années, Grégoire Otrepief, se leva en Lithuanie, déclarant qu'il était Dmitri, le fils du tzar, et fut soutenu immédiatement par Sigismond. Avant de partir pour l'audacieux voyage qu'il méditait, le faux Dmitri eut une entrevue avec le nonce apostolique, abjura la foi moscovite dans une chapelle de Cracovie, et promit d'épouser Marine, la fille d'un palatin.

Boris Godounof avait déjà perdu l'affection du peuple. En vain il signala comme imposteur (*samozvanetz*), hérétique et apostat, le prétendant qui s'avançait. On n'ajouta pas foi à ses protestations, et il mourut subitement, tandis que l'imposteur, à qui les chefs des villes venaient offrir le « pain et le sel » en signe d'hommage, fit son entrée à Moscou. Une scène étrange eut lieu au Kremlin. La tzarine Marie, qu'il disait être sa mère, le reconnut solennellement. Dmitri Ivannovitch fut proclamé tzar. Mais il ne sut pas conserver la faveur populaire. Il s'aliéna bientôt la multitude par sa prédilection pour les étrangers, ainsi que

par son mépris pour l'étiquette et les coutumes nationales. Son mariage combla
la mesure. Escortée de cinq mille Polonais, Marine entra dans Moscou. Elle fut
couronnée sans avoir reçu le baptême orthodoxe. Huit jours après son couronnement, à la suite d'une insurrection, elle était jetée dans un cachot avec son
père; le tzar était assassiné, foulé aux pieds, puis livré, sur la place Rouge que
représente notre gravure, aux insultes de la populace. Dix-sept cents Polonais
furent égorgés ce jour-là dans la ville.

La place Rouge (Krasnaïa) et le monument de Minine et Pajcarski, à Moscou.

Le prince Chouiski, qui avait dirigé cette révolte, fut couronné sous le nom
de Wassili V.

Peu après, un autre imposteur surgit à Staradoub; c'était encore un
Dmitri surnommé le Petit-Tzar (*tzarik*). Marine le reconnut. La Pologne le
soutint, mais les moines du couvent de Saint-Serge à Troïtza, lui opposèrent
une résistance opiniâtre, et l'un de ses auxiliaires, Sapiéha, fut vaincu par
l'armée russe.

Dans ces circonstances, Sigismond excita les Polonais à se venger des massacres de Moscou, et mit le siège devant Smolensk; Zolkiewski, son général,
défit, à la tête de trois mille hommes seulement, et par suite d'une trahison des
Suédois, l'armée puissante des Moscovites. Il arriva dans Moscou avant le tzarik,

et fit élire Wladislaf V, fils de Sigismond III, lequel ne ratifia pas cette élection; il aimait mieux démembrer la Russie, dont les malheurs semblaient alors à leur comble.

En effet, les Suédois étaient à Novgorod, les Polonais à Moscou ; on disait des messes latines au Kremlin. Les patriotes avaient perdu leur chef, le patriarche Ermogène, qui mourut de faim dans une prison.

Dans une rixe entre la population moscovite et les Polonais, Moscou fut incendié (1611) ; incendie terrible où dix mille hommes périrent, et qui ne laissa debout que le Kremlin et le quartier Kitaïe (vieille ville, qu'entourent des murailles).

Le prince Dmitri Pajearski, blessé dans la lutte, fut emmené presque mourant à Troïtza.

« Moscou, la ville sainte, Moscou n'est plus ! » s'écrièrent les Russes. Ce cri réveilla les courages. Avrami-Palitsine, vieux moine qui raconte cette époque de périls, appelle le peuple à la défense de l'Eglise. « Qui de vous, s'il n'a un cœur de pierre, n'épuisera la source des chaudes larmes sur le sort de Moscou, la grande cité ? Combien n'était-elle pas majestueuse, belle et chérie de tous ceux qui la voyaient ! et voilà que dans sa beauté, en une heure, elle a été consumée par la flamme et détruite par le fer. » Il écrit aux villes russes : « La foi se meurt ; la patrie n'est plus ; Moscou, la grande et glorieuse cité, la cité du Seigneur, gémit sous le pouvoir des Polonais. La ville est brûlée, les hommes ont péri, les églises sont renversées... Ayez pitié de nous ! »

Il y avait alors à Nijni-Novgorod un vieux boucher, Kozma-Minine Soukorouki, connu de tous pour sa sagesse et son dévouement à la patrie. Il partit secrètement pour Lavdekh, village voisin de Nijni, où le prince Pajéarski attendait la guérison de ses blessures. Il supplia le prince de se mettre à la tête de ceux qu'il se chargeait de rassembler, pour les conduire au combat. Puis il revint à Nijni. « Dieu fera un miracle, dit-il aux habitants... Si nous voulons sauver la patrie, il faut tout sacrifier ; vendons nos biens, engageons même, s'il le faut, nos femmes et nos enfants, et ensuite courons combattre jusqu'à la mort. » Minine donna tout ce qu'il possédait. Un grand nombre d'hommes accoururent de tous côtés, firent de lui leur chef et le nommèrent « l'élu de toute la Russie ». Dmitri Troubetzkoï, boyard voïvode, se joignit aux troupes de Nijni. Ils marchèrent ensemble sur Moscou. Sous les murs du Kremlin s'engagea une bataille qui dura trois jours, et durant laquelle Pajearski ne descendit pas de cheval. Le clergé priait devant les images des saints, sur les bords de la Moskwa. Avrami vint à un certain moment soutenir par ses promesses ceux qui défaillaient. Il fallait enlever toutes les positions dans lesquelles l'ennemi s'était retranché. Enfin Minine décida de la victoire ; il se porta sur le flanc des Polonais, et les força à se replier sur le mont Paklonné, en abandonnant Moscou (août 1612).

La Russie était sauvée. La garnison du Kremlin, affamée et réduite à se nourrir de chair humaine, capitula. Le roi Sigismond revint en Pologne, « au milieu d'un hiver cruel ».

Le Kremlin, souillé par la présence des étrangers, fut purifié suivant le rite orthodoxe, et on le sanctifia de nouveau. Enfin, les trois ordres ayant voix délibérative, clergé, noblesse et bourgeoisie, réunis en conseil national (*zemskii soveth*), élurent pour tzar un jeune homme de seize ans, Michel Fédorovitch

Romanof, fils de Philarète, métropolitain de Moscou, alors prisonnier en Pologne. Michel refusa longtemps, et finit par accepter la couronne pour écarter les malheurs que pouvait causer une nouvelle élection. Il fut le chef de la dynastie des Romanof, qui règne encore aujourd'hui.

La reconnaissance des souverains russes envers les deux héros auxquels la nation dut son indépendance fut tardive. Ce n'est que sous Alexandre Ier qu'un monument leur fut consacré. Sur un piédestal élevé, orné de bas-reliefs, se dressent les deux statues de Minine et de Pajearski, coulées en fonte et plus grandes que nature. Elles sont malheureusement un peu défigurées par le costume, plus classique que national, dont l'artiste a cru devoir les revêtir. Pajearski est représenté assis, affaibli par ses blessures et appuyé sur son bouclier, tandis que Minine, debout, le sollicite à se lever pour combattre et lui promet la victoire. On ne peut qu'applaudir au sentiment qui a fait réunir ainsi en un seul témoignage de gratitude les souvenirs du prince et du vieux boucher de Nijni-Novgorod.

A peu de distance du monument de Minine et Pajearski, on aperçoit les murailles du Kremlin, terminées par des créneaux bizarres et flanquées de tours de formes étranges, cent fois déjà réparées et restaurées par suite des alternatives de température qu'elles subissent (70 degrés de différence entre les fortes chaleurs et les grands froids). Tous les ans on les recrépit, comme tout ce qui n'est pas construit en bois, tant à Moscou que dans le reste de l'empire. On les rebadigeonne de blanc de chaux et de jaune d'ocre, que la gelée détruit perpétuellement. Des lambeaux de murs tombent en écailles de quelques centaines de mètres de longueur sur un peu moins d'un mètre d'épaisseur. Chaque été, avec une infatigable persévérance, on replaque les murailles, et ces restaurations sont une source de richesses pour les *tschinoviks* (fonctionnaires). Il faut monter à l'une de ces tours, si l'on veut jouir d'un des plus beaux panoramas qu'il soit donné à l'homme de contempler ; il faut y monter l'hiver surtout, par un froid de 15 à 20 degrés et par un temps calme. La vue se porte, à travers une atmosphère rendue lumineuse par les reflets de la neige et toute chargée de paillettes de glace, sur la Moskova, qui coule sous sa couche épaisse de glace immobile ; sur les toits bigarrés de vert et de rouge un peu vifs, blanchis à moitié par l'hiver ; sur les quinze ou seize cents clochers, ou clochetons, qui font luire au soleil les chaînettes par lesquelles les croix dorées sont rattachées à leurs dômes ; et enfin sur les tours en bois des surveillants des incendies, qui se mêlent, dans tous les quartiers et sur tous les points de l'horizon, aux dômes des cathédrales.

On voit aux premiers plans, dans le Kremlin seulement : — les dômes et les clochetons de la cathédrale de l'Assomption, dont l'iconostase monte jusqu'à la voûte, chargé au premier étage d'images de saints en vermeil, et aux autres étages de saints en cuivre doré ; — ceux de la cathédrale de Saint-Michel, où sont les tombeaux des tzars jusqu'à Pierre le Grand ; — les neuf coupoles dorées de l'église du Saint-Sauveur, derrière la Grille d'Or ; — et le grand clocher d'Ivan-Veliki, qui possède trente-deux cloches, parmi lesquelles le beffroi de Novgorod, cloche sainte, qui la première, chaque année, annonce la fin du long carême, et à laquelle répondent aussitôt toutes les cloches de Moscou.

La tour qu'on aperçoit sur notre gravure est celle de la porte Sainte (*Spasskaï*), dont l'architecture découpée rappelle le style gothique. Elle renferme un carillon que Pierre le Grand fit venir de Hollande. Tous les passants qui traversent sa porte doivent se découvrir. Les fidèles s'agenouillent ; à plusieurs reprises, ils posent sur la terre leur bouche et la frappent de leur front. Cet usage passe pour être un souvenir de la délivrance du Kremlin lors d'une invasion des Tartares. Quelques-uns en font remonter l'origine à la dernière peste qui ravagea Moscou ; quelques autres prétendent aussi qu'en 1812 l'explosion d'une poudrière fit sauter toutes les vitres de la ville, sauf celle qui recouvrait l'image sainte devant laquelle brûle toujours un cierge. Malgré le respect religieux qui s'attache à cette tour, on y a malheureusement ajouté, en guise de façade, un portique grec.

Une belle promenade, plantée d'arbres, remplace les anciens fossés bourbeux du Kremlin. Elle est entretenue avec soin, mais par suite des grands froids les arbres y verdissent tardivement.

A gauche du monument de Minine est l'église de la Protection de la Vierge, plus souvent nommée Wassili-Blagennoï, œuvre bariolée, d'une imagination puissante, que fit construire Ivan le Terrible et que restaura en grande partie Catherine. Toutes ses coupoles, de forme bulbeuse, démesurées de grandeur relativement à l'église ou plutôt aux églises qu'elles surmontent, sont d'un goût douteux ; mais elles produisent un grand effet, à la condition surtout qu'on ne s'approche point trop près pour en examiner les détails. Le mérite de l'édifice est surtout d'être en parfaite harmonie avec les autres constructions de la place Rouge et du Kremlin.

La Cloche de Moscou est l'un des principaux embellissements du Kremlin réédifié. On peut, en effet, considérer presque comme un monument cette cloche, qui a 6^m.67 de hauteur, 7^m.29 de diamètre. Son poids est de 240 000 kilogrammes. Elle fut coulée en 1733, sous le règne de l'impératrice Anna Ivanovna, pour remplacer celle du czar Alexis Michaïlovitch, brisée lors de l'incendie du Kremlin en 1701.

Dans la crainte de ne pouvoir manœuvrer aisément une masse aussi gigantesque, on la fondit près du clocher d'Ivan-Velikoï, où elle devait être suspendue. Mais quand la fusion, qui réussit au delà même de ce qu'on avait espéré, fut achevée, on changea de détermination ; on jugea plus prudent et plus facile de construire un clocher au-dessus, que de la conduire au clocher qui l'attendait. Plusieurs galeries de communication, pratiquées à diverses hauteurs, auraient lié le nouvel édifice à l'ancien. Le projet étudié allait recevoir son exécution, lorsque, en 1737, un violent incendie consuma les constructions du Kremlin et par conséquent l'atelier dans lequel la cloche avait été coulée. Les mémoires du temps disent qu'elle fut en un instant couverte d'une si grande quantité de poutres enflammées qui tombaient dans la fosse du moule, qu'il fut impossible de les éteindre, et que la cloche, rouge comme elle l'était, atteinte par l'eau que les habitants jetaient dessus avec plus de zèle que de science, avait éclaté.

Depuis ce fâcheux événement, tous les souverains de la Russie avaient témoigné le désir de relever la célèbre cloche. En 1819, M. de Montferrand, architecte français au service de l'empereur Alexandre, fut chargé d'examiner de nouveau les lieux et de faire un rapport appuyé de dessins. Il avait constaté qu'en effet la cloche avait été fort endommagée par le feu de 1737, et qu'un morceau considérable s'en était détaché tout à fait.

Plus tard vint l'empereur Nicolas. Il voulut s'assurer si l'art pourrait obvier au dommage et rendre la voix à la cloche. Ayant appris que les proportions gigantesques de cette cloche rendaient impossible l'emploi des procédés dont on use pour réparer celles de moyenne grandeur, il n'en ordonna pas moins qu'elle fût retirée de sa fosse pour être placée sur un piédestal près du clocher d'Ivan-Velikoï.

En conséquence, M. de Montferrand se rendit de nouveau à Moscou, le 25 mars 1836 Son premier soin fut de faire enlever, à une profondeur de

La Cloche de Moscou.

0m.75, les terres qui entouraient la cloche, et d'établir une forte charpente de soutènement pour se mettre à l'abri des éboulements, et quand il lui fut possible d'examiner le monument, il reconnut qu'à la fracture près il était sans défauts, et qu'il pouvait être soulevé et transporté sans risque d'être endommagé davantage.

Le 23 juillet 1836, après une manœuvre difficile mais très habilement conduite, la cloche colossale fut retirée de la fosse où elle était enfouie depuis un siècle et suspendue au-dessus du piédestal qui l'attendait.

La cloche de Moscou, déjà si remarquable par ses proportions et par ses formes, est décorée de sculptures agréables et qui tiennent au style des écoles de Bouchardon et de Coysevox. Les bas-reliefs sont les portraits en pied et de grandeur naturelle, mais inachevés, du czar Alexis Michaïlovitch et de l'impératrice Anna Ivanovna. Entre ces portraits, et sur deux cartouches surmontés par des anges, sont deux inscriptions ébauchées et dont on ne distingue que quelques mots sans liaison. La partie supérieure est ornée de figures représentant le Seigneur, la Vierge et les Évangélistes. Les frises du haut et du bas se composent d'enroulements et de palmes traités largement et avec beaucoup d'art. Si l'on s'en rapportait aux traditions populaires, le métal dont elle a été formée contiendrait une certaine quantité d'or et d'argent, que des gens riches et pieux auraient généreusement jetée dans le creuset au moment de sa fonte.

La Reine des cloches est maintenant exposée à tous les regards au milieu de la grande place du Kremlin, sur un magnifique socle de granit, non loin de la base du clocher d'Ivan-Velikoï. Elle est surmontée de quatre consoles qui supportent une boule surmontée à son tour d'une croix grecque en bronze doré. La hauteur totale de l'ensemble est de 11 mètres. Le morceau cassé a été placé contre l'une des faces du socle, en sorte qu'on peut voir à l'aise l'intérieur de la cloche.

Ce ne fut pas sans un profond dépit que Moscou, la ville sainte, le palladium de la Russie, se vit délaissée par ses souverains pour Saint-Pétersbourg. Depuis le jour où Pierre le Grand alla fixer sa résidence aux rives de la Néva, ses habitants n'ont point cessé de rappeler, avec des plaintes amères, leurs anciens titres à l'affection des tzars. Ils ont attribué à la crainte ce qui n'était cependant qu'une conséquence de la nouvelle position des empereurs. « Aucun d'eux, ont-ils répété souvent, n'ose demeurer parmi nous, parce qu'ils ont plus de confiance dans leurs sujets de Saint-Pétersbourg. » Peut-être cette marque de défiance n'était-elle pas sans fondement, car on dit que Catherine II appelait Moscou « sa petite république orgueilleuse ».

Ce fut elle qui, en 1770, fit élever aux portes de Moscou le château de Pétrovskoï, où elle s'arrêtait quand elle venait visiter cette partie de ses États. Quelques voyageurs, le confondant avec un autre château situé également au voisinage de la ville, en ont, par erreur, attribué la construction à Pierre le Grand.

Cet édifice s'élève à quelque distance de la porte de Tver, sur la grande route de Saint-Pétersbourg, à droite. Il se compose de deux parties distinctes, un massif principal surmonté d'un large dôme peu élevé dont le pourtour est percé de quatorze à quinze fenêtres, et un autre massif en fer à cheval, qui se développe autour du premier. C'est dans la partie circulaire que se trouve l'entrée du château, décorée de deux tours couvertes de petits dômes. Deux tours semblables s'élèvent à l'endroit où se termine cette portion arrondie de l'édifice. Enfin, toujours à droite et à gauche, deux autres tours beaucoup plus grandes relient le reste des constructions de cette même partie du palais. Ces tours, polygonales par la base, sont au contraire circulaires dans la partie supérieure, et les quatre dernières se terminent en terrasses crénelées. Tout l'édifice est bâti en briques, et affecte les formes d'une architecture que l'on a surnommée à tort gothique, à cause de l'emploi de l'ogive dans toute les ouvertures, mais qui n'est qu'un mélange des formes arabes et byzantines, mélange qui apparaît dans la plupart des monuments de l'ancienne Russie. À l'œil ces clochers, ces tours, ces dômes, ces dentelures, ces créneaux, produisent un effet singulièrement pittoresque et gracieux, qui donne à tout l'ensemble de Pétrovskoï un certain air de grandeur et de magnificence. Les jardins, qui s'étendent en arrière du château, sont fort simplement disposés et ne consistent pour ainsi dire qu'en quatre grands massifs; une belle allée d'arbres les sépare de l'édifice. En été, la campagne environnante est très agréable.

Vue du château de Petrovskoï, près Moscou.

Tel est le château de Petrovskoï, ou Napoléon séjourna durant le grand incendie de Moscou, les 17, 18, 19 et 20 septembre 1812. Aujourd'hui, c'est encore là que s'arrêtent les empereurs avant de faire leur entrée solennelle dans leur seconde capitale.

Le couvent de Troïtzka-Sergrevskaïa-Lavra, ou Troïtza, est bâti sur une colline, à une soixantaine de verstes de Moscou ; ses quatre-vingts coupoles dorées l'annoncent de loin au voyageur. On y arrive par une large rue qui conduit à une grande place, où s'élève le vaste hôtel construit par les religieux pour les voyageurs et les pèlerins. La petite ville de Troïtza est située au-dessous du monastère ; elle est entourée de murs en briques, crénelés, de 16ᵐ.24 d'élévation. On y remarque un palais impérial, un archevéché, neuf églises, un hôpital et un bazar.

L'église de Troïtza (Trinité) conserve les reliques de saint Serge, et son tombeau en or et en argent massif, décoré d'une profusion de pierres précieuses. Le dais d'argent qui surmonte ce tombeau pèse 1.200 livres. L'enceinte du temple contient d'anciennes fresques et un grand nombre d'autres peintures. On y voit, entre autres, l'image de saint Serge, peinte sur bois, que Pierre le Grand faisait porter, dit-on, devant lui, comme un palladium, à tous les sièges et à toutes les batailles.

Bâti par l'architecte comte de Rastrelli au milieu d'une grande place, le le clocher a 81ᵐ20 d'élévation ; son carillon est composé de trente-cinq cloches, dont la plus grande pèse à elle seule 140.000 livres.

Le trésor du couvent occupe un bâtiment séparé. « Il se compose, dit M. d'Haxtausen dans ses *Études sur la Russie*, d'ornements d'église, de vêtements, de vases sacrés, et surpasse en richesse et en valeur tout ce que j'ai vu autre part en Russie, en Europe, à Rome, et même à Lorette. C'est ici qu'on peut admirer la finesse et le dessin des broderies russes, la beauté et la richesse des brocards et des tissus d'or et d'argent, à partir du quatorzième siècle jusqu'à nos jours. On y voit aussi beaucoup de vases de fabrication étrangère. Presque tous les czars et les czarines, les princes et les boyards, ont fait des pèlerinages à ce couvent, et y ont laissé de précieuses offrandes. Les plus riches sont, sans contredit, celles du czar Boris Godounoff et de son épouse Marie, dont on voit ici les tombeaux ; de l'impératrice Elisabeth et de Catherine II, qui semble avoir voulu dédommager ce couvent des pertes immenses que lui avait fait supporter sa politique hostile aux monastères. De grandes armoires vitrées contiennent des vases précieux, des calices, des ciboires, des crucifix, des ostensoirs, des reliquaires, des mîtres épiscopales, des crosses d'évêque, pour la plupart en or incrusté de pierres précieuses. Plus loin, on voit des ornements d'église, des évangiles et missels reliés en or, des surplis, des étoles, des garnitures d'autel, des draps mortuaires, qui semblent des tissus de perles. Parmi les curiosités, on nous fit voir l'habit de chasse du czar Jean le Terrible, le cilice et le gobelet en bois de saint Serge, des vêtements de prêtre brodés par l'impératrice Catherine II et ornés de diamants et de perles fines, et un calice rayonnant de pierres du plus grand prix. On me fit remarquer, en particulier, une agate taillée, au milieu de laquelle la nature s'est plu à représenter l'image parfaite d'un moine agenouillé devant une croix. »

Le monastère possède une bibliothèque riche d'environ 6.000 volumes, une imprimerie et une chromolithographie, une école instituée pour les enfants indigents, et un séminaire, ou plutôt une académie théologique, fondée en 1549, par l'impératrice Elisabeth, et qui compte à peu près cent élèves. Le bâtiment affecté à ce dernier établissement est l'ancien palais, et la salle des cours a été jadis habitée par Pierre 1er.

Comme dans tous les couvents de l'Orient, les mendiants abondent à celui de Troïtza, qui en nourrit une centaine par jour. Une multitude de corneilles et

Le Monastère de Troïtza, en Russie.

de corbeaux apprivoisés ont établi leur résidence sur les beaux tilleuls et les bouleaux qui ombragent la grande cour.

Saint Serge Radonieski, qui fonda le monastère, vers l'an 1330, s'était fait ermite dans ces lieux alors déserts ; sa renommée de sainteté attira à lui une foule de prosélytes, et bientôt s'éleva le couvent de Troïtza, dont il fut le premier archimandrite (abbé) "Lorsque le kan des Tartares Mamaï envahit la Russie à la tête d'une armée, le grand-duc Dmitri Ivanowich sollicita de saint Serge l'appui de ses conseils et de ses prières. Le saint homme lui envoya deux de ses moines pour l'exhorter à aller au devant de l'ennemi, lui promettant la victoire. Le grand-duc suivit ce conseil ; il rencontra les hordes tartares dans la plaine de Koulikoff, non loin du Don. Une bataille terrible s'engagea, et bientôt l'ennemi, battu sur tous les points, fut en déroute complète.

La légende raconte que, le jour du combat, saint Serge, éloigné de plus de 100 milles du théâtre de la guerre, avait réuni les moines à l'église pour y implorer la protection du ciel, et que, s'étant prosterné, il se releva tout à coup, annonça aux fidèles que les chrétiens avaient triomphé, que l'ennemi fuyait de toutes parts, nomma même les victimes tombées sur le champ de bataille, et fit dire une messe pour le repos de leurs âmes.

En 1609, les Polonais tinrent le couvent bloqué pendant seize mois, sans parvenir à vaincre, par les armes, par la ruse ni par l'or, la résistance héroïque des moines et de la garnison, que commandaient le prince Dolgo-rouki et le boyard Golochvastoff. Après la retraite de l'ennemi, le monastère fit vendre, à Moscou, ses vases d'or et d'argent pour solder les troupes qui avaient servi à le défendre. En 1612, les Polonais s'étant emparés de Moscou, ce fut encore le monastère de Troïtza qui, le premier, s'arma pour la défense de la patrie. L'archimandrite Denis et le prieur Palitzine réunirent de tous côtés des troupes, et expédièrent des courriers à tous les boyards, en les exhortant à voler au secours de la sainte mère Moscou. À cet appel, le pays se leva en masse, et les Polonais furent expulsés. Troïtza, assiégé de nouveau en 1615, par le prince polonais Wladislaff, lassa l'ennemi par son invincible résistance, et la paix se conclut entre les deux peuples sous les murs même du couvent.

C'est dans l'église de la Trinité qu'en 1682, Nathalie Narichkin, mère de Pierre le Grand chercha pour son fils, âgé alors de dix ans, une protection contre la fureur des strélitz qui le poursuivaient. Éperdue, elle se réfugia au pied de l'autel, sur lequel elle plaça son fils; mais l'asile fut violé; le jeune prince, découvert par deux strélitz, allait être frappé à mort, lorsque, ému de pitié, l'un des soldats hésita. Dans le même instant des cavaliers survinrent et le sauvèrent.

Pierre Ier ne connut pas ce sentiment de commisération auquel il avait dû la vie, et se montra impitoyable, même envers sa famille. Il tint enfermée dans les cachots de Schlusselbourg sa première femme, Eudoxie, répudiée après deux ans de mariage. Non content d'avoir arraché une renonciation au trône au fils qu'il avait eu de cette princesse, Alexis Petrovitz, dont tout le crime était de ne pas approuver assez les réformes de Pierre le Grand, il le fit juger et condamner à mort (1718); puis la sentence rendue, il voulut se donner aux yeux du monde le mérite de la clémence et lui fit grâce. Mais les Mémoires de l'époque l'accusent d'avoir secrètement fait ôter la vie à cet infortuné, soit à l'aide d'un breuvage empoisonné, soit en lui faisant ouvrir les quatre veines ou trancher la tête.

Alexis Pétrovitz ne périt pas seul : un grand nombre de ses partisans furent enveloppés dans l'accusation élevée contre lui. Parmi les plus illustres, on cite le boyard Abraham Lapoukine, frère de la czarine Eudoxie; Alexandre Kikin, premier commissaire de l'amirauté, ci-devant favori du czar; l'évêque de Rostow et Poustinoï, confesseur et trésorier de la czarine, qui furent roués vifs, et un cinquième, Glébof, qui fut empalé. Un échafaud très élevé avait été cons-truit, pour l'exécution, sur la place en face du palais; le corps de Glébof fut placé au milieu, et les têtes des quatre autres aux quatre coins. La haine de l'autocrate n'était pas encore éteinte dans ces flots de sang; il frappa au delà

même de la mort l'une de ses victimes, Lapoukine, en faisant raser le monument
funèbre sous lequel il repose dans le cimetière de Troïtza.

Jusqu'au temps de Pierre le Grand, toutes les classes de la société russe,
depuis les souverains jusqu'aux paysans, étaient restées fidèles à leur ancien
costume national. Mais la volonté de fer du czar ayant imposé aux classes les
plus riches les costumes occidentaux, la tradition tout à coup interrompue fit
place aux révolutions capricieuses de la mode, et l'on vit insensiblement la
noblesse et la bourgeoisie renoncer entièrement à tout ce qui pouvait rappeler le
vieux costume russe. Cependant Catherine II crut devoir flatter ce que la nation

Tombeau mutilé de Lapoukine, dans le monastère de Troïtza.

conservait encore de goût pour les usages du passé, en se faisant représenter
sur une médaille avec le costume des bourgeoises de Kalua. Plusieurs villes de
l'intérieur parurent aussi vouloir lutter quelque temps contre les innovations;
mais presque toutes ont peu à peu cédé à l'entraînement général. Aussi le voyageur éprouve-t-il aujourd'hui une certaine surprise en arrivant à Forjok, ville
située à 160 kilomètres à peu près au nord-ouest de Moscou. Il peut se croire
ailleurs qu'en Russie. C'est surtout la coiffure des femmes mariées qui attire son
attention. On appelle cette sorte de bonnet *kokochnik*. Les kokochniks de Forjok,
comme ceux de Kaluga et d'Iaroslaw, ont la forme d'une demi-lune avec des
bouts relevés en haut. Dans d'autres contrées on les porte tout à fait ronds. En
général, la partie antérieure des kokochniks est ornée de perles, quelquefois de
pierres précieuses, et l'on remarque à ses extrémités de riches passementeries.

Il est possible que cette coiffure ait été imitée de celle des femmes tartares; au moins est-il sûr qu'elle était en usage chez ces dernières. D'après un ancien voyageur, les femmes tartares portaient sur leur tête « quelque chose de rond, fait de saule blanc ou de l'écorce d'un arbre, collé avec des étoffes rouges ». Dans le précieux ouvrage de Cornélius le Brun, on voit que la coiffure des femmes tartares d'Astrakan était pointue, et ressemblait à une mitre, dont les extrémités ornées de perles retombaient en tresses; elle était couverte, ainsi que la figure des femmes tartares, d'un voile fin et blanc que les Russes appellent *fata*. Le vêtement des femmes russes le plus en usage et en même temps le plus ancien, est le *sarafan*. Il est sans manches, et fermé devant par des boutons de cuivre ou d'argent. On le fait d'étoffes plus ou moins belles, en l'ornant aux bords et au milieu de rubans ou de passementeries; souvent on l'enrichit d'une ceinture en soie, à laquelle les maîtresses de maison ont coutume de suspendre leurs clefs. Le sarafan rond, avec beaucoup de fentes par derrière, s'appelle *choubka*. Par dessus le sarafan ou choubka, on porte encore une sorte de mantille, à laquelle on ajoute des manches en hiver, et qui s'appelle *douchégreika*. Les paysannes slaves des anciennes provinces de la Russie ont aussi conservé l'usage de ces vêtements, si utiles pendant les rigueurs du froid.

Tous les auteurs qui ont écrit sur la Russie ont remarqué que ce pays avait eu successivement cinq capitales; nous avons déjà parlé de Saint-Pétersbourg et de Moscou. Les autres sont Novgorod, Kiev et Vladimir.

NOVGOROD-VÉLIKI, ou Novgorod-la-Grande, est située entre Saint-Pétersbourg et Moscou, à 57 lieues de la première ville et à 112 de la seconde. Ce fut, dans les anciens temps, la plus importante ville du Nord par sa population, son commerce et la puissance de ses armes. *Qui peut*, disaient ses voisins, *qui peut résister à Dieu et à la Novgorod?*

On la suppose fondée au cinquième siècle par les Slaves. République au neuvième siècle, elle appela des bords de la Baltique le varègue Rurick, pour mettre fin aux dissensions intestines qui la déchiraient. De là date l'établissement de la maison de Rurick, dont les descendants se répandirent successivement dans toute la Russie.

Abandonnée peu de temps après la mort du chef Varègue, pour Kiev, elle continua à se maintenir en république, avec des gouverneurs d'une autorité limitée; plus tard lorsque le système des apanages se trouva suffisamment établi par la force et par l'opinion, elle fut donnée à un membre de la famille régnante; mais elle sut toujours conserver ses droits, son organisation républicaine et ses libertés contre les princes, ses gouverneurs immédiats, et contre le grand-duc de Kiev, suzerain général de toutes les Russies.

En 1164, elle entra dans la Ligue hanséatique pour se soustraire à l'autorité suzeraine.

Lors des irruptions des Tartares, elle était trop loin placée dans le Nord pour subir immédiatement leur joug. Batu-Khan s'en approcha toutefois jusqu'à 100 verstes (50 lieues); mais, effrayé par les marécages et les forêts qui l'environnaient, il s'arrêta. Ainsi cette ville fut préservée de ces horribles ravages où, selon les paroles des annalistes, « les vivants enviaient aux morts la tranquillité des tombeaux ».

Costumes des femmes de Forjok.

Néanmoins, les possesseurs apanagés de Noveti, après la prise de Kiev, se rendirent d'eux-mêmes à Batu. Ce chef tartare, semblable à un suzerain, prononçait, à chaque décès d'un prince russe, sur le successeur, sous peine de déchéance contre celui qui aurait osé se couronner d'un apanage sans son consentement.

Novgorod, prépondérante dans le Nord comme une seconde capitale, avait 400.000 habitants, et possédait les premiers comptoirs des villes anséatiques, lorsqu'en 1471, sous Ivan le Superbe, elle fut attaquée par la ruse et la force : vaincue, dépouillée de ses libertés, distraite de ses relations avec les villes anséatiques, elle tomba dans une parfaite nullité. Les citoyens les plus riches et les plus marquants, furent transportés à Moscou et dans d'autres villes ; on leur enleva la cloche *éternelle*, qu'un préjugé populaire faisait regarder comme le Palladium de leur liberté. Un siècle après, à l'occasion d'une longue révolte (1569-1578), elle fut prise, brûlée, et presque entièrement détruite. Elle se rétablit peu à peu par le commerce ; mais pillée en 1611, par les Suédois, elle reçut le coup de grâce. D'ailleurs, depuis l'érection de Saint-Pétersbourg, elle a dû renoncer pour toujours aux prétentions qu'elle pouvait élever auparavant comme la principale ville du Nord.

Kiev. — Kiev, sur les bords du *Dnepr* (Dniéper), est située dans la Russie méridionale. Selon les écrivains polonais, elle parait avoir été fondée par les Slaves, en même temps que Novgorod, vers le cinquième siècle. Peu de temps après l'établissement de Rurick dans le Nord, elle tomba sous la possession d'Oskold, guerrier varègue d'un haut renom.

Dès les premiers successeurs de Rurick, elle devint, ainsi que nous l'avons dit plus-haut, à cause de sa position méridionale, la résidence des *grands princes* dont plusieurs fois les armes imposèrent un tribut à Constantinople, proie magnifique dès lors comme aujourd'hui, convoitée ardemment par les nations du Nord.

Trois siècles après son élévation au rang de capitale, en 1150, nous trouvons en Russie soixante et onze princes, tous issus de la maison de Rurick, et tous reconnaissant le souverain de Kiev comme leur *grand-duc* ou leur *grand-prince*. Ce n'était point un système politique habilement organisé comme celui de l'Europe occidentale ; c'était une déférence moitié forcée, moitié instinctive que des princes du même sang, unis par un même intérêt contre leurs voisins, rendaient au descendant le plus direct du fondateur de la puissance varègue.

On remarque à Kiev une colonne de vingt pieds d'élévation, reposant sur un piédestal quadrangulaire, supportée par un massif en pierres dont l'intérieur voûté est orné de tableaux ; au milieu est une fontaine d'où jaillit une eau ferrugineuse réputée pure et sainte. Ce monument, situé à côté du puits où fut baptisé Vladimir Ier à la fin du dixième siècle, est destiné à conserver le souvenir de la conversion de la nation. Vladimir embrassa en effet le christianisme avec ses sujets à l'occasion de son mariage avec Anne, sœur des empereurs de Constantinople. On l'appelle Vladimir *le Grand*, Vladimir *le Saint* ; il était monté sur le trône par l'assassinat de son frère et de ses deux neveux.

Kiev était devenue une ville somptueuse d'un luxe inouï : elle était appelée par les Grecs la *Capoue*, la Constantinople du Nord ; comme Constantinople, elle avait une porte d'or. L'incendie de 1124 y consuma, dit-on, six cents églises.

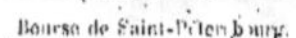

Bourse de Saint-Pétersbourg.

A la fin du douzième siècle, la puissance commença à se transporter au souverain de l'apanage de Vladimir. Il y eut conjointement des *grands-ducs* à Kiev, et des *grands-ducs* à Vladimir. La lutte s'établit entre ces deux villes comme jadis entre Novgorod et Kiev, jusqu'à ce qu'enfin cette dernière capitale, sans cesse attaquée au dehors par les peuplades tartares et turques, déchirée au dedans par les factions rivales, finit par abandonner complètement la prépondérance à Vladimir.

En 1239, Kiev tomba au pouvoir de Batù-Khan ; et courbée pendant quatre-vingts ans sous le joug immédiat des Tartares, elle fut définitivement rayée du rang de capitale.

Kiev compte aujourd'hui 180.000 habitants. On aperçoit de très loin ses coupoles dorées et brillantes étinceler à l'horizon.

On remarque dans la vieille ville la riche et magnifique cathédrale de Sainte-Sophie. Les flancs de la montagne sur laquelle est construite la ville haute, renferment les catacombes creusées par saint Antoine et par douze de ses disciples. On y vient en pèlerinage honorer, aux fêtes de la Pentecôte, les corps de soixante-treize saints qui y sont conservés.

VLADIMIR. — Vladimir, la quatrième des capitales de la Russie, a été la moins considérable de toutes ; et aujourd'hui encore elle est peu importante, à cause de sa trop grande proximité de Moscou (40 lieues à l'est). Elle ne compte guère plus de 13.000 habitants. Cette ville commença à rivaliser de puissance avec Kiev sous André Ier Bogoliôubski (1157-1175), lorsque ce prince de Souzdal y transféra sa résidence et prit le titre de *grand-prince*, en même temps que Iasislaf III le prenait aussi à Kiev. André fit sans cesse la guerre à Kiev et à Novgorod ; et peu de temps après lui, Vladimir devint la métropole, titre qu'elle conserva 170 ans, pour le céder ensuite à Moscou.

NOVGOROD, en russe, signifie « nouvelle ville » ; *Nijni* veut dire « inférieure » ; on distingue par ce dernier nom la ville où se tient la foire de Novgorod la Grande, située plus au nord.

Le pays, au sud de Nijni-Novgorod, est remarquable par la richesse de sa végétation. De tous côtés s'étendent, à perte de vue, de grands espaces découverts, des champs ondulés de riches moissons, de larges routes, rarement des chaussées, des villages aux maisons grisâtres en bois, rangées en ligne, ou groupées sans ordre ni régularité.

NIJNI est assise sur une hauteur, au confluent de l'Oka et du Volga, à 1100 kilomètres environ de Saint-Pétersbourg, et à 390 de Moscou ; elle doit à cette position d'être le centre de la navigation intérieure de tout l'empire. Dominant de tous côtés sur une vaste plaine, et confusément hérissée de coupoles, de clochers rayonnants d'or et d'argent, couronnée par son kremlin aux crénelures antiques, elle a un aspect très pittoresque, et rappelle, comme Moscou, sous un ciel d'été, les villes de l'Orient. Ce kremlin, ou palais fortifié de Nijni-Novgorod, est entouré de fortes murailles en pierre et commande l'élévation sur laquelle est bâtie la ville haute. De ce point on embrasse du regard une immense plaine de verdure traversée par le Volga, tout le quartier du commerce et une partie de la ville basse ; à ses pieds on voit, au temps de la foire, la forêt de mâts de milliers de barques. A la même époque,

une diligence commode fait le trajet de Moscou à Nijni-Novgorod; intérieurement, la voiture est divisée en plusieurs coupés, chacun pour deux
personnes, avec une table et un miroir sur le devant. Les voyageurs ont presque
tous une provision de thé; en arrivant aux relais, ils demandent deux tasses et
un *samovar* (bouilloire), pour le prix habituel de 10 kopecks d'argent (40 centimes), et ils préparent eux-mêmes leur boisson.

Les concerts, les bals, les spectacles, animent la ville pendant toute la durée
des transactions commerciales.

Nijni-Novgorod.

Une promenade très vaste, mais dénuée d'ombrage, nommée la *Goulianie*,
est très fréquentée. Presque toutes les femmes que l'on y rencontre, même celles
des pêcheurs, ont au cou trois ou quatre files de perles fines; les femmes dont la
fortune est plus considérable en portent dix à douze rangs, indépendamment de
leur coiffure en forme de diadème qui en est parsemée.

La foire de Nijni-Novgorod est appelée quelquefois *Makarief*. Anciennement
elle se tenait près du couvent de ce nom, situé à onze milles de Nijni. La foire de
Makarief avait été instituée, en 1524, par le czar Wassili Joannowitsch, après
qu'il eut interdit le marché de Kasan aux négociants russes. En 1544, les Tartares
détruisirent le couvent, qui ne fut rebâti qu'en 1624; en 1817, il devint la proie
des flammes, et le gouvernement jugea convenable de transporter la foire à Nijni-
Novgorod.

Vers le commencement de mai, époque de la fonte des neiges, les eaux débordées du Volga et de l'Oka ont envahi le terrain de forme angulaire qui est compris entre leurs rives et affecté à la foire. C'est alors un lac immense. Mais, au 25 juillet, commencement de la foire, qui finit un mois après, le 25 août, et quelquefois plus tard, les eaux se sont entièrement retirées. En arrivant à Nijni, on aperçoit au loin l'immense bazar en pierre, à l'entrée duquel flottent deux drapeaux qui annoncent l'ouverture de la foire.

Dans la rue qui s'étend dans la direction du pont de l'Oka on voit étalés des articles de toilette de toutes façons, des vêtements communs et à bas prix. L'affluence y est beaucoup plus grande qu'ailleurs : c'est le peuple presque seul qui y fait ses achats.

La valeur des marchandises de toute espèce, fer, cuivre, vins, étoffes d'Europe et d'Asie, coton, thé, orfèvrerie, joyaux, etc., que l'on trouve exposées à la foire de Nijni-Novgorod, s'élève, année moyenne, de 200 à 250 millions. Le nombre des voyageurs que ce célèbre marché attire est ordinairement de trois à quatre cent mille.

Les auberges ne sont pas rares; on y consomme en abondance des champignons, des pommes de terre, des poissons, des concombres préparés de toutes les manières. Des restaurants élégants sont aussi ouverts dans tous les quartiers de la foire : mais leur cuisine, où l'huile remplace entièrement le beurre, n'est pas du goût de tous les voyageurs de l'Occident. Un grand nombre de sommeliers attentifs, en chemise russe assez semblable à une blouse, s'empressent autour des convives et leur présentent, après le dîner, de longues pipes allumées.

Pour faciliter le cours des affaires, le gouvernement établit, pendant la foire, un nombre suffisant d'avoués assermentés, de notaires, d'agents de change, et une succursale de la Banque du commerce.

Comme importance commerciale, à Nijni-Novgorod on peut comparer Odessa, le plus grand port de la Russie.

La ville d'ODESSA est située dans une petite baie de la mer Noire, entre les embouchures de deux grands fleuves, le Dnieper et le Dniester. Il y a 150 ans, on ne voyait encore à cette place qu'un petit village de pêcheurs tartares. Les avantages de la position sous le rapport commercial attirèrent l'attention de l'impératrice Catherine, et bientôt de nouveaux habitants, attirés par les encouragements du gouvernement, vinrent transformer les cabanes en maisons et les barques en navires. On ne négligea rien, sous les règnes suivants, pour favoriser les progrès de cette ville en quelque sorte improvisée. En 1803, le duc de Richelieu, depuis ministre de Louis XVIII, fut nommé par l'empereur de Russie gouverneur d'Odessa ; il contribua puissamment, par sa bonne administration, à la prospérité rapide du nouvel établissement. A son arrivée, le nombre des habitants était de cinq mille ; il était de trente-cinq mille, onze ans plus tard, lorsqu'il résigna ses fonctions pour revenir en France. Le courage et le dévouement dont il fit preuve pendant les ravages d'une peste terrible, en 1815, a laissé de touchants souvenirs dans la population. En 1817, un ukase de l'empereur a classé Odessa parmi les ports libres, et a exempté les habitants de taxe pendant trente ans. Aujourd'hui, le nombre des habitants est de près de 298.000. « Odessa, dit Malte-Brun, exporte tous les blés, les bois, les cires, les peaux de l'Ukraine, tant russe que polonaise, et en général toutes les

marchandises qui descendent le Dniester et le Boug ; elle importe les vins et
les fruits de la Méditerranée, les cuirs et les soieries du Levant, et les autres
articles de luxe étranger. Elle est bâtie sur un terrain incliné au bas duquel
est le port, construit de manière à pouvoir recevoir jusqu'à trois cents

Odessa (sur la mer Noire).

navires. Entre la ville, formée de maisons en pierres, et le port, est une rangée
de belles casernes d'un aspect imposant. »
   Les maisons sont, pour la plupart, séparées les unes des autres, et leur
ensemble n'offre pas toute la symétrie désirable. Les rues pavées sont rares,
et après les grandes pluies la boue rend les communications impraticables pour
les piétons. Les principaux édifices sont : la Cathédrale, l'Amirauté, la
Bourse, le Théâtre et l'Hôpital civil. Les fortifications sont en bon état. Sur
l'esplanade qui domine le port on a élevé un monument à la mémoire du duc de
Richelieu. Parmi les établissements d'instruction, on cite le lycée Richelieu,

fondé en 1818; une école militaire, instituée par l'empereur Alexandre; un Musée où l'on rassemble toutes les antiquités de la Russie méridionale. L'industrie y compte plusieurs établissements importants, tels que des distilleries de grains, brasseries, manufactures de laine, soieries, etc. Les grains qui s'accumulent à Odessa, pour être ensuite exportés, arrivent dans cette ville par terre plus encore que par eau. Au mois de mai, on commence à voir arriver de petites voitures chargées de blé; souvent, dans les mois de juin et juillet, le nombre de ces voitures qui entrent en un seul jour dans la ville est de six cents et même de mille. Chaque voiture, traînée par deux bœufs, transporte huit sacs de blé.

Les Cosaques. — Le pays des Kosaks du Don est régi suivant un mode entièrement différent de celui des autres provinces russes. Un certain nombre de fonctions civiles et militaires y sont électives, mais l'*ataman* ou chef suprême de l'autorité est à la nomination de l'empereur. Aujourd'hui, le césarévitch, héritier présomptif du trône, est ataman en titre; de fait, il est remplacé par un ataman délégué. L'influence russe, qui s'accroît tous les jours chez les Kosaks, est parvenue à transformer peu à peu en aristocratie régulière leur ancienne démocratie ombrageuse et turbulente : les assemblées populaires ont perdu presque tous leurs droits, et le pouvoir de la chancellerie, régi par un chef d'état-major russe, s'est accru considérablement. Les nobles, fixés en grand nombre dans la capitale, ont des privilèges que ne partage pas la masse de la nation; ils obtiennent un avancement plus rapide, et traitent avec une certaine morgue les gens de condition inférieure. Cependant, tous les Kosaks sont libres de leurs personnes; ils ont le droit de posséder en propre tout ce qu'ils peuvent acquérir; ils sont exempts de la capitation et du monopole impérial sur le sel et l'eau-de-vie. En revanche, ils doivent fournir constamment à l'empire environ 15.000 hommes de cavalerie, et, en cas d'urgence, la levée en masse peut donner environ 100.000 soldats. Mais le pays serait alors complétement privé d'hommes; car le nombre total des Kosaks du Don ne surpasse guère 400.000. On voit qu'il y a loin de là à ces hordes innombrables qui obscurcissaient l'éclat du soleil par des nuées de flèches, et qui plaçaient aussi leurs frontières à la pointe de leurs piques.

Tout Kosak est soldat de quinze à cinquante ans, et il n'est pas rare de voir des jeunes gens d'une vingtaine d'années qui ont déjà fait deux ou trois campagnes. C'est un grand jour, dans une *stanctza*, que celui du départ des hommes destinés à recruter l'armée du Caucase. Ils ont dépouillé les vêtements simples et grossiers qui les recouvraient, et ont pris l'uniforme de rigueur : pantalon large en drap bleu foncé, avec bandes rouges sur le côté; capote légère serrée sur la poitrine et autour de la taille par une rangée d'agrafes sans un seul bouton, bonnet en forme de cône renversé, recouvert d'astrakan ou de feutre noir, avec des ganses nattées et un pompon de couleur blanche, la coiffe rouge, qui forme le fond, ressortant à droite. L'armement se compose d'un sabre, d'un fusil porté en bandoulière, d'une paire de pistolets fixés à la ceinture, enfin d'une lance de deux mètres et demi à trois mètres de longueur. Le moment fatal arrive : la population entière suit des yeux cette troupe de cavaliers, si pittoresquement équipés, jusqu'à ce qu'ils disparaissent au détour du chemin; alors on s'en retourne tristement chez soi en faisant des vœux pour les absents.

Malgré cet assujettissement, le Kosak est plus libre qu'aucun autre habitant de l'empire; et c'est un dicton proverbial en Russie que celui de *libre comme un Kosak*. D'ailleurs, l'oubli des franchises et des priviléges passés n'est pas tel, chez eux, qu'on n'ait continué à respecter certains usages qui les rappellent. Lors de certaines fêtes publiques, leurs chartes fondamentales sont portées en procession solennelle dans les rues de la capitale, quoique pas un d'eux, peut-être, n'en connaisse bien le contenu. L'empereur lui-même ménage et flatte d'une manière très marquée ces sujets dont les révoltes ont été souvent si formidables.

Industrie et richesses naturelles des Cosaques. — Les occupations des Kosaks du Don consistent dans l'agriculture, l'éducation des bestiaux et la pêche. Recouverte presque partout d'une terre végétale excellente, la steppe est propre à recevoir la culture la plus variée, et sur les flancs de certaines vallées on pourrait recueillir les productions des climats les plus favorisés. Sous un soleil de plomb qui embrase l'atmosphère pendant deux à trois mois de l'année, et qui l'échauffe, à l'ombre, jusqu'à l'effrayante température de 40 degrés, des melons exquis, des pastèques, des *ogourtzi* cu concombres d'une saveur délicate, viennent à maturité, sans soins et presque sans culture. Les céréales de nature variée, y compris le maïs, viennent aussi parfaitement, et donnent au moins jusqu'à trois grains pour un. La vigne, introduite par Pierre le Grand sur les bords du Don, réussit bien, et avec un peu d'habileté et de persévérance, il n'est pas douteux que l'on n'en obtint des produits remarquables. La volaille abonde autour des habitations : poules, canards, dindons, pintades même, rien n'y manque. Des oies à demi sauvages font de continuelles promenades de la steppe à la vallée, et de la vallée à la steppe, en accompagnant leur vol lourd de ces cris aigus qui sauvèrent le Capitole. Des ruches nombreuses donnent un miel exquis, lorsqu'il est bien préparé; des bestiaux de belle race, bœufs, moutons et porcs, trouvent dans les vallées et dans la steppe même une nourriture facile. Le gibier abonde aussi dans la steppe : lièvre, perdrix, canards sauvages, outardes, se rencontrent à chaque pas. Le grand et le petit Don fournissent beaucoup de sterlets et d'esturgeons, poissons délicats d'où l'on retire le caviar, si recherché dans une grande partie de l'Europe orientale et méridionale. Malgré toutes ces richesses naturelles, le Kosak est loin de vivre confortablement. Il conserve la meilleure part de ces denrées pour les vendre aux marchands russes qui viennent les chercher, et il n'en retire que l'argent strictement nécessaire à l'entretien de son établissement et de sa maison. Pendant qu'il vit presque uniquement de pain, d'eau, de melons et de pastèques, s'enivrant parfois avec de mauvaise eau-de-vie, et regardant comme un délicieux régal un mélange torréfié de graines de melon, de maïs et de tournesol, sa volaille et ses porcs vieillissent et ne servent à sa nourriture que lorsqu'ils n'offrent plus qu'un mets indigeste. Ses bestiaux, son miel, son caviar et son poisson alimentent les marchés étrangers; son gibier est la pâture des innombrables oiseaux de proie qui planent sur la steppe; son vin même, d'une qualité mousseuse, qui rappelle nos crus inférieurs de même genre, est exporté jusqu'en Sibérie, et ce qui en reste se vend aussi cher que les vins mousseux ordinaires en Champagne. Ce régime de vie singulier, qui est adopté par les paysans dans presque tout l'empire, et que l'on ne saurait qualifier du nom de sobriété, puisque l'ivrognerie est un des défauts dominants du Russe, n'est pas sans influence sur le caractère de la nation. La force de ces hommes est plutôt passive qu'active. Ils savent endurer le froid, la chaleur, la fatigue, les privations de tout genre, et résister à des maux que d'autres ne supporteraient pas; mais ils n'ont point cette spontanéité, cet élan qui forment le caractère distinctif de la nation française, et qui l'ont fait triompher si souvent sur les champs de bataille, contre l'Europe coalisée.

Costumes. — L'habillement ordinaire des Kosaks dans les campagnes est des plus simples; il se compose, pour les hommes comme pour les femmes, d'une longue chemise de toile grise serrée autour de la taille avec une ceinture. Les hommes portent au-dessous un pantalon large de même étoffe. Ils marchent nu-pieds dans l'intérieur de leurs villages, et avec des bottes ou des sandales grossières dans leurs chemins rocailleux. Les hommes ont ordinairement la tête couverte d'une casquette d'uniforme, façon prussienne, en drap gros bleu avec bordure et lisière écarlate; les femmes se voilent avec un fichu de couleur pour se garantir de l'ardeur du soleil. Comme à des journées brûlantes succèdent souvent des nuits froides où la rosée est abondante, ils ont presque toujours avec eux dans leurs excursions, leurs casaques en peau de mouton, qu'ils portent le poil en dedans. Avec cette précaution, ils peuvent très bien s'accommoder de la légèreté de leurs habits de toile, qui conviennent essentiellement aux travaux de la campagne pendant l'été. Ce vêtement, disgracieux pour la plupart des femmes, ne messied point aux hommes dont la taille est généralement bien prise. Au milieu des vastes prairies et des bouquets de bois de la vallée du Donetz (petit Don), le retour des chariots chargés d'herbes, lentement traînés par des bœufs accouplés sous le joug et guidés par ces cultivateurs demi-sauvages, offre chaque soir, dans la saison des foins, un tableau plein de charme qu'éclairent le plus souvent les derniers rayons d'un couchant sans nuages.

Stanitzas, khouthors, et habitations des Cosaques. Églises. — La population kosake est répartie entre les villes et les stanitzas ou stations principales, dont chacune a son ataman particulier, son corps de garde, son relai de poste, etc ; il y a, de plus, une foule de khoutors ou hameaux peuplés en grande partie par des paysans qui cultivent les terres environnantes au profit d'un ou de plusieurs nobles kosaks. Des villages en assez grand nombre, que l'on rencontre dans la partie occidentale du territoire, et qui sont exclusivement habités par ces cultivateurs, ont une population qui s'élève quelquefois jusqu'à trois ou quatre mille habitants.

Irrégulières d'abord dans leur plan et leur disposition, les stanitzas ont pris peu à peu ce caractère d'uniformité qu'une profonde poliitque et une sage prévoyance impriment à tous les pays soumis à l'empire russe. On n'y voit presque plus aujourd'hui que des rues droites et larges, bien alignées, s'entre-coupant à angles droits, et composées de maisonnettes en bois, entourées chacune d'une cour close de palissades. Ces maisons n'ont qu'un étage élevé d'un à deux mètres au-dessus du sol : elles sont carrées; recouvertes d'un toit assez plat, formant pignon sur rue, et se prolongeant au-dessus d'une galerie extérieure qui en fait ordinairement le tour, et sur les bancs de laquelle on dort pendant les belles nuits d'été, enveloppé dans une peau de mouton. Un escalier extérieur sert à monter à la galerie qui est au même niveau que le plancher de l'étage. L'intérieur est divisé en deux, trois ou quatre compartiments; au centre est placé un vaste poêle calorifère en briques ou en argile, recouvert, chez les riches, de petits carreaux de faïence émaillée, et dont la cheminée s'élève peu au-dessus du toit. Quoiqu'en bois ou en argile, et recouvertes de chaume ou de

lattes, ces maisons ont toujours à l'extérieur et à l'intérieur une apparence
remarquable de propreté. Les planchers sont balayés, lavés même; les poutrelles
du plafond sont assemblées et travaillées avec goût; les enduits sont blanchis
souvent à la chaux; en un mot, la tenue de la plupart des habitations kosakes
ferait honte à un très grand nombre de ces maisons noires et enfumées que l'on
tolère dans les faubourgs et au centre même de Paris. Mais, en examinant la chose
de plus près, on éprouve bientôt un désenchantement complet. Par une fatalité
singulière, le plus insupportable des insectes que la nature ait jetés à la surface
du globe pour forcer l'habitant des climats chauds à une exquise propreté, s'il
veut vivre tranquille, la puce, puisqu'il faut l'appeler par son nom, fourmille dans
ce pays; on la rencontre partout, dans l'intérieur des maisons comme dans les
rues des villages, dans des meules de foin isolées comme sur le bord des rivières,
et dans la steppe même où des personnes dignes de foi prétendent qu'elle est endé-
mique. Quoique plus d'une observation rende probable ce fait assez étonnant, si
les Kosaks donnaient scrupuleusement à leur propre personne les soins qu'ils
prodiguent à leur habitation, s'ils reléguaient dans une basse-cour écartée la race
immonde des porcs qui rôde jour et nuit sous les fenêtres et jusque sur la galerie de
la maison; s'ils avaient soin de leurs chevaux et de leurs bestiaux, il ne paraît
pas douteux qu'ils ne vinssent à bout de se débarrasser d'un fléau plus terrible
pour leurs hôtes que pour eux. Je n'hésite pas à dire que la faim, la soif et la
fatigue n'ont rien été pour moi en comparaison de ce que j'ai souffert de ces
insectes, dont aucune précaution, aucune recette indiquée dans le pays n'a pu
me garantir. Avec un régime alimentaire débilitant, après des journées entières
passées à marcher sous un ciel embrasé, n'avoir que des nuits sans sommeil!
c'était à en perdre la tête. Combien de fois n'ai-je pas tenté de m'écrier avec

Eglise Cosaque. — Ancienne architecture moscovite.

l'homme de La Fontaine : *ô Hercule!* — Avis aux voyageurs que
la curiosité entraînerait vers ces
contrées lointaines.

Au centre de chaque stanitza
se trouve ordinairement une grande
place carrée propre aux manœuvres
militaires, et sur laquelle s'élève
l'église. Les vieilles chapelles en
planches disparaissent peu à peu,
et sont remplacées par d'élégants
édifices d'un genre tout à fait original, où les frontons et les péris-
tyles d'architecture romaine sont
heureusement assortis avec des
coupoles arrondies et des flèches
élancées. Le plan est en forme de
croix, dont les extrémités sont tour-
nées vers les quatre points cardi-
naux, de sorte que les *popes* regardent l'Orient en célébrant la messe. La brique
et le bois sont les matériaux employés à la construction de ces édifices, et ne
comportent pas par conséquent beaucoup de perfection dans le fini des détails;
mais les enduits, dont les colonnes et les parois sont revêtus, à l'extérieur

comme à l'intérieur, sont peints en blanc, et font ressortir vivement la couleur verte ou rouge que l'on applique sur les plaques en tôle qui composent la toiture. Avec ces moyens si simples, on obtient les plus heureux effets de polychromie monumentale. La croix, toujours superposée au croissant, s'élève dans les airs au-dessus de tous les points culminants de l'édifice.

Des deux églises dont nous donnons ici les dessins d'après nature, la première appartient à l'ancienne architecture moscovite, si pleine de réminiscences orientales. La seconde, que nous avons vue à peu de distance d'Odessa, se rapporte assez bien au genre des nouvelles églises du pays kosak, où l'on ne peut méconnaître l'influence de l'Occident.

Près de la place carrée est une espèce de maison commune où l'ataman passe une partie de la journée pour régler les affaires de la stanitza. C'est là que sont réunis les jeunes gens de garde avec la

Église russe d'un grand village près d'Odessa.

petite tenue militaire. Qu'un étranger arrive muni d'un *otkrity-prikaze* (ordre ouvert), espèce de recommandation officielle de l'ataman suprême, à l'instant on lui délivre les chevaux dont il a besoin pour continuer sa route ou bien on lui fait donner un logement dans une des maisons du lieu, et un homme de garde qui reste nuit et jour à sa porte. Le plus modique salaire est reçu avec joie par l'hôte et par le gardien, qui n'auraient, à la rigueur, le droit de rien exiger.

Dans les environs se trouve ordinairement une vaste glacière dont les réserves sont partagées entre tous les habitants pendant l'été. Sous ce rapport, de simples hameaux kosaks sont plus avancés que beaucoup de grandes villes en France. Lors même que l'ardeur du soleil a tiédi l'eau des sources et des fleuves, le dernier des Kosaks peut se vanter de boire plus frais que la plupart de nos gourmets de province.

Les Kosaks des stanitzas ont presque tous une *maison de campagne* dans les khoutors voisins ; ils y passent une partie de l'été pour être plus rapprochés des terres qu'ils cultivent. Les chaumières dont se compose un khoutor sont souvent groupées de la manière la plus pittoresque dans des vallées encaissées, au milieu de beaux bouquets d'arbres dont la fraîcheur et la verdure contrastent avec la sécheresse et la nudité qui sont, pendant l'été, les caractères les plus saillants de la steppe et des ravins qui la sillonnent. Que le hasard seul ou que la main des hommes ait formé ces plantations si rares, leur belle venue montre, de la manière la plus évidente, quel parti l'on pourrait tirer de ces vallées encore presque partout sèches et mornes dont le pays est entrecoupé. Les effets d'un boisement dans la Russie méridionale sont incalculables. Trente ou quarante ans ne s'écouleraient pas sans que l'on vît des filets d'eau s'établir d'une manière permanente dans les ravins, qui ne servent aujourd'hui de débouchés qu'à la fonte des neiges et aux pluies d'orage : le Don et le Donetz, enrichis de ce tribut nouveau, offriraient partout un tirant d'eau convenable à la navigation ; les bois étendus successivement du fond au sommet des vallées, et de là dans certaines parties de la steppe, opposeraient un rideau préservateur aux vents brûlants et au souffle glacé qui règnent alternativement chaque année; au lieu d'être soumis à ces variations excessives auxquelles correspondent tantôt plus de 40 degrés au-dessus, tantôt plus de 20 degrés au-dessous de zéro, le climat deviendrait plus tempéré; on aurait enfin sur place les bois de construction que l'on fait venir à grands frais de la Russie centrale, et l'on n'en serait plus réduit pour les besoins du ménage et pour le chauffage des habitations, à brûler un mélange infect de paille, de roseaux et de fumier, façonné en briques et séché au soleil.

Dans la stanitza et au khoutor, la distribution et l'ameublement intérieurs sont à peu près les mêmes pour les propriétaires aisés. Le four, où l'on fait le pain et la cuisine aux jours de fête, est établi dans une masure souterraine séparée de l'habitation pour diminuer la chance d'incendie. Une autre chambre isolée sous terre sert souvent de glacière et de laiterie. Les ustensiles de ménage sont d'une simplicité excessive et en très petit nombre. Il y a peu de paysans dans nos hameaux les plus reculés, qui ne soient mieux montés que certains nobles kosaks. On n'a pas souvent occasion de se servir de fourchettes; et l'usage de la *gamelle* existe dans l'intérieur de beaucoup de familles. Quant aux meubles, ce sont des escabeaux, des bancs et des tables du bois le plus simple; la partie supérieure du poêle central sert de lit pendant l'hiver; pendant l'été, on dort sous les bancs de la galerie extérieure. Les peaux de mouton tiennent lieu de matelas et de draps. Jamais on ne se déshabille en se couchant. Il y a loin de là au lit confortable qui est, en général, le meuble le plus précieux du cultivateur français. Au lieu d'armoires, les Kosaks ont des coffres en bois munis de cadenas et de serrures, et peints à l'extérieur en bleu ou en vert, avec des traits noirs en losanges d'un effet agréable.

Un des coins de la pièce principale d'une habitation kosake est toujours consacré aux images des saints. Plusieurs de ces petits tableaux, dont il se fait un commerce considérable dans l'empire, ont un caractère fort remarquable qui les rapproche des œuvres de l'art chrétien au moyen âge. Les *raskolniks* ou sectateurs de l'ancienne croyance, qu'ils prétendent avoir été altérée par l'Eglise dominante, n'admettent chez eux que des images de ce vieux style. Ils regardent comme impies les ornements d'or et d'argent qui brillent sur les tableaux des maisons riches. Une lampe, dans laquelle on brûle de petits cierges en cire jaune, est fixée au devant de l'image principale. Lorsque l'on entre dans une maison kosake, on doit saluer les saints avant le maître de la maison; les salutations sont toujours profondes et accompagnées de plusieurs signes de croix; on porte d'abord la main à l'épaule droite, contrairement à l'usage des catholiques. C'est tournée vers les saintes images que la famille fait les prières matin et soir, lorsqu'elle habite la chambre; on se tient debout, mais les adorations sont fréquentes; dans la steppe, on se tourne vers l'Orient. Au moment de partir pour un voyage, on vient toujours invoquer la protection du patron de la famille et prendre congé de lui. Il est à remarquer que parmi ces images on ne voit jamais de *crucifix* proprement dit; cet emblème n'est pas usité dans les pratiques de la religion gréco-russe, et les croix ne se voient guère que dans les églises et à leurs sommets. Cependant le signe de la croix est une des pratiques religieuses les plus usitées. On le fait non seulement dans toutes les actions ordinaires de la vie, en commençant un repas, en allumant du feu, en fermant les portes et les croisées le soir; mais on le fait même dans telle circonstance où il paraît fort peu édifiant. Campé sous une tente dans la sauvage vallée de la Bielinka, je reçus un jour la visite d'un homme dont l'habitation isolée n'était pas éloignée de nous, et je lui offris un verre de rhum suivant l'usage. Quelle ne fût pas ma surprise de le voir bénir la liqueur comme s'il s'agissait d'une consécration, et l'avaler ensuite d'un trait avec un air de componction comique.

Le Kosak accomplit fidèlement les pratiques que lui prescrivent ses croyances. Il subit plusieurs fois dans l'année de longs jeûnes qui rappelleraient ceux de la primitive Eglise, s'il ne se permettait d'en adoucir la rigueur en s'adonnant à la boisson. Pendant ces trois ou quatre carêmes de deux à trois semaines chacun, il s'abstient de viande, de poisson, et même de laitages, d'œufs et de beurre. Ce n'est donc que par extension poétique que notre Béranger le fait penser à

> Humilier et le sceptre et la croix.

La croix et le sceptre n'ont pas de défenseur plus zélé.

Les popes ou prêtres exercent une influence très prononcée, mais qui serait plus grande encore si, par leur conduite et leurs lumières, ils étaient à la hauteur de leur mission. Malheureusement ils ne sont pas, en général, moins ignorants que le peuple, ni même moins adonnés aux liqueurs fortes. On leur reproche aussi d'être avides et d'exiger sans scrupule, des plus pauvres familles, des redevances en nature ou en argent. Ils ont le monopole de la vente de la cire, et les marchands qui vendent des bougies, même pour des usages ordinaires, s'exposent aux peines les plus rigoureuses. Malgré tous leurs torts, les popes reçoivent partout des marques de respect, et leur extérieur ne manque pas de cette noblesse qu'inspire l'habitude du commandement. Vêtus d'amples robes noires, portant des barbes épaisses, appuyés sur de longs bâtons, ils marchent au milieu de la stanitza avec cette dignité théâtrale que toutes nos vieilles gravures attribuent aux personnages orientaux : on ne les aborde jamais qu'avec des signes de vénération, et en baisant la main qu'ils présentent.

Comme étrangers et hérétiques, nous n'étions pas regardés de très bon œil par les popes des Kosaks. Cependant l'un d'eux, à Kalitvenskaïa-stanitza, le lendemain de notre arrivée dans ce bourg, nous envoya son fils (les popes se marient) pour nous complimenter et nous offrir le gâteau en pâte grossière, qui sert, dit-on, à la consécration. Ce jeune homme était un ivrogne fort sale et fort bavard, qui buvait sans sourciller toute l'eau-de-vie qu'on lui présentait, et qui après s'être mouché dans ses doigts, nous baisa la main en prenant congé de nous ; ce dont nous l'aurions dispensé.

Des armes et des estampes grossières sont encore suspendues aux parois de la chambre en guise d'ornement. Dans les unes et dans les autres, j'ai quelquefois retrouvé le souvenir amer des malheurs de notre pays. Il paraît qu'autrefois, rien n'était plus commun que de trouver enfouis dans les habitations des Kosaks des objets de fabrique française que le pillage leur avait procurés. Ces restes sont plus rares aujourd'hui; mais on rencontre partout des dessins enluminés, destinés à rappeler leurs triomphes passagers, et où la fiction dépasse parfois toutes les bornes. C'est ainsi que sur l'un d'eux on voit les Kosaks de Platof exécutant une charge à fond, et perçant d'outre en outre avec leurs lances toute une ligne de nos immortels cuirassiers de l'empire. Les paladins de l'Arioste

ne faisaient pas mieux ! — Il faut donc reconnaître chez les Kosaks un sentiment de nationalité très prononcé qu'entretient constamment le pouvoir
suprême en cherchant à leur faire oublier leurs nombreuses défaites, et en ne
leur rappelant que leurs succès. Ils se souviennent à peine que nous avons été à
Moscou, ou du moins ils croient que nous y avons été attirés comme dans un
piège, après avoir subi plusieurs échecs ; mais le nom de Paris est encore dans
toutes les bouches. Ceux qui avaient fait contre nous les dernières campagnes
de l'empire ne parlaient jamais de Paris qu'avec une espèce de vénération, et
comme tout étonnés de s'y être trouvés. Les promenades des boulevards et du
Palais-Royal paraissaient avoir vivement frappé leur imagination.

Le Kosak se recommande par quelques qualités privées ; il vit dans une

Cuisine sous terre dans la steppe, au relai de poste de Javorovo.

grande union conjugale, et pousse l'amour de ses enfants jusqu'à se rendre
l'esclave de leurs moindres caprices ; il est hospitalier par caractère, et sa défiance
seule pour l'étranger l'empêche de se livrer à son inspiration naturelle ; il exerce
la charité envers les pauvres et les prisonniers qui traversent son pays, mais il
est enclin à l'ivrognerie et au vol ; pendant la guerre, on en fait un barbare, parce
qu'on ne l'assujettit à aucune discipline, et qu'on ne lui donne pas toujours une
solde suffisante.

L'ignorance des Kosaks est très grande, et à cet égard il y a peu de différence entre les nobles et la classe inférieure. La science des plus fortes têtes des
stanitzas ne consiste que dans la lecture, l'écriture et le calcul le plus simple. Ils
n'ont guère d'autres livres que des livres d'église, qui ne sont pas intelligibles

pour tous, parce que l'on y emploie le slavon qui s'écrit avec d'autres caractères
que le russe, et qui offre des dissemblances notables avec cette dernière langue.
L'imprimerie, qui est établie dans leur capitale, ne publie que des documents
officiels relatifs à leur administration, et nul auteur kosak ne donne d'occupation
aux presses de son pays. Ils n'exercent aucun art mécanique qui mérite véritablement ce nom. Des moulins à eau, grossièrement installés, et des moulins à
vent à huit ailes leur donnent la quantité de farine nécessaire à la consommation
locale. On rencontre rarement parmi eux des forgerons et des charpentiers; moins
souvent encore des maçons; aussi la plupart de leurs habitations et de leurs églises
sont-elles construites par des ouvriers russes. Ils bâtissent des maisons de bois
et des églises de brique et d'argile dans des endroits où abondent des pierres
propres à bâtir et à donner de la chaux; et si on leur demande pourquoi ils
n'usent pas de ces matériaux placés à proximité, ils s'en excusent sur ce que la
nature de la pierre ne leur permet pas de les tailler *à la hache*; car la hache est
l'instrument favori du Russe, qui la manie avec dextérité; et c'est littéralement
parlant que j'ai vu parementer à la hache les édifices en pierre calcaire
tendre que l'on bâtit à Odessa.

Nous n'eûmes ni le temps, ni l'occasion, de voir dans leur intérieur beaucoup
de familles de l'aristocratie du pays; mais, à en juger par les relations que nous
avons eues, les Kosaks auraient encore de nombreux emprunts à faire aux
formes de notre civilisation occidentale. Ils brossent bien leur uniforme, mais ils
se soucient peu d'étendre la propreté jusqu'à eux-mêmes. Croirait-on qu'ils en
sont encore à se moucher avec leurs doigts dans l'intérieur des appartements?
C'est pour eux chose aussi simple que pour nous l'usage des mouchoirs.

L'usage antique de boire dans un même verre s'est conservé chez eux dans toute
sa rigueur, et quelquefois j'ai été obligé, sous peine de passer pour un incivil,
de porter à ma bouche de l'eau-de-vie que le maître de la maison avait goûtée
avant moi *par politesse*. On mange souvent dans la même assiette, et l'on se contente, à la fin d'un repas, d'essuyer les plats avant de les faire servir de nouveau.
Dans les petites auberges russes, on paraissait fort étonné de l'insistance avec
laquelle nous réclamions un verre et une assiette pour chacun de nous; et
j'excitai presque l'indignation d'une de nos hôtesses du pays kosak en refusant de
manger dans un plat non lavé, où le matin même je venais de trouver un peigne,
et quel peigne! — Ces gens, si peu dégoûtés les uns des autres, poussent la
délicatesse à l'excès pour certaines choses. Jamais ils ne se serviraient d'un vase
où un chien aurait bu, même après l'avoir nettoyé à plusieurs reprises. Les
chiens sont très nombreux chez les Kosaks; chaque famille en possède deux ou
trois; cependant ils passent pour impurs. On en fait des gardiens; jamais des
amis de la maison. Aussi avons-nous remarqué avec quelle facilité ces animaux
à demi sauvages s'attachaient à nous quand nous leur avions donné deux ou trois
fois à manger.

LA CRIMÉE. — On sait qu'à une époque fort reculée en histoire, et fort récente en géologie, les eaux de la mer Noire couvraient encore les terrains
que sillonnent aujourd'hui le Bog, le Dnieper, le Don, dont les seuls affluents
seraient de grands fleuves en Occident. Alors cette immense nappe d'eau ne
présentait d'autre île qu'une immense arête rocheuse, inclinée au sud-ouest,
dont le nœud principal dominait les eaux environnantes de plus de 1.500 mètres

de haut. Ces eaux se sont retirées peu à peu; entre les montagnes du sud et
les plateaux du nord une plaine marécageuse a émergé, et le marais, à son
tour, a fait place aux steppes et à la forêt. Ainsi s'est formée la Crimée.

Le spectacle que présente ce pays, vu de la route de Moscou à Pérékop et à
Sébastopol, est des plus saisissants pour un voyageur accoutumé aux monotones
immensités des paysages de la Petite-Russie. Aux déserts de la Tauride du nord
succèdent, dès qu'on a passé l'isthme, les innombrables villages tartares. Le sol a
peu changé; c'est toujours les steppes nues et plates, mais peuplées d'une race énergique et active, qui a tiré du sol tout le parti possible. Par moments la route
coupe des vallées qu'anime une végétation plus riante; elle remonte le pli du
terrain où coule le Salghir et atteint Simféropol, jolie et insignifiante cité russe
élevée au point d'intersection des quatre grandes voies de la péninsule, ville
principale administrative destinée, dans la pensée des fondateurs, à faire oublier
sa vieille et pittoresque voisine Batchi-Seraï, la ville sacrée des khans. A partir
de Simféropol, la plaine cesse pour faire place aux âpres beautés de la montagne : la route, presque droite depuis l'isthme, devient un ruban sinueux qui
passe et repasse cinq fois le Salghir pour aboutir au Tchatyr-Dagh, la *Table*
(*Trapezon*) des anciens Grecs. Les gorges du Tchatyr, c'est le chaos; mais le
sommet est le plus magnifique belvédère qu'on puisse rêver, même après avoir
admiré la rivière de Gênes du haut des Alpes Liguriennes. La comparaison n'est
pas trop hasardée pour ceux qui ont eu le rare et fatigant bonheur de longer le
littoral de la mer Noire depuis Ai-Todor jusqu'à Aloucha.

La Crimée est un losange irrégulier d'environ 57 lieues, sur 80. On
peut diviser ce vaste territoire en deux parties : la *montagne* et la *plaine*. Celle-ci,
nous l'avons vu, est un terrain d'alluvion : le travail de retirement des eaux peut
encore s'étudier au nord-est, le long de la lagune Sivas, qui porte aussi le nom
expressif de mer Putride.

Le Sivas est moins une mer qu'un long marais salé, séparé de la mer
d'Azof par un ruban de sable de quelques pouces seulement d'élévation au delà
du niveau des flots; du côté de la terre, il offre de nombreuses échancrures et
des salines importantes. Un petit goulet, dominé par la ville d'Ienitchei, est le
point par lequel il verse à la mer d'Azof le tribut des rivières qu'il reçoit, le
Salghir, le Kara-Sou (eau noire) et quelques autres. Ce goulet a eu, au xviiie
siècle, une certaine importance historique. Les Russes le franchirent et envahirent
la Crimée par le sillon de sables dont nous avons parlé. Ce sillon se nomme *Flèche
d'Arabat* : une singularité curieuse qu'il présente est l'existence de plusieurs puits
(*kopani*) d'eau douce qu'on a trouvé moyen d'y faire jaillir à quelques mètres
seulement de deux vastes nappes salées qui resserrent la Flèche.

La montagne taurique est une bande d'une largeur moyenne de neuf à dix
lieues; elle protège toute la presqu'île, depuis les roches tertiaires de la Chersonèse jusqu'aux falaises rouges de Kertch, qui font face à la presqu'île de Taman,
si connue par ses curieux *volcans de boue*.

Les contrastes les plus saisissants s'entassent et se heurtent sur les deux
versants de la chaîne Taurique, mais surtout au midi, où l'on passe sans transition d'un amas de roches nues, comme dans certaines vallées du Dauphiné à des
espaces où la végétation déploie une sorte de vitalité furieuse. Un voyageur
a trouvé des expressions pittoresques pour décrire ces vallées « qui jouissent
du climat de l'Asie Mineure, où l'hiver se fait à peine sentir, où les prime-

vères et les safrans printaniers poussent en février et quelquefois en janvier, où le chêne conserve quelquefois pendant l'hiver ses feuilles vertes... Là le laurier, toujours verdoyant, s'associe à l'olivier, au figuier, au micocoulier, au grenadier, au celtis ; le frêne mammifère, le térébenthinier, le ciste à feuilles de sauge, le fraisier arbousier, poussent partout en plein vent. Le dernier surtout occupe les rochers les plus escarpés, et fait pendant l'hiver leur plus bel ornement par son feuillage toujours vert et l'écorce rouge de ses gros troncs. Le noyer et tous les arbres fruitiers sont les plus communs de la forêt; ou plutôt la forêt n'est qu'un jardin fruitier abandonné à lui-même. Les vignes domestiques et sauvages s'élèvent à l'envi sur les plus gros arbres, et forment avec la viorne fleurie des guirlandes et des berceaux sans aucun secours de l'art. »

Voilà pour les beautés douces de cette Italie scythique ; mais elle a aussi ses Alpes, nous devrions dire ses Andes, car la chaîne du Tchatyr-Dagh est couverte de grands cratères éteints. Dans l'un de ces cratères, à Ophitone, le comte Worónzoff a eu l'originale idée de créer un jardin de plaisance. Nous avons cité plus haut les volcans de boue de Taman : la Crimée a aussi les siens, en face des premiers, près de Kertch. Ce sont d'innombrables trous noirs, vrais soupiraux d'enfer, recouverts de petits cratères coniques, d'où sort une boue épaisse, noirâtre ou grise, très bitumineuse. Le plus important de ces cratères, le patriarche du groupe, n'a pas moins de 500 pieds de tour et de 35 de haut.

Pour revenir aux montagnes Tauriques, aucune des âpres beautés de la nature ne leur fait défaut. Ici, au cap Parthénique, des ponts naturels sur la mer comme au cap de Camaret en Bretagne : là, aux sources du Salghir, des cataractes moins imposantes par le volume de leurs eaux que par le formidable caractère des ravins et des monts où elles mugissent.

La topographie du pays donne le mot de ses divisions agricoles : — les steppes, propres à l'élève des troupeaux, dans la plaine; — la forêt, le long de la montagne; — sur la pente douce du nord, arrosée par de nombreux cours d'eau, les cultures de céréales; — enfin les vignobles, le long des coteaux du sud.

Ces vignobles méritent bien une mention sommaire : ils sont de très ancienne date, témoin l'inscription de Cherson, conservée au Musée de Nikolaïef, et relative au vote d'une couronne de lierre à une propagatrice de la culture de la vigne dans la Chersonèse. Les Génois trouvèrent cette culture en activité, et la développèrent encore. Sous les Tartares, les crus de Sondagh conservèrent une réputation qu'on a peut-être exagérée. On évalue à plus de 7.000.000 le nombre de ceps existant en Crimée ; en une seule année, on en a planté jusqu'à 500.000 nouveaux.

La population dominante (qui, à l'époque de la conquête, en 1783, était la seule occupante de la Crimée) est *tartare*, mot impropre bien qu'usuel, car les prétendus Tartares de la Russie sont généralement des Turcs, et leur langue est la même que celle des Osmanlis. C'est une race qui a été méconnue, probablement à cause du nom arbitraire que l'usage a consacré : elle n'a rien des traits traditionnels des bandes de Gengiskhan et de Timour, et elle est, sous tous les rapports, aussi belle et plus civilisée que ses frères les Ottomans de l'Asie Mineure. Conquis par Catherine la Grande à la suite d'une guerre sanglante, ce peuple fut traité avec une férocité que ne justifiaient ni ses antécédents, ni les prétendus dangers qu'il pouvait faire courir à ses voisins russes en cas de soulèvement. Des villages entiers furent détruits, des populations exterminées, et pour repeupler ce désert créé par la barbarie humaine, il fallut appeler des colons de toute nation. C'est ainsi qu'on cantonna des Allemands en quatre endroits, au pied de la montagne et près Simféropol ; des Hellènes émigrés de Turquie peuplèrent Balaklava ; des Russes (ce sont eux qui ont le moins prospéré) s'établirent autour de Sébastopol et de Simféropol ; enfin des Arméniens fondèrent les deux petites localités d'Armianski, l'une près Eski-Krim, l'autre dans l'isthme. Les Allemands datent du règne d'Alexandre : ils occupent de beaux villages dont les noms rappellent presque tous la mère patrie (Zurichthal, Heilbronn, Rosenthal, etc.). Tout le reste est tartare.

L'état social de ce dernier peuple est, sans exagération, aussi avancé que celui d'une grande partie de l'Europe. La noblesse possède les terres et salarie les bras qu'elle emploie à la culture ; elle fuit généralement les villes, qui sont peuplées de marchands et de fabricants. Les paysans se groupent dans des villages, sous la direction d'un *mursah*, sorte de staroste, comme disent les Russes, ou de maire, dirions-nous ; il est nommé par eux. Ils appartiennent, bien entendu, à l'islamisme, et ce culte a un séminaire à Simféropol.

Au point de vue administratif, la Crimée fait partie du vaste gouvernement de la Tauride, qui comprend, au delà de l'isthme, le pays de Nogaïs. Ce nom de Tauride est un caprice érudit de Catherine II, qui voulait rappeler, par des noms antiques, l'époque de la splendeur de la petite Scythie au temps des colonies grecques, des rois du Bosphore et de l'empire d'Orient. Elle y trouvait d'ailleurs l'avantage de battre en brèche, au moins sur les cartes, les souvenirs de la nationalité tartare. Ainsi le nom de Crimée (*Krim*) fit place à celui de *Tauride*, Ak-Tiar (village blanc) à *Sébastopol*, Ak-Mesched (mosquée blanche) à *Simféropol*, Caffa à *Théodosie*, Koslèveh à *Eupatoria* ; on pourrait multiplier ces exemples.

Les voies de communication sont assez nombreuses en Crimée ; mais pour la plupart elles sont mal entretenues. La première en importance est la route de Kherson à Sébastopol, par Pérékop, Simféropol, Batchi-Séraï ; elle n'aboutit pas à Sébastopol même, mais au pied du fort du Nord, qui fait face à la ville. C'est la voie stratégique de la péninsule. De Simféropol, quelques autres routes divergent en tous sens : celle d'Aloutchta, par les montagnes ; celle d'Eupatoria, au nord-ouest ; celle de Kertch, au levant. Sur celle-ci s'embranche, à Krimichki, la route de Sondâgh, par Eski-Krim. La route d'Eupatoria à Sébastopol par Touzla et Alma-Lamuk est devenue historique par la fameuse marche des armées alliées en septembre 1854.

Baghtchè-Séraï, ancienne résidence des khans ou souverains de Crimée, est situé au fond d'un étroit vallon, ou plutôt d'une gorge que suit le Tchourouk-Sou. Construite sur l'emplacement probable du *Badation* de Ptolémée et du *Palakion* de Strabon, à 24 verstes d'Ak-Metched ou Symphéropol, la nouvelle capitale, la ville ne se compose, à proprement parler, que de deux longues rues, dont les maisons s'étagent en amphithéâtre sur l'escarpement de la vallée flanquée d'énormes rochers qui l'enceignent, la pressent et semblent à tous moments près de l'écraser. Irrégulière, mal bâtie, silencieuse et sale, peuplée presque exclusivement de Tartares, d'Arméniens et de Juifs, entrecoupée de jardins, de fontaines, de bains, de mosquées dont les minarets alternent avec les cimes des peupliers, elle a toute la physionomie d'une ville orientale.

Les Mausolées des Kans à Baghtché-Séraï.

Du reste, rien qui puisse attirer l'attention du voyageur, à part les restes
de l'ancien palais des khans, l'une des merveilles de l'architecture orientale dans
l'Europe chrétienne, et qui rappelle l'Alhambra de Grenade.

Arrivé à l'extrémité de la rue principale qui suit en le remontant le cours du Tchourouk-Sou, et dont les deux côtés sont garnis de boutiques *à la turque*, où les marchands tartares fument, accroupis sur leurs talons, en attendant la pratique, l'on débouche tout à coup en face d'un quai qui borde le torrent, et qu'un pont en assez mauvais état joint à l'autre rive. Au delà de ce pont, et faisant face à la rue, se trouve la grande porte du palais, gardée par des invalides.

Cette porte donne accès dans une cour spacieuse et de l'aspect le plus pittoresque. A droite se suivent, avec l'irrégularité pittoresque de l'Orient, plusieurs corps de logis à un seul étage, mais d'inégale hauteur, qui forment plusieurs rentrées et plusieurs saillies. C'est l'ancienne demeure des khans. A gauche, faisant face au palais, la mosquée a deux minarets, garnis à l'intérieur d'une tribune d'où les visiteurs étrangers assistent aux prières et aux exercices des derviches tourneurs; puis le cimetière, qui renferme les mausolées des khans. Le fond de la cour est occupé par une belle fontaine de style mauresque bâtie par l'empereur Alexandre, et par un mur auquel sont adossés les jardins en terrasse qui ont donné leur nom au palais et par suite à la ville; car Baghtché-Séraï, en turc, signifie « le palais des Jardins ». Derrière ces jardins, plantés de berceaux de vignes, de noyers et de peupliers, une montagne à pic, couronnée d'épais massifs de verdure, entre lesquels pointe çà et là la flèche d'un minaret, termine la perspective.

Laissons de côté le palais. Arrêtons-nous seulement devant les deux jolies fontaines placées, l'une à l'entrée, à gauche, l'autre au fond du grand vestibule par où l'on monte aux grands appartements du premier étage.

La première a inspiré le gracieux poème de Pouchkine, *la Fontaine de Baghtché-Séraï*.

« Lorsque le khan, le glaive à la main, eut dévasté les contrées voisines du Caucase et les paisibles campagnes de la Russie, il revint dans la Tauride où il érigea, en l'honneur de l'infortunée Marie, une fontaine de marbre dans un coin isolé de son palais. Le croissant mahométan y était ombragé d'une croix. Il y a une inscription que la morsure du temps n'a point effacée. Derrière ces sculptures étranges, l'eau murmure dans un bassin de marbre, et jaillit en larmes froides qui ne tarissent jamais. Ainsi la mère, dans sa douleur, pleure le sort de son fils moissonné dans les combats. Les jeunes filles de la contrée, connaissant les anciennes traditions, appellent ce triste monument *la fontaine des Larmes*. »

Marie était la fille d'un noble palatin de Pologne. Elle comptait à peine quinze ans, lorsqu'elle fut ravie du château de ses pères et transportée dans le harem de Krim-Ghéraï-Khan. Jamais âme plus pure n'anima un plus beau corps. Sa beauté et sa candeur touchèrent l'âme généreuse de Krim-Ghéraï. Mais l'innocente enfant, que tourmentait le regret de son pays et de sa famille, languit dans son harem, comme une fleur dont la tige a été coupée, jusqu'au jour où elle exhala son âme avec son dernier soupir.

Ainsi parle la légende. Mais l'histoire, non plus que la fontaine élevée en son honneur, ne dit rien de la jeune Marie, et l'inscription dont parle le poète ne mentionne pas même son nom. Voici la traduction de cette inscription, en langue et en lettres turques, que je rapporterai comme un spécimen du style lapidaire, en grand honneur chez les Orientaux.

« GLOIRE AU DIEU TOUT-PUISSANT! La face de Baghtché-Séraï est réjouie par la sollicitude bienfaisante du lumineux Krim-Ghéraï-Khan.

» Il a d'une main prodigue étanché la soif de son pays, et il s'efforce, avec l'aide de Dieu, de répandre encore d'autres bienfaits.

» J'ai vu les villes de Cham (Damas) et de Bagdad; mais nulle part je n'ai vu une fontaine pareille à celle-ci.

» L'auteur de cette inscription se nomme *Cheikhi*. L'homme dévoré de la soif lira ces paroles à travers l'eau qui ruisselle, s'échappant d'un tuyau mince comme le doigt, et que lui diront-elles?

» Viens, bois cette eau limpide qui coule de la plus pure des sources; *elle donne la santé.* »

Les lettres de ce dernier hémistiche, réduites en chiffres, donnent le millésime de 1176 (1762), date de l'érection de la fontaine. Ces sortes de chronogrammes, appelés *tarikh*, sont très en vogue dans les autres pays de l'Orient.

Sur la seconde fontaine, placée, comme je l'ai déjà dit, au fond du vestibule, Kaplan-Ghéraï-Khan, le fondateur, implore la clémence divine pour lui et les pécheurs de sa race.

Le cimetière figuré par notre gravure, et qui renferme les mausolées des khans, date de la même époque que le palais, auquel il fait face. Un simple mur, formant le prolongement de la mosquée, à gauche de la cour, sépare de la demeure jadis si bruyante et si animée des vivants, le silencieux et sombre asile des morts.

Du reste, ce contraste, qui chez nous surprend et attriste, se rencontre à chaque pas en Orient.

Les premiers khans de Crimée, qui résidaient probablement à Kirkhor, aujourd'hui Tchilfout-Kalè, à deux verstes environ de Baghtché-Séraï, ont leurs tombeaux à l'entrée de la vallée, autour du petit hameau d'Eski-Yourt. Vers 1480, Menghéli-Ghéraï-Khan, ayant transporté sa résidence à Baghtché-Séraï, jeta les fondements du palais qu'embellirent ses successeurs, et planta en même temps le cimetière destiné à recevoir leurs restes.

Menghéli-Ghéraï-Khan est le plus illustre des princes de sa race. Ce fut cependant sous son règne que la Crimée devint vassale de la Porte.

C'est ici le lieu de rappeler un curieux épisode.

En 1480, il y avait environ deux siècles et demi que l'ancienne Tauride, tour à tour conquise ou plutôt dévastée par les Goths, les Alains, les Huns, les Ongres ou Igours (Hongrois), les Khazars, les Petchenèques, les Comans et une multitude d'autres peuples barbares, était restée définitivement au pouvoir des Tartares mongols. Batou-Khan, petit-fils de Gengis, l'incorpora à son empire de Kaptchak, dont Eski-Krim (le Vieux-Krim) devint la capitale. Cette ville donna son nom au reste de la péninsule.

Toutefois, la dynastie particulière des khans de Crimée ne devait commencer que deux siècles plus tard, après le renversement de l'empire de Kaptchak par Tamerlan (1406). Le fondateur de cette dynastie fut Hadji-Ghéraï-Khan.

La presqu'île était en proie à l'anarchie. Plusieurs chefs tartares se disputaient le trône; le peuple flottait indécis entre les prétendants, et le sang était prêt à couler, lorsqu'un berger, Ghéraï, parut dans l'assemblée, tenant par la main un jeune homme de dix-huit ans qu'il présenta comme l'unique rejeton de Batou-Khan, qu'il avait soustrait aux embûches de ses parents. Ce descendant des khans portait le simple nom de *Hadji* (pèlerin). Acclamé par tout le peuple, il prit, par reconnaissance pour son bienfaiteur, le nom de Ghéraï, que portèrent après lui tous ses descendants jusqu'à la chute de leur domination.

Hadji-Ghéraï mourut en 1467, et eut pour successeur Menghéli-Ghéraï Ier. Sept années après, la prise de Caffa, par Mahomet II, le conquérant de Constantinople, ayant mis fin à la domination génoise en Crimée, Menghéli conclut avec le vainqueur un traité par lequel la Crimée passait sous la suzeraineté du Grand Seigneur, qui nommait et déposait à volonté ses princes. En revanche, ceux-ci avaient le droit de faire porter devant eux cinq queues de cheval, et étaient nommés après le padichah dans la prière publique du vendredi. De là l'assertion émise par plusieurs écrivains, qu'en cas d'extinction de la race des sultans de Constantinople, celle des khans de Crimée devait être appelée à la succession.

Après Menghéli, qui mourut en 1514, trente-neuf princes continuèrent la dynastie de Ghéraï jusqu'à la fatale année 1784, qui vit l'incorporation de la Crimée à l'empire russe.

Quinze seulement de ces princes sont inhumés dans la sépulture royale de Baghtché-Séraï. Les autres reposent bien loin de leur terre natale, dans les plaines de la Roumélie ou sur les rivages des îles de l'Archipel. « Il y en a peu d'enterrés en cet endroit, rapporte la Motraye, le Grand Seigneur les dépose si souvent, que Rhodes, qui est le lieu ordinaire de leur exil, devient presque toujours celui de leur sépulture. »

Leurs cercueils, surmontés d'une arête longitudinale, et revêtus d'une étoffe verte ou noire où l'on remarque encore des vestiges de lettres brodées, sont disposés sous deux grands mausolées octogones, surmontés de coupoles en fer battu qui rappellent, au luxe près de la décoration, les *turbès* des sultans à Constantinople et à Brousse. Du côté de la tête se dresse, suivant la coutume musulmane, une pierre verticale dont l'extrémité est sculptée en forme de turban. Quelquefois, c'est le propre turban du défunt qui couronne de ces lambeaux la pierre tumulaire.

Les autres parties du champ de repos, où sont enterrés pêle-mêle les membres de la famille des khans avec leurs serviteurs, des mollahs, des cheiks (supérieurs de derviches), présentent l'image de l'abandon. Les allées ont disparu sous les ronces, et l'on ne peut faire un pas sans heurter, ici la pierre tumulaire d'un turban jetée à quarante pas du tombeau dont elle faisait partie, là des débris de marbres chargés d'inscriptions aux trois quarts effacées.

Dans un enfoncement, adossé au mur qui borde la terrasse la plus élevée des jardins, on aperçoit un autre petit mausolée, surmonté d'une coupole que termine une boule dorée. Ce mausolée renferme les restes d'une femme qui fut aussi tendrement aimée de Krim-Ghéraï, et que pour cela peut-être la légende a confondue avec la Marie de la fontaine. C'était une Géorgienne du nom de Dilara, chrétienne comme Marie.

Krim-Ghéraï mourut en 1770, six ans après son épouse chérie, empoisonné par un médecin grec du nom de Siropoulo.

La mort de Krim ne précéda que de quatorze années l'asservissement de la Crimée.

Il n'y avait pas un demi-siècle que les Russes, conduits par Munich, avaient pénétré pour la première fois en Tauride (1736), et dès lors la Turquie n'avait plus exercé qu'une suzeraineté nominale sur cette contrée. Des rivalités habilement suscitées entre les princes tartares ouvrirent la voie au protectorat russe, et le protectorat à son tour fraya la route à la conquête. Entre le traité de

Kutchuk-Kaïnardji (juillet 1774), qui déclarait l'indépendance absolue de la Crimée (sauf le droit d'investiture réservé au sultan), et le traité de Constantinople (janvier 1784), qui faisait de cette même Crimée une province russe, moins de dix années s'écoulèrent.

Il est vrai que l'on était en droit de se demander s'il y avait encore une Crimée. L'un des plus beaux pays du globe s'était changé en désert. La population avait été réduite de quatre cent mille à cinquante mille individus.

Le dernier khan, Chahyn-Ghéraï, dont la coupable ambition avait préparé l'asservissement de son pays, alla mourir, abreuvé de remords et d'amertume, dans une petite île de l'Archipel.

« Cette importante révolution, dit Ségur, qui, en renversant le dernier souverain de la race de Gengis-Khan, donnait à la Russie la possession de la mer Noire, et qui la faisait, pour ainsi dire, planer sur Constantinople, ne produisit alors qu'une légère impression en Europe. »

Trois ans après, lorsque Catherine entreprit, à l'instigation de Potemkin, ce féerique voyage de Crimée, elle entra dans Baghtché-Séraï escortée par plusieurs centaines de cavaliers tartares qui lui servaient de garde d'honneur, et s'assit triomphalement en leur présence sur le trône de ces khans dont les ancêtres avaient forcé pendant si longtemps les czars à venir rendre hommage aux chefs de la *horde dorée*.

« Convenez, mon cher Ségur, disait en riant le prince de Ligne à l'ambassadeur de France, qui comme lui avait accompagné l'impératrice dans son voyage, que ce serait un étrange événement, qui ferait un beau bruit en Europe, si les douze cents Tartares qui nous enveloppent s'avisaient de nous entraîner à toutes brides vers un petit port voisin, d'y embarquer l'auguste Catherine ainsi que le puissant empereur des Romains Joseph II, et de les conduire à Constantinople pour l'amusement et la satisfaction de Sa Hautesse Abdul-Hamid, le souverain commandeur des croyants ! — Et ce tour d'adresse n'aurait rien d'absolument immoral; car ils pourraient bien, sans aucun scrupule, escamoter deux souverains qui viennent, au mépris du droit des gens et de tous les traités, d'escamoter leur pays, de détrôner leur prince et d'enchaîner leur indépendance. »

Heureusement (c'est Ségur qui parle), cette *folie* n'entra pas dans la tête des loyaux enfants de Mahomet.

Ajoutez que c'est pendant ce même séjour à Baghtché-Séraï que fut concerté entre les deux illustres potentats le plan de saisie, mais non de disposition finale, du territoire Ottoman. C'est encore le prince de Ligne qui nous fournit ce curieux renseignement : « Leurs Majestés Impériales, écrit-il dans une lettre datée de Baghtché-Séraï, le 1er juillet 1787, se tâtaient quelquefois sur les pauvres diables de Turcs. On jetait quelques propos en se regardant. Comme amateur de la belle antiquité, je parlais de rétablir les Grecs; Catherine, de faire renaître les Lycurgue et les Solon ; moi, je parlais d'Alcibiade ; mais Joseph, qui était plus pour l'avenir que pour le passé, et plus pour le positif que pour le chimérique, disait : — Que diable faire de Constantinople? »

Il est de règle en quelque sorte obligée que les étrangers, avant de quitter Baghtché-Séraï, visitent le bourg des Juifs caraïtes, qui a pris d'eux son nom de Tchifout-Kalé (le fort des Juifs). *Tchifout*, corruption de *djehoud*, est le nom que le bas peuple en Turquie donne aux Israélites; *kalé*, en turc, signifie donjon, forteresse, et répond assez bien au *burgh* des Allemands.

Deux routes conduisent de Baghtchè-Séraï à Tchifout-Kalè : l'une, destinée aux voitures, contourne la montagne et a environ cinq verstes de parcours ; l'autre, qui n'a guère plus de deux verstes, mais praticable seulement aux piétons et aux chevaux, court en droite ligne, en laissant à droite le monastère, ou plutôt l'ermitage, de l'Assomption. Cet ermitage, suspendu au-dessous de roches effrayantes, sur le revers d'un précipice de plusieurs centaines de pieds, est formé d'une suite de grottes creusées dans le roc, à la moitié de la hauteur de la montagne, et communiquant entre elles par de légères galeries extérieures. A une époque où la religion grecque était persécutée par les princes tartares, ces grottes furent pour les orthodoxes ce que les catacombes de Rome avaient été pour les premiers chrétiens au temps des empereurs, un asile et un sanctuaire. La tradition de ces anciens jours en a fait un lieu de pèlerinage, et chaque année, au 15 du mois d'août, un grand nombre de fidèles, accourus de toutes les parties de la Crimée, viennent entendre la messe dans ces mêmes grottes où leurs pères célébraient en secret les mystères de leur culte et cachaient les restes des saints et des martyrs.

La forteresse, de construction génoise, est garnie d'une forte enceinte percée à ses deux extrémités de deux portes basses et massives. Les habitants, étant presque tous marchands ou courtiers, se rendent chaque matin, hormis le samedi, à Baghtchè-Séraï, pour leurs affaires, et reviennent le soir coucher dans leurs maisons. A la tombée de la nuit, on ferme les portes de la ville, qui ne se rouvrent que le lendemain au lever du soleil.

La chute des khans, en ruinant le commerce de Baghtchè-Séraï, déchue de son rang de capitale, exerça une fâcheuse influence sur la colonie de Tchifout-Kalè. Depuis lors, sa population semble en baisse. Il y a quelques années elle était composée presque uniquement de juifs de la secte des Caraïtes.

A part cette singularité et sa situation au sommet d'un rocher aride, qui rappelle celle des Météores de la Thessalie, Tchifout-Kalè n'offre rien de remarquable que sa synagogue qu'entoure un petit jardin, l'unique du bourg, et le mausolée de la fille du khan Toktamich ou Tokàwrich, dernier souverain du Kaptchak. Cette princesse, dont les aventures romanesques sont restées légendaires, mourut en 1438.

A cette époque, Tchifout-Kalè s'appelait Kirkor ou Keskri, nom sous lequel les caraïtes la désignent encore aujourd'hui, et était la résidence des khans de Crimée. Ce ne fut que trente ou quarante ans plus tard, après la prise de Théodosie par les Ottomans, que Menghéli-Ghéraï descendit dans la vallée de Baghtchè-Séraï, où il jeta les fondements du palais des khans.

Disons maintenant un mot des caraïtes, qui vinrent en Crimée à la suite des Tartares mongols, au treizième siècle. Les talmudistes, qui les ont en horreur, rapportent l'origne de ces sectaires au huitième siècle de l'ère chrétienne ; mais ils s'attribuent eux-mêmes une antiquité beaucoup plus reculée, et placent les commencements de leur schisme bien avant la destruction du premier Temple. L'étymologie de leur nom, que l'on fait dériver du mot *kara*, écriture, n'est guère plus certaine. Pour ce qui est de leur croyance, elle diffère de celle des Hébreux en général en ce qu'ils rejettent absolument le Talmud et toute espèce de traditions ou d'explications rabbiniques, pour s'attacher à la lettre simple de la loi, telle qu'elle fut dictée à Moïse. A l'imitation des musulmans, qui regardent comme un acte de piété de transcrire le Coran, ils s'imposent l'obligation de copier, au moins une fois en leur vie, l'Ancien Testament, qu'ils commencent au livre de Josué ; le Pentateuque est conservé à part, et seulement dans une version imprimée à l'usage des écoles.

Quelques autres dissemblances dans la liturgie, le régime alimentaire, ainsi que dans les degrés de parenté relativement au mariage, établissent une ligne de démarcation profonde entre ces sectaires et les rabbinistes, qui se disent orthodoxes.

Les caraïtes sont très peu nombreux, et encore plus disséminés que le reste de la nation juive. On les trouve principalement en Egypte, en Volhynie en Lithuanie, et jusqu'en Hollande. A Constantinople, ils sont une quarantaine de familles, avec une synagogue particulière, dans le faubourg de Khas-Keuï, le long de la Corne d'or.

Tous les voyageurs rendent témoignage de l'honnêteté et de la probité proverbiales des caraïtes. Leur parole équivaut à une obligation écrite. Ils ont, dit le duc de Raguse dans son *Voyage*, « de belles figures, du calme, de la dignité dans le maintien, et rien de l'air abject qui, en général, est le caractère de la nation juive ». Prévenants, affables, d'un attachement à leur foi qui n'exclut point la tolérance ni l'hospitalité, ils se distinguent encore du reste de leurs coreligionnaires par une propreté constante. Leurs maisons, simples, mais commodes et bien entretenues, se divisent, comme les maisons musulmanes, en deux parties : l'une, intérieure, réservée aux

Intérieur d'une maison de Juifs caraïtes, en Crimée.

femmes ; l'autre, extérieure et moins considérable, qui forme l'appartement particulier du maître du logis, le *sélamlik* turc, où il dort, fume et reçoit ses amis. Leur costume diffère peu de celui des Tartares dont ils ont adopté le bonnet de feutre garni de laine ; la seule différence est dans la barbe, qui, chez les Tartares, comme chez les peuples musulmans, constitue une marque et un privilège de l'âge, tandis que les caraïtes, jeunes ou vieux, laissent croître la leur.

Les exilés de tous les temps ont aimé à retracer autour d'eux une image de la patrie dont ils conservent le souvenir ou le regret dans leur cœur. En descendant de Tchifout-Kalè vers le sud, au bas de la rampe qui conduit à la plate-forme aride et brûlante sur laquelle ouvre la porte de la forteresse, on rencontre un petit espace vide entre les rochers, ombragé par un massif de chênes séculaires. Les caraïtes ont donné à ce pli de terrain le nom de *vallée de Josaphat* ; c'est là qu'ils ont placé le lieu de leur sépulture ; et tel est le prix qu'ils attachent à la conservation de cet asile, souvenir de leur ancienne terre natale, et qui doit mêler un jour leur cendre aux ossements de leurs pères, que toutes les fois que les anciens khans voulaient leur extorquer de l'argent ou des présents, il leur suffisait de répandre le bruit de la destruction prochaine des arbres de Josaphat, sous prétexte de manque de bois de construction ou de chauffage : aussitôt la petite colonie prenait l'alarme, et les plus pauvres apportaient leur offrande pour détourner le sacrilège.

Un sentier tortueux conduit au centre de l'étroit vallon parsemé de tombes
en craie blanche, dont l'éclat contraste avec le vert sombre du feuillage. Le
nombre de ces sépultures atteint, dit-on, quatre mille. Quatre mille morts pour
un millier, au plus, de vivants ! Combien de générations ont fourni leur
contingent au funèbre enclos !

La plupart des tombes sont disposées le long du sentier, les autres
s'entassent pêle-mêle sous le vert feuillage des arbres et des buissons. La forme
est presque partout la même. Cependant, les sarcophages qui paraissent les

Crimée méridionale. — La Vallée de Josaphat, cimetière des Juifs caraïte, à Tchifout-Kalé.

plus anciens se distinguent par une simplicité plus sévère ; d'autres sont
surmontés d'une pierre en forme de tour, comme dans les mausolées grecs, mais
qui, chez les caraïtes, se répète aux deux extrémités : ce sont ces sarcophages
que Pallas désigne sous le nom de *tombes bicornes*. Quelques-uns aussi, qui
portent sur le devant des plaques ornées de rosaces, rappellent les cippes des
cimetières juifs en Pologne. Tous sont chargés d'inscriptions hébraïques
sculptées en relief, dont les plus anciennes portent la date de 1249 et 1252 de
notre ère. A côté de ces tombes, dont le travail accuse un art plus ou moins
raffiné, ou en voit qui ne consistent qu'en un amas informe de pierres ; celles-
ci sont la sépulture du pauvre.

Les Juifs sont persuadés que les âmes des morts planent sans cesse au-dessus
de leurs anciennes demeures, et qu'elles entrent en communication avec les

vivants. Aussi le voyageur, en pénétrant dans la vallée de Josaphat aux heures solitaires du jour, rencontrera-t-il de loin en loin sur son chemin une femme caraïte, voilée de blanc, et assise sur le bord d'une tombe ; ici, marmottant quelques prières à voix basse ; là, silencieuse et recueillie comme si une voix mystérieuse lui parlait.

Les environs de Baghtché-Séraï sont également célèbres par le séjour de Pallas. Berlinois de naissance, mais presque naturalisé russe par la faveur de Catherine, déjà illustre comme naturaliste, membre titulaire de l'Académie impériale de Saint-Pétersbourg, Pallas arriva pour la première fois en Crimée

Tombeaux de Juifs caraïtes. — Tombe bicorne. — Tombe moderne.

en 1793 et 1794 avec les préjugés que les Russes de cette époque nourrissaient contre leur conquête ; mais, ayant parcouru la presqu'île dans tous les sens pendant ces deux années, il ne tarda pas à abjurer ses préventions, et, à en juger d'après l'ouvrage qu'il publia à la suite de ses excursions, il n'y aurait pas au monde de plus belle contrée.

En 1796, il quitta Saint-Pétersbourg et vint se fixer à Symphéropol, au centre des possessions que l'impératrice venait de lui assigner, avec une pension de 2000 roubles. C'est là qu'il fut visité, durant l'été de 1800, par le voyageur anglais Clarke, qui nous a transmis, sur l'accueil et sur la vie de l'illustre professeur à cette époque, des détails remplis d'intérêt : « Dès que nous lui eûmes remis nos lettres de recommandation, il nous reçut moins en étranger qu'en père. Nous refusâmes de l'importuner en occupant des appartements dans sa maison, qui ressemblait plus à un palais qu'au séjour d'un simple particulier ; mais, nous étant absentés un seul jour pour une excursion, il fit tout déplacer, et, à notre retour, nous vîmes une suite de chambres préparées pour notre réception, avec toutes les recherches désirables pour l'étude et pour le repos. Je ne cesserai de me regarder, toute ma vie, comme son obligé. Après m'avoir guéri de la fièvre, en me prescrivant lui-même un régime, et en m'entourant de soins comme si j'eusse été son propre fils, il choisit dans ses collections, pour nous les offrir, les dessins, cartes, livres, antiquités, minéraux, et tout ce qui pouvait avoir rapport à l'objet de notre voyage ; il nous accompagna dans les courses les plus ennuyeuses, dans la recherche des insectes et

des plantes du pays ; et il voulut bien encore visiter tous les monuments qui
pouvaient jeter un jour nouveau sur l'histoire ancienne et moderne de la
péninsule. La fin de la vie de Pallas a été empoisonnée par une succession de
malheurs qu'il ne méritait pas. Il les a soufferts tous avec une philosophie
stoïque. Lorsque nous le quittâmes, il était déterminé à employer le reste de sa
vie à cultiver des vignes parmi des rochers, sur la côte méridionale de cette
contrée. »

Il paraîtrait que l'envoi de Pallas en Crimée n'était qu'un exil sous un nom
honorable. Or, quoi qu'en dise Clarke, ce grand homme, ce savant illustre, était
un caractère faible et pusillanime. Il tremblait au seul nom de sa souveraine, et
il ne put supporter même l'apparence d'une disgrâce. Malade d'esprit et de
corps, on le voit, comme Ovide, auquel il se compare dans un passage de ses
écrits, exhaler ses plaintes sous un double voile de réticences et d'allégories.
A soixante-cinq ans, il commence son dernier ouvrage par une allusion à
« l'inquiétude et aux ennuis qui l'accablent dans sa résidence actuelle et qui
remplissent ses derniers jours d'amertume ». Clarke et ses compagnons le
pressèrent inutilement de quitter un pays dont le séjour lui était devenu odieux,
et de les accompagner en Angleterre ; sa timidité naturelle, plus que son âge
avancé et que la certitude de perdre toutes ses propriétés en Russie, l'empêcha
de suivre ce conseil. Cependant ces dégoûts devinrent tels à la fin qu'ils triom-
phèrent de sa faiblesse, et quelque temps après le mariage de sa fille, dont Clarke
avait été le témoin, il s'enfuit auprès de son frère, à Berlin, où il mourut le
8 septembre 1811, âgé de soixante et onze ans.

L'histoire naturelle de la Crimée est également redevable aux travaux de
Hablitz, dont les recherches précédèrent celles de Pallas, de Marschal Biberstein
et de Steven. Hablitz était l'ami et le voisin de campagne de Pallas, qui a perpétué
son souvenir dans la dénomination de la *Salvia Hablitziana*. Il possédait à
Tchorgoun, dans le voisinage de Sébastopol, une propriété magnifique, à peu
de distance de Chouli, l'une des terres de Pallas, qui ordinairement y passait
la belle saison. Ancienne résidence d'un pacha turc, la demeure de Hablitz conservait toute l'irrégularité et la splendeur bizarre de l'architecture ottomane ; des
vignes, des arbres fruitiers, des peupliers, l'ombrageaient ; au milieu de rochers
et de montagnes, on se voyait entouré de jardins qu'arrosaient une multitude
de fontaines. La réputation et l'amabilité de Hablitz firent de Tchorgoun un petit
rendez-vous scientifique et littéraire ; Clarke et ses compagnons y reçurent
aussi l'hospitalité ; Pallas y médita et y composa les meilleurs endroits de ses
livres.

La portion de la Crimée occupée par nos armées, de Sébastopol à Balaclava,
en faisant le tour du littoral, portait un nom célèbre dans l'antiquité. C'était
cette fameuse Chersonèse Héracléotique, ou *Peninsula minor* de Strabon, dis-
tinguée par le savant géographe de la *Peninsula major*, ou Chersonèse Taurique. La séparation entre la grande et la petite Chersonèse était marquée par
une muraille qui se dirigeait presque perpendiculairement du nord au sud, de
la baie de Sébastopol, jusqu'au *Port des Rencontres* (Balaclava). La distance entre
les deux points, telle qu'elle fut mesurée par Clarke et Pallas, se rapporte exactement à celle indiquée par Strabon, et qui était de 40 stades ou de 5 milles
anglais, de la mer à la mer. Il ne reste plus rien aujourd'hui de cette muraille,
dont les deux amis, à l'époque de leur excursion (1800), purent reconnaître les

derniers vestiges. Les pierres avaient servi aux habitants pour bâtir des maisons ou pour former des enclos. de bergeries ; on n'apercevait plus, à la place du *vallum*, qu'une lévée en terre, et l'emplacement des tourelles qui flanquaient la muraille. A 2 milles environ avant d'arriver à Balaclava, un second mur, qui rencontrait le premier à angle droit, courait de l'est à l'ouest, et fermait ainsi l'approche de la ville du côté de la terre. Il ne reste rien également de cette seconde construction, dont, pour me servir de l'expression du poète, « les ruines même ont péri ».

L'étendue de la Chersonèse Héracléotique ne dépasse pas 45 à 50 kilomètres carrés ; espace bien étroit pour une si grande renommée. Mais c'est le privilège de la poésie de reculer les bornes de l'espace comme elle fait celles du temps. Qu'est-ce que la Troade, l'Attique et la Grèce tout entière mesurées sur la carte ? Et pourtant quelle place elles occupent dans le souvenir et dans l'imagination des hommes !

En mettant le pied sur le sol de la presqu'île qui emprunte son nom à Hercule, le voyageur touche au cœur même de l'histoire et de la fable antiques. Il ne peut faire un pas sans fouler des ruines ; et quelles ruines ! la Chersonèse, les temples de Diane Tauropolitaine, et l'endroit consacré par la légende d'Iphigénie.

L'Héracléotique projette vers l'Europe deux promontoires célèbres. Le premier, qui forme la pointe la plus occidentale de la presqu'île, est le cap Phanari, sur l'emplacement duquel était l'ancienne ville de Chersonesus. Fondée, à une époque très reculée, par des Grecs émigrés d'Héraclée, cette ville devint le siège d'une colonie florissante, mais éphémère. Aujourd'hui des ruines, superbes à la vérité, en marquent seules l'emplacement. A l'arrivée des Russes, ces ruines étaient encore dans un tel état de conservation, que plusieurs portes subsistaient dans leur entier.

Il n'en reste plus que des débris informes. « Les ravages dus à la barbarie des Russes sont effroyables, dit Clarke. Les Turcs sont des gens de goût et des savants en comparaison des conquérants moscovites. Si l'Archipel fût tombé entre les mains de ces derniers, les beaux restes de l'ancienne Grèce ne seraient plus. »

La dévastation fut pire encore pour la nouvelle Chersonesus, qui était située, selon toute apparence, à l'entrée du Cténus, à l'ouest de Sébastopol, le long de la baie actuelle de la Quarantaine. Les ruines de la nouvelle cité, détruite par les Tartares à l'époque de la grande invasion, conservaient encore, au XVIII° siècle un air de grandeur ; on y distinguait des édifices publics, des temples, des tombeaux, des aqueducs. Les Tartares, devenus les possesseurs paisibles du sol, avaient respecté durant quatre siècles et demi ces ruines qu'avaient faites leurs ancêtres. Les nouveaux conquérants les effacèrent complètement du sol ; ils enlevèrent les marbres avec leurs inscriptions, les pierres mutilées où étaient une foule de caractères précieux pour l'histoire et pour la linguistique, et les rendirent à un éternel oubli en les plaçant dans les fondements de Sébastopol qui s'élevait alors.

Si de la pointe de Phanari l'on remonte vers l'est en suivant le rivage de la mer, on atteint bientôt un autre promontoire ou plutôt une suite de promontoires du haut desquels l'observateur, de niveau avec les premiers plateaux des monts de la Crimée, jouit de la vue de l'Héracléotique dans toute son étendue. L'un de

ces rochers est le fameux Parthénium, qui porta le temple de Diane Tauropolitaine, aux autels ensanglantés. « C'est là, dit Gibbon, qu'Euripide, embellissant
avec un art exquis les fables de l'antiquité, a placé la scène d'une de ses plus
émouvantes tragédies. Les sacrifices sanglants de la déesse, l'arrivée d'Oreste et
de Pylade, le triomphe de la vertu et de la religion sur la férocité sauvage,
servent à représenter une vérité historique. Les Taures, habitants primitifs de
la péninsule, furent, en quelque sorte, arrachés à leurs mœurs féroces par un

Crimée. — Vue du monastère de Saint-Georges.

commerce graduel avec les colonies grecques qui s'établirent le long de la côte. »
Mais sur lequel de ces trois promontoires, peu distants d'ailleurs, se trouvaient
l'autel de la déesse et la statue qu'Oreste rapporta dans Athènes? Les géographes
et les voyageurs varient d'opinion à cet égard. Clarke indique le dernier des
trois, l'*Aya-Bournou*, ou promontoire Sacré, entre le monastère de Saint-
Georges et Balaclava, et voit dans cette dénomination même une nouvelle
preuve à l'appui de son assertion.

Mais que nous font les controverses des savants? Rapportons-nous-en à la
tradition, qui nous montre avec certitude l'autel de la déesse, une grande pierre
carrée qui rappelle par sa forme les tables druidiques. A cette place a marché
la prêtresse; regardez, vous verrez encore empreinte sur le roc la marque de

ses pas. Voilà le rocher où aborda Oreste, en proie aux Furies vengeresses ; plus loin eut lieu la reconnaissance du frère et de la sœur, une des scènes les plus touchantes du théâtre antique :

« O mon frère chéri ! quel autre nom te donner ? car tu es ce que j'ai de plus cher au monde. Je te revois donc, Oreste, loin de ta patrie, loin d'Argos ! Ah ! mon frère ! »

Il serait difficile, du reste, de rêver un site plus en harmonie avec le sombre culte de la déesse. Rappelez-vous la solitude décrite par Shakspeare dans *le Roi Lear* : c'est le même aspect morne, sauvage, effrayant.

L'épouvante qui saisit l'âme du voyageur l'accompagne jusqu'au monastère de Saint-Georges, que l'on aperçoit un peu sur la gauche, entre l'Nya-Bournou et le second promontoire (le *Parthenium* de Formaleoni). Du côté de la terre, la route qui conduit de Sébastopol à Balaclava aboutit tout à coup, au sortir des steppes, à un immense hémicycle de rochers qui tombe vers la mer entre deux caps élevés à pic au-dessus des flots, sur lesquels ils projettent leur ombre gigantesque. Sur un pli de la roche, et dans la partie supérieure de ce cirque, s'élève le monastère, dont l'aspect riant contraste avec la sévérité du site environnant. En effet, le monastère de Saint-Georges, comme tous les monastères de l'Eglise grecque en Turquie, en Russie, dans les Principautés, n'offre point le caractère imposant ni le style monumental des couvents ultramontains ; il consiste en une suite de maisonnettes à un seul étage, groupées sans symétrie, mais non sans grâce, autour d'une église dont le toit de métal rouge et la croix dorée resplendissent au milieu des austérités du paysage. Une dizaine de caloyers, habitent, sous la direction d'un évêque, ces maisonnettes, dont la plupart possèdent de petits jardins en terrasse plantés d'assez beaux arbres. Lorsque les armées alliées occupèrent les hauteurs de Balaclava, l'église et les bâtiments du monastère, abandonnés par les moines, furent respectés ; mais la plus grande partie des arbres furent coupés pour servir au chauffage de nos soldats, et cet acte, dénoncé comme un sacrilège à l'indignation de la sainte Russie, y causa une horreur égale à celle qu'excita par la suite la chute même de Sébastopol.

En effet, saint Georges n'est pas moins révéré des orthodoxes que l'Assomption. Sa fête se célèbre chaque année, le 23 avril, au milieu d'un grand concours de peuple et de mendiants. Ces derniers assiègent toutes les avenues du monastère. Des marchands de gâteaux et de fruits, des Tsiganes, des Tartares couvrent le plateau de leurs boutiques et de leurs tentes. L'air retentit du bruit des instruments, et les libations et les danses se prolongent très avant dans la nuit.

Une tradition répandue dans le pays, et que semblerait justifier l'usage, suivi généralement dans les premiers temps du christianisme, d'élever les temples de la nouvelle religion sur l'emplacement et avec les matériaux des édifices païens, veut que les débris du temple de Diane aient servi à la construction du couvent de Saint-Georges.

Entre Saint-Georges et Balaclava, le chemin suit les sinuosités des plateaux jusqu'au joli village de Kadi-Keui (le village du Cadi), dont la population est grecque. Là s'ouvre la vallée de Balaclava, toute verdoyante de jardins et de riants vergers ; la vallée s'incline vers le sud ; on descend ainsi jusqu'aux bords d'un bassin naturel, entre une masse de collines imposantes, où la mer se précipite par une étroite entrée : c'est le port de Balaclava, où Homère a placé la scène d'Ulysse chez les Lestrigons.

« Pendant six jours et six nuits, nous voguons sans relâche ; dans la septième journée, nous abordons en Lestrigonie-Télépyle, ville escarpée de Lémos. Nous pénétrons dans le port superbe, autour duquel règne de toutes parts une roche à pic, et dont l'entrée est resserrée par deux hauts promontoires. Nos compagnons poussent leurs vaisseaux dans l'intérieur du port, et les attachent, les uns près des autres, dans cette anse calme et profonde, où jamais ne se gonflent les vagues. »

Crimée. — Vue de Balaclava.

Quel géographe qu'Homère! Et notez que tous les lieux où il promène ses personnages, depuis l'entrée de la mer Ionienne et les confins de l'Italie jusqu'à l'extrémité de la mer Noire, sont décrits avec la même précision, la même exactitude pittoresque.

En face du port s'élève la jolie petite ville de Balaclava, avec ses maisons échelonnées les unes au-dessus des autres, et possédant toutes un balcon et quelques arbres. Vu de ces balcons, le port, dont on ne distingue point l'étroite issue, ressemble à un de ces lacs de l'Ecosse resserrés entre des montagnes escarpées. Sur les hauteurs qui bornent l'entrée du côté de l'est, on aperçoit les restes d'une forteresse bâtie anciennement par les Génois.

Balaclava fut, en effet, longtemps possédée par les Génois, qui lui donnèrent son nom, dérivé, dit-on, de *Bella-Chiave*. Toutefois, plusieurs étymologistes réclament en faveur d'une origine turque ou tartare, et font venir Balaclava de *balouk*, poisson, en montrant, à l'appui de leur assertion, un énorme poisson sculpté sur le bas-relief d'une des tours de la forteresse.

Aujourd'hui la ville génoise est devenue une ville grecque. Une troupe de hardis pirates, originaires de la Morée et de l'Archipel, avaient rendu de grands services aux Russes pendant la guerre de 1770; après le traité de Kutchuk-Kainardji, Catherine, assez embarrassée de ses auxiliaires, les établit à Balaclava où on les employa principalement à surveiller les mouvements des Tartares. Plus tard, ces aventuriers furent rejoints par plusieurs de leurs compatriotes de Misitra et des îles de Zante et de Céphalonie, et Balaclava devint ainsi le chef-lieu d'une petite colonie qui s'est perpétuée jusqu'à nos jours.

Ces peuples, ou plutôt ces débris de peuples que l'on rencontre à chaque pas en Crimée, comme dans le reste de la Russie et dans la Turquie, et qui, fixés depuis un temps plus ou moins ancien sur un point quelconque du territoire, vivent isolés et comme indépendants de ce qui les entoure, conservant leur culte, leur idiome, leur costume, leurs usages purs de toute altération, ne sont point une des particularités les moins frappantes de ce pays si curieux à visiter et à étudier. Nous avons vu les juifs caraïtes à Tchifout-Kalé; nous venons de voir les Grecs à Balaclava. Les deux petites villes d'Armjanski sont peuplées presque exclusivement d'Arméniens, les steppes parcourues en tous sens par des hordes de Nogais et de Kalmouks. Le long des routes qui mènent aux grandes villes, vous rencontrerez de loin en loin des troupes de Bohémiens nomades. Ce qu'on voit le moins, ce sont des Russes. Ils sont confinés dans la capitale et dans les principaux centres de population, où ils figurent soit comme administrateurs, soit comme soldats.

Après ce port des Rencontres (*Balaclava*), dit Strabon, jusqu'à la ville de Théodosie (*Caffa*), s'étend le district taurique maritime, d'environ 1,000 stadès de longueur, escarpé et montueux, et qui est exposé aux tempêtes. Il suffit de jeter les yeux sur la carte de Crimée, pour être convaincu de l'exactitude topographique du savant géographe. Au reste, cette exactitude surprend moins si l'on vient à songer que Strabon était citoyen d'Amasie, en Asie Mineure, de l'autre côté de l'Euxin, et que cette circonstance avait dû lui rendre familiers les bords de cette mer. Sa description de l'Archipel et des rives de la Méditerranée est beaucoup moins fidèle, et Homère, sur le témoignage duquel il s'appuie à tout moment, est un bien meilleur guide.

Nous n'en finirions point si nous voulions décrire tous les endroits remarquables de cette côte. Nous nous bornerons aux principaux.

C'est d'abord la classique vallée de Baïdar, célébrée par les voyageurs sous les noms pompeux d'*Arcadie taurique* et de *Tempé criméenne*. Elle court perpendiculairement aux grandes montagnes de la côte, sur une étendue de dix milles en longueur et de six en largeur. D'un côté, la beauté sévère de ces montagnes; de l'autre, l'aspect riant de la vallée; les nombreux cours d'eau qui l'arrosent et dont le plus important, la Tchernaïa, va se perdre dans les bassins de Sébastopol; la pureté de l'air, la douceur du climat; cette suite de prairies et de riches champs de blé coupés par des vergers et par des haies vives où la vue s'égare à plaisir; la multitude de villages semés de distance en distance, et dont les maisonnettes blanches et bien bâties ont un air de gaieté et de bien-être, en font un des sites les plus charmants de la Russie méridionale.

Ce qui frappe et séduit surtout le voyageur, le long de cette côte, c'est l'extrême douceur de la température, comparée au froid rigoureux, et pour ainsi dire constant, du nord de la presqu'île. Ici, en effet, sur ces hauts plateaux, tantôt unis et arides comme les steppes, tantôt coupés de lacs salés et de grands

pâturages où errent d'immenses troupeaux, aucune hauteur n'arrêtant la course
des vents depuis la Baltique jusqu'à l'Euxin, sur un espace de huit cents lieues,
on atteint à la température ordinaire des zones glacées ; en sorte que le voyageur,
après avoir franchi les montagnes, passe, presque sans transition, du climat de
la Sibérie à celui de Naples ou de Venise.

La fécondité du sol dépasse tout ce que l'on peut imaginer, et telle est la

La Crimée. — Siméis.

vigueur de la végétation, qu'on voyait, autrefois, dans un verger dépendant du
village d'Ourkousta, l'un des onze de la vallée, un noyer qui donnait jusqu'à
soixante-dix mille noix par année.

A 24 verstes à l'est, après que l'on a dépassé le joli petit village de Laspi, où
commence la partie cultivée de cette côte, la vallée de Siméis rivalise avec celle
de Baïdar par le pittoresque et l'agrément de sa situation. Beaucoup de voyageurs
même la préfèrent et en parlent comme d'un séjour enchanté dont ni la plume ni
le pinceau ne sauraient rendre les merveilles : « A gauche, des rochers entassés
s'élèvent à une hauteur prodigieuse ; à droite, la mer se présente avec une
majesté d'autant plus imposante qu'elle forme un plus grand contraste avec ces
rocs antiques. Le vallon n'est qu'un jardin divisé en autant de portions qu'il y
a de cabanes ; la végétation est ici dans sa plus grande vigueur ; la vigne y est

plus forte, plus fournie de fruits ; les oliviers suivent quelquefois un aligne-
ment ; ailleurs, ils se confondent avec des grenadiers de la plus grande beauté ;
de petits sentiers couverts de berceaux naturels ont, suivant les saisons, toutes
les espèces des meilleurs fruits suspendues sous leurs voûtes. L'art n'a rien fait ;
partout on n'aperçoit que la nature, mais belle, riche, et comblant de ses bienfaits des hommes oisifs, qui jouissent de tous ces avantages sans savoir les
apprécier. »

Aloupka est à 8 verstes de Siméis, et seulement à 5 en ligne droite. La
route traverse deux ou trois hameaux sur le bord du littoral ; chacun de ces
hameaux qui ne consistent souvent qu'en une ferme, une *économie*, comme on
dit dans le pays, occupe le centre d'un petit vallon. Le vallon d'Aloupka,
entouré d'une ceinture de rochers volcaniques, est le plus chaud de toute la
Crimée ; l'olivier, le grenadier, le figuier y viennent sans culture. Le village
avec son château est surmonté par l'*Aï-Ptri* (le Saint-Pierre), qui atteint, une
hauteur de 3.800 pieds. Des blocs énormes se sont détachés autrefois de ses
flancs et ont roulé dans la vallée qu'ils couvrent encore de leurs débris ; et telle
est la rapidité de la pente par laquelle on descend du village vers la mer, qu'on
craint à tout moment que les maisons et leurs jardins ne soient emportés par
les pluies torrentielles qui durent pendant presque tout l'automne.

Ialta, à 17 verstes d'Aloupka, est, suivant l'expression d'un voyageur, le
port de la villégiature moscovite. En effet, les environs sont peuplés de maisons
de campagne appartenant à de grands seigneurs russes, ou de fermes que les
propriétaires, la plupart d'origine française ou suisse, font valoir eux-mêmes.
Entre Ialta et Aloupka, la route qui ressemble à un jardin anglais, traverse trois
résidences magnifiques : Orianda, Livadia et Khoréis.

Ialta, chef-lieu de l'un des cinq districts du gouvernement de la Tauride,
occupe à peu près le centre d'une baie de 12 verstes environ d'étendue, formée
par le cap *Aï-Todor* (Saint-Théodore) au sud, et le cap *Nikita bournou* au nord.
C'est un bourg, ou plutôt une ville, d'un aspect gai et animé, avec douane, bureau
de poste, bazars, hôtelleries. Un service régulier de bateaux à vapeur met la
ville en communication avec Odessa.

Nikita, à 5 verstes d'Ialta, près du promontoire de même nom, est remarquable par son jardin botanique, créé en 1812.

Goursouf, anciennement ville romaine, plus tard génoise, et qui dans l'intervalle paraît avoir reçu des Slaves le nom de *Gorzabita* (montagne éclatée) n'est
plus qu'un bourg de peu d'importance. On voit encore, sur les rochers qui dominent
la baie, la forteresse dont l'historien Procope attribue la fondation à Justinien.

Kutchuk-Lampat, ou le Petit-Lampat, est située au milieu des plus magnifiques aspects de la Crimée. A droite, et vis-à-vis du promontoire d'*Aiou-Dagh*
(la montagne de l'Ours), le *Tchadir-Dagh* (la montagne de la Tente), le point
culminant de toute la presqu'île et le centre de son système orographique, élève
à une hauteur de 1.600 à 1.700 mètres sa cime nuageuse, d'où l'on peut, au dire
des Tartares, distinguer encore une grande étendue de pays au delà de Pérékop,
situé à 160 verstes au nord. La montagne se joint au promontoire par un isthme
de rochers boisés, au pied duquel l'on découvre, à demi cachés par un épais bois
de noyers, le port et le village de Paternit, où croit le meilleur tabac de la
Crimée.

Nous touchons à peu près au centre de cette corniche criméenne qui s'étend depuis le cap Monastir et le couvent de Saint-Georges jusqu'à Théodosie, sur une longueur d'un peu plus de 200 verstes (50 lieues). Tout à coup, au fond d'une petite baie, et sur le penchant d'une colline que couronnent les ruines d'un vieux château bâti par Justinien, le voyageur aperçoit un gracieux amas de

Crimée — Alouchta.

maisons, recouvertes la plupart de toits plats, à l'italienne, et précédées de portiques. C'est Alouchta, à 104 verstes de Balaclava, et à 100 verstes de Théodosie ; Alouchta, dont le nom slave est, dit-on, le diminutif de ce doux nom d'Hélène, le plus populaire de toute la Grèce. Jadis cité puissante et siège épiscopal, Alouchta n'est plus aujourd'hui qu'un bourg, pourvu d'un bureau et d'une station de poste, d'un office de douanes, d'une mosquée et d'une hôtellerie dans le goût asiatique. Quant à sa citadelle, désignée anciennement sous le nom de *Phrourion*, il n'en reste plus que trois tours dont les murs, aux trois quarts ruinés, s'élèvent au milieu des cases des Tartares.

A 54 verstes à l'est, la chaîne Taurique donne naissance, en s'entr'ouvrant, à une nouvelle vallée, couverte de vignobles et d'arbres fruitiers, et arrosée par plusieurs ruisseaux, qui y entretiennent la fraîcheur et la fertilité. C'est à proprement parler une petite contrée, où se trouvent disséminées çà et là une multitude

de maisons de campagne, chefs-lieux de nombreux établissements viticoles, et
communiquant entre elles par des chemins étroits, bordés de haies de peupliers.
Les propriétaires de ces vignobles, au lieu de se grouper en village, ont préféré
s'établir chacun au centre de son exploitation. Aussi le hameau proprement dit,
situé au nord de la vallée, ne se compose-t-il que d'une église, de quelques
maisons et d'une sorte de kan où logent les commerçants au temps des vendanges. De là, jusqu'au bord de la mer, la vallée, suivant une pente douce que

Aloupka.

favorise le cours du *Soghouq-Sou* (eau froide, en langue tartare), a l'air d'un lac
de verdure encaissé par trois collines. L'une d'elles, appelée *la montagne de
l'Aigle*, et au pied de laquelle le *Soghouq-Sou* se jette dans la mer après un cours
de 12 à 13 verstes, porte les ruines de l'ancienne forteresse génoise.

Forteresse importante, port de mer, évêché, résidence d'un consul de
Venise qui étendait sa juridiction sur toute la Crimée, l'humble village de
Soudak, habité aujourd'hui par une centaine de Grecs et de colons allemands,
fut pendant le moyen âge une cité importante. Quand Rubruquis y passa, en
1253, au début du voyage qu'il entreprenait en Tartarie et en Chine, par ordre
de saint Louis, la ville, quoique payant un tribut à Batou-Kan, avait ses chefs
particuliers et son évêque, qui logea le frère voyageur dans l'*église épiscopale*.

A 50 verstes de Soudak, Théodosie ou Caffa, sur le golfe du même nom,

marque l'extrémité orientale de la chaîne Taurique. La presqu'île de Kertch,
qui termine la péninsule de ce côté, de même que la Chersonèse à l'extrémité
opposée, et que traverse dans sa longueur la route de Kertch à Balaclava,
appartient tout entière à la région des steppes. Nous quittons les aspects riants
ou grandioses : des collines pelées, incultes, dépouillées d'arbres, des plaines
arides et monotones, une campagne désolée, voilà ce qui s'offre à nous à mesure

Crimée. — Kutchuk-Lampat.

que nous approchons de Théodosie. Il semblerait, comme le dit un voyageur,
« que la nature ait voulu prendre le deuil des revers que la ville a essuyés. »
    Au moyen âge, Théodosie passait à bon droit pour l'une des cités les plus
riches et les plus florissantes, non seulement de la Tauride, mais de tout l'Orient.
Cette prospérité était l'œuvre des Génois, qui, vers le milieu du XIII° siècle,
grâce aux traités qu'ils conclurent avec l'empereur Michel Paléologue (1264),
avaient supplanté les Grecs et les Vénitiens dans le commerce de la mer Noire.
Lorsque la péninsule passa sous le joug des Tartares, ils obtinrent de ces derniers
la permission de construire des magasins pour leurs marchandises; et, sous ce
prétexte, ils bâtirent, sur l'emplacement ou dans le voisinage de l'ancienne
Théodosie, une ville que les Tartares appelèrent *Kaffa* (l'Infidèle). Peu à peu la
ville fut fortifiée, et devint une place commerçante de premier ordre. A cette

époque, et avant que les Portugais eussent ouvert la route des Indes orientales
par le cap de Bonne-Espérance, toutes les épiceries et les drogues de l'Orient,
objet d'un trafic considérable, arrivaient à Caffa, où elles étaient apportées,
moitié par terre et moitié par eau, depuis l'Indus, par la Bactriana, l'Oxus, la
mer Caspienne, Astrakan, le Volga, et Tana sur le Don. La ville, surnommée
par les Turcs *Kutchuk-Stamboul* (le Petit-Stamboul), comptait alors, au dire
des historiens, 100.000 habitants, Tartares, Génois, Grecs, Arméniens et Juifs,
172 fontaines publiques, 50 églises chrétiennes, autant de mosquées, 3.600 mai-

Crimée. — Théodosie.

sons, 9 bains, 4 cimetières. Son port spacieux et commode recevait 700 à
800 navires chaque année; et tel était l'ascendant que les Génois avaient acquis
par leurs flottes et par leurs richesses, qu'ils faisaient élire ou déposer à leur
gré les princes tartares envoyés du Kaptchak.

La prise de Caffa par Ahmed-Pacha, amiral du sultan Mahomet Ier,
vingt-deux ans après celle de Constantinople, entraîna la ruine de toutes les
colonies génoises de la mer Noire, et porta un coup mortel au commerce des
Européens dans cette mer. En 1672, les Dardanelles et le Bosphore, fermés à
leurs navires, firent de l'Euxin un lac ottoman, visité par quelques rares
sacolèves qui trafiquaient le long des côtes. Un siècle plus tard, les victoires de
Catherine ouvrirent de nouveau la mer Noire, mais au profit exclusif de la
Russie, dont la marine et le commerce prirent de rapides développements; et

ce fut seulement en 1802 que le traité dit de Paris, entre la Sublime Porte et la République française, reconnut à nos navires de commerce le droit d'entrer et de naviguer librement dans l'Euxin.

Cependant ni la conquête ottomane, ni la conquête moscovite n'ont effacé entièrement du sol criméen les traces de la domination génoise. Si, pour me servir de l'expression d'un voyageur, les écussons de Gênes pavent encore Théodosie, l'empreinte de sa langue demeure visible dans l'idiome parlé aujourd'hui le long du littoral de la Crimée : par contre, le dialecte génois a retenu un nombre assez considérable de mots tartares.

Crimée. — Sondak.

Aujourd'hui, il ne reste plus guère à Théodosie que le souvenir de sa grandeur passée, et l'imposant témoignage de ses ruines. Son port, situé sur une magnifique baie, en forme de croissant, et qui jadis abritait des flottes entières de navires marchands, ne reçoit plus que quelques bâtiments. L'aspect de la ville ne laisse pas d'être agréable. L'église arménienne, qui date du xiiie siècle, époque à laquelle les Arméniens reçurent l'autorisation de s'établir en Crimée, accolée, pour ainsi dire, aux murailles de l'ancienne citadelle génoise, aujourd'hui démantelée, est d'un bel effet; à droite, sont les bâtiments de la Quarantaine, dont une partie s'est élevée sur les ruines d'un monastère fameux, dédié à saint Basile; à gauche, la ville proprement dite, avec ses maisons neuves et bien bâties, la place et l'église catholique, la synagogue des Juifs caraïtes, et le Musée, qui renferme, outre un grand nombre d'antiquités criméennes, une collection de fossiles très curieuse.

Plusieurs écrivains et voyageurs ont recherché les causes de la décadence successive de Théodosie. Aux motifs qu'ils ont donnés, et tirés la plupart de circonstances ou d'accidents locaux, tels que l'importance croissante des ports d'Odessa, de Kertch et de Taganrók, il convient d'ajouter les atrocités commises par les Russes avant et après la conquête, et que le célèbre voyageur anglais Clarke dénonça, un des premiers à l'indignation de l'Europe civilisée, à une époque où nos écrivains et nos publicistes les plus éminents célébraient à l'envi les victoires et la modération de la *grande impératrice*. Pouvait-on faire moins pour celle qui avait écrit à Diderot pour le charger de l'éducation de l'héritier présomptif de l'empire, qui parlait dans ses manifestes de faire revivre les beaux jours de Sparte et d'Athènes, et, en attendant, substituait à ces termes barbares de Crimée, Aktiar, Akmetchet, Caffa, les noms harmonieux et puisés aux sources de la plus pure antiquité, de Tauride, Sébastopol, Symphéropol, Théodosie?

Le Fauteuil de Mithridate, au sommet de la forteresse, à Kertche, en Crimée.

Kertch, Kertche, ou plutôt Ghersete, est le nom turc d'un château que les géographes des quatorzième et quinzième siècles appellent Bospro, Vospro et Pandico ; il fut bâti, suivant toute apparence, par les Génois, sur la plage du port de Panticapée, auprès de la montagne qui en portait les ruines. C'est aussi le nom de la petite ville qui a succédé à Panticapée. La montagne de Mithridate domine Kertche.

Panticapée, bâtie sur l'extrémité de la montagne, s'étendait en hauteur, tout autour de sa coupe, en un demi-cercle, dont les deux extrémités se prolongeaient sur ses flancs. La sommité la plus élevée et la plus rapprochée de la mer était occupée par l'acropole, disposée en polygone irrégulier. Après avoir passé la porte de l'acropole, on entrait dans une rue qui menait, par des détours, au pied du pic à polypiers qu'on appelle Fauteuil de Mithridate, et qui occupe la partie la plus élevée de la forteresse. Tout le rocher a été taillé ; la base est enterrée sous des amas de décombres : c'est à la face qui regarde l'ouest qu'on avait mis le plus de soin. On y avait excavé une niche de huit pieds de large, avec des degrés, pour y placer sans doute une statue. C'est à cette partie du monument qu'on a donné le nom de Fauteuil.

Il paraît probable que le rocher était compris dans l'enceinte d'un antique édifice ; c'est du moins ce que semblent indiquer les fondations de murailles qui l'entourent à l'ouest, au nord et au sud.

Ce monument devait avoir une destination religieuse. On a découvert, au pied du rocher, en suivant les restes de la rue principale, un beau torse de

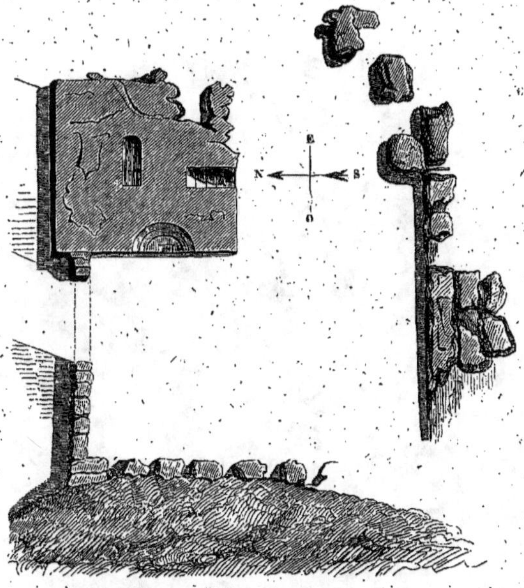

Plan du Fauteuil de Mithridate.

la statue de Cybèle, de grandeur colossale, en marbre blanc avec des bandes bleuâtres ; on a y trouvé aussi des frises et des corniches en marbre.

Une fontaine a été reconstruite par les Turcs avec des fragments de marbres antiques, dans les anciennes limites des fortifications de Panticapée, non loin de la place actuelle et du rivage. Une inscription scellée à droite témoigne que Sauromates III avait érigé un monument en mémoire de son père Mithridate Eupator, l'an 489 du Bosphore (162 de J.-C.).

Le Fauteuil de Mithridate a été envahi par les tombeaux. On a creusé sur son sommet aplani une espèce de sarcophage, semblable à ceux qu'on retrouve dans les églises cryptes d'Inkerman on de Tepekerman ; sa longueur est de sept pieds et demi, sa largeur d'un pied et demi ; le côté de la tête, à l'ouest, est taillé en demi-cercle. La tombe était recouverte d'une grande dalle, et on y arrivait par un escalier de cinq marches et de deux pieds de large, taillé dans

le flanc méridional du rocher. La niche devint peut-être alors l'abside d'une
petite chapelle chrétienne, tant sa forme rappelle ce que l'on voit dans les autres
églises cryptes de la Crimée.

Avant de quitter la Crimée, nous donnons la vue d'un vishka ou observatoire
militaire.

Le mot *vishka* paraît signifier « hauteur, élévation, corps élevé ». La construction des tours ou plates-formes d'observation militaire que l'on désigne
sous ce nom est très simple. Un plancher ou treillis en bois, de quatre ou cinq

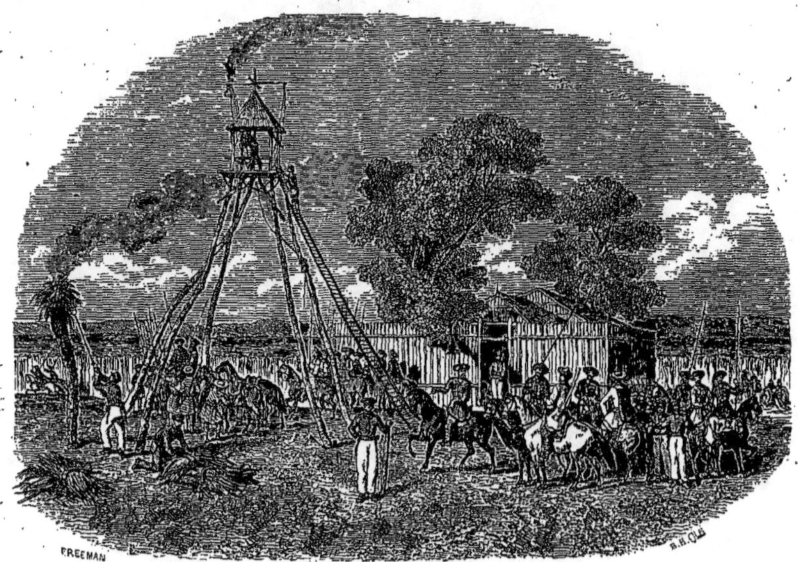

Un poste cosaque à l'approche des Circassiens.

pieds carrés, entouré ou non d'une balustrade, est élevé en l'air et soutenu, sur
quatre poteaux ou arbustes, à environ trente ou quarante pieds du sol. Souvent
on n'a point d'échelle pour y monter, et l'on y parvient à l'aide de quelques
pièces de bois attachées transversalement, de distance en distance entre deux des
piliers. Les Cosaques qui sont en sentinelle sur les vishka pour épier les
mouvements des ennemis mettent le feu à un fagot de bois suspendu, s'il leur
paraît nécessaire de donner un signal. On ne saurait se faire une idée de la
patience de ces sentinelles. Malgré le froid, elles restent pendant des nuits ou
des journées entières, dans ces guérites aériennes exposées à la pluie et à tous les
vents, droites, immobiles comme des statues, la figure tournée vers le point qui
leur a été désigné, sans se laisser distraire par ce qui se passe derrière elles.
Entre autres voyageurs, Ker Porter a donné le dessin d'un vishka qu'il avait vu
près de Mozdock, dans la vallée des Voleurs, en face du Caucase. Robert Lyall a

également figuré un de ceux qu'il vit dans le Kouban : du haut du vishka de Petrovskoyé, on lui montra un marais plein de roseaux où mille Circassiens environ s'étaient noyés en octobre 1821.

La gravure que nous publions représente un de ces vishkas placés de distance en distance sur la ligne armée du fleuve du Kouban, qui forme la limite entre la Russie et les populations du Caucase occidental. « Ces postes de surveillance, dit un voyageur, ne sont que des espèces de guérites élevées sur quatre piquets, à une cinquantaine de pieds au-dessus du sol. Deux Cosaques y sont en sentinelle jour et nuit. Au moindre mouvement de l'ennemi dans la vaste plaine de roseaux qui borde les deux rivages du fleuve, un fanal est allumé et hissé au-dessus de la guérite. Si le danger est plus imminent, on met le feu à une énorme torche de paille et de goudron. A ce signal, qui est reproduit de poste en poste, toute la ligne prend les armes, et en un instant cinq à six cents hommes se trouvent réunis sur le point menacé. Ces postes, généralement composés d'une douzaine d'hommes sont très rapprochés les uns des autres, surtout aux passages dangereux. De distance en distance on a élevé de petits forts avec des retranchements en terre et quelques pièces de canon. »

LE CAUCASE

La province limitrophe des Cosaques du Don est le Caucase.

Bien que le temps ait déchiré le voile derrière lequel s'abritait la légende, et que celle-ci se soit évanouie au contact de la civilisation, le Caucase n'en demeure pas moins un merveilleux pays : les dieux s'en vont, les montagnes restent.

Si Prométhée revenait sur son rocher, il pourrait constater, à 4.500 mètres au-dessous, la présence de charmants cottages où les fonctionnaires de Tiflis, d'Erivan, de Yelizavetpol vont passer la saison d'été ; regardant plus bas encore, il verrait, s'élevant en légers nuages, la fumée du chemin de fer qui va de Bakou à Batoum, ou de celui qui part de Vladikawkaz et dessert les stations d'eaux minérales de Patigorsk, Essentouki, etc.

Le Caucase, qui sépare l'Europe de l'Asie au sud-est et s'étend entre la mer Caspienne et la mer Noire, a, une superficie totale de 465.778 kilomètres Ses montagnes sont remarquables et font l'admiration des Russes, habitués à la vue des plaines et des coteaux modérés. La chaîne principale, le Grand Caucase, se prolonge sur un espace d'environ 1.200 kilomètres, du sud-est au nord-ouest, depuis la péninsule d'Apchéron, jusqu'à la forteresse d'Anapa. Beaucoup de chaînes d'une altitude imposante se détachent à droite et à gauche : l'Elbrauz, qui a 5.646 mètres, le Kochtan-taou, le Kasbek, etc. La zone la plus salubre pour l'homme est comprise entre 750 et 2.000 mètres. Ces diverses chaînes offrent quelques défilés célèbres, celui de Darial, sur la route de Mosdok à Tiflis, les Portes Sarmatiques, le long des côtes du Daghestan, les Portes de fer, les Portes Ibériennes, aujourd'hui Scharouapé.

Un grand nombre de fleuves sillonnent le Caucase ; les principaux sont : le Kouban, au nord-ouest, le Terek, au nord-est, le Rioni, au sud-ouest, l'Alazan, au sud-est. La température est très variable. Dans la province de Daghestan, dont nous nous occuperons tout particulièrement, le climat est relativement tempéré. La végétation est en général luxuriante ; le buis forme des forêts impénétrables ; l'azaléa, le rhododendron couvrent les côteaux sur les pentes inférieures ; la vigne sauvage s'enroule autour des arbres, les fruits à pépins et à noyaux abondent. L'orge, le froment; le maïs sont cultivés dans les vallées.

Le chamois, quelques familles de bisons, l'ours, le loup, le lynx, le tigre, le sanglier, le léopard, la hyène et enfin le chacal, se partagent, en plus ou moins grande quantité, les bois, plaines, étangs et montagnes de la Caucasie.

Le commerce n'est pas très important ; il est alimenté surtout par la fabrication des tapis, des armes et la préparation des peaux ; toutefois les sources de pétrole de Bakou, donnent lieu à d'actives transactions.

Le Caucase. — Vue de Koubatchi.

On peut évaluer à soixante-dix les langues et dialectes de la contrée ; le seul Daghestan en a cinq, que parlent, en les alliant à leur patois local, les 500.000 habitants répandus sur ces 28.589 kilomètres carrés. Le Caucase, dont le gouverneur général réside à Savropol, est divisé en provinces qui sont habitées par de nombreuses tribus de race, de mœurs et de religions différentes ; les Russes y sont environ 1 million 500.000.

Les maisons, d'ordinaire assez primitives, surtout dans les campagnes, sont construites avec de la paille hachée mêlée de terre et de plâtre. Le bois et la bouse de vache séchée brûlent ensemble dans le foyer de ces demeures rustiques, dont le plancher, en terre, est un peu relevé au ras de la muraille et fait office de traversin. Pendant le jour, les minces matelas sur lesquels on se couche tout habillé sont roulés et fixés au mur. Les femmes habitent une même pièce, les hommes en occupent une autre. La mère est beaucoup plus considérée que l'épouse. — Il n'y a pas de villes dans le pays des montagnards.

Un moyen de communication communément employé dans le Caucase est la *arba*, voiture grossière qui se compose d'un chariot à deux roues en bois non cerclées traîné par des buffles ; la caisse est formée, sur les côtés, d'un châssis recouvert par un tapis ; ce châssis est parfois surmonté d'un second tapis étendu au-dessus de la voiture et qui couvre les voyageurs. Le bruit produit par le passage de ces véhicules est infernal.

La conquête du Caucase a duré près de deux siècles. Chez les anciens, Mithridate seul put, pendant quelque temps, faire reconnaître son autorité par

Le Caucase. — Vue de Kazi-Koumoukh.

ces peuples fiers et indépendants. De nos jours, ce sont les Cosaques qui les ont vaincus et se sont établis au Caucase.

Le Daghestan (en Turc : *pays de montagnes*), dont nous reproduisons quelques vues, a été, pendant la dernière campagne, le témoin des combats les plus acharnés. Ses bornes sont : à l'est, la mer Caspienne, au nord, le Terek, à l'ouest, le gouvernement de Tiflis, au sud, celui de Chamaki. Les principales rivières qui l'arrosent, tributaires de la Caspienne, sont le Koïsou, le Samour, le Terek, le Bouain et l'Atala. Les pluies y sont abondantes en toutes saisons ; l'hiver le thermomètre descend à 8°, pour monter à 40° en été.

Sans entrer ici dans le détail des nombreuses tribus qui peuplent les aouls ou villages du Daghestan, et qui, à l'exception des familles juives, sont toutes mahométanes, rappelons que les Tchetchènes, actuellement répartis, au nombre d'environ 140.000, dans le Daghestan occidental, se distinguèrent jadis dans la grande lutte contre les envahisseurs. Ces montagnards vivent pour la plupart

dans de véritables tanières sombres et humides ; quelques-unes sont creusées dans
la terre, d'autres sont construites avec des branchages entrelacés ou des pierres
grossièrement disposées. Malgré leur amour du brigandage, ils conservent toujours la dignité du langage et du maintien, tuant, mais n'insultant pas : ils sauvent
les apparences. Fiers, souples, distingués, aimant la richesse des vêtements et
les portant avec aisance, ils ont le nez aquilin, le regard inquiet, presque
méchant. Les femmes des Tchetchènes aisés, fort gracieuses, sont habillées
d'une veste élégante, dessinant bien la taille, et de larges pantalons de soie rose ;
elles ont aux pieds des babouches jaunes, aux poignets des bracelets d'argent ;
une pièce de drap, retombant sur les épaules, cache en partie la chevelure.

En général, les Caucasiens se teignent la barbe en rouge avec du henné,
les femmes se colorent les ongles avec la même substance.

Presque toutes les peuplades des vallées du Caucase oriental, à l'est des
Tchetchènes, sont confondues sous le nom de Lezghiens. Le Daghestan lezghien
a été souvent ensanglanté par les assauts et les meurtres. Les marchés sont le
théâtre de rencontres, de rixes terribles. La plus célèbre des tribus de cette
région est celle des Avares. Une autre, celle des Koubatchi, ayant la spécialité
de la fabrication des armes, et par cela même étant indispensable aux autres,
est respectée par toutes ; elle est d'ailleurs pacifique.

L'aoul de ces industriels présente un curieux assemblage de maisons
ouvertes, sans colonnettes, superposées sur un terrain montagneux, et dans
lesquelles on pénètre par derrière. Les étroits sentiers qui les bordent sont
à peine visibles. C'est à Koubatchi que se font les meilleurs poignards ;
les plus estimés sont les poignards noirs de Bazalaï : ils valent jusqu'à
100 roubles.

La langue usuelle des habitants du littoral, quelle que soit leur race, est le
turc de l'Azerbeidjan. Les villes ou bourgs importants du Daghestan sont : Der-
bent (environ 15.000 habitants), Goubden, Akhti, Kazanich, Tarki et Temir-
Khan-Choura, dans le pays des Tartares Koumikes. Cette dernière localité,
qui compte à peu près 6.000 âmes, est située au nord, dans une vallée largement
ouverte vers la Caspienne. Le lac d'où elle tire son nom est asséché, ce qui
n'empêche pas le pays d'être malsain. Le port actuel de Temir-Khan-Choura et
de toute la région des Koumikes est Petrovsk, qui fut un point stratégique
important comme port d'approvisionnement pendant la guerre contre les montagnards ; sa rade est l'une des moins mauvaises de la Caspienne.

Kazi Koumoukh, au sud de Temir-Khan-Choura et de Gounib, est un bourg
d'un millier de feux. La route pittoresque qu'on voit au bas de la montagne conduit à Gounib.

Pour ces peuples guerriers, encore à demi sauvages, la question de l'armement prime toutes les autres ; elle est, en tout cas, intimement liée à celle de
l'habillement. En principe, on ne peut rien acheter de complet au Caucase ; il
faut d'abord se procurer la lame, puis on fait faire la poignée et le fourreau.
Le manche des poignards est en corne ; l'ornementation est l'œuvre d'un orfèvre ;
c'est du reste une incrustation d'or sur fer, très simple ; trois clous en or font
l'office de rivets. Le fourreau est en chagrin. On fabrique également des poignards
en ivoire noirci richement incrustés.

Le sabre est légèrement courbe. La poignée est en métal et ornée de motifs
en argent niellé ou doré, ciselés au burin ; la lame mesure environ 80 centi-

métres; certaines lames en fer très anciennes sont fort prisées; elles sont marquées d'un loup, ce qui fait dénommer la lame *valchok*, et d'une croix. Le fourreau est en chagrin; le bout des fourreaux modernes est recouvert de toile gommée verte; les parties métalliques sont gravées, niellées, etc. Le baudrier est garni de parties métalliques traitées de la même manière. Il y a aussi des

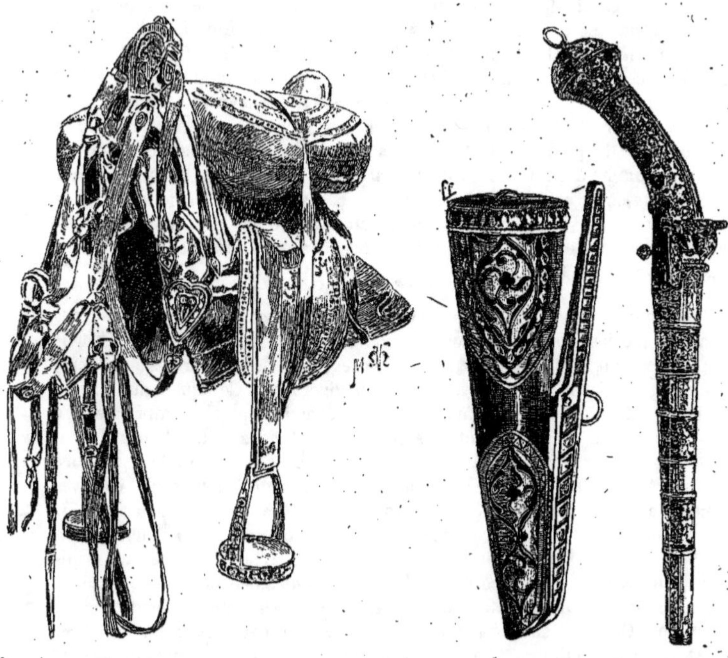

gourdas, lames droites à trois rainures très appréciées. Avec le poignard, on doit couper un coussin rempli de plumes ou un foulard de soie; avec le sabre, un mouton en deux.

La poire à poudre est inusitée aujourd'hui; toutefois, celle dont nous donnons le dessin est encore employée par les paysans pour les fusils à pierre; elle est en corne; les parties métalliques sont en argent niellé. Le pistolet à pierre est en argent niellé et doré; la crosse a la forme d'une boule. Les officiers possèdent le revolver, les Cosaques de la milice sont armés du fusil.

Tout cosaque ou fils de cosaque naît propriétaire et soldat; il a droit à une parcelle de terrain sur laquelle réside sa famille, et qu'il cultive l'été pendant les congés qui lui sont octroyés, mais il habite une des *stanitzas* ou stations militaires disséminées sur le territoire caucasien et dont quelques-unes sont devenues de véritables petites villes, quoique les maisons en restent toujours dispersées sur un espace considérable. L'hetman de tous les Cosaques de l'empire est le grand-duc héritier.

Si l'armement tient une grande place dans les préoccupations des montagnards caucasiens, les questions se rattachant au cheval ne sauraient les laisser indifférents. Les meilleurs chevaux sont ceux qu'élèvent les Kabardes ou Karbardins, qui se donnent à eux-mêmes le nom de Kabertaï et peuplent presque tout le versant septentrional du Caucase central, entre l'Elbrouz et le Kazbek ; ces chevaux sont infatigables et nerveux. Leur harnachement se compose d'un tapis en feutre, d'une selle en bois très élevée, et d'un coussin ou *padouschka* en cuir bourré de poils de cerf. Les étriers sont ronds ; la partie ou pose le pied est quelquefois creuse, ce qui permet au cavalier de s'en servir comme d'un verre ; la bride est simple et n'a qu'un filet pour mors.

La *nagaïka*, c'est-à-dire le fouet, est composée d'un manche, long de 40 centimètres, et d'une cravache reliée au manche par une charnière en cuir ; cette cravache est terminée par un morceau de cuir triangulaire.

Le Caucase Oriental.

Tout travail sur le Caucase évoque nécessairement le souvenir des sanglantes mêlées dont cette contrée fut le théâtre, et qui firent ressortir les aptitudes guerrières des armées en présence. Les auteurs s'accordent, en effet, à reconnaître la bravoure des belligérants : Cosaques aux prises avec les hordes qui, sous la conduite d'un chef intrépide, combattaient à l'envi pour l'indépendance, animées par l'exemple des Tchetchènes.

« Nous sommes tous égaux ! » disaient ces derniers, dont la légendaire fierté se révoltait à l'idée d'une domination étrangère. Les seuls esclaves étaient, chez eux, des captifs ou leurs fils ; encore ceux-ci épousaient-ils souvent les filles de leurs maîtres, de sorte que les nouveaux liens dans lesquels ils s'engageaient les affranchissaient d'autre part. L'hospitalité qu'ils pratiquaient était proverbiale, encore qu'elle fût accompagnée de démonstrations singulières, assez propres à effrayer ceux en faveur de qui elle s'exerçait.

Le mont Gounib, surnommé le mont Guitare à cause de la forme de ses rochers, et qui joua un grand rôle à cette époque, est sacré pour les Caucasiens ; sa terrasse supérieure, de 100 kilomètres carrés de surface, fut le dernier refuge de Schamyl, le chef-prophète des montagnards unis contre l'envahisseur russe ; il est situé entre la route militaire de Géorgie et la mer Caspienne. En face de ce mont historique se dresse une autre montagne à gradins escarpés, d'aspect non moins étrange, dont le bloc de grès de proportions gigantesques, rappelle ceux de la Suisse saxonne.

Schamyl, (Samuel), appelé le *Prince des Croyants*, l'Abd-el-Kadèr du Caucase, est né à l'aoul de Ghimrï, dans un défilé, sur le territoire des Tartares, en 1797, d'une famille obscure. Ayant embrassé sans réserve la doctrine populaire du soufisme, que lui enseigna l'arabe Djelad-Eddin, il se jeta ardemment dans la guerre sainte que Khazi-Mollah, alors chef suprême, proclama, en 1824, contre les Russes, et que jusqu'en 1831 les Circassiens soutinrent avec avantage. Khazi-Mollah périt précisément à Ghimrï, lors de la prise de cette ville par le général de Rosen, le 18 octobre. Hamïad-bey, qui lui succéda, étant mort peu de temps après avec ses mourides (élèves ou disciples), sorte de garde sainte dont Schamyl faisait partie, celui-ci prit sa place. Six ans plus tard, sa puissance était consacrée par les éclatants succès qu'il avait remportés.

Pendant vingt ans, de 1839 à 1859, il soutint contre les Russes une lutte inégale, fertile en faits d'armes qui tiennent du prodige. Mais, au mois de décembre de cette année-là, Schamyl, cerné de toutes parts par des forces

Le Caucase. — Le Village de Gounib. — D'après une photographie.

supérieures, fut fait prisonnier sur le mont Gounib, où il s'était réfugié avec 400 mourides. Emmené à Saint-Pétersbourg, où était déjà retenu son fils, le *Prince des Croyants*, qui avait rêvé la fondation d'un royaume mahométan indépendant pour retarder la marche des Russes en Asie, obtint la permission de se retirer avec sa famille à Kalouga ; il est mort près de Moscou, en avril 1871. Il a laissé dans le Caucase des germes d'organisation et de civilisation. Le hameau, maintenant en ruines, où il a été pris, s'aperçoit dans le fond de notre gravure. Un petit monument, sorte de dais en pierre, s'élève à cet endroit pour en perpétuer le souvenir.

Le village de Gounib, au sud de Temir-Khan-Choura, a, avec ses dépendances, environ 2.000 habitants. L'industrie y est nulle. Les canons placés à gauche de la gravure appartiennent au baraquement où logent les soldats. Le pont qui se dresse au-dessus du village relie les deux parties de la montagne séparées par un pli de terrain ; la maison située à l'extrémité de droite, et d'où l'on découvre un splendide panorama, est habitée par le commandant de la place.

A Gounib, comme dans tout le Daghestan, tout le monde porte la *tcherkeska*, espèce de longue redingote en poils de chameau ou en drap ; les meilleures sont fabriquées à Ed-Jalmaki. Cette première redingote en couvre une seconde en soie appelée *bechmet*, toujours blanche dans les grandes circonstances. Le *bechmet* ordinaire est noir ou violet ; les paysans l'ont en indienne. La ceinture, en cuir, très étroite, est agrémentée d'ornements d'argent. Le pantalon, en drap, est mis dans des guêtres adaptées à des *tchougaks* ou chaussures en cuir, sans talons, tres pointues, et dont le bout est très légèrement relevé. Sur le côté des guêtres existe un passe-poil en cuir de couleur, bordé, souvent, d'un filet d'or. Les *tchougaks* cachent des chaussons ou chaussettes en cuir fort mince prenant exactement le pied, et qu'on mouille en les mettant pour qu'ils le moulent plus parfaitement. Comme coiffure, un bonnet ou *papach* en peau de mouton gris, blanc ou noir et blanc, sur lequel on met le *bachelick* ou capuchon.

Les hommes ont tous des *gozeris*, étuis à cartouches servant de porte-cigarettes ; ces étuis sont enfilés dans des pochettes en étoffe disposées, au nombre de seize, sur la poitrine, et qui font partie du vêtement ; la cartouchière, généralement très ornée, est en argent niellé, ciselé, etc., ivoire ou corne. Quand le cavalier fait la voltige (*djighitowka*), tête en bas, les *gozeris* sont pourvus d'un fil qui les maintient.

Ce costume est complété par la *bourka*, ample manteau noir en feutre à longs poils, sans manches, qui s'attache autour du cou avec une ficelle et sert par les temps de pluie. Une bonne *bourka* doit pouvoir se tenir debout, être légère et résister au sabre ; par contre un bon sabre doit pouvoir couper une *bourka* : c'est l'éternelle histoire de la cuirasse et du boulet. Les *bourkas* les plus fines se vendent douze roubles, soit 30 francs.

Nous avons dit qu'au Caucase la question de l'armement est intimement liée à celle de l'habillement. Outre que les hommes ont une inclination marquée pour le clinquant, pour tout ce qui, à leurs yeux, rehausse le prestige de l'individu, leur caractère essentiellement belliqueux les oblige à se prémunir contre toute provocation. La preuve en est dans le soin avec lequel ils s'entourent d'armes à portée de la main.

Très décoratif, le vêtement masculin comporte donc encore le poignard, le *kandjar*, accroché à la ceinture, sur le ventre ; le sabre ou *schaskha*, placé en bandoulière, — à cheval, on le maintient autour de la ceinture — et, souvent, un ou deux pistolets glissés, par derrière, dans la ceinture ; celle-ci n'est jamais quittée.

On voit très rarement les femmes, pour la plupart musulmanes. Celles qui travaillent dans les champs où à la confection des tapis, sont affublées d'une robe quelconque et d'une sorte de camisole ; elles ont la tête couverte d'un mouchoir et sont parfois voilées jusqu'au nez. Les femmes d'officiers sont vêtues à l'européenne.

Le tissage des tapis se fait dans les environs de Koumoukh. Ces tapis sont

Le Caucase. — Vue générale du mont Gounib.

tout en laine ; le dessin en est original. Les couleurs les plus usitées par les tisserands : le rouge, le bleu intense, le jaune se marient agréablement. L'industrie allemande, qui s'introduit dans la fabrication, fait usage de l'aniline au lieu des couleurs végétales employées par les indigènes ; la différence est très sensible et ne constitue pas une amélioration. (Les tapis les plus renommés aujourd'hui, dans ce genre, sont ceux du Tékieh, en laine rasée ; ils ont le précieux avantage de n'être pas dévorés par les mites ; leur coloration est plus simple.) Les sacs doubles que l'on pose sur la croupe des chevaux sont fabriqués exactement comme les tapis ; le prix des plus anciens étant le même que celui des derniers faits, les connaisseurs achètent ceux-là de préférence.

Les plus beaux tapis du Caucase, que l'on fait à la main, sont tissés de la même manière que les tapis veloutés des Gobelins, avec cette différence que les métiers employés là-bas sont très primitifs.

Ces métiers sont de haute lisse, c'est-à-dire qu'ils présentent un plan vertical, et se composent de deux montants en bois parallèles, reliés à leurs extrémités par des cylindres autour desquels s'enroule le tissu au fur et à mesure de la fabrication, le cylindre inférieur recevant ce tissu terminé, que le cylindre supérieur a livré à l'ouvrier pour qu'il le garnisse. Les fils de la chaîne étant mobiles, sont maintenus ouverts par un petit morceau de bois permettant au tisserand de saisir chacun d'eux avec le doigt pour passer la navette et par conséquent le fil de la trame. Chaque brin de laine est noué séparément sur la chaîne et chaque rangée de nœuds ou points est séparée par un fil simple de trame. Dans les métiers mieux conditionnés, le point est serré sur un petit outil nommé tranchefil, qu'on retire du côté du tranchant quand il est plein ; la laine étant ainsi coupée, il ne reste plus qu'à l'égaliser avec des ciseaux à branches courtes.

Nous avons vu des tapis du Daghestan qui datent d'un siècle et qui, usés jusqu'à la corde, sont encore d'une excessive solidité ; leurs vives couleurs ont résisté au temps et au lavage.

L'opération que représente l'un de nos dessins est celle de la tonte, de l'égalisation de la laine, à laquelle se livrent des femmes sur un tapis achevé.

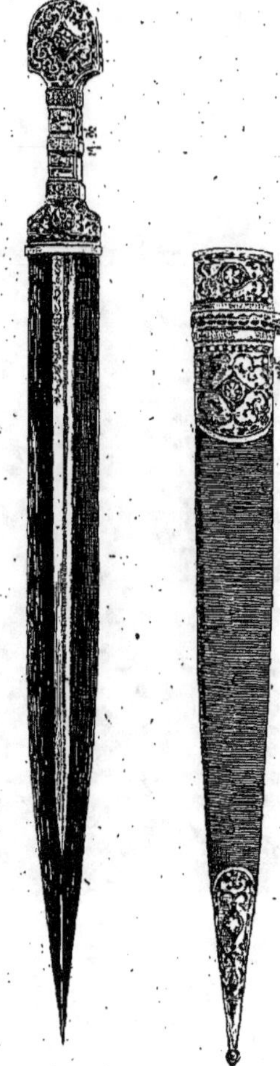

Le Caucase oriental.
Poignard ou *kandjar*.

Elle peut être renouvelée pendant la durée du tapis afin d'en rafraîchir le coloris ; la tondeuse mécanique remplace les ciseaux dans les manufactures modernes.

Les ânes qui figurent sur la gravure ne remplissent dans la question de la fabrication des tapis qu'un rôle des plus passifs : simples passants, porteurs de cruches en terre blanche, ils se sont arrêtés un instant pour regarder les tisseuses.

Après avoir dit un mot de la Caucasie, ou plutôt du Daghestan, et de ses principaux habitants, après avoir habillé, logé, armé ceux-ci et leur avoir mis entre les mains un excellent coursier, nous aurions tort de les quitter sans partager leur *schichlik*, que, dans leur hospitalité toute écossaise, ils ne manque-

Le Caucase oriental. — Le tissage des tapis dans les environs de Koumoukh.

raient pas de nous offrir. Le *schichlik*, c'est le bifteck de l'endroit, c'est le plat national. Il comprend une série de morceaux de mouton fraîchement tué, enfilés à la brochette dans un bâton ou, faute de mieux, dans une baguette de fusil, et rôtis sur la braise. Si le mouton est sec, on le fait mariner dans du vinaigre, assaisonné d'épices. Le pain est remplacé par le pilau, fait avec du riz cuit à l'eau, du raisin et des amandes.

L'eau et le thé en briques, c'est-à-dire comprimé, que l'on fait bouillir, constituent la boisson. Seuls les riches emploient pour faire chauffer l'eau une élégante bouilloire appelée *samovar*, d'un usage général dans les autres parties de la Russie. Les jours de fête, certains musulmans s'enivrent de *djaba*, sorte de boisson fermentée. Quelques-uns d'entre eux, désireux de respecter ou mieux de paraître respecter la sainte tradition et en même temps de donner satisfaction à leur penchant, boivent de l'eau-de-vie blanche de grains, de la *vodka*, dont la ressemblance avec de l'eau trompe leurs coreligionnaires et peut-être apaise, sinon leur soif, du moins les murmures de leur propre conscience.

Une singulière coutume, encore respectée dans la tribu des Ingouches, témoigne chez ces natures incultes d'une inébranlable croyance dans l'immortalité de l'âme. Quand, à la veille des noces, l'un des fiancés vient à mourir, la cérémonie ne s'en fait pas moins; le mort est uni au vivant en un mariage qui

Le Caucase oriental. — Caucasiens en train de manger le schichlik.

doit être un jour ratifié dans le ciel, et le père ne manque pas d'acquitter la dot préalablement fixée. Bien que les Tchetchènes, à l'exception de ceux de Bragouni, sur la Soundja, soient tous devenus sunnites, le christianisme n'en exerce pas moins sur eux une action encore appréciable, qui se traduit dans leurs manifestations religieuses par des usages chrétiens mêlés à des pratiques païennes.

Près de Kistin, trois églises érigées sur une montagne en l'honneur de saint Georges, de la sainte Vierge et de sainte Marina, sont des lieux de pèlerinage toujours fréquentés: on vient à des époques fixes y sacrifier des béliers, et ces temples sont remplis de dépouilles d'animaux.

En dépit du code russe, la loi du sang est encore celle à laquelle les Tchetchènes, pour ne mentionner qu'eux, obéissent le plus volontiers. Le meurtre, le pillage, le vol à main armée s'expient par la mort d'un homme, à moins que le

coupable ne laisse pousser ses cheveux et que l'offensé ne consente à le raser de
ses mains et à lui faire prêter serment de fraternité sur le Coran. Il est admis
que si l'on peut impunément frapper avec le tranchant d'une arme, on ne doit
point toucher avec la pointe.

Quand un montagnard s'aperçoit que son cheval a disparu, il se munit de
ses armes, s'enveloppe d'une de ces étoffes blanches qui servent de linceul,
prend une pièce de monnaie pour payer un prêtre qui récitera la prière des
morts, et part à la recherche de l'animal. Presque toujours la bête a été vendue

Tiflis. — Forteresse et caravansérail Artzeroni.

dans quelque clan éloigné. A la vue de l'ancien propriétaire armé pour un combat
à mort, le nouveau rend le cheval, prend à son tour le linceul et la pièce de
monnaie, et se présente chez son vendeur, Si ce dernier est innocent, il endosse
le linceul et se met aussi en quête du voleur. Lorsque celui-ci est enfin découvert on appelle le prêtre, et la lutte mortelle s'engage avec le premier acheteur.

Le Caucase, ou plus exactement la Géorgie, a pour capitale Tiflis, qu'on
appelle en géorgien Thilis-Kalakhi, ou la ville aux eaux chaudes, située
à huit cents lieues de Saint-Pétersbourg, sur le Kour, et compte, selon
certains voyageurs, 30.000 habitants, selon d'autres, 60.000.

Le Kour ou Mtkvary (Cyrus des anciens) descend des montagnes de
l'Arménie turque, traverse la Géorgie, et va se jeter dans la mer Caspienne.
Tiflis est construit sur ses deux rives.

La contrée qui environne la ville est triste, déserte : on n'y voit point

de villas ; rien n'annonce le voisinage d'une capitale ; mais l'aspect de Tiflis
est pittoresque.

 « Arrivés au grand galop sur le sommet de la dernière colline qui dérobait
encore Tiflis à notre vue, dit un voyageur, nous jetâmes un cri d'admiration.
Au fond de la vallée, nous apercevions le Kour et la ville avec ses maisons
bâties sur les deux versants de montagne, perchées les unes au-dessus des
autres, quelques-unes accrochées et comme cramponnées aux rochers,
accessibles seulement par des chemins à pic presque impraticables ; maisons
russes, persanes, arméniennes ; çà et là, des églises, différant entre elles
comme les cultes auxquels elles sont consacrées ; tout cela formant l'ensemble

Tiflis. — Pont de pierre de la Koura, conduisant au quartier de l'Arfalar ; le Kasbek.

le plus pittoresque qu'on puisse imaginer. Nous descendîmes, et à chaque
pas notre admiration augmentait. Les détails répondaient à l'ensemble. Nous
étions éblouis de tous ces costumes aux mille couleurs. Nous traversâmes
une grande place pleine de Persans, d'Arméniens, de Géorgiens, avec leur
tournure de grands seigneurs, de Mingréliens élégamment coiffés de leur
fronde dont ils font une parure nationale. Ensuite venaient des Géorgiennes,
enveloppées d'une grande étoffe qu'elle portent à la manière des mantilles
espagnoles ; des Lesghiens, des Kurdes, des Russes, etc., et, au milieu de
cette foule, des cavaliers, suivis de leurs serviteurs, faisant briller, leurs
armes magnifiques ; des chameaux chargés de marchandises. Les mendiants eux-mêmes, drapés dans leurs loques aux couleurs éclatantes, pit-

toresques dans leur misère, concourent à compléter cet incomparable spectacle. »

Des ponts unissent les deux parties de la ville que sépare le Kour ; les maisons qui s'élèvent les unes au-dessus des autres, en partant du fleuve, ont presque toutes des terrasses pour toiture et des balcons à chaque étage qui font le tour de l'habitation. Dans la partie haute, de riches hôtels sont disposés le long d'un grand boulevard assez bien planté d'arbres ; des places, de belles rues sont tracées : la population tend à s'y établir. L'ancienne ville, qui est au bas et qui a conservé le caractère des cités géorgiennes, est la plus intéressante : en la parcourant, on peut se faire une idée de tous les genres d'industrie qui se sont donné rendez-vous à Tiflis. Les magasins des armuriers brillent de fusils ornés d'argent et de damasquineries élégantes, de pistolets, de lances, de kangiars. Plus loin, on rencontre : les marchands de bonnets georgiens en peau de mouton d'Astrakan, de papakhas, bonnets de fourrure en forme de turban ; les tailleurs qui font les tcherkeska ou bechemittes, redingotes à cartouchière, les orfévres, riches en objets travaillés avec art ; les fourreurs, les taillandiers ; les marchands de vin qui, en guise de tonneaux, se servent d'outres, de peaux de buffle ou de mouton ; les fruitiers qui exposent les fruits sous forme de guirlandes, mêlés de feuillage. On arrive au bazar, et là il est impossible qu'on ne soit pas ravi à la vue de milliers de tapis persans, tous harmonieux de couleurs ; de bourkas (manteaux velus en tissus imperméables), exposés à côté de beaux tapis de Korassan en feutre ; d'étoffes de soie persanes et turques. D'autres bazars étalent les produits de la Mongolie, de la Chine, de la Turquie.

En sortant des bazars, dit le voyageur que nous avons déjà cité, on passe sur un pont de bois qui traverse le Kour. A gauche, si l'on jette un coup d'œil vers la rivière, on aperçoit une grande place sur le sable où sont campés trois ou quatre cents chameaux ; ce sont les véhicules qui servent au transport des marchandises.

Au delà s'étendent les faubourgs d'Arlatar et d'Isui, dominés par la forteresse et par la plus vieille église de Tiflis.

Les bains persans sont situés à l'extrémité de la ville, dans de belles constructions : les eaux thermales de Tiflis sont renommées.

Les voyageurs s'accordent à parler avec éloge du costume des Géorgiennes, qui, avec les Arméniennes, composent la plus grande partie de la population féminine de Tiflis. Voici la description que donne de ce costume M. Blanchard, auteur des dessins que nous publions. Leur coiffure, ou tassakrari, est une sorte de tortis formé d'un large ruban d'où s'échappe un voile léger lamé d'or ou d'argent, ainsi qu'une pièce de mousseline arachnéenne qui se rejette derrière l'oreille et entoure le bas du visage en passant sous le menton. Les robes, de couleurs éclatantes, aux manches ouvertes dans toute leur longueur, laissent apercevoir un vêtement de dessous en riche étoffe de soie ; elles sont serrées à la taille par un large ruban qui retombe en longs bouts flottants, ou par une ceinture d'orfèvrerie en argent ciselé d'où pendent un petit poignard et un pistolet, inoffensifs, d'un travail curieux.

En hiver, les Géorgiennes couvrent leurs vêtements d'un surtout en nacarat foncé, à manches pendantes par derrière, garni de fourrures de prix, orné sur la poitrine de très gros brandebourgs en orfèvrerie. En été, elles s'enveloppent d'une large et longue pièce en cotonnade blanche, nommée tchadré, qui, se mettant sur la tête comme une mantille, retombe jusqu'à terre serrée à la taille par la seule pression des coudes.

Ce que nous avons déjà dit de Tiflis montre qu'il ne serait plus juste d'écrire avec le savant Eyriès : « La capitale de la Géorgie est une ville fort laide. » Il s'y élève de riches maisons et de nombreux édifices ; les principaux sont : — le palais du Gouvernement, — la cathédrale, dont l'ornementation, d'un style byzantin très pur, est due au général prince Gagarine ; — le théâtre,

Tiflis. — Tour de Daria, au couvent de la Transfiguration ; colonie russe Pesky (les Sables).

dont l'ornementation intérieure est du style persan le plus classique ; — le caravansérail Artzeroni ; — l'église catholique ; — la cathédrale arménienne, et beaucoup d'autres églises dont l'énumération serait trop longue ; — des couvents, parmi lesquels on remarque celui de la Transfiguration.

La forteresse, qui extérieurement n'a rien de remarquable, ne tiendrait pas une heure devant les moyens d'attaque de l'art militaire actuel.

On peut reprocher à Tiflis de ne pas savoir assez se défendre de la boue pendant l'hiver : un bon système de canalisation au pied du rocher la ferait disparaître. Un autre inconvénient est la menace trop fréquente des tremblements de terre ; mais c'est là un mal dont beaucoup de grandes et belles villes de toutes les parties du monde ne sont pas exemptes.

Au nord-ouest de Tiflis surgissent à l'horizon les cimes neigeuses des

hauts sommets de la partie occidentale du Caucase, dominés par un des colosses
de cette chaîne de montagnes, le Kasbek, inférieur de quelques centaines de
mètres seulement à son frère géant, l'Elbrous, situé plus à l'ouest, point
culminant de la grande arête qui sépare l'Europe de l'Asie, la mer Caspienne
de la mer Noire.

Église de Mtsketa, près de Tiflis.

MTSKÉTA, bourgade située à seize kilomètres de Tiflis, sur une pointe de
terre formée par l'angle du confluent de la Kouro et de l'Aragwie, fut aux temps
anciens la capitale de la Géorgie. Son église est célèbre. On y couronnait les rois
de la Géorgie, et c'était aussi là qu'on déposait leurs restes ; c'était leur Saint-
Denis ; ils y sont ensevelis sous des pierres mêlées au pavé où s'agenouillent les
fidèles. Cette église offre un modèle exact de l'architecture géorgienne. Sa pierre
est une espèce de porphyre vert rougeâtre. Ses murailles sont décorées de
figures d'anges volant dans une attitude renversée, de figures d'animaux et de
ceps de vigne. Selon la tradition, la sœur du centurion Longin, qui assista à la
mort de Jésus-Christ, aurait été ensevelie dans un souterrain de cette église.
Longin avait reçu dans le partage des vêtements la robe sans couture : il la
donna à sa sœur qui s'en enveloppa et mourut de saisissement, en adressant
des reproches à son frère. On voulut lui enlever cette robe, mais on ne put y
réussir, et on la déposa ainsi vêtue dans sa tombe.

Des murs crénelés forment l'enceinte où s'élève l'église, au milieu des
ruines de l'ancien monastère et de la demeure des patriarches.

Les restes de deux anciennes forteresses qui dominaient Mtsketa sont encore debout de chaque côté de la Koura.

A peu de distance du village, les parois du rocher sont percées, à une assez grande hauteur, de portes conduisant, dit on, à des tombeaux d'adorateurs du Feu.

En 1665, Chardin, arrivé à Tiflis, constata l'influence croissante des mœurs de la Perse dans cette capitale de la Géorgie. Il assista à un festin royal où dominaient les habitudes musulmanes; bien que le seigneur qui le donnait fût chrétien, les femmes s'en trouvaient exclues. C'était un repas de noce. « Le prince, dit Chardin, était au fond sur une estrade plus élevée que les autres et couverte d'un dais fait en dôme; son fils et ses frères étaient à sa droite. » Le

Un festin à Tiflis, en 1665.

festin, d'ailleurs très silencieux, fut démesurément long. L'attention du voyageur se porta sur un buffet chargé « d'environ cent vingt vases à boire, tasses, coupes et cornes; soixante flacons et douze brocs. Les brocs étaient presque tous d'argent, les flacons étaient d'or lisse ou émaillé, d'autres couverts de pierreries, et d'autres d'argent. Les cornes étaient garnies à l'instar des plus riches tasses. »

Les joyeuses et étranges réunions auxquelles présidait le roi de Perse, schah Abbas II, précisément à la même époque, contrastent singulièrement avec ce silencieux repas de noce. Tavernier, le joaillier voyageur, partageait la faveur de ce prince avec l'habile Chardin, dont ses récits confirment souvent l'exactitude. Chaque marché qu'il concluait avec le schah était suivi d'un splendide festin, dont on parlait dans tout Ispahan. Un artiste français, qu'on ne connaît plus guère aujourd'hui, mais dont on estimait jadis le talent, Daulier-Deslandes, nous a conservé l'amusant récit d'une fête qui commença, dit-il, dès les neuf heures du matin, dans le palais du roi. Un Arménien, voulant faire sa cour à schah Abbas, lui avait fait cadeau d'une épinette; il fallait quelqu'un pour en tirer parti; on se rappela à propos les talents de l'artiste parisien, qui logeait en ce moment au couvent des Augustins. Un sophi courut le chercher, le prit en

croupe, bien qu'il n'eût point diné et l'amena au palais, où on ne lui laissa
guère le temps de se dédommager.

« La salle où se faisoit le festin estoit fort grande, peinte à la moresque,
dit-il... Je fis trois profondes inclinations, comme l'on m'ordonna, et puis
m'allay mettre entre nos Francs, qui estoient à deux pas du roy, assis sur le
tapis comme les tailleurs. Le roy avoit le dos contre la muraille et estoit à plat
comme les autres. Son habit n'estoit pas fort riche ; il avoit les pieds nus, et,
sur sa teste, un bonnet à la persienne, tel que l'on en porte à la campagne dans
le pays. Le révérend père Raphael estoit assis auprès de luy à son costé gauche.
Il se fit diré qui j'estois : puis il me commanda de jouer de l'épinette que l'on
m'apporta. J'obéis aussitôt et me mis à toucher ou plustôt à brouiller quelques
accords qui, nonobstant que l'épinette ne fût pas d'accord et que je ne jouasse
rien qui vaille, ne laissèrent pas de plaire au roy, qui dit que cela alloit bien ;
mais comme je sçavois le contraire et que le bruit que nous faisions m'empeschoit
de m'entendre, je m'avisay de chanter des chansons à boire. »

La musique au surplus ne manquait pas au festin : « Les musiciens y fai-
soient de leur mieux ; les instruments dont ils animoient la fête étoient certaines
espèces de luths qu'ils touchent assez passablement, et leurs violons à une
corde, desquels ils soutenoient les voix qui n'étaient point désagréables. »

Toutes les folies que purent imaginer l'artiste français et ses compagnons
furent bien reçues ce jour-là. « Le roy fit donner à l'un d'entre eux une bourse
de cinquante tômans, qui valent environ deux mille deux cent cinquante livres. »
Mais tout ne se passa pas toujours aussi bien. Schah Abbas prétendit que les
chrétiens qui l'amusaient se fissent musulmans. Daulier-Deslandes résista aux
propositions et sut s'esquiver à propos. Il visita ensuite les ruines de Tchelminar,
et revint à Paris, où il dédia son livre « aux honnestes gens ». Ce livre parut en
1653, sous le titre de *Beautez de la Perse.*

En Circassie, autre province du Caucase, les princes ont seuls le droit de
porter des souliers rouges. Longtemps en France, les talons rouges furent un
insigne de noblesse. C'était par une bande rouge que la robe prétexte se distinguait dans la république romaine. Les manteaux d'empereur, et de quelques
grands dignitaires de l'église, beaucoup de décorations, de drapeaux, de parties
ornées du costume militaire, de livrées de gens nobles, sont teints de rouge. Cette
couleur semble avoir été toujours et partout plus aristocratique que les autres.
Est-ce seulement à cause de son éclat ? Ou serait-ce parce que le premier titre à
l'admiration des hommes a été d'abord la valeur guerrière, c'est-à-dire le courage
qui verse le sang. L'ancien héros n'était-il pas celui qui, au retour du combat,
rentrait les pieds et les bras ensanglantés ? Le rouge ne sera pas sans doute la
couleur de la paix.

Les princes forment en Circassie une caste aussi nombreuse que celle des
barons féodaux en Europe au moyen âge. Ces seigneurs du Caucase ne se marient
qu'entre eux ; ils méprisent l'étude et regardent la lecture et l'écriture comme
des exercices indignes de leur noblesse. C'était encore ainsi chez nos barons. Ils
ont des vassaux qu'ils peuvent vendre à titre de châtiment, et qu'ils appellent aux
armes suivant leur bon plaisir, quelquefois pour venger des injures privées.
Leurs privilèges consistent à se faire la part du lion dans le butin pris à l'ennemi,
et à prélever des impôts sur les marchandises. Il y a un demi-siècle, il ne
répugnait pas aux usages qu'un père vendît ses enfants ou même qu'un frère

vendit sa sœur, si ses parents étaient morts. On aime cependant la liberté en
Circassie. Les mœurs offrent un mélange de vie patriarcale et de la vie
démocratique des anciens. Un jeune prince qui a éprouvé sa valeur dans les
combats n'oserait pas, même un jour de triomphe, rester assis devant un vieillard, de quelque basse extraction qu'il fût. En temps de paix, il y a peu de différence entre la manière de vivre des castes supérieure et inférieure.

Costume militaire des Circassiens.

Les seigneurs se livrent aux travaux les plus rudes. Ce sont leurs femmes qui
fabriquent les burkas (manteaux de poil blanc), le linge, une sorte de flanelle, les
souliers, les brides, les selles, etc. Comme les princesses d'Homère, elles se font
honneur de ces travaux. Les maris sont à la fois charpentiers, corroyeurs et
armuriers. Ils fabriquent eux-mêmes, presque entièrement, leurs armes. Les
deux seuls états distincts sont ceux de forgeron et de joaillier. Les flèches et les
beaux poignards circassiens sont travaillés par les Kumucks, tribu éloignée. Les
joailliers ornent d'argent les armes, les poudrières et les ceinturons. Toutefois,
les Circassiens tirent d'Europe une grande partie de leurs armes. Leurs sabres
viennent de Gêne et de Venise. Leurs casques, leurs cottes de mailles, viennent

de la Perse ou de Constantinople. En général, les armes ne se vendent jamais
et se transmettent religieusement du père au fils.

Malgré leur vie rude et laborieuse, les nobles Circassiennes trouvent des
heures pour se parer et pour faire ressortir par la toilette leur beauté si renom-

Astrakhan, vue de la mer.

mée. Elles laissent flotter leurs cheveux sur leurs épaules : sous leurs voiles, elles
portent une coiffure rouge attachée sur le front par une bande de maroquin
ornée de boutons d'argent. Leurs robes étroites au corsage ne couvrent qu'à demi
leurs larges pantalons blancs. Ce sont, au témoignage des voyageurs, les plus
belles femmes du monde. Mais faut-il être indiscret, et d'un mot désenchanter
nos lecteurs? Ces ravissantes personnes, princesses ou plébéiennes, sont toutes
sujettes à l'une des maladies qui blessent le plus l'imagination, la gale. Il est vrai
que c'est en Circassie un mal d'une influence beaucoup moins maligne que dans
nos contrées. Sous le rapport des qualités intellectuelles, les Circassiennes sont

heureusement partagées. Leur imagination est vive et poétique : elles ont une grande admiration pour le courage, et sont fières de la gloire de leurs époux.

Au nord du Caucase, dans une des îles nombreuses formées par le Volga, à environ dix lieues de la mer Caspienne, est située Astrakhan. C'est, sous le rapport de la richesse, la huitième ville de la Russie, et la place la plus importante pour les échanges qui se font entre cet empire et les différentes parties de l'Asie. Sa population fixe est d'environ 95.000 âmes : elle se compose de Russes, d'Arméniens, de Tartares, de Géorgiens et d'Hindous. Le surcroît de la population à certaines époques a surtout pour cause les pêches abondantes qui se font dans le Volga. Ce fleuve, près de son embouchure, a une largeur de cinq lieues pendant les grandes eaux; il se jette dans la mer Caspienne par huit branches principales ou rivières, par soixante-cinq branches secondaires, et il donne au territoir la figure d'un vaste delta. On a quelquefois appelée Astrakhan, l'Alexandrie de ce Nil de la Scythie.

Vue de la mer à quelque distance, Astrakhan a l'aspect d'une grande capitale : ses flèches, ses coupoles, ses minarets, se détachant sur le fond uni et monotone d'u e plaine immense, ont un air de magnificence qu'on regrette de ne pas retrouver complétement quand on est débarqué. Les maisons sont presque toutes en bois. Les fabriques de soieries, de cotonnades, de cuirs, les teintureries et les fonderies de suif, y dominent. Les rues sont boueuses et mal pavées. L'air est désagréable et malsain. Les chaleurs de l'été y sont aussi intolérables que les froids de l'hiver : le thermomètre monte jusqu'à 31°, et alors des exhalaisons pestilentielles sortent du sol, toute la végétation est brûlée; il descend jusqu'à 24° au-dessous de zéro, et les oliviers périssent; le principal bras du Volga, large de 220 pieds, gèle, et supporte des traîneaux chargés.

C'est Ivan le Terrible qui a fait la conquête de l'ancien royaume d'Astrakhan en 1552. On voit dans la ville des ruines d'une citadelle bâtie par le tzar Vassilei-Ivanovitch-Chouiskoï. On n'est pas certain de connaître exactement l'emplacement de l'ancienne ville d'Astrakhan, détruite par Timour au xive siècle.

Parmi les diverses tribus asiatiques que la Russie a soumises, soit par la puissance des armes, soit par celle de la politique, aucune n'est plus nombreuse, et n'occupe une plus vaste étendue de territoire que la tribu des Kirghizes-Cosaques. Les steppes immenses, sauvages, incultes, où vit ce peuple nomade, ont pour limites au nord les déserts de la Sibérie, à l'ouest la mer d'Aral et en partie la mer Caspienne, au sud le pays des Turcomans, des Kheivans et des Boukhariens, et à l'est les frontières fortifiées de l'empire chinois.

Les Kirghizes-Cosaques sont partagés en trois hordes, que l'on appelle la grande horde, la horde moyenne et la petite horde. Chaque horde se partage en tribus ; chaque tribu en familles. Toutes les hordes ne reconnaissent pas la domination russe. Les Kirghizes-Cosaques se sont toujours montrés passionnés de liberté, et ce ne sont que les discordes intestinales ou la supériorité du nombre qui les ont soumis, en partie à l'empire russe, en partie à la Chine. L'ambition de quelques chefs ou la misère ont été quelquefois aussi la cause de leur esclavage, comme cela advint dans la petite horde et dans la horde moyenne, dont les khans Aboul-Khaïr et Chémiak, jurèrent, en 1732, fidélité à la czarine moscovite Anne. Mais toujours, dès que la moindre occasion d'affranchissement se présente à eux, on les voit secouer, briser leur joug, et rentrer

avec joie dans leur aventureuse indépendance, sauf à succomber bientôt sous
d'anciens ou sous de nouveaux maîtres. C'est pourquoi il serait difficile de désigner avec certitude, pour aucune époque, soit le nombre des Kirghizes-Cosaques
assujettis à la Russie, soit le degré d'influence que cette nation exerce sur eux.
On sait seulement qu'une grande partie de la petite horde et de la horde
moyenne appartient nominalement à la Russie; quant à la grande horde,
elle est en partie sous la domination de la Chine et du souverain du Koudan, et

Groupe de Kirghises-Cosaques.

en partie tout à fait indépendante. Il est également notoire que tous les efforts
de la Russie pour convertir les Kirghizes-Cosaques à la vie agricole sont restés
sans résultat.

Les mœurs et les coutumes de tous les peuples nomades sont à peu près
semblables. On y voit toujours le même mélange de simplicité, et de barbarie primitives; et ce même amour énergique de la liberté, qui leur tient lieu souvent
dans leurs tristes déserts, des avantages de la civilisation. Le cheval est le compagnon inséparable du Kirghize-Cosaque. Sa viande lui sert de nourriture; sa
peau couvre la tente qui doit le défendre souvent contre 50 degrés de froid en

hiver, contre 50 degrés de chaleur en été. Un seul événement a un grand retentissement dans la vie intérieure des familles Kirghizes-Cosaques, c'est la mort qui semble presque avoir seule puissance de les obliger aux manifestations religieuses et à rompre un instant leurs habitudes nomades; car ils n'ont pas de maisons, ils n'ont pas de villes, mais ils ont des mausolées et des cimetières. Ils dédaignent l'industrie et l'art pour toute la durée de leur vie; mais ils les implorent et leur rendent hommage à leur dernier jour.

Lorsque les yeux du Kirghize-Cosaque se ferment pour jamais, toutes les femmes laissent éclater le désespoir le plus violent. Elles commencent à crier, à gémir, à s'arracher les cheveux, à se déchirer la figure et la poitrine, en énumérant les qualités et les vertus de celui dont elles pleurent la perte. Cette cérémonie dure ordinairement assez longtemps, et souvent se renouvelle tous les matins et tous les soirs pendant toute une année : le corps de l'époux est alors représenté par un tronc d'arbre, revêtu de ses habits.

Lorsque le corps est lavé, habillé et enveloppé dans un tapis, on le porte au cimetière et on le dépose dans une fosse, où l'on enterre en même temps ses armes, avec la selle, la bride et tout l'équipement de son cheval. Dans quelques tribus, on tue le cheval, on en mange la viande et on en mêle les ossements aux dépouilles mortelles du cavalier.

Après avoir dit les derniers adieux au mort, toute l'assemblée revient assister à un abondant repas; un drapeau noir en signe de deuil flotte sur la tente. Les repas funéraires sont toujours aux frais des parents ou des héritiers, et doivent être en rapport avec les richesses et les grades du mort; autrement les hôtes s'exposeraient aux mépris des convives. Un voyageur, qui a assisté aux funérailles du khan de la petite horde Batyr-Siryme, assure avoir vu consommer 2.500 moutons, 200 chevaux, et plus de 5.000 seaux de *koumis*, genre de boisson faite avec du lait de jument fermenté.

La vue d'un cimetière des Kirghises-Cosaques offre un coup d'œil qu'on oserait presque appeler enchanteur. Fatiguée de la monotonie aride des steppes, la vue se repose agréablement sur les arbres, sur les pyramides, les tourelles, et les autres monuments de ces nécropoles. Sur l'un, l'arc et les flèches du mort sont suspendus; sur l'autre, une selle et une bride; sur le tombeau d'un oiseleur, on expose l'effigie informe d'un faucon; le tombeau d'un enfant est surmonté d'un berceau; des ornements symboliques rappellent toujours les habitudes de la vie ou l'âge de celui qui est enseveli. En outre, on plante d'ordinaire sur chaque tombeau un arbre, et s'il verdoie, s'il s'élève, s'il survit, on compte le mort au nombre des bienheureux habitants du paradis promis aux fidèles par Mahomet. Le nombre des élus n'est jamais en majorité ; car il meurt beaucoup d'arbres sur le sol infécond des steppes.

Ces cimetières et les rivages de quelques fleuves sont l'unique ornement de ces vastes et mélancoliques contrées. Toutefois les nombreuses ruines de grandes cités et de palais somptueux témoignent assez hautement que ce pays fut habité par des peuples éclairés, et que la civilisation a passé par là et s'en est exilée pour n'y plus jamais revenir peut-être. Quelques-unes de ces traces monumentales ont le caractère de l'art architectonique des Mongols et des Egyptiens; d'autres ne diffèrent en rien des habitations ordinaires de l'Asie.

Un marchand de Boukharie, qui était renommé pour sa science parmi toutes les peuplades de ces contrées, disait à un voyageur, que les bords de la rivière

Syr-Daria et de la mer d'Aral avaient tellement été peuplés dans les siècles
passés, « qu'un chat pouvait aller de Turkestan jusqu'à Kheiva, sans toucher la
« terre et en sautant seulement d'un toit sur un autre. »

Un cimetière cosaque situé dans l'une des îles de la rivière Syr-Daria.

L'Asie russe comprend un grand nombre de Tartares nomades.

On est au printemps, et déjà dans les vallées on commence à souffrir de la
chaleur. Les familles tartares nomades émigrent vers les hauteurs. En voici une
qui passe. Dans le long chariot, dont les roues grincent, les femmes et les enfants
qui crient sont couchés sur les tapis et parmi les ustensiles de ménage. Des
coffres, des pots sont suspendus au dehors. Les hommes, à pied ou à cheval,
portent les bagages, les sacs où sont les provisions et les grains; ils chassent
devant eux les bestiaux, porcs qui grognent, oies et canards qui caquettent. Tout
en cheminant et montant, on crie, on s'appelle. Ces Tartares, quoique pauvre-
ment vêtus, ne sont pas des plus malheureux. Ils vivent suffisamment à l'aise
dans leur station d'été. En automne, ils descendront quand les raisins seront

Tartares nomades. — Le mont Kasbek.

mûrs, et les vendanges seront des jours de fêtes, de danses, de chants, de libations immodérées, qui amèneront des rixes, des luttes souvent sanglantes, des meurtres impunis, car la justice n'intervient guère.

Au fond du paysage se dresse le glacier du Kasbek, l'un des plus remarquables de la chaîne de l'Esbrouz, ancien volcan, que les Tartares appellent la « Crinière de glace ».

Les Tartares et les Turcs de l'Asie russe, aux deux côtés de la grande chaîne du Caucase, sont, d'après les derniers recensements, au nombre de 1.330.000. Leur langue, le dialecte turc de l'Aderbeïdjan, domine. Un grand nombre d'entre eux l'écrivent ; « c'est la langue des Padichahs ».

On distingue les tribus tartares par différents noms : Tartares Kasaks, Kizil, Koumiks, Nogaï, Zabolotniye, etc.

« Les Tartares de la Transcaucasie, dit M. Elysée Reclus, considérés en masse, ont des qualités morales qui manquent à d'autres populations du Caucase. Ceux d'entre eux qui ont su rester libres sont d'une rare sincérité, d'une probité à toute épreuve. La plupart sont fort actifs ; et comme agriculteurs, jardiniers, artisans, ils se montrent supérieurs aux autres races du pays. »

La Sibérie, immense région glacée, qui mesure le quart de l'Asie tout entière, contient un lac dont les dimensions sont proportionnées aux siennes mêmes. Un voyageur en a laissé l'intéressante description suivante :

« Deux voies conduisent d'Irkoursk au lac Baïkal, la route de terre et la navigation sur l'Angara, qui s'épanche à l'extrémité ouest du lac. Nous profitâmes de la première pour galoper sur nos petits chevaux sibériens le long de la rive septentrionale du fleuve, de l'autre pour le transport de nos effets.

A midi, le 29 mai, nous quittâmes Baïkalanskoï-Sastave (le faubourg d'Irkoursk), et à la nuit, après avoir traversé quelques hameaux de Bouriates pécheurs, nous arrivâmes au petit couvent de Saint-Nicolas, protecteur des navigateurs du lac.

Je m'endormis là sur un lit tartare, sorte d'estrade de feutre, au bruit des eaux du fleuve qui lutte dans toute sa largeur (1600 mètres) contre les débris de quelques rochers immenses que son courant a dispersés.

Lorsque nous nous levâmes, le soleil planait radieux au-dessus des montagnes qui semblent environner de toutes parts le lac Baïkal, et dont quelques sommets neigeux scintillaient comme des prismes de diamants au milieu de leurs croupes sombres, couvertes de broussailles épaisses.

Nous allâmes reconnaître notre bateau, dont la voile se dorait aux premiers rayons du jour, le long de la rive orientale, dans un étroit chenal débarrassé de blocs de rochers.

L'éternelle harmonie de ces milliers de cataractes écumeuses, cette immense nappe d'eau brisée en éclats et retombant en pluie argentée, l'imposant panorama de ces montagnes sauvages, les poétiques légendes que les naturels du pays se plaisent à raconter sur la mer Sainte (c'est ainsi que l'on appelle le lac), la vue de peuplades nomades, l'éloignement de la patrie, les extrémités de la terre auxquelles nous arrivions, le passé, le présent, toutes ces sensations, ces idées, ces images, se pressaient, se succédaient dans notre esprit, et faisaient battre notre cœur d'émotions inconnues.

Bercés au petit trot de nos chevaux devant ce mirage splendide, nous arrivâmes tout à coup sur un gazon émaillé de pâquerettes, baigné par une eau sans fond dont la surface limpide n'est bornée à l'horizon que par des montagnes aux flancs perpendiculaires, descendant à plus de mille mètres dans l'abîme.

Il y avait quinze jours à peine qu'un ouragan terrible avait éclaté sur le lac : le moment de ces catastrophes est toujours annoncé par un nuage blanc que l'on aperçoit au nord ; le ciel se couvre bientôt d'une manière sinistre, et, au milieu

Vue du lac Baïkal.

de tourbillons de neige qui balayent de toutes parts l'atmosphère, la plupart des navires surpris coulent à fond sous la pesanteur de la glace qui s'attache aux agrès. »

Avant de nous embarquer sur cette « sainte mer, » nous voulûmes prendre le temps de la considérer.

Le lac Baïkal s'étend de l'orient à l'occident sur une longueur de 50 à 60 lieues ; il a 6 à 7 lieues de large ; c'est en face de l'embouchure de la Selinga qu'il se développe dans sa plus grande largeur

En hiver, la glace du lac a un mètre d'épaisseur. On sait que les Russes y avaient établi, ces années dernières, une voie ferrée pour le transport de leurs troupes et de leur matériel de guerre en Mandchourie. La neige ne s'y arrête jamais, à cause de la vivacité des vents qui l'entraînent vers les bords. Mais souvent on rencontre des trous où l'on est entraîné. Ces trous, dit-on, sont faits par les veaux de mer qui viennent respirer l'air. La glace se brise aussi quelquefois avec le bruit du tonnerre.

La chasse des veaux marins donne lieu à des épisodes assez émouvants. Ces animaux vont en troupes. Ils ont le flair très fin : quand ils se reposent sur les bords, les chasseurs cherchent à se placer sous le vent du troupeau, afin que rien ne trahisse leur présence. Quelquefois les chasseurs attendent plusieurs semaines avant de pouvoir approcher d'assez près. Enfin, quand le troupeau s'établit en entier sur un îlot, il lui arrive de s'endormir paisiblement sans soupçonner le danger qui le menace. Profitant de son profond sommeil, les chasseurs se hâtent de cerner l'île avec leurs barques, dans le plus grand silence. Le chef de la chasse marche en avant, son bâton à la main, suivi des autres chasseurs, marchant à la file et armés de battoirs et de gaffes. En arrivant au vent de l'île, le chef demande au chasseur le plus proche si l'île est entièrement entourée ; la demande passe de bouche en bouche, et la réponse affirmative revient de la même manière au chef, qui commence la chasse en frappant avec son battoir le museau d'un des veaux marins couchés le plus près du rivage. Chacun suit son exemple ; on entasse les animaux sur le bord. On assure que le veau marin pleure quand le chasseur lève la main pour le frapper : le museau est la partie la plus sensible et la plus délicate de l'animal.

On pratique aussi cette chasse, qui alors devient une pêche, avec des filets. On monte sur de grands bateaux, quand la glace se brise et que d'énormes glaçons flottent sur le lac. Les veaux marins se reposent sur les glaçons ; lorsque les chasseurs aperçoivent un troupeau, ils quittent les barques, s'approchent sur de légères nacelles, puis ils montent sur le glaçon et tuent leur gibier.

On épie aussi les veaux marins, quand ils montent en hiver sur la glace pour y déposer leurs petits. La peau blanche et molle du jeune veau marin est recherchée. Ce sont les femelles qui font, dit-on, dégeler la glace dessous, avec leur haleine, et qui sortent par ces ouvertures pour se délivrer de leurs petits.

Parmi les diverses espèces de poissons qui peuplent les eaux du Baïkal, on remarque l'*omoule*, variété de la truite, qui fournit une pêche lucrative et une nourriture abondante aux habitants riverains.

Au mois de juillet, quand les omoules abondent dans le lac Baïkal, hommes, femmes, enfants s'embarquent pour venir sur le lac attendre leur passage et se livrer à la pêche. Sitôt que les cormorans ou les mouettes se mettent à planer au-dessus de l'eau, on en conclut que le banc d'omoules arrive. Les *karious* s'avancent en bandes au devant des omoules dont ils forment l'avant-garde ; à ce moment, les pêcheurs se disposent de tous côtés pour jeter leurs filets, et le soir, les rives, les bateaux se couvrent de lanternes de papier de diverses couleurs dont le coup d'œil offre un spectacle féerique. On estime en général à 400.000 francs la valeur de cette pêche.

La richesse des riverains du Baïkal consiste surtout en troupeaux répandus dans les environs. Les Bouriates, les Toungouses, ne sont point agriculteurs. Ils vivent à l'état nomade, parce que la nourriture de leurs troupeaux les oblige souvent à changer de place, suivant que les neiges sont plus ou moins épaisses et que la nourriture du bétail est plus ou moins abondante.

Il y a vraiment plaisir à voir l'intérieur des ménages cosaques de la frontière. Leurs maisons sont grandes, claires, propres, bien meublées; les planchers sont peints. Ils possèdent chacun un service complet en faïencerie, des porcelaines, des armoires à glace, de l'argenterie. Le voyageur qui s'arrête chez eux en parcourant la frontière, croit se trouver chez un propriétaire russe des provinces. Il y est reçu avec une franche cordialité. On lui offre du thé et d'excellent pain. Il y fait un bon diner, et s'il y reste plusieurs jours, les égards et le traitement restent les mêmes, le tout sans qu'on veuille accepter de lui aucune espèce de rémunération.

Quelques-uns de ces Cosaques sont renommés par leurs troupeaux héréditaires, dont l'existence comptent par siècles, tels que les Perlilieff, les Troukine, les Kobylkine, les Tokmakoff, etc., etc. Ce sont de riches nababs, et, pour ainsi dire, les capitalistes de la frontière. Il existe aussi, parmi les nomades, des possesseurs de riches haras qui couvrent les steppes de la Daourie; leur genre de vie ne diffère en rien de celui d'un Bouriate ordinaire, si ce n'est que leur *yourte* est plus spacieuse, leur *oulousse* plus étendu, le nombre de leurs serviteurs plus considérable; mais leur nom est connu dans les steppes, quelquefois même dans toute la contrée transbaïkalienne, où il est partout prononcé avec respect. Toutefois l'importance et la réputation dont jouit l'habitant des steppes ne l'engagent jamais à sortir de son humble sphère, bornée à l'élève des troupeaux, seul travail qu'il connaisse depuis son enfance.

Les Bouriates vont rarement à la ville. Toute difficile que paraisse leur existence en hiver, ils sont tellement habitués au climat qu'ils n'en sentent pas la rigueur; assis dans leurs tentes de feutre, ils passent le temps à fumer, à boire leur thé et à manger leur succulent *tataminé*, sans s'inquiéter de la gelée, et parfaitement contents de leur modeste bien-être.

Nous rencontrâmes quelques Bouriates chasseurs de fourrures; ils paraissaient mécontents de leur expédition d'hiver : on n'avait tué que 156.000 écureuils, c'est-à-dire deux tiers de moins que dans une année de chasse abondante. On croyait que les écureuils avaient disparu de la contrée, parce que les cèdres n'avaient pas donné de noix, leur nourriture favorite.

Nous étions restés quatre jours à parcourir la rive ouest du lac; rassurés par la beauté du temps, nous mîmes le cap sur la Selinga, la seule grande rivière qui se jette dans le Baïkal. Après une journée heureusement passée au-dessus des gouffres transparents de cette mer d'eau douce, nous mimes, très satisfaits, le pied sur le bord oriental, où nous trouvâmes une atmosphère encore plus douce, et une fleur qui est un trésor pour des botanistes d'Europe.

Un autre lac de Sibérie mérite une mention, c'est le lac Kolivan.

Le lac Kolivan, situé près de la ville de Zmeïnogorsk, en Sibérie, est un des lacs les plus intéressants de cette contrée si pittoresque dans quelques parties. Ce lac est encaissé dans des roches granitiques qui présentent les aspects les plus curieux. On dirait des tours, des piliers, des obélisques gigantesques : les sapins qui croissent çà et là par bouquets sur les collines se dressent comme un gazon au pied de ces édifices colossaux. Les entassements ne sont pas très solides, et les blocs de granit qui les composent ne cessant de se décomposer sous l'influence des intempéries, il en résulte fréquemment des dérangements d'équilibre et des éboulements. Des quartiers énormes se précipitent sur les sapins qu'ils fracassent, et jusque dans le lac dont ils font bondir les eaux. Dans quelques endroits, la superposition est si exactement établie, que l'on voit des piliers très grêles à leur partie inférieure se couronner de massifs d'un diamètre beaucoup plus considérable, et même d'espèces de tables qui surplombent de tous côtés. On dirait un ouvrage de fée; et quelle fée admirable, en effet, que la nature !

Du reste, ce phénomène n'a rien d'absolument extraordinaire : on le retrouve, dans des proportions moindres, mais sous des conditions analogues, dans une multitude de pays. Beaucoup de monolithes attribués par la crédulité

Le lac Kolivan, en Sibérie.

populaire aux druides, et beaucoup trop gigantesques pour avoir jamais été remués par la main de l'homme, n'ont pas une autre origine que les entassements colossaux du lac Kolivan. Une colline, formée de granits sujets à un genre de décomposition qui en désagrégeant leurs éléments les réduit en gravier, commence par se fendiller; puis, la décomposition se continuant sur les parois des fentes, et les eaux entraînant les particules sableuses qui en résultent, il arrive que la largeur des fentes augmente d'année en année jusqu'à l'emporter sur l'épaisseur des quartiers solides qui sont entre elles. Dès lors, l'œil cesse de voir des fentes : il voit des piliers séparés par des interstices plus ou moins vastes, et l'imagination s'étonne de la hardiesse de ces constructions dont la science et l'observation peuvent seules nous révéler le secret. Tel est le procédé suivi par la nature : elle dépose ses masses, puis malgré leur dureté, elle les découpe peu à peu et finit par les transformer en dentelures.

Le lac Kolivan n'est pas seulement remarquable au point de vue pittoresque par ses colonnades granitiques; il est remarquable au point de vue industriel par la beauté du jaspe que l'on y exploite. Ce jaspe, travaillé sur place, est un objet de commerce assez considérable. On y fabrique des vases, des coupes, des colonnes souvent d'une très grande dimension, que l'on expédie jusqu'à Pétersbourg.

LE FLEUVE AMOUR ET SES CURIOSITÉS ETHNOGRAPHIQUES. — Ce grand cours d'eau, qui mettra un jour l'Europe en communication facile et directe avec la Chine, la Corée et le Japon, ne peut être comparé qu'aux fleuves les plus imposants du nouveau monde, car sa longueur totale est d'environ 4.270 kilomètres. Né dans les déserts de la Mongolie chinoise, il va se jeter dans la mer d'Okhotsk après avoir reçu, comme l'Amazone, d'immenses affluents.

Les premières notions que les Russes reçurent touchant ce beau fleuve, ne remontent qu'à l'année 1636 ; il fut en quelque sorte découvert par un certain Poyarkov, dont le nom est resté jusqu'ici bien ignoré, et qui eut cependant la gloire de l'explorer dans toute son étendue dès l'année 1644. Un génie créateur, auquel n'échappait rien de ce qui pouvait servir à la grandeur de son pays, Pierre le Grand, comprit, dit-on, dès l'origine, ce que cette voie magnifique pouvait apporter de ressources à la Russie naissante; il la marqua comme une source de richesses inépuisables.

Il a fallu cependant bien des tentatives infructueuses, bien des efforts aboutissant à des catastrophes, pour réaliser ces hautes prévisions. On ne saurait oublier ici le nom d'un marin intrépide, M. Gabrilov, qui, au milieu de l'année 1846, était parvenu le premier, et en dépit de difficultés innombrables, à pénétrer par la mer dans le fleuve, et à remonter en canot jusqu'au premier village des Ghiliakes.

Dès le milieu du XIXe siècle, de sages explorations conduites en silence rendaient les Russes maîtres du fleuve ; des mesures diplomatiques menées avec non moins d'habileté ont produit le traité d'Aygun, conclu avec la Chine en 1858. La Russie possède un droit absolu de navigation sur le fleuve Amour, et l'empire moscovite s'est accru d'un territoire inculte à coup sûr en bien des endroits, peu favorisé, sans aucun doute, par le climat, mais plus vaste, dans tous les cas, que celui de la France entière. Où il n'y avait que des terres désertes ou bien des yourtes abandonnées, des villes ont été fondées, des villages s'élèvent, des postes militaires protègent le voyageur. Le port de *Vladivostock* est devenu le chef-lieu gouvernemental des immenses provinces baignées par l'Amour, et cette cité est en communication permanente avec nos villes européennes. Elle est devenue, au cours de la guerre russo-japonaise, une position capitale, la proie disputée de l'Europe et de l'Asie.

On ne s'attend certes pas à ce que nous donnions ici, d'une façon même rapide, l'exposé des événements qui ont amené ces changements prodigieux. Parmi tant d'expéditions faites au siècle dernier, il en est une cependant que nous voulons citer : c'est celle qui fut exécutée en 1855 par un naturaliste, M. Maack, à la tête d'une expédition scientifique composée de vingt-deux membres. Ce savant fut malheureusement arrêté par la maladie dans ses perquisitions incessantes; mais, après neuf mois de marches continues dans les régions qu'il devait faire connaître, il put enfin gagner la ville d'Irkoutsk, capitale de la Sibérie. C'est à cet émule des Gmelin, des Pallas et des Wrangell, auxquels ont succédé vers 1860 les immenses explorations du naturaliste Léopold Schrenk, qu'on doit des notions certaines sur des popu-

lations demi-civilisées, qui vont sans cesse en décroissant, et dont le caractère
original cependant ferait défaut un jour au vaste tableau que l'ethnographie
aura le devoir de tracer, ne fût-ce que pour conserver à l'histoire la tradition de
mille peuplades détruites à jamais.

La riante habitation que reproduit notre gravure est un tombeau
mangoune; l'ornementation originale de cet asile de la mort donne une
idée presque attrayante de la culture sibérienne. Il est vrai que cette cabane en

Tombeau d'un chaman mangoune.

bois, enjolivée si habilement de poutres travaillées avec art, est destinée à éter-
niser sur les bords du grand fleuve la mémoire d'un homme vénéré, ou, si on
l'aime mieux, d'un *chaman*. Le chamanisme, qui s'éteint en divers endroits où
il florissait encore au début du siècle, a été malheureusement fort peu étudié
chez les peuples à demi barbares qui le professent dans sa pureté. Un chaman,
chez les Toungouses, les Manègres, les Gholds, les Mangounes, et une foule
d'autres peuplades nomades qui chassent sur les bords de l'Oussouri et de
l'Amour, est à la fois une sorte de prêtre et de magicien, interprète des génies
bons et mauvais qui errent comme les hommes dans l'univers. Les chamans ou
shamans ont le don des miracles; ils tombent à leur gré dans l'état d'extase, et
dans cette situation, sur laquelle la science n'a point dit encore son dernier mot,

ils prophétisent. Leur tambour magique, dont la forme n'est pas sans analogie
avec celle de notre tambour de basque, est l'instrument obligé qui sert à leurs
incantations. Des lamelles de métal, unissant leur cliquetis au bruit de leur
instrument sacré et au bruit sonore de tubes métalliques qu'ils portent à l'extrémité de cordelettes tombant d'une ceinture dont leur corps est entouré, sont
une partie obligée de leur costume étrange. C'est au son infernal que produit
un chaman en s'agitant dans une danse mystérieuse que des oracles émanés du
mang-taar, ou de l'enfer redouté par ces peuples, sont prononcés. Huit tribus
d'esprits malfaisants, auxquelles commande Acharaï-Rioho, le chef terrible des
demeures souterraines, peuvent être évoquées pour le malheur de l'espèce
humaine si le chaman est puissant, et l'on comprend dès lors de quel crédit
peut jouir un prêtre sorcier, dont la science est invoquée à la veille d'un événement important ou bien quand la mort, selon la croyance populaire, demande
une victime.

En constatant les changements que le christianisme a opérés en ces dernières années chez les peuples de la Sibérie, on ne peut nier que si le chamanisme a perdu en partie son caractère religieux, il exerce encore une fatale
puissance que l'instruction seule pourra' déraciner.

Le nom de tous les chamans célèbres n'a point péri. A la fin du siècle dernier, on parlait avec admiration d'Eley, qui sut, à force de ruse, de persévérance et d'énergie, ravir complètement le pouvoir à un chef de peuplade dont
il était le serviteur.

La région qu'arrose le fleuve Amour, qui se jette dans le Pacifique, est
habitée de populations fort primitives.

Les Gholds et les Manègres, chez lesquels l'usage de l'écriture n'a point
encore pénétré, aiment à perpétuer le souvenir de certaines croyances
religieuses ou bien de certains événements politiques par des monuments
qui ne sont pas sans analogie avec ceux que dressaient devant leur temple
plusieurs peuples célèbres de l'antiquité.

Les obélisques des Gholds, presque toujours accompagnés de bustes
mythologiques d'un style barbare, sont couverts de signes hiéroglyphiques
dont la signification est restée jusqu'à ce jour complètement mystérieuse.
Pour les expliquer, il faudrait nécessairement être initié aux doctrines
cachées du chamanisme, et jamais cette religion n'a été réduite en corps
de doctrine écrite. Tout ce que l'on peut avancer sans crainte de commettre une erreur trop grossière, c'est que la tête de forme bizarre qui remplace ici le pyramidion de nos obélisques est celle d'une divinité suprême,
qui laisse bien loin d'elle dans la hiérarchie religieuse les dieux inférieurs,
dont la tête conique offre peut-être chez ces peuples un symbole de la beauté
humaine.

Les Mangounes, les Mangères et les Gholds, dont nous reproduisons les
monuments bizarres, se plaisent à mêler à ces divinités grossières des représentations assez exactes d'animaux sacrés. Pour imiter de leur mieux la nature,
ils s'entourent (les Mangounes surtout) de vraies ménageries remplies d'animaux
inutiles, mais que leur courage ou leur intelligence supérieure rendent
respectables à leurs yeux.

L'idolâtrie est à peu près la même chez tous les peuples de la Sibérie.
L'ours figure parmi leurs idoles. Cet animal leur semble être revêtu d'un

caractère quasi divin, et il le doit évidemment aux habitudes de circonspection intelligente qu'il unit à une force irrésistible. Avant de l'immoler, on chante devant lui des espèces d'hymnes expiatoires ; il suffit, chez les Ostiaks, qu'une peau d'ours soit présentée à un homme qui va proférer un serment

Colonne hiéroglyphique, idoles, et habitation d'hiver des Gholds.

pour que ce serment devienne sacré. Lorsqu'on étudie sérieusement, du reste, les rites pour ainsi dire éteints aujourd'hui des nations boréales on acquiert la certitude qu'un certain fétichisme puéril dans ses formes, mais néanmoins profondément enraciné, puisqu'il en reste des vestiges jusqu'à nos jours, se mêlait à l'origine, chez les Ostiaks, les Samoyèdes et les Toungousses, aux formes principales de l'idolâtrie propagée par les chamans. Ces longues baguettes, surmontées d'un quadrupède et d'un oiseau, qu'on remarque à côté de l'obélisque, étaient des espèces de dieux lares destinés à protéger l'habitation qu'ils devaient également orner.

Nous ne parlerons pas ici des sacrifices sanglants de rennes qui avaient lieu en certaines circonstances devant les idoles en bois dont nous offrons

également un spécimen. Ces dieux à front conique, à figures bizarres, étaient
eux-mêmes sacrifiés pour attester la vérité du serment. Un Toungousse ou
un Ghold de la vieille race voulait-il établir la consécration absolue de
sa parole, il s'armait d'une hache devant la partie contractante, puis il
frappait la statue dans quelque partie proéminente : « Puissé-je perdre le nez,
les oreilles, les lèvres qui prononcent ces paroles, si je manque à la vérité. »

L'habitation qu'on remarque dans notre gravure est une maison d'hiver
appartenant à un Ghold. Les Gholds étant bien supérieurs dans leur civilisation imparfaite aux Manègres et aux Mangounes, dont rien n'égale la
repoussante malpropreté, l'intérieur de cette petite maison offre une netteté,
un esprit d'ordre relatif, qu'on chercherait vainement dans les yourtes des
autres peuplades. Les Gholds, qu'on nous représente comme étant si supérieurs
aux autres nomades, n'en sont pas venus cependant à agir moins cruellement

Idoles gholdes.

que les autres peuples avec leurs malheureuses compagnes. Les femmes, chez
les Sibériens, sont traitées comme des êtres abjects, destinés tout au
plus à servir leur seigneur et maître. L'habitation qu'elles ont construite en
grande partie ne leur offre souvent à l'intérieur aucun asile confortable ; il
faut dire cependant que, sur ce point d'une si haute importance, les Gholds
se montrent ici encore plus humains et plus intelligents que leurs voisins.
Pour nous en convaincre, il suffira de répéter ce que dit à ce sujet le savant
mémoire auquel nous avons emprunté notre dessin : « L'endroit occupé par
le maître et la maîtresse, recouvert de peaux, de fourrures et de nattes,
est séparé par une grille du reste de la yourte. Au fond de l'habitation,
en face de l'entrée, se trouve établie une étagère remplie de vases de bois
et d'argile, et d'autres ustensiles domestiques. Des deux côtés de l'étagère
sont rangés des coffres peints ou ornés de dessins chinois. Enfin, aux perches
formant la carcasse de la hutte, on voit suspendus des filets de pêche et des
berceaux. »

Là, du moins, la femme occupe un rang honorable, et partage dans
une certaine mesure les prérogatives du chef de famille.

Les filets de pêche, travaillés par ces femmes industrieuses auxquelles
un labeur assidu ne laisse point un moment de repos, sont en effet des
instruments bien précieux pour les Gholds ; ils leur fournissent tout à la fois

une nourriture abondante (car il y a peu de fleuves en Sibérie, y compris
la Léna et l'Obi, aussi poissonneux que l'Amour) et des vêtements imperméables
à la pluie. Les Gholds ont bien quelques vêtements de drap et de peau, qu'ils
couvrent de leurs chaudes fourrures ; mais ils se vêtissent en général des peaux
à demi transparentes de maints grands habitants du fleuve, ce qui les a fait
surnommer par les Chinois les *Jui-pkhi-ta-tsi* (les indigènes vêtus de peaux de
poisson). Rien de plus curieux du
reste que ces habits étranges, adop-
tés également par les Mangounes,
et qui affectent la forme d'une
longue chemise ; ils sont ornés
d'arabesques en couleurs découpées également en peaux de poisson. Pour teindre ces peaux en
couleur azurée, que les indigènes
affectionnent tout particulièrement,
ils emploient une plante nommée
Czacha; mais on ignore celles qui
leur fournissent les couleurs jaune,
rouge et verte. Au reste, les peaux
teintes en couleur déteignent très
vite.

Magasin gholde.

   Les mœurs des Gholds sont dit-on essentiellement patriarcales ; la confiance
et la probité règnent parmi eux : leurs maisons n'ont ni serrures, ni verroux ;
toutes leurs richesses sont déposées dans des magasins construits sur quatre
pieux, élevés de terre à la hauteur d'une sagène, et qui ne sont ni fermés,
ni gardés.

   La pirogue dont les Toungousses voyageurs font usage pour porter au
loin leurs pelleteries sur le fleuve Amour est faite d'écorce de bouleau. Sur les
bords de l'Amour, comme sur les bords du Saint-Laurent, ce bel arbre atteint
une hauteur de 40 à 50 pieds. On a dit avec raison que c'est « le dernier des
végétaux ligneux que l'on rencontre en s'élevant vers la cime, des monts ou
en se dirigeant vers les régions polaires ». Dans ces contrées aussi, l'écorce
du bouleau est plus unie que sous nos climats, et peut se détacher en plus
grandes bandes.

   La carcasse de ces pirogues est calculée avec un art infini ; il faut les
revêtir avec soin de ces bandes d'écorce qu'il est indispensable d'attacher entre
elles par des sutures solides et de rendre imperméables à l'action de l'eau.
Heureusement pour les navigateurs aventureux qui traversent de si grands
cours d'eau, dans cette région inhospitalière, le goudron et les graisses d'espèces
diverses ne manquent point pour donner toute sécurité aux voyageurs qui
s'aventurent sur ces frêles esquifs. Les Toungousses, les Gholds et les autres
peuples sibériens, ont le génie des constructions maritimes adaptées à leurs
besoins. On parle de certaines pirogues, d'une rare élégance, qui sont encore
bien plus légères que les baïdarques en écorce de bouleau. La carcasse,
construite en courbes de tremble ou de peuplier, est revêtue de peaux de
poisson. C'est à l'aide de ces embarcations solides et légères que les Nevelsky
et les Taïtchef, navigateurs intrépides, chercheurs infatigables, ont pu, vers

l'année 1850, s'assurer que des mers d'Okstock on pouvait pénétrer dans les embouchures parfois ensablées du fleuve Amour.

Le navigateur sibérien se sert d'une pagaie à double pelle qu'il tient par le milieu avec les deux mains, et, en frappant l'eau d'un mouvement vif et régulier, d'abord d'un côté et ensuite de l'autre, il donne une vitesse considérable au bateau, en suivant une ligne droite. Lorsque le pagayeur est énergique et adroit, on évalue à trois milles par heure le chemin qu'il peut faire.

Tous les peuples dont nous venons de parler semblent au premier abord représenter une population nombreuse, agglomérée sur certaines portions de ces rivages à peine connus. Il n'en est rien, et il est telle de ces peuplades qui ne compte guère dans les recensements opérés ces dernières années, que pour trois cents individus; les plus considérables ne s'élèvent pas souvent à plus de quinze cents âmes.

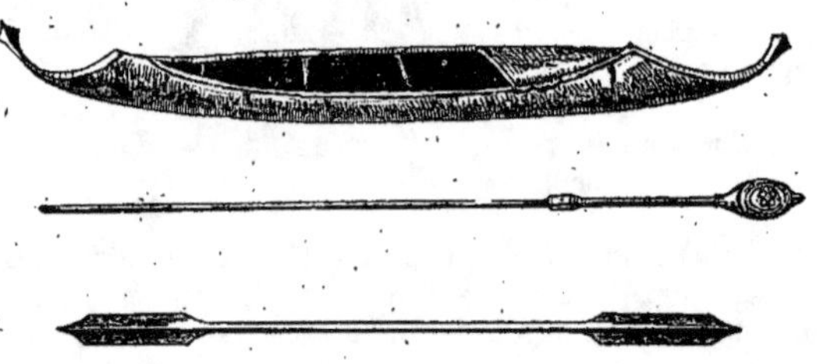

Canot en écorce de bouleau des Toungousses de l'Amour central ; — au-dessous, les rames.

La presqu'île de KAMTSCHATKA, qui termine le territoire de la Russie d'Asie, est l'une des contrées les moins connues et les plus anciennes qui existent. Elle s'étend sur un espace de trois cent quarante lieues de longueur et de soixante-dix de largeur. Son nom lui vient du fleuve de Kamtschatka qui la traverse et qui a cent quarante lieues de cours. Tout le pays est coupé par des chaînes de montagnes et sillonné par une grande quantité de rivières ; et quoique son extrémité septentionale n'atteigne qu'au 62ᵉ degré de latitude, le climat y est aussi rigoureux que dans les régions boréales du Sinmark et de la Laponie.

Les premières notions certaines que nous ayons sur cette contrée nous viennent du capitaine Behring, qui y fit en 1728 deux voyages. Cook, l'intrépide navigateur, la visita en 1776, et La Pérouse, en 1787.

La Russie, après avoir conquis la Sibérie, s'avança jusqu'à Kamtschatka et soumit à son pouvoir cette vaste péninsule. En 1733, une expédition fut entreprise par l'ordre de l'impératrice Anne pour reconnaître plus exactement qu'on ne l'avait fait jusqu'alors la situation topographique, la température, les moyens de production du Kamtschatka et l'état de ses habitants. Un des membres de cette expédition, a tracé un tableau fort détaillé et fort intéressant de toutes les observations faites alors. Nous devons à un de nos compatriotes, à M. de Lesseps, un autre récit de voyage plus intéressant encore et plus instructif.

M. de Lesseps, consul de France en Russie, avait été appelé auprès de
La Pérouse pour lui servir d'interprète dans les régions du Nord. Après avoir
rempli cette mission de confiance avec une rare habileté, il quitta l'expédition
française dans le port d'Avatscha, situé à l'extrémité méridionale du Kamtschatka, et s'en revint à Pétersbourg. après avoir traversé toute cette immense
région occupée par les Kamtschatdales, les Kariagues, les Toungousses, les
Yakoutes et les peuplades sibériennes.

Dans cette vaste province
de Kamtschatka, sur cet espace
de trois cent quarante lieues de
longueur, on ne compte pas plus
de 6.000 habitants. Le sol est nu
et aride. On n'y trouve que quelques arbres chétifs, çà et là le
peuplier blanc, quelques forêts
de bouleaux, et en un seul
endroit des sapins. Les indigènes vivent en grande partie du
produit de la chasse et de la
pêche. C'est dans leur froid pays
qu'on trouve les plus belles
martres, les renards noirs aux
poils longs et soyeux, dont la
fourrure se vend à Pétersbourg
à un prix très élevé. Il y a là
aussi beaucoup d'hermines, de
marmottes, de lièvres, des rennes
domestiques et sauvages, des
gloutons dont la peau est fort
estimée, des ours et des loups
que les indigènes poursuivent

Piége à zibelines, au Kamschatka.

intrépidement. La mer leur livre encore des veaux marins, des morses, dont
ils emploient utilement la peau, les dents, et dont la chair et la graisse servent
à leur nourriture; la mer leur livre des baleines, des esturgeons, des soles et
plusieurs autres sortes de poissons. Les plages arides, les bords des rivières
et des lacs sont peuplés d'une foule d'oiseaux.

C'est du Kamtschatka que viennent les fourrures si recherchées de la zibeline.

La zibeline est une espèce de belette ou de martre de la grosseur d'un
écureuil, dont la peau est d'un brun très foncé ou presque noire; cette fourrure
est l'une des plus rares. On la trouve en assez grande abondance dans le
Kamtschatka; mais celle de la Sibérie est la plus recherchée.

Les zibelines vivent dans des trous. L'été, avant que les fruits soient mûrs,
elles mangent des écureuils, des martres, des hermines, et surtout des lièvres;
l'hiver elles mangent des oiseaux; mais lorsque les fruits sont mûrs, elles en sont
très friandes.

Ce n'est jamais que pendant l'hiver qu'on va à la chasse des zibelines, parce
qu'au printemps le poil leur tombe, qu'il est très court en été, et qu'en automne
il n'est point encore assez fourni. Ceux qui vont à la chasse des zibelines partent

à la fin du mois d'août ; ils forment, comme les chasseurs de castor des compagnies qui sont quelquefois de quarante hommes, et se pourvoient de bateaux pour remonter les rivières, de guides qui connaissent bien les localités, et d'amples provisions pour subsister dans les déserts. Arrivés aux lieux de la chasse, ils tendent partout des trébuchets élevés au-dessus du sol, comme celui que nous représentons ici, ou des pièges creusés dans la terre, entourés de pieux et recouverts de planches pour empêcher la neige de les remplir. Le temps de la chasse fini, et en attendant l'époque du retour, qui est celle du dégel des rivières, on prépare les peaux ; les chasseurs remontent ensuite dans leurs barques, et rentrés chez eux, ceux qui sont chrétiens donnent d'abord à l'Eglise quelques-unes de leurs fourrures : ces zibelines se nomment zibelines de Dieu. Ensuite ils paient en nature leur tribut aux agents du fisc ; ils vendent le reste, et partagent également les profits.

Malgré toutes ces ressources, et malgré l'ardeur avec laquelle le Kamtschatdale se précipite à la poursuite des animaux sauvages, des poissons monstrueux, et travaille sans cesse à assurer ses moyens de subsistance, la misère est telle parfois dans ce triste pays, qu'on a vu des villages obligés de se nourrir pendant des mois entiers d'une graisse de baleine corrompue qui répandait parmi eux des maladies contagieuses.

On ignore l'origine de cette pauvre peuplade, et les diverses notions que nous possédons sur son dialecte, sur ses traditions, ne suffisent pas pour établir entre elle et les autres pays du Nord une analogie assez marquée. Les Kamtschatdales doivent ressembler beaucoup aux Lapons. Ils ont, comme les Lapons, les joues saillantes, la bouche grande, la taille moyenne, les cheveux noirs. Comme les Lapons, ils se couvrent de vêtements de peaux de rennes, et vivent dans une affreuse saleté.

Ils ne demeurent point sous des tentes, mais ils ont, comme les Lapons encore, une habitation d'été et une habitation d'hiver. Celle d'été, appelée balagan, est une cabane en bois, revêtue d'un toit en gazon et posée sur des piliers à une douzaine de pieds au-dessus du sol. Celle d'hiver est un large trou creusé à cinq pieds de profondeur, et surmonté d'une charpente au haut de laquelle est une ouverture qui sert à la fois de fenêtre, de porte et de cheminée. Les Kamtschatdales appliquent au bord de cette ouverture une échelle, et c'est par là qu'ils sortent. Lorsqu'ils veulent rester chez eux, il leur suffit de retirer leur échelle. A moins de vouloir s'exposer à se casser le cou, on ne peut sans cet escalier mobile pénétrer dans leur demeure. L'intérieur de ces habitations est, comme les huttes des Lapons, rempli de nuages de fumée et imprégné d'une odeur affreuse. L'air et la lumière n'y pénètrent qu'à peine, et toute une famille est là, resserrée dans une même enceinte avec ses vêtements de peau, ses chiens, ses provisions de viande et de poisson corrompu.

A voir cette charpente régulière, ces soliveaux et ces madriers bien dressés, on serait d'abord tenté de croire qu'il y a là quelque civilisation ; mais un examen plus attentif ne tarde pas de détromper. Ces parois si nues, si dépourvues des usténsiles les plus simples, ce mode de filage si imparfait, ces apprêts d'une cuisine grossière, indiquent un état demi-sauvage. Que serait-ce s'il fallait réellement pénétrer, autrement que du regard, dans cette habitation d'hiver du Kamtschatdale ? Ce n'est rien que de descendre à quelques mètres sous terre par une échelle pire que la plus mauvaise de nos échelles de

meunier ; mais se trouver au bas de l'échelle dans une espèce de bouge
infect, qui ne reçoit l'air et la lumière que par l'ouverture unique qui sert aussi
d'issue à la fumée, il y a pour un homme de nos pays de quoi suffoquer.

Le Kamtschatdale enfouit sous terre les substances animales dont il se
nourrit, après les avoir enveloppées de feuilles, et il ne les retire souvent qu'au
moment où elles sont en pleine putréfaction. « Aussi leur cuisine, dit Atlassof,

Habitation d'hiver, au Kamtschatka.

exhale une odeur si forte qu'un Russe ne la peut point supporter. » Et
cependant les Russes ne passent pas pour extrêmement difficiles en fait de
nourriture, comme chacun sait.

Avant l'arrivée des Russes dans le pays, les Kamtschatdales ne connaissaient
pas même l'emploi du plus vulgaire des métaux. Ils n'avaient que des outils en
os et en pierre, avec lesquels ils fabriquaient des haches, des lances, des flèches,
où taillaient leurs canots et creusaient leurs vases de ménage. Il ne fallait pas
moins de trois ans à un bon ouvrier pour construire un canot, un an pour
façonner une auge. Aussi celui qui possédait un de ces précieux objets était-il à
juste titre cité comme un homme privilégié.

Les marchands russes qui, chaque année, s'en vont à présent sur les côtes
du Kamtschatka chercher les fourrures et les autres denrées du pays, donnent
en échange de ces denrées des ustensiles en fer, en cuivre, que les pauvres
Kamtschatdales considéraient encore, il n'y a pas bien longtemps, comme des
merveilles sans égales.

Ces mêmes marchands ont aussi commencé à répandre parmi les habitants
de cette sauvage contrée quelques notions de civilisation ; mais leur première

pensée est de tirer le parti le plus avantageux de leurs expéditions commerciales, de leurs transactions d'échange, et les Kamtschatdales, sont encore une des tribus les plus grossières, les plus ignorantes qui existent dans le monde entier.

Avant que les Kamtschatdales fussent soumis à la Russie, ils vivaient dans un état qui approchait de l'état sauvage, n'ayant point de chefs, n'étant soumis à aucune taxe.

Tout leur bonheur étant de vivre dans la paresse, de satisfaire leurs appétits naturels, de passer une partie de leurs journées à chanter et à danser, ils ne travaillaient que pour se procurer les choses strictement nécessaires à la vie. Tous les arts utiles étaient chez eux dans l'enfance.

Il en était de même du commerce qu'ils ne connaissaient que sous sa première forme. Ils ne le faisaient pas en vue de s'enrichir, mais par la nécessité de donner le superflu des marchandises qu'ils avaient en abondance, afin d'obtenir celles qui leur manquaient. Ce n'était ainsi qu'un trafic d'échanges.

Ils n'avaient aucune culture d'esprit ; la plus simple leur eût coûté un travail dont leur paresse les rendait incapables. On ne trouva chez eux ni écriture proprement dite, ni figures hiéroglyphiques qui leur servissent à conserver la mémoire des choses passées. Leur histoire était toute fondée sur la tradition. C'est dire assez qu'elle était incertaine et mêlée de fables. Ils prétendaient avoir été créés sur le lieu même qu'ils habitaient, ajoutant que leur premier ancêtre Kéethu faisait sa demeure dans le ciel.

Ils n'avaient point de division régulière du temps ; ils faisaient leurs années de dix mois, mais les uns étaient plus longs que les autres, parce que cette division n'était pas réglée sur le changement de la lune, mais selon les événements du cours de l'année. C'est ce que l'on pourra voir par la table suivante que je trouve dans la relation de voyage d'un Russe.

1. Le mois de la purification des péchés ; 2. Le mois qui rompt les haches à cause de la grande gelée ; 3. Commencement de la chaleur ; 4. Temps du long jour ; 5. Mois des préparatifs ; 6. Mois du poisson rouge ; 7. Mois du poisson blanc ; 8. Mois du poisson kaiko ; 9. Mois du grand poisson blanc ; 10. Mois de la chute des feuilles. Les noms des mois n'étaient usités que parmi les habitants des bords de la rivière de Kamtschatka. Les habitants du Nord se servaient d'autres noms tirés de circonstances différentes.

Le principe général de leurs lois était de donner satisfaction à la personne lésée. Si un homme en avait tué un autre, il devait être tué par les parents du défunt. On brûlait les mains à ceux qui avaient commis plusieurs vols. Après un premier vol, on se contentait d'obliger le voleur à restituer ce qu'il avait pris. Une de leurs superstitions était de croire que l'on pouvait découvrir un voleur caché en faisant brûler publiquement les nerfs d'un bouc sauvage avec de grandes cérémonies. Ils s'imaginaient qu'à mesure que ces nerfs se retiraient au feu, le voleur devait perdre l'usage de ses membres.

Dans l'ignorance où ils vivaient, leur morale était grossière comme leurs lois. Le meurtre, la violence, leur paraissaient des actions indifférentes en elles-mêmes, mauvaises seulement par le danger de la position auquel est exposé celui qui les commet. Il y a au contraire des choses indifférentes, comme se baigner dans de l'eau chaude, en boire, s'approcher des volcans, qu'ils regardaient comme des faits répréhensibles. Il y a des actions bonnes qu'ils croyaient très coupables, par exemple celle de sauver un homme qui se noie.

Leur religion était conforme à leur morale, c'est-à-dire qu'ils avaient de Dieu des notions aussi extraordinaires que celles qu'ils avaient du vice et de la vertu. Ils appelaient leur dieu Kutchu, mais ils ne lui rendaient aucune sorte d'hommage. Ils ne parlaient de lui qu'avec des moqueries, et pour se plaindre du mal qu'ils l'accusaient de leur faire. Ils le blâmaient, entre autres choses, d'avoir fait les

Idoles du Kamtscka. — Les génies du mal.

montagnes si escarpées, les rivières si étroites et si rapides, de causer des pluies et des orages. Leur superstition avait rempli le ciel et la terre d'une foule d'esprits qu'ils révéraient et craignaient plus que Dieu. Ils les distinguaient en bons et mauvais génies. Ils croyaient apaiser les uns, appeler sur eux les bienfaits des autres, en leur élevant des images figurées sur des modèles singuliers qu'ils plaçaient dans les champs, dans leurs huttes, et devant lesquelles ils consacraient en manière d'offrande et de sacrifice les nageoires et les queues de poissons, qui ne sont d'aucun usage. Ils avaient cela de commun avec les peuples asiatiques, qu'ils n'offraient à leurs dieux que ce qui leur était inutile. Outre ces divinités, ils adoraient les animaux qui pouvaient leur nuire. Ils allumaient du feu à l'entrée des terroirs des martres et des renards pour les conjurér. Quand ils étaient sur mer, à la pêche, ils priaient les baleines et les chevaux marins de ne point renverser leurs bateaux. Dans les bois, à la chasse, ils priaient les ours et les loups de les épargner.

Tel était l'esprit de ces peuples avant 1741. A cette époque, l'impératrice Elisabeth leur envoya des missionnaires pour les instruire. Une église fut bâtie au milieu de leur pays. Chaque village eut une école ou les enfants apprirent à quitter la superstition et la barbarie de leurs ancêtres Un grand nombre de jeunes gens et quelques vieillards furent convertis au christianisme. Ils commencèrent aussi à connaître le bienfait de la justice. Des chefs furent etablis dans les villages pour décider de toutes les causes, à l'exception de celles où il s'agit de la peine de mort. En même temps, leur commerce et leur pratique des arts nécessaires reçurent quelque perfectionnement. Depuis ce temps, la civilisation a fait dans ce pays le peu de progrès que la nature a permis d'y faire.

Le génie du bien.

Le procédé que les Kamtschatdales emploient pour faire bouillir l'eau dans des vases de bois est simple et ingénieux. Bernardin de Saint-Pierre raconte qu'il avait posé le problème à plus d'un savant sans en obtenir la solution et qu'il n'avait jamais dit le mot de l'énigme sans que l'on admirât les ressources que l'esprit humain trouve jusque dans l'état le plus sauvage. Ce procédé consiste simplement à jeter dans l'eau des cailloux rougis au feu.

C'est en 1696 que les Russes eurent pour la première fois des rapports avec le Kamtschatka. Une troupe de seize Cosaques, pénétra à cette époque, jusqu'à la rivière dont la contrée entière porte actuellement le nom. Ils pillèrent les villages voisins sous prétexte de lever tribut ; et parmi les objets qu'ils enlevèrent se trouvaient certains ouvrages écrits dans une langue inconnue que l'on s'assura plus tard être du japonais.

L'année suivante, un officier cosaque, nommé Woladimir Atlassoff, entreprit la conquête du pays. Les Kamtschatdales n'étaient nullement capables de résister à l'invasion russe, et leur asservissement eut tout d'abord les plus déplorables résultats. Les débris de leurs tribus tombèrent dans un état de dégénérescence rapide dont elles n'ont jamais pu se relever.

Un fait entre beaucoup d'autres donnera une idée de la barbarie des conquérants et de l'influence qu'ils pouvaient exercer sur ces malheureuses populations. Vers le milieu du XVIIIe siècle, un navire japonais, chargé de soie, de coton, de riz et de poivre, fut jeté par une tempête sur la côte orientale du Kamtschatka. L'équipage atteignit la terre et sauva la plus précieuse partie de la cargaison. Les Cosaques, qui stationnaient près de là, vinrent bientôt vers les naufragés ; et ceux-ci ne leur ayant offert que des présents au-dessous de ce qu'ils en attendaient, ils les attaquèrent et les massacrèrent tous, à l'exception d'un vieillard et d'un enfant âgé de onze ans. Il faut ajouter que les deux Japonais échappés au massacre parvinrent à gagner Pétersbourg en 1752, et que l'officier cosaque fut, dans la suite, puni pour ce crime.

Je ne sais plus si c'est au Kamtschatka ou aux îles Aléoutiennes qu'une pauvre peuplade en proie aux exactions des Russes, adressant des invocations à la divinité du mal pour détourner le fléau, n'avait trouvé rien de mieux que de donner à cette divinité la figure de ses oppresseurs. Ce fut, pour des voyageurs européens, une grande surprise que de trouver des idoles portant le costume des dragons russes.

Nous ne pouvons terminer ce long et capricieux vagabondage à travers l'immense empire des tsars, sans dire quelques mots de l'état actuel de la Russie.

Ce pays que nos pères, il n'y a pas encore cent ans, considéraient volontiers comme le « dernier refuge de la barbarie » en Europe, a subi, au cours du XIXe siècle, et surtout pendant ces cinquante dernières années, une série de transformations et de révolutions qui, sans atteindre les principes essentiels de son gouvernement ni détruire le fond de ses traditions séculaires, ont contribué cependant à assimiler la Russie aux nations occidentales avec lesquelles elle se trouve maintenant en communauté d'intérêts, à modifier, par suite, les mœurs et l'état d'esprit de ses populations, — en un mot, à la *civiliser* et à la *moderniser*.

C'est depuis l'avènement d'Alexandre II (1855) et sous le règne de ses successeurs, Alexandre III, monté sur le trône en 1881, et le Tsar actuel, que la Russie paraît être entrée dans une phase nouvelle de son histoire.

En 1855, Nicolas Ier, l'*empereur de fer*, était mort, accompagné dans la tombe par les exécrations de son peuple; Sébastopol, après 336 jours de siège, tombait aux mains des Français; la Russie, vaincue en Crimée, abandonnait, en même temps que le protectorat des chrétiens d'Orient, toutes ses prétentions sur les principautés danubiennes, la Turquie et la mer Noire...

Comprenant que ces désastres étaient le résultat de la politique imprudente et du despotisme violent de Nicolas Ier, Alexandre II, le nouveau tsar, jugea que des réformes profondes s'imposaient dans le gouvernement et l'administration de la Russie.

Un grand mouvement libéral entraînait, d'ailleurs, le pays tout entier. « Le cœur tressaille de joie, disaient les journaux d'alors, dans l'attente des grandes réformes sociales qui sont sur le point d'être effectuées, réformes qui donneront pleine satisfaction à l'esprit, aux vœux et aux espérances du public. L'antique harmonie qui, sauf de courtes et exceptionnelles périodes, a toujours existé entre le gouvernement et le peuple, est entièrement rétablie... Nous devons remercier la guerre, qui nous a ouvert les yeux sur les sombres côtés de notre organisation politique et sociale, et c'est notre devoir de profiter de la leçon... Toutes les classes de la nation doivent s'unir pour travailler à son relèvement. La Russie ressemble à un vaisseau échoué, que le capitaine et l'équipage seraient impuissants à dégager seuls; il ne peut être remis à flot que par le reflux tout puissant de la vie nationale. »

La première des réformes accomplies par Alexandre II, et dont toutes les autres dépendaient, fut l'abolition du servage (loi du 19 février-3 mars 1861), l'affranchissement des 48 millions de paysans, qui, jusqu'alors, attachés à la glèbe, étaient considérés comme la *propriété* des seigneurs. Les paysans affranchis furent organisés en communes. Ces communes furent distribuées en groupements, avec un tribunal de justice et une municipalité chargés de veiller aux intérêts communs du groupe.

Ce système d'autonomie rurale bouleversait de fond en comble l'ancienne organisation de la Russie. C'était plus qu'une réforme : c'était une révolution.

D'autres innovations s'ensuivirent. Les provinces étaient divisées en districts. Chaque district eut un CONSEIL, formé de députés élus, tous les trois ans, par les propriétaires fonciers, les communes rurales et les villes. Au-dessus du Conseil de district (*ouièzdnsé zemstvo*) fut institué un CONSEIL GÉNÉRAL (*goubernskoé zemstvo*), qui votait le budget de là province.

L'administration de la justice fut aussi profondément modifiée : à la procédure écrite d'autrefois on substitua les débats publics et contradictoires ; la justice criminelle fut attribuée au jury, les pouvoirs d'instruction judiciaire, qui jusqu'alors appartenaient à la police, attribués à des juges d'instruction.

Les châtiments corporels — depuis longtemps rejetés dans toute l'Europe, et que la Russie seule, à cette époque, pratiquait encore — furent abolis dans l'armée et dans les tribunaux impériaux.

Une certaine liberté, très restreinte encore par les sévérités de la censure préventive, mais réelle cependant, a été accordée à la presse. Grâce à cette liberté relative, la presse périodique a pris un puissant développement. On compte environ cinq cents journaux dont quatre cents en langue russe.

Les lettres russes, illustrées par des écrivains d'une réputation universelle — Tourguenief, Dostoievski, Melnikof, Boborikine, Chtchrédine, Galitsyne, Gorki, Tolstoï, etc. — ont été pendant ces dernières années, d'une fécondité et d'un éclat incomparables.

Enfin, la plus grande partie des barrières élevées jadis par les tsars pour isoler leur empire ont été renversées, et depuis 1860, les étrangers ont acquis en Russie tous les droits civils qui jusqu'alors étaient exclusivement réservés aux nationaux.

A mesure qu'elle s'ouvrait à l'Europe, la Russie subissait davantage l'impulsion qui lui venait des puissances occidentales, et de plus en plus elle était amenée à régler sur elles les directions de sa politique et les progrès de son développement économique et social.

Ce n'est pas seulement d'ailleurs par sa prospérité industrielle et commerciale, l'organisation de l'instruction publique, de l'armée et de la flotte que la Russie se rapproche des autres nations européennes ; c'est aussi par les transformations constantes, insensibles jusqu'en ces dernières années, et qui maintenant éclatent soudain, de son mode de gouvernement. Il est certain que l'autocratie russe — qui apparaît de plus en plus comme un archaïsme dans l'Europe contemporaine — se tempère, s'atténue et tend, par une suite ininterrompue de réformes partielles, dues pour la plupart à l'initiative même du souverain, à adopter les formes constitutionnelles qui sont la caractéristique des Etats modernes.

En même temps qu'elle se modifiait et qu'elle s'organisait, la puissance russe assurait son action en Europe par d'importants traités de commerce avec l'Allemagne, et par un solennel traité d'alliance avec la République française ; en Asie, étendant ses conquêtes, elle faisait échec, au Thibet et en Perse, à la politique d'accaparement de l'Angleterre et portait jusqu'aux bords du Pacifique, dans les profondeurs glacées des solitudes sibériennes, les ressources de la civisation occidentale et les bienfaits d'une religion de pitié et d'humanité.

Avant-garde et rempart de l'Europe en Extrême-Orient, c'est elle qui eut à supporter le premier choc des puissances asiatiques ; c'est contre elle qu'est venue se heurter la première vague de cette invasion jaune, dont l'Europe a été longtemps à sourire, comme d'une extravagante menace, et dont elle commence à redouter la réalité prochaine.

Depuis le 8 février 1904, la Russie, attaquée en Mandchourie par le Japon, est engagée dans une guerre terrible, dont la première phase a été pour elle féconde en revers et en catastrophes ; mais dont l'issue est encore douteuse.

L'anéantissement de l'escadre russe d'Extrême-Orient, la reddition de Port-Arthur après un siège héroïque, un des plus longs qu'on ait vus dans l'histoire, les désastres de Vafangou, de Liao-Yang, de Moukden, l'abandon de Kharbine et la retraite des troupes russes vers le Nord, tels sont les faits qui ont marqué cette première période.

Mais ces échecs n'ont pas abattu la Russie, bien que les nihilistes et les partis d'agitation révolutionnaire, très actifs dans tout l'empire, se soient efforcés de les mettre à profit pour provoquer des troubles sanglants et amener une révolution.

Il est certain que la défaite finale de la Russie pourrait avoir, sur sa situation intérieure, des conséquences immédiates, d'une gravité inquiétante. La nation traverse en ce moment une crise politique et sociale, dont il semble bien que la guerre actuelle doive hâter et, dans une certaine mesure, déterminer le dénouement.

Le développement des sociétés secrètes, les audaces toujours plus grandes de la propagande révolutionnaire, la fréquence des manifestations tumultueuses, des attentats anarchistes, le mécontentement très sensible dans toutes les classes de la société, l'hostilité frondeuse de la jeunesse universitaire, en même temps que l'irrésolution, les hésitations du pouvoir, l'arbitraire et les vices de l'administration, tout dénonce et accuse le malaise dont souffre la Russie, tout fait croire que le mouvement qui l'emporte depuis cinquante ans vers des destinées nouvelles est sur le point de s'achever et de trouver sa formule définitive.

Les destinées de la Russie dépendent du sort de la guerre. L'Europe tout entière est intéressée à son succès. Mais, plus que tout autre nation européenne, la France doit le souhaiter et le désirer, non seulement parce qu'elle est l'alliée de la Russie, mais parce que le triomphe du Japon en Asie serait une menace directe à son domaine colonial d'Indo-Chine, que les Japonais convoitent depuis longtemps, et parce que l'affaiblissement de la Russie en Europe, en même temps qu'elle nous priverait d'un appui, d'un auxiliaire et d'une garantie de paix, laisserait le champ libre aux prétentions de l'impérialisme britannique et de l'hégémonie allemande.

LA TURQUIE

LA TURQUIE

Nous commencerons notre voyage en Turquie par quelques considérations générales sur la population et les mœurs du pays et surtout sur ce qui les inspire : la religion.

I. — LA PRIÈRE.

Tout musulman doit prier au moins cinq fois dans la durée de vingt-quatre heures ; ce n'est pas une obligation pour les femmes.

La première prière est celle du matin ; Adam, disent les musulmans, fit le premier cette prière.

La seconde est celle de midi, c'est la plus importante ; Abraham s'en acquitta le premier.

La troisième, celle de l'après-midi, a eu Jonas pour auteur.

La quatrième est celle du coucher du soleil ; c'est Jésus-Christ qui la fit le premier.

Enfin la cinquième est celle de la nuit ; on la tient de Moïse.

Les prières peuvent se faire en particulier ou en commun, et en tout lieu, excepté dans une synagogue, une église chrétienne, ou sur une place malpropre, à moins qu'on n'étende sous soi un tapis ou une natte.

Il est cependant une prière qui doit toujours se faire en commun : c'est celle du vendredi, qui est pour les musulmans ce que le dimanche est pour les chrétiens.

Tout travail cessant, on se rend à midi dans une mosquée et l'on prie sous la direction d'un *iman* ; on y entend ensuite un sermon prononcé par un *vaez*.

Ce jour de prière publique a été choisi en mémoire de la création du premier homme, qui, d'après la tradition, aurait eu lieu le vendredi.

Le mari est le maître de permettre ou de refuser à la femme d'aller à la mosquée, où elle se place soit dans une place réservée, soit derrière les hommes.

La loi musulmane ne permet pas la prière ou l'exercice d'aucun acte religieux avant qu'on ne se soit préalablement lavé de toute souillure corporelle, afin de ne pas oublier qu'on doit s'adresser à Dieu avec un cœur sincère et dégagé de tout mauvais penchant.

Les ablutions consistent à se laver le visage, les mains jusqu'aux coudes, et les pieds; après quoi, on passe les mains sur les endroits mouillés. A défaut d'eau, lorsque le musulman ne peut s'en procurer, ou lorsqu'il n'a que l'eau nécessaire pour étancher sa soif, il doit se servir de poussière ou de terre sèche dont il enduit sa main qu'il promène sur les parties du corps qui viennent d'être indiquées.

Chaque ablution est accompagnée d'une courte invocation :

En aspirant l'eau par les narines. — O mon Dieu! parfume-moi avec le parfum du paradis, si tu es content de moi.

En se lavant le visage. — O mon Dieu! blanchis mon visage de ta splendeur en ce monde et en l'autre, et au jour du jugement où les visages de tes élus seront blanchis.

En se lavant la main droite. — O mon Dieu! donne au jour du jugement le livre de mes actions à ma main droite, et procède à l'examen de mon compte avec indulgence et faveur.

En se baignant le cou. — O mon Dieu! affranchis mon cou du feu. O mon Dieu! délivre-moi des fers et des chaines.

En se lavant le pied droit. — O mon Dieu! fais que moi, mon père et ma mère, soyons du nombre de ceux dont les pieds seront fermes dans le passage terrible du pont Sirat.

La prière consiste dans le récit de certains passages du Coran et dans diverses attitudes qu'on appelle *rikots*.

La prosternation est une des pratiques essentielles de la prière. Celui qui prie touche la terre avec le front, les paumes des mains appuyées sur le sol de chaque côté de la tête. Pour se prosterner, on dirige les genoux en avant, en les pliant, puis on s'agenouille doucement, et l'on porte le milieu du front sur le sol, comme il vient d'être dit.

Celui qui prie doit se tenir debout, ou rester à genoux en élevant les mains sans les joindre. Il invoque Dieu en montrant, non pas l'extérieur de ses mains, mais l'intérieur; après la prière il passe les deux mains sur son visage.

En priant on doit toujours se tourner du côté de la Kaaba à la Mecque. Il n'en était pas de même au commencement; un verset du Coran disait : « Que Dieu possède le levant et le couchant, et que, quel que soit l'endroit où l'on se tourne, on trouve la face de Dieu. » Par suite, les Arabes se tournaient de tel ou tel autre côté, à leur gré; mais il s'ensuivit des querelles, et Mahomet, abrogeant le verset cause de ces divisions, prescrivit qu'il fallait se tourner vers la Kaaba.

Voici quelques-unes des sentences recommandées par les auteurs religieux :

Lorsque l'un de vous prie Dieu, qu'il ait confiance dans les vœux de son âme.

Lorsque, dans un lieu consacré à la prière, l'un de vous sent l'envie de dormir, qu'il change de place.

Allah ! (Dieu!) — Turc priant.

Lorsque, vous adressant à un juif ou à un chrétien, vous voulez exprimer des vœux favorables, dites : Que Dieu augmente votre bien et fasse prospérer votre enfant !

Répétez souvent la formule : « Il n'y a de force et de puissance qu'en Dieu. » Elle ferme quatre-vingt-dix-neuf issues au mal. La moindre de ces issues est celle d'où vient le souci.

Le chapelet musulman (*tasbih*) est composé de quatre-vingt-dix-neuf grains et d'un grain plus gros que les autres. Sur chacun des premiers, les musulmans récitent un des noms ou attributs de Dieu en un seul mot (ô saint, ô puissant, ô parfait, etc.), et sur le dernier le mot Allah, Dieu.

II. — LE JEÛNE.

Le jeûne est volontaire ou obligatoire.

Le jeûne *volontaire* est celui que l'on s'impose soit par dévotion, soit en cas de succès dans les affaires temporelles. La femme mariée ne peut s'imposer le jeûne qu'avec la permission de son mari

L'hospitalité étant un droit sacré chez les Arabes, ce serait faire injure que de la refuser. Si celui à qui on l'offre déclare qu'il a fait vœu de jeûner, c'est aux personnes qui lui ont offert l'hospitalité de le laisser dans les limites de son vœu, qu'il peut toujours rompre pour cause de maladie ou de voyage, en s'imposant toutefois un autre jour de jeûne.

Le musulman qui néglige de s'acquitter du jeûne volontaire doit non seulement remplacer les jours pendant lesquels il n'observe pas le jeûne, mais en outre donner, pour chaque jour d'infraction, un *moudd* de grains ou de fruits à un malheureux. Le *moudd* est une mesure de capacité contenant, en grains ou en fruits, ce qui est nécessaire pour la nourriture d'une personne en un jour.

Le jeûne obligatoire est celui qui doit s'accomplir pendant tout le mois de ramadan. Aussitôt l'apparition de la nouvelle lune annonçant le commencement de ramadan (car les Arabes suivent les mois lunaires pour la division du temps), tout musulman, homme ou femme, doit se disposer à jeûner.

Le jeûne, soit volontaire, soit obligatoire, consiste à ne prendre aucune boisson, à s'abstenir de priser et de fumer, depuis le moment où l'on peut distinguer un fil blanc d'un fil noir jusqu'après le coucher du soleil.

Les personnes qui sont malades ou qui sont en voyage, et celles pour lesquelles le jeûne serait évidemment nuisible, peuvent le rompre, mais à la charge par elles de remplacer, dans la suite, les jours pendant lesquels elles n'auraient pas observé le jeûne, car « Dieu, dit le Coran, veut vous mettre « à votre aise ; il veut seulement que vous accomplissiez le nombre voulu, et que « vous le glorifiez de ce qu'il vous dirige dans la droite voie ; il veut que vous « soyez reconnaissants »

Celui qui sans motifs bien plausibles enfreint le jeûne de ramadan doit donner pour chaque jour d'infraction, à soixante pauvres ou indigents, chacun un *moudd* de grains ou de fruits ; ou bien il doit, pour toutes les infractions commises pendant le mois de ramadan, jeûner deux mois entiers à la suite l'un de l'autre et sans aucune interruption, c'est-à-dire s'abstenir de manger, de boire, de priser et de fumer ; ou encore il doit affranchir un esclave.

Si l'infracteur n'a eu aucun motif sérieux pour rompre le jeûne, il est, en outre de l'une des peines ci-dessus, ramené à résipiscence et puni par les coups ou par la prison, ou par l'un et l'autre, à moins qu'il ne se repente de la faute qu'il a commise.

III. — LE SALUT.

Les Arabes attachent une grande importance au salut. Celui qui rencontre une personne dans un endroit isolé doit la saluer en disant : Paix sur vous ; elle doit répondre : Et sur vous la paix. Si la personne saluée ne répond pas, c'est un signe qu'elle a des intentions hostiles à l'égard du saluant, et c'est à celui-ci à se mettre sur ses gardes.

IV. — LES CÉRÉMONIES FUNÉRAIRES.

Aussitôt qu'un musulman a fermé les yeux, on le déshabille.

Les musulmans et les Arabes se couchent vêtus de leurs habits. Une natte ou un matelas placé sur le sol leur sert de lit. Il en est même qui couchent par terre, sans natte ni matelas.

On place ensuite le mort tout étendu sur un tapis ou sur une planche, et on le couvre entièrement avec un drap. Une personne lave le corps, soit avec de l'eau froide, soit avec de l'eau chaude, au moyen d'un linge qu'elle passe trois fois, ou cinq fois, ou sept fois, sur tout le corps du défunt. A la dernière lotion, elle aromatise le corps avec du camphre.

Cette opération faite, on met une chemise au mort, on enveloppe sa tête avec un turban si c'est un homme, et avec un voile si c'est une femme, puis on couvre tout le corps avec un suaire.

L'enterrement se fait le jour même du décès, et si la personne est morte pendant la nuit, l'enterrement se fait le lendemain. Le moment de l'inhumation arrivé, le cadavre est placé sur un brancard recouvert d'une pièce d'étoffe de soie, et porté par quatre des personnes réunies pour assister au convoi. Ces personnes, qui comprennent ordinairement les parents et les amis du défunt, accompagnent silencieusement le convoi jusqu'à la mosquée, où l'on récite une prière ; puis elles se dirigent vers le cimetière. Les porteurs, marchant en en tête, sont relevés en chemin par d'autres gens du convoi, ou même par des passants, qui regardent cette corvée comme un acte pieux.

Quand le convoi est arrivé au lieu de sépulture, le cadavre est déposé au bord de la fosse préparée pour le recevoir. C'est là qu'un iman récite une prière funèbre, après laquelle le mort est déposé tout habillé dans la fosse, la tête tournée du côté de la Kaaba.

La profondeur de la fosse est d'un mètre et demi environ. La partie inférieure, où repose le cadavre, est établie en forme de construction murée. Cette construction est recouverte immédiatement avec des pierres plates ; après quoi, l'assistant qui se trouve le plus près de la fosse jette trois fois, à pleines mains, de la terre sur le bord de la fosse, en disant la première fois : « Vous en avez été créé » ; la seconde : « Nous vous y ferons retourner » ; et la troisième : « Nous vous en ferons sortir de nouveau. »

Les autres assistants se hâtent de combler la fosse avec de la terre, et se retirent. Quelques pauvres restent seuls afin de prendre le repas préparé pour ceux qui ont accompagné le convoi.

Si les parents sont un peu aisés, ils font élever sur la fosse un tumulus qui se compose d'une pierre placée sur le sol uni, ou de deux pierres placées verticalement sur lesquelles on fait ordinairement graver la profession de foi : « Il n'y a pas d'autre Dieu que Dieu; Mahomet est l'envoyé de Dieu » ; et le nom du défunt, son âge, l'année de sa mort, avec des invocations pour appeler sur lui la miséricorde divine.

D'après les croyances musulmanes, le défunt qui vient d'être enterré est soumis à un interrogatoire : deux anges, appelés Mounkir et Nakir, qui ont pour mission spéciale d'inspecter les tombeaux, viennent le trouver, le font revenir à la vie, et lui adressent les questions suivantes : « Quel est ton Dieu? ta religion? ton prophète? » Ils l'interrogent ensuite sur ses actions, et d'après ses réponses ils l'envoient au paradis ou à l'enfer.

V. — LE PÈLERINAGE A LA MECQUE.

Le pèlerinage, *el hedj*, est recommandé par le Coran. Il consiste dans la visite du temple de la Kaaba, à la Mecque, temple dont la fondation est attribuée à Abraham. On croit vulgairement que le tombeau du Prophète est suspendu dans la Kaaba. C'est une erreur : ses cendres reposent dans une chapelle de la principale mosquée de Médine.

Tout musulman, homme ou femme, doit, s'il le peut, s'acquitter du pèlerinage une fois dans sa vie. Le pèlerinage peut être fait par un mandataire. Il a lieu tous les ans, pendant les trois mois *choual*, *doulkadeh* ou *doulhidjeh*, appelés pour cela mois sacrés.

Le musulman se prépare au pèlerinage par le recueillement et l'abstinence de tout acte mondain.

La préparation ou plutôt l'entrée en pèlerinage a lieu du moment qu'il met le pied sur le territoire sacré, c'est-à-dire sur le territoire de la Mecque. Il doit alors se purifier et se dépouiller de ses habits pour revêtir l'habit de pèlerin, composé de deux pièces sans couture : l'une couvrant les épaules et le torse, l'autre entourant les reins et enveloppant les hanches jusqu'aux jambes. A partir de ce moment, il laisse croître ses cheveux, sa barbe et ses ongles; il s'abstient de tuer tout animal, tout insecte, même des poux; cependant il peut tuer les animaux féroces, les reptiles et les insectes venimeux qui viennent l'attaquer.

Les pèlerins se réunissent sur le territoire sacré. On voit là souvent une troupe immense de musulmans d'Europe, d'Asie et d'Afrique. D'après Mahomet, Dieu a dit que six cent mille fidèles viendraient tous les ans en pèlerinage, et que si ce nombre n'était pas atteint, il serait complété par des anges.

Deux chameaux dits sacrés font partie de la caravane : l'un, chargé de dons et de présents pour la Kaaba, est envoyé par le sultan de Constantinople; l'autre, venant du Caire, emporte un grand voile brodé en or, aussi pour la Kaaba.

Cette masse d'hommes procède aux cérémonies du pèlerinage sous la direction d'un iman. Les principales consistent à faire sept fois le tour de la Kaaba; à faire une station sur le mont Arafa, à la Mecque, et à faire des promenades dans l'espace qui sépare le mont Safa du mont Meroua, tous deux voisins de la Mecque.

En faisant le tour de la Kaaba, chaque pèlerin baise une pierre noire fixée à l'angle sud-est de ce temple. On prétend que cette pierre a été apportée par Adam sur la terre. Selon les uns, elle était une des perles du paradis; selon les autres, elle était un ange. Cette pierre était blanche, alors, rapporte-t-on, mais les péchés des hommes l'ont rendue noire. On ajoute qu'elle retournera au ciel à la fin du monde, et qu'elle dénoncera tous les hommes morts hors de l'islamisme.

Outre les cérémonies qui viennent d'être rappelées, chaque musulman va boire de l'eau du puits appelée *Zemzem*; l'eau de ce puits a, entre autres vertus, celle de donner la foi. Les musulmans croient qu'il a été percé par l'ange Gabriel en frappant du pied la terre, pour Agar et Ismaël qui, se trouvant seuls près de la Mecque, et brûlant de soif, allaient périr si l'ange Gabriel ne fût venu à leur secours.

On termine par la lapidation du diable, dans un lieu appelé *Akaba*; chaque pèlerin lance sept cailloux en mémoire d'Abraham et par mépris pour le diable, parce que c'est dans cet endroit, dit la tradition, que le diable fut repoussé à coups de pierres par Abraham qu'il voulait tenter, pour l'empêcher de sacrifier Ismaël à Dieu. Lorsque ces cérémonies qui durent quelques jours, sont achevées, le musulman se fait raser les cheveux, se fait la barbe et se coupe les ongles. La femme ne se coupe que l'extrémité des cheveux. Cela fait, le pèlerinage est fini, et chacun peut reprendre le cours des actes ordinaires de la vie.

Quand, en Turquie, un mariage est décidé, c'est ordinairement la mère de la fille qui vient faire la demande aux parents du jeune homme.

Dès que l'on est d'accord sur les principales convenances, la mère annonce tout ce qu'elle fera entrer dans le trousseau : linge, habillements, bijoux. Les parents du jeune homme déclarent ce qu'ils veulent y ajouter et en remettent la somme sans délai.

On fiance les jeunes gens, qui échangent des présents. Le jeune homme donne des bijoux; la jeune fille donne une chemise de soie, un caleçon de soie, deux mouchoirs brodés.

Pendant les trois jours qui précèdent la solennité du mariage, on s'invite à des festins mêlés de danse et de musique.

Les parents et les amis font des présents aux nouveaux mariés.

On offre toujours un mouton au futur époux. C'est un symbole.

Au sortir du bain, la veille du mariage, la fiancée est entourée de femmes qui séparent ses cheveux en une infinité de tresses à chacune desquelles on attache des fils d'or; on décore sa tête de fleurs.

L'iman règle le mariage. Pour la cérémonie, il fait ranger tous les parents sur les sofas en leur prescrivant de tenir leurs mains posées sur leurs genoux. Cet usage a, dit-on, pour but d'empêcher qu'aucun d'eux ne fasse quelque signe cabalistique funeste au bonheur des époux.

A la fois prêtre et notaire, l'iman constate ce que chacun des deux époux apporte en mariage.

On se sépare, mais pour se réunir bientôt après.

L'époux, rentré à son logis, baise la main de l'iman. Puis on lui amène sa femme; il s'élance et l'emporte vivement dans ses bras pour la conduire dans la chambre où sont réunies les femmes.

Quand les assistants sont éloignés, il revient vers sa femme, qui est toute enveloppée d'une tunique de la tête aux pieds.

Une vieille femme les engage à se donner la main et leur fait servir une soupe et une volaille. Ensuite, elle enlève le voile de la mariée, et c'est ordinairement la première fois que le jeune homme voit celle qui vient d'unir son sort au sien.

Il saisit la volaille et la déchire avec ses mains : c'est un symbole de son autorité.

Notre gravure représente le cortège des parents et des amis conduisant la nouvelle mariée à la maison de l'époux.

On est à Péra, auprès du palais des Itchoglans.

Un homme porte un énorme bâton en forme pyramidale, que traversent cinq planches de chacune desquelles descendent de longs fils de clinquant d'or qui figurent des gerbes de blé : c'est un signe de l'abondance qu'on souhaite aux deux époux. Puis viennent deux hommes portant sur la tête de grands plateaux chargés de vases pleins de fleurs. Un bouffon, avec son bonnet pointu, danse et chante des airs en l'honneur de l'hymen : il a en main un mouchoir qu'il secoue, et un caducée dont il agite les grelots. Le personnage suivant conduit le mouton offert à l'époux, et dont les morceaux seront distribués aux pauvres. Puis l'on voit paraître les chevaux chargés du trousseau ; le premier porte les sofas, les coussins ; le second porte deux coffres où sont enfermés les objets d'habillement, par-dessus un tapis et quelques objets de ménage. Deux hommes, armés de sabres et de boucliers, font un grand cliquetis de leurs armes. Les parents et les amis s'avancent à cheval, entourés de le rs gens à pied ; on porte en cet endroit une seconde pyramide de clinquant d'or. Les plus proches parents suivent le char de la mariée, qui est soigneusement fermé ; des treillages grillés, quelquefois recouverts de stores en drap rouge, empêchent de la voir. Un Turc, en général un vieillard respectable, est assis sur le siège du char qu'il mène.

Dans les pays musulmans, presque toutes les tombes se ressemblent ; elles ne diffèrent même que bien peu par leurs inscriptions : ce sont, en effet, de simples indications de la profession exercée par le défunt, ou des surates du Coran. Il ne faut excepter que les espèces de chapelles consacrées à la sépulture des grands.

L'art, comme on sait, est pour ainsi dire immobile dans ses principes chez les Orientaux. Une tombe dressée aujourd'hui est, par sa forme, à bien peu de chose près ce qu'elle eût été au XVI⁰ siècle. Ouvrons nos plus anciens Voyages, et nous verrons que les sépultures des vrais croyants n'ont pas changé depuis trois cents ans. Guillaume Postel, par exemple, l'un des plus célèbres professeurs du Collège de France qu'on fondait alors, habitait Constantinople en l'année 1540, et voici comment ce savant, qui mourut quasi centenaire, décrit les sépultures musulmanes, après avoir raconté en détail les cérémonies funèbres telles qu'elles étaient pratiquées en son temps chez les Orientaux. Nous gardons ici sans les modifier les formes vieillies de langage du naïf historien des Turcs.

« Ils sont tous très portés en une sorte, comme en une huche, un linge dessus, et l'accoustrement de teste sur le bout de devant, pour montrer le sexe et habit... Pour petit d'auctorité qu'eust le deffunct, il a quelque lieu à part, où il eslit sa sépulture, sans aucune bénisson : parquoy à l'entour des grosses villes, tant en Afrique qu'en Asie, tout est plein de sépultures. A celles des riches, il y a, outre le sépulchre, un logis comme une chapelle qui sert d'oratoire et recueil à ceux qui vont prier et manger là avec les pauvres... Aux communes, il n'y a autre qu'une pierre drécée debout, plate ou ronde, de la hauteur de trois ou quatre pieds, où est escrit en lettre arabique le nom et faicts du deffunct. comme

Cortège de Turcs conduisant la nouvelle mariée à son époux

par deçà. Quelques-uns y font paindre un tulband, les autres un cimeterre, les autres une autre chose, selon que quelqu'un s'est meslé en sa vie ; à quelques-uns on plante dessus des rosiers, romarins, myrtilles ou murtie (myrthe) sur la

Tombe musulmane, à Constantinople.

tombe, affin que les passants prenant des bouquets aient souvenir du mort... »

Quoiqu'une foi aveugle persiste dans l'islamisme, bien des coutumes touchantes disparaissent ou sont en décadence. Des versets du Coran sont toujours artistement gravés sur les tombes, de beaux arbustes même les ombragent, selon une coutume empruntée sans doute à la Grèce ; des femmes sont toujours payées pour pleurer le défunt ; l'iman adresse toujours au mort ses conseils suprêmes, il appelle toujours d'une voix forte Mounkir et Nekir, les anges des ténèbres, en remettant à leur garde le vrai croyant : mais les soins matériels qu'exige un cimetière sont fort négligés. Nous lisons, dans une spirituelle narration, ces quelques mots écrits à propos des champs de repos à Constantinople :

« Nous les avons trouvés fort au-dessous de la renommée qu'on leur fait. Deux pierres, ou plutôt deux plaques allongées, reliées entre elles par une plus plate, se dressent à la tête et aux pieds du mort ; au milieu est creusé un petit trou en forme de queue d'aronde. La terre qui le bouche l'empêche habituellement de répondre à sa destination, qui est, je crois, de désaltérer les petits oiseaux. La pierre qui correspond à la tête est surmontée d'un turban sculpté (c'est alors une tombe d'homme, celles des femmes et des enfants en sont dépourvues). Toutes sont couvertes d'inscriptions en relief, coloriées en or sur fond bleu. Rien de plus singulier que l'aspect de ce monde de coiffures, de cette histoire monumentale du turban, auprès duquel le fez moderne fait une figure assez mesquine.

De combien de faits étonnants de la part d'un peuple aussi religieux, n'avons-nous pas été témoins dans le petit champ des morts de Galata, au-dessus de l'Arsenal de marine ! Des chevaux crevés encombrent, infectent les voies les plus passagères, forcent les passants à un détour, jusqu'à ce que la voracité des chiens ait de nouveau rendu la circulation libre. Jetées çà et là, ruinées souvent par la main des hommes, les tombes sont peu respectées ; les femmes s'en servent pour étendre le linge sortant de la lessive. On voit errer sur des tas d'ordures des volailles, quelques vaches maigres qui s'y nourrissent Dieu sait comment. » Nous terminons ici la citation ; les autres détails sont repoussants.

La sortie d'une école turque, représentée par notre gravure, est l'une des plus spirituelles compositions qu'ait produites le pinceau de Decamps. Quelle animation ! quelle vie dans ce groupe de petits écoliers en déroute ! quelle espièglerie sur toutes ces petites faces mutines ! Comme tout cela court, saute, gambade en riant, en criant, en se poussant ! Où la scène se passe-t-elle ? Dans quelque faubourg de Constantinople ou plutôt dans quelque village. C'est l'heure de la sortie de l'école : le muezzin appelant du haut des minarets les fidèles à la prière du soir, n'est pas plus religieusement écouté. L'heure du départ vient donc de sonner, ceci par métaphore, car dans ce pauvre village y a-t-il une horloge, et le maître de cette pauvre école a-t-il jamais eu une montre en sa possession ? Mais qu'importe ? Le déclin du soleil marque le temps écoulé, et le signal est donné. En un clin d'œil toutes ces petites figures blanches, noires, cuivrées, auxquelles l'ennui faisait faire la moue la plus comique, s'éveillent : les livres sont jetés au loin ; on escalade les bancs et les tables ; la porte s'ouvre (pauvre porte journellement soumise aux mêmes assauts), et voilà notre volée d'écoliers qui prennent à la débandade la clef des champs, cherchant à se devancer les uns les autres, tombant et se relevant pour mieux courir, comme une nichée d'oiseaux qui s'échappe d'une cage à tire d'ailes. L'air retentit de leurs cris : sous leurs pieds s'élève un nuage de poussière. C'est en vain que la voix du maître essaie de dominer le tumulte ; elle n'est plus écoutée : le vieillard en est pour ses menaces. Demain, il saura punir les coupables et trouver dans leurs turbans des oreilles à qui parler. Mais de tous ces malins

étourneaux, lequel, par Mahomet! pense au lendemain? Ils sont libres maintenant, et vive la liberté! vive le maïs! et à bas la férule, comme. dirait le gamin
de Paris. Vive surtout l'insouciance du jeune âge! Encore quelques années, et

L'Ecole turque, aquarelle, par Decamps.

il faudra courir les hasards d'une vie aventureuse, tenter le commerce, exercer
quelque dur métier ou s'enrôler dans les troupes du sultan. La bastonnade rem-
placera les corrections du vieux maître d'école, et la croyance à la fatalité jettera
sa froide empreinte sur toutes ces figures aujourd'hui pétillantes de malice et de

gaieté. Qui pourrait prédire le sort auquel sont réservés les enfants qui composent ce groupe? L'un, Klepthe audacieux, s'illustrera par son courage ; l'autre végétera dans quelque obscur emploi du sérail ; celui-ci parviendra aux honneurs, et un lacet terminera sa carrière ambitieuse. Mais pourquoi cette sinistre pensée en présence de tous ces charmants espiègles? Laissons l'avenir au temps qui le recèle. Aujourd'hui tout leur sourit : là classe est finie, et ils ne songent qu'aux plaisirs de leur âge.

Les écoles d'Orient ne sont pas soumises, comme les nôtres, à une haute direction qui détermine les degrés et le mode d'enseignement. Le scheick-el-islam, chef de la religion après le sultan qui en est le pape, est tout naturellement, et sans qu'il s'en doute, le grand-maître de l'université musulmane. Là, il n'y a qu'une science, de même qu'il n'y a qu'un livre : c'est le Coran, et toute la science consiste à savoir le livre et le transcrire. Si vous joignez à cela les premières notions du calcul, quelques vers traditionnels, un conte ou des fables qu'ils apprennent, vous aurez tout le répertoire des connaissances usuelles des musulmans.

Le nombre de ces écoles est considérable ; il y en a plus de trois cents publiques ou particulières à Constantinople, et il n'est pas de village qui n'en compte plusieurs.

Là plupart des écoles doivent leur origine à des fondations pieuses, et il n'y a pas de mosquée qui n'en abrite plusieurs. Il est vrai que leur établissement n'est pas chose ruineuse, tant s'en faut. C'est ordinairement une grande salle voûtée, ou quelquefois une boutique donnant sur la rue, toutes portes ouvertes, sans que la rare curiosité des passants apporte aucune distraction aux élèves. Une natte de jonc couvre le sol ; au mur sont suspendues des tablettes, et parfois un tableau calligraphique où des versets du Coran sont disposés d'une façon symétrique et mystérieuse. Mais c'est un objet de luxe.

Le maître, qui est presque toujours un vieillard, est accroupi dans un coin sur un coussin. L'enfant arrive sans le moindre petit livre sous le bras ; quitte ses babouches sur le seuil, va baiser respectueusement la main du maître, décroche ses tablettes et s'assied par terre en croisant ses jambes. C'est sur ces tablettes préparées que les enfants copient les versets du Coran. Puis ils lisent ou récitent ensemble à haute voix en agitant le haut du corps, ce mouvement étant une des formes respectueuses de la prière musulmane, et cette psalmodie monotone, soutenue par des voix frêles et claires, n'est pas sans quelque charme.

La rétribution mensuelle est fort minime ; elle varie de 20 à 25 centimes de notre monnaie. Le professeur est aux gages de la mosquée ou de la fondation pieuse qui protège l'école, et reçoit environ de 3 à 5 fr. par mois.

Le mode de correction est partout et invariablement le même : ce sont des coups de baguette sur la plante des pieds. Là encore, on peut remarquer un trait qui est commun à l'enfance de tous pays. Que de fois, pendant que l'enfant est couché sur le dos pour recevoir la correction, j'ai vu les deux espiègles qui tiennent les extrémités du bâton à l'aide duquel les pieds du petit coupable sont contenus, avoir peine à comprimer leur envie de rire ou de railler. Il est vrai que cette correction n'est guère plus douloureuse que celle de l'ancienne férule dont plusieurs d'entre nous n'ont pas perdu le souvenir, et c'est bien assez si ce n'est trop.

Les juifs d'Orient sont moins tendres encore ; ils ont conservé les traditions de brutale sévérité de leur législateur. Les professeurs, qui presque toujours sont des rabbins, sont armés du redoutable nerf de bœuf et s'en servent rudement. S'il est vrai qu'on aime d'autant mieux qu'on châtie, ils doivent aimer passionnément leurs élèves. Chez eux, l'éducation se borne à la lecture et à la connaissance des livres et de la langue hébraïques, la seule qu'ils écrivent. Mais les riches ne s'en tiennent pas là, et envoient leurs enfants chez leurs coreligionnaires d'Italie, d'Allemagne ou de France, pour y apprendre les langues européennes et le commerce.

Il n'y a point en Orient d'écoles destinées aux jeunes filles. Aucune femme ne sait lire, et c'est à peine si elles savent coudre.

Ce que nous avons dit des écoles en comprend, il est vrai, la grande généralité; mais on aurait tort d'en conclure qu'il n'y a pas parmi les Orientaux des hommes éminents par le savoir. C'est surtout dans les corporations religieuses que se continuent les traditions du haut enseignement. Mais dans le caractère scientifique des Orientaux se révèle surtout le génie de leur race. La science y est rêveuse, contemplative, patiente, élevée, tandis que chez nous elle est ardente aux recherches, vive, hardie, inquiète, et grosse des découvertes qu'elle doit livrer au monde.

Les Turcs ont un profond éloignement pour les voyages. Ils n'ont voyagé que les armes à la main, jadis, quand ils se faisaient une loi de soumettre à la religion du Coran les peuples étrangers. Maintenant qu'ils ne sont plus en état d'entreprendre une conquête, qu'ils ont bien de la peine à conserver ce qui leur appartient, ils ne demandent qu'à rester paisiblement à leur foyer natal. Ils ne connaissaient point cette curiosité inquiète, ni cet amour de la science, noble mobile de tant de courageuses explorations, ni ce fatal ennui qui conduit inutilement de région en région tant de touristes désœuvrés. Pour le Turc, le monde entier se concentre aux lieux où il a reçu le jour, où il s'est marié, où il gère en paix ses affaires. Il n'ignore pas qu'il y a, par delà les rives de la Méditerranée, de la mer Noire, des peuples industrieux qui parlent une autre langue et professent une autre religion que lui ; mais il ne se soucie point d'aller les chercher sur leurs nuageux parages. Il attend leurs marchands et leurs denrées, nonchalamment assis sur son comptoir, les pieds croisés sur un tapis, et le chibouk à la main. Pour le déterminer à s'éloigner de son bazar, de sa maison, il faut de graves motifs : pour qu'il s'aventure seulement dans l'intérieur de l'empire musulman, il faut une raison de commerce ou une raison de famille déterminante. Et le fait est que la façon de voyager en usage dans ce pays n'est pas encourageante. Là, ni routes, ni voitures publiques, et pas d'autres hôtelleries que les caravansérails, où l'on est tenu d'apporter avec soi son lit et ses provisions ; car le caravansérail n'offre le plus souvent à ceux qui y cherchent un asile nocturne, que ses quatre murailles nues et quelques cruches d'eau. Un homme seul peut encore braver sans trop de crainte toutes ces difficultés ; mais s'il doit emmener avec lui une famille, quelle complication de difficultés ! quelle misère ! Une ruine complète, une persécution redoutable, sont les causes ordinaires d'un tel déplacement. Le pauvre Turc part alors avec son plus proche parent, son frère peut-être ; place sa femme et tout ce qui lui reste de plus précieux sur un chameau, dans une espèce de corbeille vacillante qu'un tapis protège contre l'ardeur du soleil. Il abandonne son cheval

à son compagnon de voyage, et, monté sur un de ces vigoureux ânes d'Orient,
dont nos ânes d'Europe ne sont qu'un grossier simulacre, il guide lui-même,
de concert avec un jeune esclave, le patient animal du désert qui porte toute
sa fortune. Il s'en va ainsi par les campagnes désertes, par les collines arides,

Une famille turque en voyage.

par les sables brûlants. Au lever de l'aurore il est debout, et tout le jour il
continue sa marche pénible, jusqu'à ce que, le soir venu, il s'arrête, s'il ne
trouve pas quelque caravansérail, entre des broussailles où il fera paître son
chameau, où il fera bouillir sur un feu de bruyères une tasse de café pour
son souper ; puis s'endormira sur la terre, la tête enveloppée dans son
manteau. Tandis que, le long de la route, sa femme et sa belle-sœur s'aban-
donnent au balancement régulier de la marche du chameau et se laissent aller
à une douce somnolence, tandis que ses enfants regardent avec de grands
yeux curieux le vaste espace qu'ils vont parcourir, l'humble Turc songe avec
douleur aux lieux qu'il vient de quitter, et avec inquiétude à ceux où il va

chercher un nouveau gîte. Il songe à l'injustice qu'il a subie, à celles qu'il
doit peut-être subir encore ; il élève ses regards vers le ciel, et invoque la
miséricorde, le secours d'Allah. Puisse Allah le protéger et le défendre !

Les portefaix turcs. — Souvent le voyageur nouvellement débarqué
à Constantinople ou à Smyrne, ou dans quelqu'une des Échelles, tandis
qu'il erre parmi ces rues étroites, tortueuses, réceptacle d'immondices de toutes
espèces, qui conduisent du port à l'intérieur de la ville, distrait par cette succession d'objets divers et nou-
veaux pour lui qui passent et
repassent devant ses yeux, entend tout à coup un formidable
cri de *Guarda! Guárda!* retentir
à son oreille. A peine a-t-il le
temps de se ranger contre la
muraille : une file d'hommes à
la stature athlétique, au teint
basané, le visage ruisselant de
sueur, la poitrine et les jambes
nues, un châle roulé autour de
la tête, un autre serrant la taille,
soutenant sur leurs épaules de
longues perches desquelles pendent de lourds ballots ou des
barriques d'une dimension colossale, débouche au pas de course
d'une rue transversale, au milieu
des jurons des passants et des
hurlements des chiens troublés
dans leur *kef*.

Hammal (portefaix turc).

Ces hommes sont les *ham-
mals* ou portefaix de la Turquie.
Ils font partie de cette classe
d'individus appelés *békiars* (céli-
bataires), qui viennent des provinces de l'intérieur, et princi-
palement de l'Anatolie, à Constantinople et dans les Échelles, pour y exercer
toutes sortes de métiers ou d'industries : bateliers, porteurs d'eau, portefaix,
débitants de gâteaux, de sucreries, etc. Au bout de quelques années, lorsqu'à
force de labeurs et d'économie ils ont amassé un petit pécule, la plupart s'en
retournent dans leur pays natal et s'y établissent.

Les hammals de Constantinople sont ordinairement des Turcs ou des
Arméniens de l'Asie Mineure. Leur corporation est une des plus nombreuses
et ne compte pas moins de quatre à cinq mille individus placés sous la surveillance d'un chef (*hammal-bachi*). Ils se tiennent aux abords des échelles de
Topkhané et de Galata ou bien à l'entrée des kans où sont établis les comptoirs
des négociants. C'est de là qu'ils partent, tantôt isolément, pliant sous un
poids de 5 à 6 quintaux, tantôt par troupes de quatre, huit ou seize hommes,

transportant en commun, à l'aide de longues perches, la charge de plusieurs bêtes de somme.

La probité des hammals est plus sûre encore que celle de nos Auvergnats, avec lesquels ils ont une certaine analogie. Chargés presque seuls du transport des ballots de marchandises ou des valeurs des comptoirs de Galata aux navires en partance, il est, je crois, sans exemple, qu'un colis ait jamais manqué à l'appel. Il est vrai qu'ils sont aidés en cela par l'honnêteté proverbiale de la nation. Un négociant de Galata revenait de Stamboul avec un sac de 2.000 piastres. En débarquant à l'échelle de Topkhané, le sac crève, les pièces tombent et s'éparpillent sur le quai ; quelques-unes roulent jusque dans la mer. La foule se précipite ; les *kaïkjis* (bateliers) plongent dans l'eau. Le propriétaire, inquiet, suit tous ces mouvements, puis il se rassure en voyant que de toutes parts les piastres, au fur et à mesure qu'on les ramasse, sont réintégrées dans le sac. Un hammal prend alors le sac, le charge sur ses épaules, et accompagne le négociant jusqu'à sa demeure. Celui-ci, après avoir payé au porteur le prix de sa course, s'empresse de compter les pièces ; il n'en manquait pas une seule.

Les hammals, musulmans ou chrétiens, sont généralement dénués d'instruction. La plupart ne savent point lire. Toutefois, vous ne remarquerez pas chez eux les habitudes grossières ou l'affectation de mauvais ton qui caractérisent trop souvent l'ouvrier et l'artisan de nos grandes villes dont l'esprit est plus cultivé que le leur. Sobres, réservés, leur tenue, comme leur langage, est empreinte de cette dignité native particulière aux Orientaux, et qui, chose étrange ! semble se dégrader à mesure que l'on s'élève des classes inférieures aux classes supérieures de la société.

Les *bachi-bozouqs* sont les soldats irréguliers, ou plutôt les volontaires de la Turquie. Depuis la destruction des janissaires (1826), l'armée ottomane, façonnée et disciplinée à l'européenne, se compose, en temps ordinaire, de deux éléments, l'armée régulière active (*nizam*) et la réserve (*redif*), dont l'organisation se rapproche assez des *landwers* allemandes. A cette armée, qui jusqu'ici ne s'est recrutée que parmi les seuls musulmans, soit que la Porte redoute de confier à ses sujets chrétiens des armes qu'ils pourraient, à un jour donné, tourner contre elle, soit que ceux-ci répugnent en réalité au service militaire, s'ajoute, en temps de guerre, une foule de volontaires, accourus des diverses provinces de l'empire, et principalement de l'Asie, pour combattre contre l'*infidèle*. Etrangers à toute discipline, à toute insubordination ; incapables à la fois de se diriger et d'obéir (d'où leur nom ds *bachi-bozouq* : littéralement, *qui n'a point de tête*, c'est-à-dire *de chef*) ; traînant après eux un splendide attirail d'armes, de pipes, de tapis (pour la prière) et souvent dénués de chaussures ; braves à leur manière et à leur heure, grossiers, ignorants, fanatiques ; nourrissant d'invincibles préjugés contre les troupes régulières, qu'ils accusent d'avoir déserté le véritable esprit de l'islamisme ; voleurs par instinct autant que par nécessité (ils ne touchent pas de solde, et c'est à peine s'ils consentent à recevoir le *taïn*, ou ration de vivres du soldat en campagne) ; pillant et rançonnant les villages par où ils passent, ils rappellent moins encore les compagnies franches du moyen âge que ces premières bandes de croisés qui, sous prétexte qu'elles allaient combattre les musulmans, maltraitaient les chrétiens sur leur route.

Un Bachi-Bozouq.

Forcée de les conserver, du moins provisoirement, la Porte a essayé de leur
donner une sorte d'organisation. Elle en a formé divers corps commandés par
des sous-officiers et des officiers jusqu'au grade de chef de bataillon, et les a
disséminés par petites troupes dans les provinces de la Turquie d'Europe, où les
régiments du nizam étaient insuffisants pour maintenir l'ordre.

***

Le mot chibouck est la véritable dénomination des pipes en Orient; leur longueur varie depuis deux jusqu'à six pieds. Le jasmin, le rosier, le cerisier servent à la confection des tubes. Les chibouks en bois très tendre, sont les plus estimés et les meilleurs. Les Musulmans attachent une grande importance aux pipes ; ils déploient un grand luxe dans l'ornement et la beauté du bouquin (bout qui se met entre les lèvres). Il y en a d'ambre jaune, gris, de corail, de marbre ou d'agate ; les plus communs sont en marbre ou en os ; les plus riches sont couverts d'incrustations d'or, ou peints et émaillés avec goût ; on y remarque d'ordinaire d'élégants rinceaux entrelacés, où des roses et d'autres fleurs se mêlent avec grâce ; on les rehausse même quelquefois de diamants ou autres pierres précieuses.

Dans les divans des personnes aisées, on placé, sous la cheminée des pipes, de petits plateaux de cuivre, fer-blanc ou argent pour éviter de brûler les tapis, et on jette la cendre dans un cabaret de bois uniquement destiné à cet usage. On recouvre les tubes de chiboucks d'étoffes de soie plissées de diverses couleurs, et retenues par des fils d'or; cette couverture se termine par un gros gland d'or ou de soie et or ; quelquefois un tube de vermeil enveloppe le tube de bois.

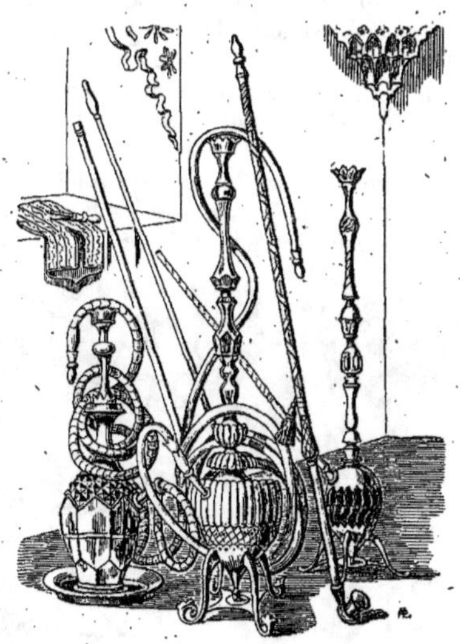

Pipes turques.

En hiver, on fume des pipes de cerisier non recouvertes, pour refroidir la fumée. Il y a des chiboucks de bois très tendre qu'on rafraîchit en soufflant dans une ouverture pratiquée entre les plis du haut de la couverture; par ce moyen, le bois conserve une humidité qui donne de la fraîcheur à la fumée qu'on aspire. Les femmes ont des pipes plus délicates et plus ornées que celles des hommes (on en voit avec de très riches bouquins souvent ornés de corail). Elles fument dans toutes les classes de la société, prétendant par là maintenir leur embonpoint.

J'ai vu de très jolies pipes courtes d'Afrique, recourbées près de la cheminée, et dont le tube d'ébène est couvert d'incrustations d'argent; on les fume en voyageant à cheval ou à chameau. Les cheminées de presque toutes les pipes sont de terre rougeâtre dorée et ciselée avec assez de goût: elles se vendent à aussi bas prix que les pipes de terre blanche en France.

Le narghileh est une pipe persane dans laquelle la fumée traverse l'eau pure ou l'eau de rose. Il est d'un usage presque constant dans la haute société. Le mot arabe *narghileh* signifie noix de coco, à cause du vaisseau en coco renfermant l'eau à travers laquelle passe la fumée. Au milieu et au-dessus de ce coco est planté verticalement un tube de bois ouvragé et de métal ciselé avec goût. Un fourneau en terre percé de trous le surmonte ; on y place le *lumback* (tabac en feuille, spécial pour le narghileh). Un tube de cuir dont l'extrémité est placée dans un côté du coco sert à aspirer la fumée qu'on fait passer d'abord dans la poitrine, puis sortir par le nez en petite quantité pour éviter la toux.

Le *chiché* (ce mot veut dire verre) est aussi un narghileh de la forme d'une carafe ; on en voit ordinairement en cristal plus ou moins bien travaillé ; le goulot se termine par le fourneau ; il n'y a pas de tube vertical ; l'eau est au fond du vase, qui est muni aussi de son long tube de cuir, orné parfois dans toute sa longueur de lanières de drap de couleur. Dans les narghilehs de voyage, la noix de coco a une monture de cuivre comme le dessin l'indique, et finit par une pointe qui se fixe en terre. Lorsqu'on campe dans les villes, on les pose sur un petit trépied pour éviter à la main la peine de tenir le tube vertical.

Pour les Turcs, le bain est à la fois un acte de propreté, un délassement et une partie de plaisir. Les établissements où on le prend ont en partie conservé le caractère des bains antiques. Près de l'entrée est la caisse du malim, qui reçoit en dépôt les objets de valeur appartenant aux personnes qui viennent se baigner. A l'entrée également est le cafetier, dont on aperçoit la petite boutique. Au centre est un bassin avec jet d'eau ; au pourtour s'élève une galerie où les baigneurs quittent leurs vêtements. Lorsqu'on est déshabillé, un garçon de bain vous couvre de serviettes et vous fait chauffer des galoches en bois avant de vous introduire dans une première pièce chauffée pour vous préparer un bain à vapeur. Cette pièce contient un grand lit de camp sur lequel on étend des matelas, et communique d'une part à des cabinets, de l'autre à la salle de bain proprement dite. Cette

Bains turcs. — Salle à température moyenne.

deuxième salle, dans laquelle une vapeur d'eau circule de toutes parts, est éclairée par des verres en lentilles placés dans la voûte. Au centre, est un bassin avec jet d'eau chaude. Dans cette salle, on attend pendant quelques instants que la chaleur ait dilaté la peau, et permette au garçon de bain le frottement qu'il fait avec un gantelet pour nettoyer toutes les parties du corps. Cette opération faite, on passe au savonnage dans un cabinet attenant à la grande salle. Vient ensuite la douche ou grand lavage, pour lequel vous descendez le plus souvent dans un bassin d'eau chaude. Enfin on vous couvre de nouvelles serviettes, et l'on vous conduit dans la salle à température moyenne, où pendant quelque temps vous reposez sur un lit tout en fumant et en prenant une limonade ou du café. C'est alors que vient le coup du massage, qui consiste à palper toutes les parties du corps, à vous retourner en tous sens, et à faire craquer toutes les articulations. Puis, on enlève avec une pierre ponce les durillons des pieds aux personnes qui peuvent supporter le chatouillement qu'occasionne cette opération. Cela fait, on vous reconduit dans la pièce d'entrée, où, couché sur un lit, vous pouvez faire votre *kief*. — Avant de vous habiller, le malim, lorsque vous êtes sur le point de sortir, vous présente un miroir. C'est alors que vous payez votre bain dont le prix est des plus modiques. Les riches paient ordinairement pour les pauvres, qui ne donnent pas plus de cinq à dix paras (5 cent. environ).

Seconde salle. — Bains à vapeur.

Depuis la bataille de Navarin, les Ottomans construisent ou plutôt font construire tous leurs bâtiments de guerre, sans exception, sur le modèle des navires européens. L'ancienne forme ne s'est conservée que pour les petits bateaux qui desservent la circulation des passages dans une ville et pour les embarcations de commerce, particulièrement celles qui font le cabotage. Ces dernières reçoivent assez généralement la dénomination de *caravelles*. Les petits bateaux de passage sont plus connus; ils sont célèbres sous le nom de *caïques*.

Le dessin que nous donnons ici fournit un échantillon de ces deux sortes de navires. On y distingue trois *caravelles*, un *caïque* fort exact, le long de la première caravelle sur le premier plan, et trois petites barques d'une forme assez indécise à l'extrémité gauche.

Une assez grande barque pontée, dont le principal caractère est d'avoir une poupe d'une élévation disproportionnée, telle est la caravelle du milieu, la seule dont le profil se laisse voir en entier. La proue déjà si haute, est encore surmontée par un énorme gouvernail, à la pointe duquel est attachée l'extrémité de la voile soutenue par le mât. S'il fallait comparer à quelque objet cette singulière espèce d'embarcation, ne lui trouverait-on pas une certaine ressemblance avec les babouches turques? chaussure brillante sans doute, mais forme aussi défectueuse pour marcher sur les flots que pour aller vite sur la terre ferme.

Rien, au contraire, n'est mieux combiné pour la rapidité de la marche que la petite chaloupe qui dort à l'ancre sur le premier plan : c'est le vrai caïque de Constantinople, digne rival de la pirogue américaine. Son peu d'élévation au-dessus du niveau de la mer, son étroitesse, sa longueur, l'abaissement de sa proue, l'énorme tampon de bois qui termine l'extrémité supérieure de sa rame, dont

l'extrémité inférieure, celle qui fouette ou qui fend les flots, est évasée, fine et
coupante, tout fait comprendre qu'il doit fuir sous la main du rameur comme le
fer sous le pied d'un patineur habile. Quelle différence avec la caravelle dont la
poupe monstrueuse paralyse à chaque instant la marche !

Karavelles et autres navires turcs.

Et cependant, avant la bataille de Navarin, les vaisseaux de guerre, à part
quelques rares exceptions, étaient construits sur le modèle des caravelles.

A l'heure qu'il est, la Turquie possède une flotte assez nombreuse et presque
redoutable, si l'on ne voit que le matériel et l'apparence, mais, en réalité, peu
puissante par suite de l'infériorité du personnel. A aucune époque, les Turcs
n'ont été bons marins : ce n'est pas maintenant qu'ils le deviendront. En devenant
plus difficile, en s'élevant à la hauteur d'une science, la manœuvre, loin de les
réconcilier avec l'élément liquide, les en dégoûte de plus en plus. Naturelle-

ment brave, mais paresseux aussi par nature, le Turc aime mieux se battre avec le bras qu'avec l'intelligence. La tactique lui déplaît sur le champ de bataille; combien ne le rebute-t-elle pas davantage sur les flots! Saisir son ennemi corps à corps, voilà tout son désir. Nulle part ailleurs que sur mer, il n'est aussi facile d'éviter un engagement direct et de vaincre ses adversaires à distance. Aussi, bien que doués de sobriété, de constance et de courage, n'ont-ils jamais aimé les luttes maritimes.

Et cela est heureux pour la chrétienté; car si les Turcs avaient été aussi bons marins que bons soldats; si leur marine, comme leur armée, avait eu ses janissaires et non pas des pirates, la Méditerranée aurait eu bien plus à souffrir de leur installation à Constantinople. Le même empire possède en effet deux mers intérieures assez vastes pour y créer une marine indépendante des autres pays, à l'abri des attaques du dehors, et pouvant sortir de chez elle pour aller imposer sa prépondérance dans toute la Méditerranée.

CONSTANTINOPLE. — C'est par le récit de la prise de Constantinople que nous aborderons la description de cette ville.

Vers le milieu du quinzième siècle, les Turcs, dans leur mouvement progressif d'invasion, étaient déjà parvenus sur les bords du Bosphore et avaient même pris pied en Europe de ce côté du détroit. En 1451, Mahomet II, fils de Mourad, succéda à son père. Ce jeune prince, âgé seulement de vingt-un ans à l'époque de son avènement, désirant pousser plus loin la conquête, convoitait depuis longtemps Constantinople, et quand la mort de son père vint faire tomber entre ses mains le commandement des forces ottomanes, il n'eut rien de plus pressé que de les diriger vers la somptueuse capitale qu'il voulait arracher à la loi du Christ pour la donner à celle de Mahomet. Au commencement de 1452, il ordonna la construction du château d'Europe, bâti à l'entrée du Bosphore, du même côté que Constantinople, et disposé de manière à fermer le passage qui est en cet endroit très resserré; on donna à ce château le nom terrible et significatif de *Boghazkesen*, c'est-à-dire *coupe-gorge*. Cette forteresse terminée, et toutes les forces nécessaires pour le siège réunies, l'armée ottomane commandée par Mahomet en personne, passa sur la côte d'Europe. La consternation régnait dans la ville. Depuis longtemps on s'attendait à être attaqué, et cependant on n'avait presque rien fait pour la défense. Avant même que le siège ne fût commencé, on avait perdu tout espoir. Il courait dans le peuple de ces prédictions sinistres qui se réalisent presque toujours à coup sûr parce qu'elles suffisent pour enlever le courage. Une prophétie très ancienne disait qu'une nation armée de flèches devait s'emparer du port de Constantinople et exterminer la race grecque. On disait aussi avoir découvert des tablettes écrites par l'empereur Léon le Sage, et sur lesquelles les noms des empereurs de Constantinople se trouvaient écrits d'avance jusqu'à l'empereur actuel, auquel la liste s'interrompait. Enfin, la superstition allait jusqu'à désigner d'avance les portes par lesquelles devait entrer l'ennemi, et on avait eu la précaution de les faire murer. Bref, le peuple grec était démoralisé. Les querelles religieuses entre l'Eglise grecque et l'Eglise latine contribuaient encore à épuiser ses forces en les divisant. Il se trouvait des fanatiques qui proclamaient qu'il valait autant tomber sous

la loi de Mahomet que sous celle de Rome; et lorsque l'ennemi de toute la
chrétienté frappait déjà aux murailles, loin de s'unir contre lui, on ne songeait
encore qu'à se disputer. Du côté des Turcs, les dispositions étaient bien différentes. On ne doutait pas du succès. La croyance populaire ne voulait admettre
que des prophéties favorables. « Ils prendront Constantinople, avait dit Mahomet;
le meilleur prince est celui qui fera cette conquête : la meilleure armée sera la
sienne. » La tradition rapportait aussi cet entretien du prophète avec ses disciples :
« Avez-vous entendu parler d'une ville dont un côté regarde la terre et les deux
autres la mer? — Oui, envoyé de Dieu. — La dernière heure ne viendra point
sans que cette ville ait été conquise par soixante-dix mille fils d'Ishak. En
s'approchant de ses remparts, ils ne combattront point avec leurs armes, mais
avec ces seules paroles : *Il n'y a d'autre Dieu que Dieu, et Dieu est grand.* Alors
un des côtés qui regardent la mer s'écroulera; le second tombera ensuite; enfin
les remparts du côté du continent tomberont aussi, et les vainqueurs y feront
leur entrée. »

Le vendredi après Pâques, 6 avril 1453, Mahomet parut devant la ville et
planta sa tente derrière la colline qui fait face à la porte Caligaria. Son armée
s'élevait à 250.000 hommes; 100.000 hommes de cavalerie occupaient la partie la
plus reculée du camp; 100.000 hommes d'infanterie étaient à l'aile droite; 50 000
à l'aile gauche; le sultan était au centre avec 15.000 janissaires. La flotte,
maîtresse du Bosphore, se composait de 18 bâtiments à trois rangs de rames,
48 à deux rangs, en tout de 420 bâtiments. L'artillerie n'était pas moins formidable. Un fondeur hongrois avait construit un canon de dimensions monstrueuses,
qui chassait des boulets de 1.200 livres. Cette pièce, tout à fait barbare et d'un
fort mauvais service, avait cependant l'avantage de frapper les assiégés de terreur.
On l'avait vue opérer contre des navires dans le Bosphore, et il suffisait d'un seul
boulet pour fracasser un navire et le couler à fond sur le champ. Il y avait en
outre 14 batteries réparties sur la ligne de terre et foudroyant continuellement les
murailles. L'armée des Grecs était bien différente. La force numérique lui manquait autant que la force morale. D'après une liste dressée pendant le siège sur
l'ordre de l'empereur, il n'y avait pas sous les armes 5.000 Grecs. Il y avait de
plus 2.000 étrangers et 4.000 à 5.000 Génois arrivés spontanément dans la ville
comme auxiliaires. Ces forces étaient réparties en douze postes, et ce qui montre
combien l'esprit militaire était tombé chez les Grecs, c'est que deux de ces postes
seulement étaient commandés par des officiers de leur nation. Les dix autres
étaient confiés à la garde d'officiers génois, vénitiens, espagnols, russes et allemands. L'empire grec avili et corrompu semblait abandonné de Dieu et de lui-
même.

Une idée hardie, due au sultan lui-même, contribua puissamment à accélérer
la fin du siège. L'entrée du port était défendue par une énorme chaîne de fer que
l'on tendait d'un rivage à l'autre, et qui empêchait les navires de passer. Mahomet,
malgré cet obstacle, résolut de transporter sa flotte du Bosphore dans le port. Le
trajet par terre, en tournant le faubourg de Galata, était de deux lieues. Une
route couverte de madriers et enduite de graisse fut préparée sur toute cette
distance, et soixante-dix vaisseaux à deux rangs de rames, quelques-uns à trois et
cinq rangs, furent en une seule nuit conduits à travers collines et vallées jusque
dans le port. Cette marche de la flotte fut triomphale. Sur chaque navire le capitaine était à l'avant, le pilote à l'arrière, les voiles déployées, et les trompettes

sonnaient. Le soleil levant montra aux assiégés la flotte ennemie transportée comme par miracle sous les murailles du port et essayant déjà les effets de sa formidable artillerie.

Enfin, les murailles ayant été ouvertes à coups de canon en un nombre de points suffisants, le 24 mai, Mahomet fit proclamer qu'un assaut général serait donné le 29. Cette proclamation fut accueillie avec enthousiasme. Les derviches parcouraient le camp en conjurant les musulmans au nom du Prophète de planter le drapeau du croissant sur les créneaux des infidèles. A la nuit, les trompettes donnèrent le signal d'une illumination générale. Toutes les tentes, le long du Bosphore et sur les hauteurs de Galata, furent en un instant couvertes de lumière; la flotte s'éclaira pareillement, et les assiégés ainsi entourés d'un cercle de lumière purent croire qu'un vaste incendie couvrait les eaux et les vaisseaux de leurs ennemis. Mais les chants et les danses des derviches leur apprirent bientôt que les Turcs ne songeaient qu'à célébrer d'avance leur victoire. D'un bout à l'autre de la ligne on n'entendait retentir que le fameux cri de triomphe : « Il n'y a de dieu que Dieu, et Mahomet est son prophète! » L'intérieur de la ville présentait un spectacle bien différent. On y était dans le désespoir. Les habitants couraient pêle-mêle se prosterner aux pieds de la Vierge, ayant déjà perdu toute confiance qu'elle dût les secourir. On se confessait comme à l'instant de la mort. Les chants lugubres du *Kyrie eleison* répondaient seuls aux chants superbes et pleins d'allégresse des assiégeants. L'empereur suivi des grands de la cour se rendit en cérémonie à l'église de Sainte-Sophie : il y fit pénitence publique et y reçut la communion au milieu d'une foule immense qui éclatait en sanglots. Ensuite, il monta à cheval et parcourut tous les postes en exhortant chacun à bien faire son devoir. Au point du jour l'assaut commença, et s'étendit en un clin d'œil sur toute la ligne, du côté de la terre et du côté du port. Cependant les Grecs opposaient une bonne résistance, lorsque malheureusement quelques Turcs s'étant introduits dans la ville par une porte mal gardée, vinrent les attaquer par derrière. L'effroi se mit aussitôt dans leurs rangs, et les assiégeants profitant de l'hésitation entrèrent alors à grands flots de tous côtés. L'empereur se précipita au devant d'eux en invoquant la mort. « N'y aura-t-il pas un chrétien pour me donner la mort? » s'écriait-il. Dans ce moment, il reçut deux coups de sabre et tomba parmi les morts. Les habitants s'étaient précipités en foule vers le port dont l'ennemi n'était pas encore maître; mais l'entrée étant trop étroite pour la masse, un très petit nombre put s'y réfugier. Les soldats d'ailleurs, songeant à leur salut, fermèrent les portes et en jetèrent les clefs à la mer. Les fuyards se portèrent alors à l'église Sainte-Sophie et s'y entassèrent pêle-mêle, espérant toujours un miracle. « Mais aucun miracle, dit un historien, ne devait sauver l'empire. » Les portes furent enfoncées à coups de hache; les Turcs se répandirent dans les rues comme un torrent, et le pillage commença, pillage que rien ne put arrêter, ni les sanglots des femmes et des jeunes filles, ni les cris des enfants, ni les imprécations des blessés. Il n'y avait pas de frein pour les soldats enivrés par la victoire. La jeunesse, la beauté, la fortune décidaient seules du choix qu'ils faisaient au milieu de ces créatures tremblantes devenues leur proie par le droit de la guerre. Les prisonniers, sans distinction de sexe et de rang, furent attachés deux à deux avec des cordes, les femmes liées avec leurs ceintures ou leurs voiles. Les temples du Seigneur eurent bientôt leur tour. Les tableaux des saints furent arrachés des murs et mis en lambeaux; les vases sacrés enlevés ou détruits; les habits sacerdotaux changés en housses de chevaux; le crucifix promené avec un turban de janissaire; les autels profanés : quelques-uns s'en servirent comme de tables à manger, d'autres en firent des lits, ou les transformèrent en râteliers pour leurs chevaux. Ainsi, s'écrie un écrivain contemporain, fut accomplie cette parole du prophète Amos : « Je me vengerai des autels de Béthel; les cornes de la table des sacrifices seront jetés à terre; le palais à créneaux sera renversé; les habitations d'ivoire seront anéanties et beaucoup d'autres avec elles; que le bruit de vos cantiques s'éloigne de moi; la fin de mon peuple est arrivée; je ne différerai plus son châtiment, et ce jour-là les voûtes des temples retentiront de hurlements. »

Le siège avait duré cinquante-trois jours. Mahomet fit une entrée triomphale dans la ville. Arrivé devant l'église Sainte-Sophie, il ne put retenir son admiration à la vue des richesses qu'elle contenait. En descendant de la coupole, il aperçut un soldat occupé à arracher les dalles de marbre du parvis; il le frappa de son cimeterre en disant : « Ce n'est que le butin que je vous ai abandonné, mais les édifices m'appartiennent. » Il ordonna alors aux muezzins d'appeler les fidèles à la prière; et donnant lui-même l'exemple, il monta sur l'autel et pria. Après ces actions de grâces, il fit chercher l'empereur; on trouva sous un monceau de cadavres son corps que l'on reconnut à ses brodequins de pourpre semés d'aigles d'or. On lui coupa la tête, et on l'apporta au sultan : il la fit exposer sous les pieds du cheval de la statue équestre de Justinien. Le troisième jour après la prise de la ville, Mahomet donna ses ordres pour le départ de la flotte, et elle se remit en mer chargée de butin et de prisonniers. Les Turcs s'occupèrent alors à repeupler la ville et à s'y établir solidement. Leur empire avait enfin trouvé une capitale digne de lui. Assiégée sept fois par les Arabes et cinq fois par les Turcs, cette ville avait, jusqu'à cette dernière épreuve, toujours résisté. Du reste, les Turcs eux-mêmes sont sous le coup d'une ancienne prophétie qui avait déjà cours du temps des Grecs, et qui dit qu'un jour les Latins entreront dans Constantinople par la porte Dorée et y restitueront le culte de leur Dieu. Les Grecs avaient fait murer cette porte fatale, et depuis lors elle est restée fermée. Les Latins la rouvriront-ils un jour?

Cette ville magnifique fut fondée environ 600 ans avant l'ère chrétienne par Pausanias, roi de Lacédémone, qui lui donna le nom de *Byzance*. Constantin, sous le règne duquel cessèrent les persécutions contre les chrétiens, lui donna son nom, et y établit le siège de l'empire d'Orient au commencement du IVe siècle. Les Français s'en emparèrent en 1204, et les Grecs la reprirent en 1261. Mahomet II, comme nous venons de le raconter, en chassa les Grecs l'an 1453, et en fit le siège de son empire. Les Turcs lui donnent le nom de *Stamboul*.

L'emplacement qu'occupe Constantinople semble avoir été marqué par la nature pour l'établissement d'une ville de premier ordre; elle s'élève en triple amphithéâtre sur un promontoire triangulaire, défendu par un bras de mer étroit, et qui s'élargit insensiblement dans la direction de l'Asie, dont il n'est séparé, à son point le plus rapproché, que par un canal étroit. Un bateau peut faire ce trajet en moins d'un quart d'heure, et communiquer ainsi d'Europe en Asie. Ce détroit, que les anciens appelaient le Bosphore, parce qu'un bœuf pouvait le traverser à la nage, coule, dans un espace d'environ six lieues, entre la mer Noire et la mer de Marmara. Ses bords offrent le spectacle le plus varié et

le plus pittoresque ; il fait un coude en entrant dans la mer de Marmara, enveloppe Constantinople, et forme, par une de ses branches qui plonge dans les
terres, le port appelé la *Corne d'or*, qui sépare la ville proprement dite des faubourgs de Galata et de Péra.

Ce port est par sa situation et son développement un des plus beaux du
monde, et convient à la capitale de l'Europe et de l'Asie centrales. La ville
forme un triangle, dont deux côtés sont baignés par la mer de Marmara et

Vue de Constantinople.

les eaux de la *Corne d'or*, tandis que la base qui tient au continent européen présente un plateau élevé, dont quelques inégalités rompent seules la
surface.

Le terrain de Constantinople consiste en collines à pente insensible, qui
s'élèvent graduellement du côté du continent, tandis qu'elles déclinent dans la
direction du sérail placé à la pointe du triangle entre la rade et la mer. Les
Romains, en souvenir des sept collines sur lesquelles Rome était bâtie, appelèrent aussi Constantinople la ville aux sept collines, comme pour l'associer à la
puissance de la capitale de l'empire d'Occident ; cependant cette dénomination
manque de justesse, car si l'on ne considère que les collines sensiblement prononcées, il y en a moins de sept, et si on les compte toutes, le nombre en est
plus considérable. Le point culminant de la première colline, à partir du sommet du triangle, est occupé par le sérail ou palais du sultan. Derrière ce palais,
et sur le revers de la pente, s'élève le dôme de Sainte-Sophie. La seconde colline est couronnée par la mosquée d'Osman, dont le dôme frappe par sa hardiesse et sa hauteur. La mosquée de Soliman, plus grande encore, domine la

troisième ; un ancien aqueduc, dont les arches hardies produisent un effet magnifique, réunit la troisième à la quatrième. Sur le point le plus élevé de la chaîne des collines, les sultans ont fait construire une tour élevée où une garde veille sans cesse, pour signaler les incendies qui se manifestent fréquemment dans cette cité dont toutes les maisons sont en bois.

Quoique la principale rue de Constantinople, qui part du sérail et traverse la ville, ne soit interrompue que de loin en loin, les maisons sont en général séparées les unes des autres par des espaces nus ou par des jardins, des arbres, d'anciennes ruines, et par des mosquées isolées dont les minarets, élancés comme des flèches et d'une blancheur éclatante, contribuent puissamment à la beauté de l'aspect.

La situation de Constantinople sur les hauteurs contribue à sa salubrité. Ouverte aux brises qui soufflent du Bosphore, de la mer de Marmara et des plaines de la Thrace, elle est nettoyée par les eaux de pluie qui descendent des collines et qui balaient les immondices ; cependant elle est souvent exposée à la peste.

Constantinople est entourée de murailles flanquées de tours ; ces murailles et ces tours, du côté de la mer de Marmara et du port, où jadis leur utilité, comme défense, était peu sensible, sont dans un état de dégradation complète. Dans plusieurs endroits, elles ont même entièrement disparu ; mais du côté du continent, où elles étaient essentielles, Constantinople présente une triple ligne de murailles anciennes, extrêmement fortes, et qu'il serait facile de réparer. Sur quelques points, ces constructions en parties dégradées offrent des ruines pittoresques d'un effet unique. La longueur de cette ligne, depuis le fond du port jusqu'aux sept tours, est d'environ une lieue et demie.

Suivant les calculs les plus exacts, la population de Constantinople, est de huit à neuf cent mille âmes. Quelle que soit la direction que l'on ait suivie pour se rendre à Constantinople, soit que l'on arrive par les Dardanelles et la mer de Marmara, soit qu'on descende le Bosphore en sortant de la mer Noire, ou qu'on ait traversé les plaines de la Thrace ; soit enfin qu'on vienne de descendre les rivages montueux de l'Asie, et que l'on s'y rende par Galata, cette ville se présente aux regards comme la reine des cités ; mais rien n'égale la beauté du point de vue dont on jouit lorsqu'on arrive en descendant le Bosphore.

Quand on examine sa situation, on comprend aisément combien il serait avantageux pour les Russes d'en faire l'entrepôt de leur commerce méridional, dont tous les produits pourraient facilement se transporter de l'intérieur de leur empire dans la Méditerranée. Aussi, depuis Pierre le Grand, les czars visent-ils constamment à ce but ; mais l'intérêt des autres nations de l'Europe s'y oppose. C'est l'objet de l'éternelle question d'Orient.

Constantinople est une proie que toutes les puissances européennes — la Russie, l'Autriche et l'Angleterre surtout — convoitent. Napoléon en rêvait la conquête. Il disait que le maître de Constantinople serait le maître du monde.

Les rues de la capitale de l'empire ottoman sont tristes, tortueuses, grimpantes, mal pavées, sales, et, par surcroît, encombrées d'une multitude de chiens errants qui vous poursuivent de leurs aboiements infernaux, lorsqu'ils ne vous déchirent pas de leurs morsures.

Ce qui rend les rues de Constantinople si tristes, c'est d'abord l'absence de boutiques ; tous les corps de métiers sont concentrés dans des quartiers à part ;

c'est ensuite, c'est surtout la forme et la distribution des maisons turques. Faites pour les mystères du harem et de la vie domestique, ces maisons ne sont pas sans de nombreuses fenêtres; mais comme ces fenêtres, d'où l'on voit sans être vu, sont masquées par des grillages de bois dont la jalousie orientale a serré le tissu presqu'autant que celui d'une dentelle, jamais il n'y paraît une figure humaine. Et si par hasard la grille s'abaisse, c'est pour montrer une tête monotone à longue barbe et coiffée d'un mâle turban, l'appartement des femmes étant tourné dans le sens contraire et n'ayant vue que sur un jardin bien clos, quand il a vue sur quelque chose. Pour porte, une issue étroite qui ne s'ouvre jamais complètement, et qu'aussitôt entr'ouverte referme avec précipitation le maître du logis ou un gardien payé pour être fidèle, et dont la moindre trahison est punie de mort.

Telles sont les maisons musulmanes, voilées pour ainsi dire comme les femmes turques, et tellement silencieuses, qu'il n'en sort jamais le moindre bruit de joie ou de tristesse; je me trompe, il s'en échappe de temps à autre des cris plaintifs; ce sont les gémissements de l'esclave que bat quelquefois dans sa colère le seigneur dont il est devenu, pour quelques pièces de monnaie, la chose vivante.

Il y a loin, comme on voit, des rues de Constantinople à celles de Paris si animées, si vivantes, avec leurs magasins enrichis d'autant de glaces et de dorures que des salons, trop richement décorés peut-être dans l'intérêt de l'acheteur et du vendeur. Constantinople n'est pas moins une des plus belles villes de l'univers; mais tous ses charmes, elle en est redevable à la nature. L'art et et l'homme, qui ont tant fait pour Paris, n'ont presque rien tenté pour elle. Aucune de ses rues n'était sérieusement carrossable il y a cinquante ans, et le sultan Mahmoud a dû s'armer de toute son énergie pour en faire paver deux d'une façon à peu près régulière. Là chaussée n'est labourée que par des arabas, manière de charrettes traînées par des bœufs, que stimule à grand'peine avec la pointe de son bâton un conducteur à pied. De rares voitures suspendues, restes dédaignés de nos carrossiers d'Europe, essaient de circuler avec leurs promeneurs à moitié rompus par la fréquence et la dureté des cahots.

Quant à la propreté de la ville, les chiens seuls sont chargés d'y pourvoir; et si le sol, qui toujours monte ou baisse, n'était sans cesse balayé par le vent et assez souvent lavé par la pluie, le séjour en deviendrait insupportable. Aussi dit-on qu'il faut voir Constantinople de loin, mais ne pas se risquer dans son enceinte. Prenant ce proverbe un peu trop à la lettre, un gentleman anglais vint exprès sur son yacht des eaux bourbeuses de la Tamise dans les flots d'azur du Bosphore, et après avoir rangé la double côte que prolonge dans la mer le triangle sur lequel est assis Stamboul, ouvrit de nouveau sa voile aux vents et et cingla vers Londres sans avoir mis pied à terre.

Si le fait est réel comme le prétendent les habitants de Constantinople, et comme peut le faire supposer d'une part l'excentricité britannique, et de l'autre la peur de la peste, le gentleman anglais eut tort à notre avis. S'il avait eu un peu moins de crédulité ou un peu plus de courage, à côté des vilaines choses que nous n'avons pas déguisées, il en aurait vu de fort belles. Par exemple des mosquées d'un style à moitié byzantin, à moitié arabe, mais qui méritent d'être observées de près pour la finesse de certains détails, et dans lesquelles il est nécessaire d'entrer pour admirer l'union de la simplicité et du grandiose ; Sainte-Sophie, construite par les Grecs et dignement appréciée par les Turcs, et dont la voûte légère et comme suspendue par miracle, est comparable même à celle de Michel-Ange ; tout près de chaque mosquée, des *turbé*, chapelles sépulcrales à jour que distinguent une majesté et une légèreté déli-

Une rue de Constantinople.

cieuses, espèces de volières où semblent errer les âmes des morts au-dessus de leurs tombes ; partout des palais originaux et des fontaines de toutes sortes avec des grillages de fer doré ou des ornements de porcelaine de mille couleurs, mettant leurs eaux à l'abri des ardeurs du soleil sous les vastes chapeaux chinois qui les surmontent, rappelant l'origine asiatique des Osmanlis. Il n'est pas jusqu'à ces maisons, dont le mystère attriste les rues, qui ne plaisent aussi par le caprice de leur construction et les saillies, éclairées ou dans l'ombre, de leurs angles multipliés à plaisir. Enfin l'irrégularité même des rues donne à la ville cette variété devenue si rare dans nos grandes cités, sur lesquelles tant d'exigences ont passé leur niveau.

La gravure que nous donnons représente un groupe de Turcs occupés à fumer à la porte d'un café, dans une rue de Constantinople ; elle laisse voir la silhouette inachevée d'une maison, les pignons et les grillages de quelques autres, et trois des inévitables chiens qui se reposent sur le pavé raboteux de leur habitation en plein air. Ce que dit le vieux Turc, assis, contre l'usage, ordinaire ,dans un fauteuil, et que paraissent écouter ses trois voisins, nous ne saurions le préciser ; mais voici un trait qui le fera pressentir.

Nouvellement débarqués à Constantinople et ne comprenant pas encore la langue turque, nous entrons un jour dans un café avec notre interprète. Deux Turcs vénérables, accroupis sur un sofa, savouraient leurs pipes, et échangeaient, entre deux bouffées, des paroles prononcées d'un ton grave et majestueux. La noblesse de leur maintien, la pureté de leur accent, mais surtout une mâle et sévère gravité, fixaient vivement notre attention. Ce que disaient ces deux vieillards devait être bien beau, car leurs traits respiraient la convenance la plus parfaite, et leurs manières une dignité exquise. Nous prions notre drogman de nous le répéter. Pour toute réponse, il nous regarde en riant et continue d'aspirer son narguilé. Enfin, pressé de s'expliquer, il nous dit : « Eh bien ! je vais vous traduire littéralement leur conversation. Après avoir échangé les salamaleks d'usage, le vieux Turc au turban vert et à la pelisse rouge, celui qui est en face de vous et qui est un émir, c'est-à-dire un parent du prophète, dit à son voisin au turban blanc et à la pelisse verte, qui est un uléma, c'est-à-dire un membre de la magistrature :

— « Effendi, le poisson est bien cher depuis quelques jours.

— « Vous avez raison, effendi, répondit l'uléma.

— « Effendi, reprit le parent du prophète, pourquoi le poisson est-il si cher depuis quelques jours ?

— « Je ne sais pas au juste, effendi, répliqua l'uléma ; c'est probablement parce que le temps aura été contraire à la pêche.

— « Hélas! effendi, croiriez-vous qu'hier j'ai payé six piastres un poisson qui, la veille, ne m'en avait coûté qu'une.

« — Hélas! hélas ! et moi, effendi, je l'ai payé sept piastres. »

Le reste du dialogue était de la même force. Dans la suite nous eûmes occasion de nous convaincre par nous-mêmes que notre drogman ne nous avait pas trompés. Avec une longue barbe et sous des dehors virils et majestueux, les Turcs sont des enfants. Leur empire s'en va comme il y a quatre siècles s'en allait celui des Grecs. Ils ne discutent pas comme ces derniers, mais ils fument et se demandent avec un aplomb imperturbable le prix du poisson.

A Constantinople, ainsi que nous l'avons dit, et d'ailleurs comme dans toutes les villes turques, les rues se trouvent en si mauvais état qu'elles ne sont pour ainsi dire pas praticables. La meilleure voie de communication dans la capitale de l'empire ottoman, c'est la mer ; autant les caïques turcs ont de la supériorité sur nos bateaux de rivière, autant les voitures de Constantinople sont inférieures aux nôtres.

Notre dessin représente la voiture nationale par excellence, l'*araba*. C'est une charrette traînée par des bœufs qu'aiguillonne un conducteur à pied, armé d'un bâton ferré ; ce genre de voiture est presque exclusivement réservé aux femmes. La caisse est en bois enrichi de sculptures qui sont quelquefois dorées. Les femmes s'y tiennent couchées plutôt qu'assises sur des coussins moelleux. La voiture est recouverte par une tenture d'étoffe de couleur. Avant le règne du sultan Mahmoud, ou plutôt avant la réforme, les intervalles que l'on voit entre les piliers de bois qui supportent la tenture étaient remplis par un léger grillage en bois qui dérobait les femmes aux regards du public, sans les empêcher de voir.

L'araba est aussi une sorte d'omnibus qui peut contenir dix ou douze personnes. Il sert à transporter les habitants de Constantinople dans les divers quartiers éloignés de la ville ou dans ses environs. Il est couvert en cintre, comme on croit que l'était le char des flamines, prêtres de Rome (on voit un de ces chars figuré sur une médaille du temps de Néron); ce cintre surmonte aussi les voitures fermées, analogues à l'araba, qui servent à transporter les femmes du harem aux mosquées ou à la campagne. A l'araba, la courbe, établie en toile fixée à des cercles, vient s'appuyer contre les parois du chariot, et descend jusqu'à son plancher. Les deux côtés de la voiture sont

L'Araba, voiture des femmes turques.

formés d'une menuiserie solide, couverte d'ornements gracieux sculptés et peints avec goût ; la dorure enrichit quelquefois aussi certains détails délicats. Ces ornements se reproduisent à l'intérieur du char, jusqu'au plancher sur lequel les voyageurs sont assis à la manière orientale, c'est-à-dire sans sièges ni bancs ; une natte, un tapis, posés au fond, en forment le seul ameublement. Une petite échelle fort incommode placée à l'arrière de la voiture, et qui se relève pendant la marche, est le seul moyen offert aux voyageurs pour gagner leurs places.

Aucun ressort ou appareil de suspension n'est disposé pour rendre moins fatigantes les secousses occasionnées par le mouvement ; le plancher, assemblé dans les deux pièces de bois longitudinales sur lesquelles descendent les parois, est consolidé par des traverses, et porté à ses extrémités par deux fortes planches posées verticalement sur les essieux des roues et découpées en consoles gracieuses dont l'ornementation se répand sur toute la partie antérieure de la planche ; le train de devant est lié à celui de derrière par une pièce horizontale sur laquelle s'opère tout le tirage, lequel est facilité encore et consolidé par deux tringles de fer, placées du milieu de cette pièce à l'arrière du plancher. La disposition du train de devant est telle qu'on ne peut faire tourner le chariot.

La flèche d'attelage est fixée au premier essieu et à la planche horizontale qui le relie au second ; elle est mobile et peut se relever ou s'abattre à volonté ; de riches découpures et des feuillages sculptés et peints ornent les extrémités de cette flèche, dont la partie antérieure porte une espèce de longue console dans laquelle sont pratiqués quatre ou cinq trous ronds reproduits à l'extrémité

de la flèche, servant à placer de fortes chevilles en fer sur lesquelles
s'opère tout le tirage ; c'est à cette partie de la flèche que l'on fixe le joug au
moyen duquel on attèle par les cornes les deux bœufs qui traînent le
chariot ; sur ce joug sont plantées deux perches qui portent sept ou huit cordons
de soie ou de laine rouge ornés de trois glands de même nuance. Pendant la
marche, cette décoration des animaux est très pittoresque ; son effet est de
relier l'attelage aux riches couleurs des vêtements des hommes et des femmes
placés dans le chariot, et de former des lignes courbes et ondulées depuis la
tête des animaux jusqu'à l'avant de la voiture.

On reconnaît, à la disposition de ce chariot, combien l'industrie des Turcs
est restée stationnaire. Les mœurs de ce peuple ne lui ont pas permis d'aller

Araba, omnibus de Constantinople.

au delà des essais de l'antiquité et du moyen âge. A ce point de vue l'Orient
offre un grand intérêt, parce qu'on y rencontre à chaque pas quelque souvenir
de l'industrie antique, comme on y retrouve dans les mœurs de nombreuses
traces de la vie que menaient les premiers peuples.

Les caïques, ou bateaux turcs, sont conduits par des hommes formant une
corporation particulière.

Les caïdjis sont généralement de très beaux hommes, unissant une grande
force à beaucoup d'agilité, un peu amaigris par l'état de transpiration naturelle
dans lequel ils vivent, sans que leurs traits laissent paraître aucune trace de
souffrance ; habituellement réfléchis, mais plutôt gais que tristes ; sobres, braves,
et pas querelleurs, si ce n'est quelquefois par hasard pour arracher une pièce
de plus à un passager peu généreux.

Ils forment une corporation nombreuse, qui a ses chefs, son conseil municipal, ses statuts, ses lois et ses coutumes. A chaque échelle réside un kiahia

(batelier maître), chargé de défendre leurs droits, de mettre des bornes à leurs exigences, de punir leurs infractions, en un mot, un capitaine du port remplissant tour à tour les fonctions de commissaire de police et de juge de paix ; conciliateur quand on l'écoute ou qu'il est de bonne humeur ; mais armé d'un bâton et sachant en faire usage, si le caïdji se montre récalcitrant, ou si lui-même est en proie à quelque contrariété domestique. Comme tout fonctionnaire asiatique, le kiahia jouit d'une autorité sans bornes, dont il fait le plus souvent un usage paternel, mais dont il abuse aussi de temps à autre pour augmenter ses profits ; d'ailleurs dévoué à ses camarades, bienveillant pour le public et naturellement brave homme, il est la providence du débarcadère.

Les caïdjis des grandes maisons, bien habillés et bien nourris, ont un salaire suffisant pour entretenir leur famille et mettre de côté quelques épargnes. Le prix auquel la course est taxée permet aux caïdjis de louage de gagner une trentaine de piastres par jour, environ sept francs, somme avec laquelle ils vivent dans l'aisance, font vivre leurs femmes et leurs enfants, et se ménagent des ressources pour la vieillesse ; quelques-uns trouvent encore le moyen d'acheter une esclave. Dans la belle saison, et à Constantinople la belle saison dure presque dix mois, ils font des journées de dix à quinze francs. Lorsque le bateau leur appartient, c'est un bénéfice à peu près net, car les droits à acquitter sont peu de chose, et, dans ce pays barbare, on ignore toujours l'invention des impôts indirects qui ont pris chez nous une si grande extension. On voit donc que le métier de batelier à Constantinople est plus lucratif que beaucoup d'états plus relevés à Paris. Aussi les caïdjis sont-ils très jaloux de leurs privilèges, et le sultan Mahmoud avait-il encouru les disgrâces de l'impopularité pour avoir osé, en dépit de leurs réclamations, jeter un pont de bois entre les deux rives de Galata et de Stamboul. Ce malheureux pont flottant, d'ailleurs si léger, si gracieux et si nécessaire, puisqu'il sépare l'arsenal du reste du port, a rendu bien des partisans à l'ancien régime, et réveillé dans bien des cœurs le vieux levain janissaire.

Les caïdjis ont encore une aversion plus prononcée pour les bateaux à vapeur que pour les ponts. En effet, les ponts diminuent seulement le nombre des passagers, tandis que les bateaux à vapeur, empiétant sur les attributions des caïdjis, sont pour leur corporation des concurrents d'autant plus redoutables qu'ils rament eux-mêmes, et avec une force et une rapidité qui défie toute puissance humaine. Une compagnie anglaise ayant obtenu du sultan Mahmoud la permission d'établir un service de bateaux à vapeur sur le Bosphore, les caïdjis s'opposèrent à la marche des nouveaux navires, menacèrent de les incendier si on ne se hâtait de révoquer la concession, et, en attendant, s'ingénièrent d'attacher avec des câbles les roues de ces *caïques de feu*, tel est le nom qu'ils leur donnent. Le gouvernement turc comprit ce qu'il y avait de sacré dans les plaintes d'un si grand nombre d'hommes menacés dans leur existence et il eut le bon esprit de céder.

Les qualités dominantes chez les caïdjis sont : le courage, la persévérance, la sobriété, l'économie, la résignation, un certain esprit de sociabilité, et des manières affables ; cette prévenance, mais aussi cette fierté de l'homme qui, tout en ayant besoin des autres pour vivre, ne compte cependant que sur son travail ; l'amour de la liberté, une vive admiration pour toutes les grandes scènes de la nature, un fond de loyauté et de religion. Aussi bien que leurs qualités, leurs défauts sont un mélange de ceux de l'agriculteur et du marin : rien n'égale leur ignorance et leur superstition; toujours en mouvement comme le navigateur, ils ont néanmoins cela de commun avec le paysan, qu'ils ne connaissent pour la plupart que le lieu qui les a vus naître. Ennemis de tout changement par insouciance autant que par système, ils agissent comme agissaient leurs pères; la routine est devenue leur philosophie; dénués de tout esprit d'intrigue, ils ne manquent pas de cette finesse qui se gagne dans le commerce des hommes; habitués à lutter contre les flots et les vents, ces deux grandes forces de la nature, ils redoutent peu la puissance humaine, qu'ils voient si souvent échouer contre la tempête.

Tels sont les principaux traits par lesquels les caïdjis de Constantinople se ressemblent; mais leur grande famille offre aussi de nombreuses variétés. Ainsi les bateliers des caïques à plusieurs paires de rames ont une allure plus militaire, comme il convient à des hommes exercés aux manœuvres d'ensemble et soumis aux lois de la discipline. Ceux des caïques à une paire de rames, au contraire, ont plus d'abandon et de bonhomie. Du plus loin qu'ils vous aperçoivent, ils vous appellent en criant : « *Capitan, capitan, bana-bak* : Capitaine, capitaine, regarde-moi. » Si vous hésitez, ils ajoutent : « Capitaine, viens à moi ; mes bras sont de fer, mon caïque est léger comme un oiseau. » Ne tardez pas à jeter votre dévolu, car il viendra une nuée de caïdjis autour de vous ; celui-ci vous tirant par un bras, celui-là par l'autre, un troisième par votre habit ; tous parlant ensemble, vous accablant de politesses et vous empêchant de faire un pas. En pareille circonstance, il faut pour se tirer d'embarras s'adresser au kiahia, qui les écarte avec sa baguette et vous conduit lui-même au caïque du plus adroit ou du plus ancien, suivant que vous avez besoin d'un bon rameur ou d'un homme de confiance. Lorsque le kiahia a désigné le bienheureux, tous se taisent et se retirent en applaudissant à son choix.

Le mieux, lorsqu'on s'embarque souvent, c'est de prendre toujours le même caïdji. A votre arrivée, il vous fait du coin de l'œil un petit signe d'intelligence, et pendant que les autres se fatiguent à vous vanter leur talent et la supériorité de leur caïque, lui prépare le sien en souriant, l'amène à l'échelle, vous accueille gracieusement à son bord, puis, se hâtant de donner le premier coup de rames, il file en disant d'un air de triomphe à ses camarades : « *Bou, bénim muchtéri!* Celui-là, c'est mon hôte! » Après cela, il redevient grave, et c'est à vous d'obéir à son commandement, lorsque vous étant allongé dans le caïque, il vous fait signe de ne pas remuer ainsi, ou vous ordonne d'appuyer tantôt à droite, tantôt à gauche, jusqu'à ce qu'il ait trouvé le point d'équilibre, qui doit le plus favoriser la marche de la nacelle. S'il se trompe tant pis pour vous; d'un mouvement de tête impérieux, il vous avertira qu'il faut vous déranger de nouveau. Une fois bien aligné, parlez, fumez, riez, chantez si bon vous semble, mais ne bougez pas : la moindre secousse agite tellement la frêle embarcation que le contre-coup se fait sentir à la main qui tient la rame, et lui cause quelquefois une vive douleur. Le caïdji ne redeviendra aimable que lorsque toutes ses mesures seront prises, et que, tout en ramant tantôt d'une main, tantôt de l'autre, il aura ôté successivement son turban, sa veste dorée et ses bas. Alors il vous dira : *Ei mi, capitan?* (Est-ce bien capitan ?) Il liera conversation; voudra savoir s'il y a en Europe une ville aussi belle que Constantinople, si le sultan des Français a d'aussi beaux caïques que le Grand Seigneur : si la mer est aussi bleue à Paris que dans le Bosphore, et une foule d'autres choses du même genre.

Naturellement questionneur, il aime peu à répondre aux questions qu'on lui adresse. Lui demandez-vous si la journée sera belle, il répond : *Bil men* (je ne sais pas); ou bien, poussé dans ses derniers retranchements, il se risque à dire : *Allah bilir* (Dieu le sait.) Avec son Dieu le sait, il ne redoute aucune indiscrétion, surtout en matière politique. — Le sultan est-il aimé de son peuple, caïdji ? — Dieu le sait. — Croyez-vous qu'il lui soit sincèrement dévoué ? — Dieu le sait. — Mais enfin, pensez-vous que les Turcs ne se révolteront pas un jour ? — Dieu le sait. Il faut qu'il ait une bien grande confiance en vous pour répondre : *Ich Allah* ! (plaise à Dieu !). C'est que le massacre des janissaires est toujours présent à sa mémoire, et qu'il n'ignore pas qu'en Orient les têtes ne tiennent pas bien sur les épaules. Mais, direz-vous, lorsqu'il s'il s'agit de savoir si la journée sera belle, pourquoi répondre encore : Je n'en sais rien, ou Dieu le sait? — Pourquoi? Parce que tout musulman, et particulièrement tout caïdji est imbu de la doctrine du fatalisme; parce qu'il se croirait impie s'il se permettait de lire dans les signes extérieurs que la Providence étale cependant avec complaisance aux yeux du marin, pour qu'il puisse présager le calme ou la tempête. Le despotisme est tellement dans les mœurs des Orientaux, qu'ils font de Dieu lui-même un despote, et qu'ils s'imaginent que, pour le plaisir de manifester son omnipotence, il changerait tout à coup le beau temps en pluie, s'ils osaient, après avoir observé l'état du ciel, émettre une opinion quelconque. Il en est beaucoup qui poussent cette disposition si loin, qu'à leurs yeux les horloges et les montres sont une invention du diable; ceux-là, quand un chrétien, leur voyant une montre, a la naïveté de leur demander quelle heure il est, répondent pieusement : Dieu le sait ! (*Allah bilir* !) Si donc vous tenez à causer avec votre caïdji, évitez tout ce qui touche à la politique et à la religion ; n'entâmez pas non plus le chapitre des mœurs des peuples musulmans, il se croirait insulté. Parlez-lui des usages des nations chrétiennes, il vous suivra avec plaisir sur ce terrain ; il ne manquera pas de rire à chaque malice que vous lui direz, et il vous étonnera plus d'une fois par le bon sens, la finesse et l'esprit de ses réparties. Il deviendra liant, familier, mais cependant avec de meilleures manières, sans jamais dépasser les bornes du respect, sans jamais se manquer à lui-même : cette supériorité vient en grande partie de ce qu'il ne fait pas usage de boissons spiritueuses; l'éducation religieuse y est aussi pour beaucoup; en aucune occasion, son métier de caïdji ne lui fera oublier qu'il est homme, qu'il est mahométan. Au terme de la traversée, s'il vous chicane sur le prix convenu, dites-lui sans colère, et plutôt avec une froideur dédaigneuse : « Je croyais les mahométans des hommes droits (*doghrou adamlar*) ». Tout à coup ses exigences ridicules feront place à des dispositions honnêtes; sa dignité d'homme a repris le dessus.

Nous nous sommes trop longuement étendus sur le compte des bateliers turcs pour parler en détail des bateliers grecs, des bateliers arméniens et des bateliers juifs; nous nous bornerons à dire un mot des uns et des autres. Les caïdjis grecs ne le cèdent en rien aux turcs pour la force et la souplesse ; ils leur sont infiniment supérieurs pour l'intelligence et l'audace : les caïdjis turcs ne sont que de bons bateliers; les caïdjis grecs sont de véritables marins. Les Turcs n'aiment que médiocrement la mer, et ne luttent guère contre elle qu'avec la rame ; ils se font bateliers parce qu'ils y trouvent du profit ; mais ils se ressentent toujours de leur origine de nomades, et ils n'ont de solidité que sur la terre ferme. Les Grecs, vrais fils de Neptune, semblent nés pour glisser sur les flots, et préfèrent la voile qui demande de l'intelligence à la rame qui n'occupe que les bras. Aussitôt que la brise commence à souffler, le batelier grec hisse le mât et déploie les ailes du caïque ; plus le vent fraîchit et devient impétueux, plus il lui offre de voile ; l'œil tantôt sur le ciel, tantôt sur les vagues, il se sert d'une de ses rames en guise de gouvernail, et dirige avec orgueil la course aventureuse de sa nacelle, qui semble toujours prête à s'abîmer et qui surnage toujours. Quant aux caïdjis arméniens et aux caïdjis juifs de Constantinople, aussi timides que maladroits, ils ne peuvent supporter en rien la comparaison avec les Turcs et les Grecs ; ils ne sont ni rameurs, ni marins.

Sainte-Sophie. — Étudier Sainte-Sophie, c'est apprendre à connaître tous les monuments de l'art religieux byzantin, dont cette basilique est le type le plus riche, le plus complet et le plus grandiose.

Sainte-Sophie est orientée d'après le rite grec, c'est-à-dire avec le chevet du côté de l'orient et les portes du côté de l'occident. Cette orientation existe, du reste, pour toutes les églises du moyen âge ; une idée religieuse s'y rattache : on voulait que le prêtre, à l'autel, fût tourné du côté de Jérusalem, du côté du tombeau du Christ. Depuis, cette règle a été souvent oubliée par les architectes modernes. Sainte-Clotilde, à Paris, a sa façade au nord ; la Trinité a sa façade au sud.

La basilique de Justinien présentait dans son plan général la figure d'un carré long. En arrivant du côté de la façade occidentale, on rencontrait d'abord un *atrium*, ou cour rectangulaire, avec des portiques tout autour, et au milieu un bassin d'où jaillissait un jet d'eau. Ce bassin servait aux ablutions des pieds, du visage et des mains. Venait ensuite un grand vestibule répondant au *pronaos* des temples païens. Ce vestibule, dans les édifices chrétiens, était simple ordinairement : on l'appelait *narthex*. A Sainte-Sophie, il était double. On nommait naturellement *exonarthex* (narthex extérieur) le narthex qui ouvrait sur l'atrium, et *esonarthex* (narthex intérieur) le narthex qui se trouvait entre le précédent et l'intérieur de l'église. C'est dans l'exonarthex que les fidèles déposaient leurs chaussures ; cette salle était construite en briques et sans ornements. L'esonarthex avait un soubassement de marbre et une voûte ornée de mosaïques, dont l'une représentait l'archange saint Michel faisant la garde, son épée nue à la main.

Neuf portes conduisaient de l'esonarthex dans la nef et les bas côtés de l'église. Ces portes étaient enrichies d'ivoire, d'ambre et d'argent.

L'église proprement dite est, à peu de chose près, un carré parfait : 81 mètres de long sur 69 mètres de large. Elle est divisée en trois par la nef du milieu et deux bas côtés latéraux. Au milieu de la grande nef, c'est-à-dire au centre du carré, s'élève la coupole. Cette coupole repose sur quatre grands arcs dont les extrémités s'appuient sur des piliers. Les quatre angles curvilignes qui se trouvent entre les quatre arcs font quatre pendentifs, et transforment par conséquent le plan carré déterminé par les piliers en un plan circulaire sur lequel porte la coupole. Le plan de la nef a l'aspect d'une ellipse. Chacune des

Vue intérieure de Sainte-Sophie.

à Constantinople.

demi-coupoles donne naissance à deux autres demi-coupoles plus petites, soutenues par des colonnes. Cette superposition de coupoles, qui, par suite de l'agencement des arcs, font l'effet de se tenir sans points d'appui, donne à la grande coupole centrale une légèreté inimaginable. Elle semble littéralement suspendue dans les airs.

A la suite d'un tremblement de terre, ce dôme s'écroula en partie. L'empereur Justin ordonna de le reconstruire. Toutes les précautions furent prises. On se servit encore de briques de Rhodes, comme solides et légères à la fois. Les échafaudages ne furent enlevés qu'au bout d'un an, quand le travail fut achevé, afin que le mortier eût tout le temps de sécher. Quand il fallut enlever toutes ces poutres, on alla même jusqu'à transformer l'église en un vaste bassin, que l'on remplit d'eau à la hauteur de quatre aunes, de façon que les grosses pièces de bois, en tombant, ne pussent causer d'ébranlement au sol. On renforça aussi les quatre gros piliers du centre par d'énormes murs qui les soutenaient latéralement.

La nef destinée aux fidèles partait de l'esonarthex et dépassait un peu le point correspondant au centre du dôme. Le pavé était en marbre vert, aux veines ondoyantes, et de manière à simuler quatre fleuves. Au milieu de la coupole était une gigantesque image en mosaïque du Père éternel. Les pendentifs étaient également décorés de figures représentant les apôtres, disent les uns, des chérubins, disent les autres. A la base de cette coupole régnait une corniche de marbre blanc, d'où partaient des nervures aboutissant au centre du dôme. La coupole était percée de quarante-quatre fenêtres cintrées et couverte de lames de plomb primitivement dorées.

Les bas côtés étaient séparés de la nef par de grosses colonnes. Sur ces colonnes s'appuyaient des arcs en cintre, aux archivoltes ornées de feuillages. Les chapiteaux et tailloirs n'appartenaient à aucun ordre, et, comme silhouette, offraient des lignes un peu massives ; mais les feuillages, les moulures, les croix, les inscriptions qui les garnissaient leur donnaient un caractère particulier, que l'on retrouve, du reste, dans les chapiteaux de l'architecture appelée romane. Ces bas côtés étaient divisés, dans le sens de la longueur, en trois compartiments, communiquant entre eux par de grands arcs et formant des chapelles. A droite et à gauche du dôme, des portiques coupaient ces mêmes bas côtés perpendiculairement à leur axe. Ces deux portiques conduisaient au *gynæconitès* (tribune des femmes), où il y avait également des places pour les catéchumènes. Le gynæconitès était une longue galerie construite au-dessus des bas côtés. Nos gravures peuvent faire très bien comprendre cette disposition des lieux. Les deux galeries du gynæconitès faisaient un angle en retour à leur extrémité occidentale et se trouvaient reliées par une troisième galerie ménagée au-dessus de l'esonarthex.

Les bas côtés étaient éclairés par des fenêtres cintrées garnies de vitraux. Les fenêtres du gynæconitès étaient plus grandes, et fermées en bas par des lames de talc en pierre spéculaire, et en haut par des vitraux. Au bout des bas côtés se trouvaient, à gauche, la place des empereurs, et à droite, celle des impératrices.

Au delà du dôme, à l'entrée de la demi-coupole qui précédait le sanctuaire, s'élevait l'*ambon* (pupitre, chaire). Il était fait de marbre précieux, et surmonté d'un dais en dôme, soutenu par des colonnes dorées. Au sommet du dais se

dressait une croix d'or constellée de perles fines. Derrière l'ambon était un
espace libre, et au bout de cet espace se trouvait le sanctuaire ou *béma*. Ce sanctuaire était protegé par un mur en bois de cèdre, divisé par douze colonnes
accouplées et revêtues d'argent. Des médaillons représentant la Vierge, les
apôtres, les prophètes et le Christ, et des monogrammes de Justinien et de
Théodora, complétaient la décoration. Trois portes fermées avec des voiles d'une
grande richesse servaient à pénétrer de la nef dans le sanctuaire.

Le sanctuaire s'arrondissait en hémicycle, et se terminait en haut par un
enfoncement en quart de sphère, à la façon des autres demi-coupoles : c'est la
voûte que l'on trouve plus tard fréquemment dans les chapelles absidales
des églises romanes. Ce sanctuaire était éclairé par trois fenêtres qui rece-
vaient les premiers rayons du soleil levant. Les légendes racontent que
Justinien, dans son plan, avait d'abord marqué une seule fenêtre pour l'abside,
puis qu'il se décida à en mettre deux ; mais qu'au moment où on allait suivre
ces dernières indications, un ange, vêtu de la pourpre impériale, apparut aux
architectes et leur dit : « Je vous ordonne d'éclairer l'autel par trois fenêtres, en
l'honneur du Père, du Fils et du Saint-Esprit. »

La table de l'autel était faite, disait-on, d'un mélange de perles et de
diamants, d'or et d'argent, de fer et de platine, fondus ensemble. Tous les autres
objets du sanctuaire, colonnes, arcs, petites coupoles faisant dais, ciborium,
fleurs de lis, globe, croix, trône du patriarche et sièges des prêtres, étaient en or
ou en argent doré.

Cela peut donner une idée de la richesse éblouissante que devait offrir
Sainte-Sophie sous les empereurs grecs.

Au quinzième siècle, toute cette splendeur, toutes ces merveilles devinrent
la proie des Barbares. De tout l'empire d'Orient il ne restait plus que Constantinople. Mahomet II finit par s'en emparer ; et quand ses hordes victorieuses se
furent répandues comme un torrent dans les rues de la ville, lui, le chef triom-
phant, arriva devant les portes du temple chrétien. Alors, dans son arrogance
musulmane, il lança son cheval à travers la nef remplie de fidèles, effrayés
et suppliants, et les foula sous les sabots sanglants de son coursier.
Puis, parvenu jusque devant l'autel, il sauta à bas, et proclama la victoire de
l'islamisme en criant de sa voix puissante : « Dieu est la lumière du ciel et de
la terre ! »

Voilà l'histoire.

Voici la légende. Elle est trop belle et trop poétique pour ne pas être
racontée.

Lorsque les bandes des Barbares forcèrent les portes de Sainte-Sophie, un
prêtre était à l'autel et y célébrait la messe. Ni les hurlements féroces des
Turcs, ni les clameurs d'épouvante de la foule écrasée et massacrée, ni le bruit
sacrilège des sabots des chevaux retentissant sur les dalles saintes, ne troublèrent
le calme du prêtre. Seulement, pour que l'auguste sacrifice ne fût pas souillé,
il l'interrompit, et, prenant les vases sacrés, se dirigea d'un pas grave et
solennel vers une porte pratiquée dans une des galeries latérales. Les soldats
allaient l'atteindre ; les cimeterres étaient levés, lorsqu'il disparut par la porte,
qui se trouva tout à coup miraculeusement fermée par un mur de pierre
impénétrable.

Quelquefois, continue la légende, on entend de vagues bruissements, semblables à de lointaines psalmodies, sortir des profondeurs de la muraille ; c'est le prêtre qui continue s s prières. Et quand Sainte-Sophie sera rendue au culte chrétien, la muraille s'ouvrira d'elle-même, et le prêtre, sortant de sa retraite mystérieuse, viendra, de son même pas impassible et solennel, achever à l'autel la messe commencée il y a plus de quatre cents ans...

Aujourd'hui Sainte-Sophie est bien changée. Le plan primitif, dont l'ensemble majestueux se déployait autrefois, disparaît au milieu d'un chaos de bâtisses difformes et parasites qui enserrent et étouffent l'édifice, et en détruisent les lignes. Les murailles ébranlées par les tremblements de terre avaient été déjà bien transformées, grâce aux énormes contreforts, nécessaires du reste, construits par les ordres d'Amurat III. Mais ce que l'on en voyait encore est de nos jours complètement masqué ou défiguré par des échoppes, des boutiques, des bains, des écoles, des tombeaux. Nous avons d'ailleurs dans nos pays chrétiens plus d'une cathédrale admirable dont le pied et les flancs sont ainsi cachés par des baraques grossières, et dont les fenêtres aux délicieuses sculptures disparaissent çà et là derrière les masures qui remplissent l'intervalle des contreforts.

Aux quatre coins s'élèvent quatre minarets d'un caractère médiocre, et entre les minarets apparaît la coupole de Justin, plus aplatie que celle de Justinien, et encore alourdie par tout ce qui l'entoure. L'impression première de tous les voyageurs à la vue du dehors de Sainte-Sophie se traduit par le même mot : déception. Heureusement, le dedans, malgré tous les changements et toutes les mutilations qu'on lui a fait subir, a gardé ses grandes lignes et sa beauté d'ensemble.

L'effet, quand on entre, est tout d'abord du genre de celui qu'on éprouve en pénétrant sous les voûtes de Saint-Marc, à Venise. C'est la même école et le même style : la différence est du petit au grand, ou plutôt au colossal, à l'immense.

N'y cherchez pourtant plus les riches ornements et les splendeurs du passé. L'islamisme a beaucoup enlevé et beaucoup détruit. Les mosaïques à fond d'or et leurs saintes images ont disparu sous une couche de badigeon périodiquement et impitoyablement renouvelée, et, comme si ce n'était pas assez, on les arrache morceau à morceau pour les vendre aux étrangers. Des quatre gigantesques chérubins des pendentifs, il ne reste que les ailes ; les figures ont disparu sous une large rosace d'or ; la religion mahométane proscrit tout ce qui est reproduction de la figure humaine. Au fond du sanctuaire, l'image colossale de la *Sainte-Sagesse* a été badigeonnée ; on aperçoit encore confusément des lignes que la chaux n'a pu complètement recouvrir, mais c'est tout.

Les statues ont été enlevées. L'autel, fait de ce métal étrange et précieux dont nous avons parlé, a été enlevé aussi et remplacé par une dalle de marbre rouge, orientée dans la direction de la Mecque. Au-dessus pend un objet sacré pour les musulmans : c'est un des quatre tapis sur lesquels s'agenouillait le prophète pour faire sa prière.

D'immenses disques verts, sont suspendus aux murs : ce sont les présents de différents sultans. Ils portent écrits en gigantesques lettres d'or des versets du Coran ou des maximes pieuses.

On voit aussi, adossée à un des piliers qui supportent les pendentifs, la chaire du haut de laquelle le mufti lit le Coran tous les vendredis. Il y monte, le livre saint d'une main et le sabre de l'autre, toujours en souvenir de la conquête.

On arrive à la chaire par un étroit escalier, roide comme une échelle, et dont les deux balustrades sont découpées à jour comme une fine dentelle.

En face de la chaire, de l'autre côté de l'hémicycle, se trouve une tribune soutenue par des colonnes et garnie de grillages d'or : c'est la place du sultan quand il vient à la mosquée.

Les belles dalles de marbre, semblables à des fleuves figés, disparaissent en été sous des nattes de jonc, en hiver sous des tapis. Ces nattes ou tapis sont posés dans la direction de la Mecque, et forment de grandes lignes obliques d'un singulier effet quand on les rapporte aux lignes architecturales de l'édifice.

Les milliers de lampes et de candélabres précieux qui formaient jadis un « océan de feu » n'y sont plus pour toutes sortes de raisons. A leur place se trouvent des cordons attachés à la voûte, auxquels pendent des houppes de soie et des œufs d'autruche. Ils descendent jusqu'à une dizaine de pieds du sol, et soutiennent des cercles de fil de fer garnis d'une couronne de veilleuses en façon de lustre. Dans la plupart des mosquées on trouve cet objet avec les mêmes houppes et les mêmes œufs d'autruche.

Du reste, le mobilier des temples musulmans en général et de Sainte-Sophie en particulier se réduit à peu de chose : des inscriptions, une chaire, des nattes ; des pupitres, comme ceux de nos cartons à gravures, dispersés çà et là et portant des manuscrits du Coran ; des plates-formes élevées sur des colonnes de marbre précieux, garnies de garde-fous à jours et disposées à chaque point d'intersection des nefs. Voilà tout ce qu'on trouve, tout ce qui est permis.

Inutile de dire que les chapelles des bas côtés ne sont plus des chapelles ; mais ce qui est plus étrange, c'est l'usage qu'on en fait. Les musulmans qui partent pour un voyage ou qui craignent les voleurs à domicile font transporter dans ces galeries latérales à la grande nef leurs valeurs ou objets précieux et les mettent sous la garde de Dieu ; et, chose curieuse, pour ne pas dire incroyable, il y a là des richesses considérables à peine enfermées dans des malles ou dans des sacs, et personne n'ose y toucher.

Vers le milieu du siècle dernier, Sainte-Sophie ébranlée, fatiguée, lézardée, menaçait de s'affaisser sur elle-même. Un architecte de talent et d'audace, par des constructions et substructions nouvelles, par des crampons, des armatures et de puissants anneaux de fer, reconsolida les murailles et raffermit les piliers de la vieille basilique. En exécutant ces travaux, il eut besoin et envie de laver les mosaïques primitives de leur couche de chaux ; mais avant de les recouvrir, comme le veut la loi, il les copia avec le plus grand soin. Cette copie a permis de reproduire et de répandre d'autres copies de ces œuvres, si importantes dans l'histoire de l'art, et qu'une circonstance exceptionnelle a fait sortir de la nuit où elles étaient depuis des siècles. Ces mosaïques sont celles de la grande coupole et des demi-coupoles de la nef. Quant aux autres qui se trouvaient sur les parties inférieures de l'édifice, elles sont dégradées, arrachées et vendues tous les jours pièce à pièce aux touristes.

Quoi qu'il en soit, badigeonnée, dépouillée, mutilée, la basilique de Sainte-

Sophie est encore une des plus merveilleuses choses qu'il y ait au monde.
Montez aux galeries supérieures ; que votre regard, après s'être envolé
jusqu'au sommet de ces dômes majestueux, s'abaisse vers cette nef immense
aux colonnes du jaspe et de porphyre, aux piliers gigantesques, alors vous
sentirez l'idée du grandiose et l'émotion de l'infini envahir votre âme, « avec
la coupole inouïe de hardiesse au-dessus de vous, et au-dessous de vous
l'abîme clair et paisible. »

Les *Mosquées* sont les temples des musulmans ; les tourelles élancées qui
s'élèvent à côté des dômes de ces édifices religieux se nomment *minarets* (en
arabe *signal* ou *fanal*), et c'est du haut des galeries formant comme les

Mosquée d'Achmet.

anneaux de ces doigts qui montrent
le ciel, suivant une expression de
Wordsworth, que cinq fois par
jour, la voix grave et mélancolique
du *muezzin* fait entendre au loin
l'*ezann*, chant solennel qui appelle
à prier Dieu, non seulement les
fidèles croyants, mais toutes les
nations de la terre.

Sainte-Sophie, à Constantinople, est la mosquée la plus célèbre, parce qu'elle a servi de type à
toutes les autres. Mais la mosquée
du sultan Achmet Ier dont nous donnons le plan, pris à vol d'oiseau,
est beaucoup plus remarquable. Ce
monument, d'une magnificence
merveilleuse, a été construit en
1610. Achmet était si impatient de
le voir terminer, que, tous les vendredis, il travaillait lui-même avec les ouvriers.
La mosquée est accompagnée de six minarets d'une extrême hauteur et d'une
grande beauté ; ils sont entourés de trois galeries dans le style maure, et terminés
par des aiguilles. La grande cour d'entrée est environnée d'une colonnade en
marbre et en porphyre. Au milieu de la cour est une fontaine de marbre ; les portes
en sont de cuivre travaillé. Intérieurement les murs sont peints à fresque ;
on y voit suspendues des tables dorées où sont des inscriptions arabes.
Le dôme est supporté par quatre grands pilastres cannelés et partagés
dans leur milieu par une astragale ; quatre grands demi-dômes sont liés avec
le dôme central, et dans les quatre coins de l'édifice il y a autant de
petites coupoles ; enfin les fenêtres sont faites de verres colorés en petit
compartiments très riches, qui ne laissent pénétrer dans le temple qu'une
transparence mystérieuse.

Au fond de ce golfe célèbre que sa forme et la richesse de ses rives ont
fait appeler la *Corne d'or*, on aperçoit une gracieuse mosquée et un vaste cimetière où la blancheur des tombes contraste avec la verdure des cyprès. Cette
mosquée est située à l'extrémité du port de Constantinople, dans un faubourg qui
porte son nom. On sait qu'Eyoub (Job) était le compagnon et le porte-étendard

La Mosquée d'Eyoub, à Constantinople.

de Mahomet II, qu'il périt en 668, lors des premières attaques contre Byzance; et que son cadavre ayant été retrouvé, Mahomet II fit élever cette mosquée pour y déposer ses restes et honorer sa mémoire.

Aucun édifice religieux n'est plus vénéré dans la capitale de l'empire ottoman. Les sultans, lorsqu'ils montent sur le trône, viennent y faire consacrer leurs pouvoirs : c'est le cheik des Mowlewis (derviches tourneurs) qui les ceint du sabre d'Osman, et nul chrétien, même avec un firman, n'a le droit d'y pénétrer.

La mosquée d'Eyoub est d'une architecture très élégante : elle est construite en marbre blanc. C'est une jolie coupole, avec un grand nombre de coupoles plus petites et de demi-coupoles. Un magnifique bouquet d'arbres l'entoure, et au-dessus sont deux minarets à galeries.

Dans l'enceinte sacrée s'élève un platane gigantesque. A l'ouest, dans une cour plantée d'arbres, on voit le tombeau d'Eyoub : c'est un kiosque autour duquel sont des lampes perpétuellement allumées.

Le champ des morts qui environne la mosquée est d'une rare beauté. Les tombes sont très riches, enfermées par des grilles dorées, et tout embaumées de roses et de jasmins. De frais ruisseaux, des fontaines, de magnifiques platanes, font de ce cimetière un séjour enchanté.

De toutes les mosquées de Constantinople, si l'on excepte Sainte-Sophie, la plus magnifique est incontestablement celle qui doit à son fondateur Soliman (Souleïman) le titre de *Souleïmanié*. Sainte-Sophie ne l'emporte que par la hardiesse de la coupole, la magnificence des colonnes, et le prestige de son antiquité. Pour la richesse des ornements d'architecture et l'exquise délicatesse du travail, les deux édifices sont également admirables. La *Souleïmanié* se compose dans son ensemble de trois parties, formant trois carrés contigus : la partie centrale forme le sanctuaire proprement dit, précédé du vestibule, garni de bancs de marbre et orné d'une fontaine superbe destinée aux ablutions. Au delà se trouve le *Jardin de la sépulture*, où sommeillent les « plantes humaines jusqu'au jour où elles se relèvent dans toute leur fraîcheur pour s'épanouir au sein de la création. » C'est là que le fondateur de la mosquée, Soliman le Grand, le Législateur, le Magnifique, etc., repose à côté de la sultane Roxelane. Un turban enrichi de pierreries décore le mausolée du prince des croyants, et, à côté, on voit suspendu l'exemplaire du Coran dans lequel chaque jour un iman lit des prières.

Ces magnifiques tombeaux, qui se dressent auprès de l'immense mosquée, contribuent à maintenir vivante à Constantinople la popularité du sultan et de sa favorite. Cette popularité est naturelle, car la Turquie n'a pas eu de souverain qui ait porté plus haut la gloire des armées ottomanes, et qui ait été plus près de pousser jusqu'au cœur même de l'Europe les conquêtes de l'islam. Le sultan de Constantinople, aujourd'hui, est, à nos yeux, un prince bien peu redoutable; au temps de Charles-Quint, il s'emparait coup sur coup de Belgrade et de Rhodes, ravageait librement la Hongrie, et osait tenter le siège de Vienne. Sur mer, son amiral Barberousse, maître de la Méditerranée, étendait ses sanglants pillages jusqu'à Nice, livrée à d'horribles dévastations. Soliman était d'autant plus redouté, qu'on le savait capable des plus révoltantes cruautés. Par exemple, après la bataille de Mohacs, il fit ranger en cercle *quinze cents* prisonniers, choisis parmi les plus distingués, et les fit tous décapiter en présence de son armée. Notre imagination a peine à concevoir de pareilles scènes. Mais de tous ses crimes, aucun ne souleva plus d'horreur que celui qu'il commit sur son propre fils Mustapha. Roxelane, qui d'esclave était devenue sultane, désirant assurer le trône à l'un de ses enfants, sut persuader à Soliman que Mustapha conspirait. Ce jeune homme, qui était adoré du peuple et de l'armée, fut appelé dans la tente de son père et étranglé aussitôt par des muets. Soliman, caché derrière un rideau, assistait à l'assassinat.

Tombeau de Soliman et de Roxelane, à Constantinople.

Malgré tout, Soliman a trouvé des apologistes qui l'ont mis avec enthousiasme au rang des héros et presque des bienfaiteurs de l'humanité. Ils ont rejeté ses crimes sur les mœurs de son temps et sur l'influence mauvaise de Roxelane, et ils ont vanté les réformes qui lui sont dues dans l'administration et la justice. On a même découvert dans quelques détails de sa vie des preuves inattendues de sa « sensibilité. » Ainsi, on raconte qu'à Rhodes, lorsqu'il entra en vainqueur dans le palais du grand maître, il s'écria : « J'ai quelque peine à forcer ce vieillard à sortir de sa maison!... »

Que les Turcs soient fiers de Soliman, qu'ils vantent l'éclat de son règne, rien n'est plus naturel; mais pour nous, qui n'avons aucune raison d'altérer en

sa faveur les justes arrêts que doit rendre l'histoire, nous devons être plus
sévères et refuser le nom de grand homme et de héros à un souverain qui, dans
le cours de sa vie, a donné tant de fois la preuve de la plus froide et de la plus
impitoyable férocité.

Entrée du Divan.

La porte de la première cour du sérail se nomme *Babi-Humaioun* ou porte
Auguste. C'est elle qui a fait donner le nom de Porte ottomane à l'empire du
grand-seigneur. La seconde porte donne entrée à la salle du Divan et en reçoit
le nom.

L'ambassadeur, au jour fixé pour l'audience de réception, entre à cheval
avec son cortège dans la première cour, où différents corps de troupe sont
rangés en haie pour lui faire honneur. Devant la seconde porte, il met pied
à terre ; le grand-seigneur a seul le droit de la traverser à cheval.

Le premier interprète du Divan se présente alors, et invite l'ambassadeur à s'asseoir dans le grand vestibule au-dessous de cette porte. Quelques instants après, on l'introduit avec sa suite dans la salle du Divan, nommée *Coubbé-alti*, le dessous du dôme. Le grand-chambellan vient au-devant de lui. Un banc couvert de drap d'or est disposé au fond de cette salle : le grand-vizir s'asseoit au milieu ; à sa droite se place le grand-amiral ; à sa gauche les deux kasiasker, grands juges de l'armée. Sur des banquettes moins magnifiques sont assis les ministres du chiffre impérial et des finances. L'ambassadeur prend place sur un tabouret recouvert de velours en face du grand-vizir. Debout, à ses côtés, sont les interprètes de la Porte et de l'ambassade, ainsi que le premier secrétaire de légation, qui tient dans ses deux mains élevées les lettres de créance. Tout le cortège, aussi debout, entoure l'ambassadeur. Au-dessus du siège du grand-vizir est pratiquée une petite fenêtre grillée d'où le grand-seigneur peut voir, sans être vu, tout ce qui se passe dans l'assemblée.

Après quelques compliments du grand-vizir à l'ambassadeur, on dispose le Divan ou Conseil. On lit les pièces, et le grand-vizir les décrète en y apposant son paraphe ; l'on y ajoute le chiffre impérial.

Le ministre des affaires étrangères, remet ensuite un rapport adressé au grand-seigneur dans lequel il expose que l'ambassadeur demande à être introduit près de sa hautesse. En attendant la réponse du grand-seigneur, on sert un repas où abondent les mets les plus recherchés : les convives y touchent à peine.

L'ambassadeur est ensuite conduit dans la cour sous une galerie pratiquée entre la salle du Divan et la porte du Trône, *Bab-el-Saadet*. Là, le grand-maître des cérémonies le revêt d'une pelisse de martre-zibeline. On distribue d'autres zibelines moins précieuses aux personnages notables du cortège. On entre : le grand-seigneur est assis sur son trône qui a la forme d'un lit antique : l'or et les perles fines rehaussent l'éclat du tapis précieux dont il est couvert ; les colonnes sont en vermeil.

Après les discours d'usage, l'ambassadeur remet les lettres de créance au *mir-alem*, prince de l'étendard, qui les passe au grand-amiral ; cet officier les présente au grand-vizir, qui les dépose sur le trône.

Aussitôt l'audience est levée. L'ambassadeur se retire, monte à cheval dans la première cour, et retourne avec son cortège au palais de Péra.

Cette place, l'ancien hippodrome des Grecs, a été plus d'une fois, dans les temps modernes, le théâtre des émeutes et des vengeances populaires. Ce fut là qu'on suspendit à un arbre, par les pieds, le corps inanimé de Bairactar, le 19 novembre 1808, pendant la révolte des janissaires, et ce fut là que cette milice puissante fut vaincue, le 11 juin 1826. La largeur de la place est seulement d'environ cent pas, sa longueur de cinq cents. D'un côté elle laisse voir, dans toute sa magnificence la belle mosquée du sultan Achmet, dont les sveltes minarets s'élancent vers le ciel du milieu d'une fraîche verdure, qui fait mieux ressortir leur blancheur et la hardiesse de leur élévation. Du côté opposé est un somptueux hôpital étincelant de dorures. En contraste, les deux autres côtés n'offrent au regard que d'humbles constructions, la plupart à demi ruinées. Avant la conquête de 1204, l'At-Meïdan était couvert d'une multitude de statues de pierre et de bronze ; on admirait entre autres des statues de Diane, de Junon, de Pallas, d'Hélène, d'Hercule, de Pâris berger, d'Auguste. Aujourd'hui, les trois seuls ornements de la place qui attirent l'attention sont l'obélisque de

Théodose, le pilier de Constantin Porphyrogénète, et entre ces deux monuments
la colonne serpentine qui, d'après la tradition, est un reste du fameux trépied de
Delphes.

L'obélisque de Théodose ressemble tout à fait, par sa forme et sa dimension,

L'At-Méïdan. — L'obélisque de Théodose. — Le Pilier de Constantin Porphyrogénète.

à l'obélisque de Luxor qui décore la place de la Concorde; il servait jadis à
marquer le milieu du stade. Le piédestal, moins élevé que celui de l'obélisque
est un monument d'art très intéressant. On conjecture qu'il a pu servir anciennement de base à une fontaine. C'est un bloc de marbre bordé d'un chapiteau
uni; aux quatre coins so t incrustés des cubes de granit, surmontés de cubes de
bronze sur lesquels pose l'obélisque; deux côtés de la base sont revêtus d'inscriptions grecques et latines : sur les deux autres sont des bas-reliefs du plus
beau style, représentant des courses à pied, à cheval, en chariot, et l'obélisque lui-même renversé sur la place; le dé, ou le corps même du piédestal,
est couvert de figures de juges de la course, de magistrats, de soldats, de musi-

ciens et de danseuses : on pourrait croire d'après ces sculptures, qui toutes se rapportent aux jeux, que la fontaine ou tout autre monument dont ce bloc faisait partie servait de sièges aux juges des courses et aux musiciens, ou les abritait. On regrette de voir des bas-reliefs si précieux exposés à toutes les dégradations que se permettent tous les jours les Musulmans, et même les étrangers : ils peuvent rivaliser avec les restes les plus parfaits de l'art antique dont se parent les musées d'Europe.

Le pilier carré de Constantin Porphyrogénète servait à marquer une des extrémités de la lice dans la course des chars. Il semble chanceler et prêt à tomber en ruines : depuis plusieurs siècles, tous les voyageurs prédisent qu'il ne saurait résister longtemps, que sa ruine est imminente, qu'il tombera au premier coup de vent. Cependant il reste immobile, sa pointe presque seule est émoussée. A le considérer de près, on se rassure : il est composé de fortes pierres de marbre et de granit, et de pierres tendres, mêlées indistinctement en apparence, mais disposées avec art, et toutes attachées les unes aux autres par des crampons de fer ; autrefois elles étaient couvertes, comme l'attestent encore des trous pratiqués à leur surface, de plaques de bronze dont on les a dépouillées : c'était toute une armure qui cuirassait l'édifice de la base au sommet. Le ciment ainsi laissé à nu a été peu à peu rongé par les intempéries ; des touffes de mousse, de petites tiges vertes sortant des interstices, contrastent avec les différentes couleurs des pierres, et produisent des effets agréables à la vue.

Entre ces deux aiguilles colossales, le fragment du trépied de Delphes, haut d'environ quatre mètres, fait une assez triste figure : on dirait un câble énorme de vaisseau planté par un bout dans la terre. C'est une colonne de bronze représentant trois serpents entrelacés dont les plis diminuent en approchant du sommet, et dont les têtes, aujourd'hui détruites, formaient le couronnement ou le chapiteau. Les historiens assurent qu'elle supportait le célèbre trépied d'or consacré par les Grecs, après la bataille de Platée, dans le temple des Delphes. Les trois têtes se séparaient et se baissaient de manière à offrir un triple support ; leurs bouches étaient béantes et dressaient leurs dards. On ignore à quelle époque cette colonne fut placée dans l'hippodrome. Des historiens rapportent que le 29 mai 1454, Mahomet II, voulant essayer et montrer sa force, brisa d'un coup de sa masse de fer, la mâchoire inférieure de l'un des trois serpents, que les Turcs considéraient comme un des talismans protecteurs de la cité. On accuse le sultan Mourad d'avoir tranché une de ces têtes ; les deux autres auraient été dérobées en 1700, après la paix de Carlowitz. Cette colonne est creuse, et remplie de terre et de pierres ; son diamètre est de 65 centimètres à la base et de 3 décimètres au sommet. C'est, en résultat, une relique plus curieuse que belle, et il y a lieu de s'étonner que depuis bien des siècles elle n'ait pas été jetée à terre, mise en pièces et fondue. Rarement les monuments de métal sont aussi longtemps respectés par les révolutions, la cupidité et la misère.

Au temps de Colbert, qui s'en émerveillait avec raison, on comptait, à Constantinople, cinq mille neuf cent trente-cinq fontaines ; et un vieux voyageur français, qu'on ne consulte plus assez, nous explique, en termes excellents, pourquoi la grande cité musulmane jouissait alors de ce luxe hydraulique, inconnu à cette époque à la plupart des villes de la chrétienté.

« Comme la loy des Turcs leur défend de boire du vin, dit-il, la dévotion
des bons musulmans s'exerce à faire conduire des eaux en plusieurs endroits,
pour y avoir des fontaines, afin d'éteindre la soif des passants. »

Les Turcs, à vrai dire, sont assez peu partisans de la statistique, et nous ne
savons pas d'une façon bien certaine si ce nombre prodigieux de fontaines,
énuméré en 1680, a beaucoup augmenté depuis le temps où Louis XIV se faisait

La Fontaine de Top-Hané

décrire la Turquie par son spirituel dessinateur Joseph Grelot. Ce qu'il y a
d'assuré, c'est qu'un habile général, excellent ingénieur du premier empire,
ne nous a pas laissé de doute sur les facilités prodigieuses que les envahisseurs
de l'antique Byzance rencontrèrent, grâce à la nature du terrain conquis, pour
approvisionner d'eau leur capitale. Il nous apprend aussi que la science raisonnée
n'y fut pour rien, et que les constructeurs de fontaines, à Constantinople, s'en
rapportent bien plus à un heureux instinct pour exécuter leurs travaux, qu'à
des calculs positifs dont ils ne sont jamais fort embarrassés.

Ces eaux si abondantes, dont font usage les Turcs, et qui alimentent des
milliers de canaux dont l'antiquité usait déjà avec une rare magnificence, viennent
toutes de Belgrade et d'un village voisin, localités qui ne se trouvent pas à plus
de vingt ou vingt-quatre kilomètres de Constantinople.

Ces innombrables édifices, d'une utilité si évidente, sont élevés, en général, devant les mosquées : on les voit toujours entourés de sackals ou porteurs d'eau, qui remplacent par des outres en cuir nos seaux de fer-blanc. Deux de ces fontaines jouissent d'une telle réputation d'élégance, qu'on n'ouvre pas un seul volume de touriste sans les y voir tout au moins mentionnées.

La fontaine du sultan Abdoul-Ahmed III et la fontaine de Top-Hané sont, en effet, de véritables œuvres d'art. La première fut élevée par un prince qui s'est rendu célèbre par son faste, mais que les Turcs nomment plutôt parmi leurs poètes que parmi leurs guerriers, et qui mourut en l'année 1617 ; la seconde est d'une date plus récente ; elle a subi une funeste dégradation qui lui a enlevé quelque chose de son élégance primitive.

C'est sur la place des Canons, ou, si on l'aime mieux, de l'Arsenal, en face la mosquée de Kilid-Ali-Pacha, que se trouve la fontaine de Top-Hané, « l'un des plus gracieux spécimens de l'art turc. » Les quatre faces, délicieusement sculptées, sont couvertes de versets du Coran, de vers turcs et d'arabesques, autrefois peintes et dorées ; elle a perdu le toit à la chinoise qui la recouvrait jadis. Ce toit, original par sa couleur élégante, excite les regrets du spirituel écrivain que nous venons de citer. Il ne peut voir sans chagrin la disgracieuse balustrade en fer creux qui règne maintenant autour de l'édifice, et qui en change tout l'aspect primitif. Mais ce qu'il approuve fort, en revanche, c'est la pieuse sollicitude du fondateur à l'égard des passants altérés : elle se perpétue jusqu'à nos jours, et tout promeneur qui, passant devant la fontaine de Top-Hané, demande une tasse d'eau fraîche, la reçoit aussitôt d'une main bienveillante qui se fait jour à travers un treillis.

Rappelons ici qu'il n'y a pas, à proprement parler, de style architectonique inventé par la race ottomane. Les plus beaux monuments de Constantinople ne procèdent pas d'une architecture essentiellement propre aux Turcs ; ces édifices reflètent ou le génie éteint de Byzance, ou le caractère parfois si charmant et si élevé qu'on remarque, par exemple, dans certains monuments de Bagdad, de Damas, du Caire ou de Tlemcen.

« L'art si fin, si élégant et si pur des Arabes, a laissé, dit Théophile Gautier, peu de traces chez les Turcs. »

Il y avait autrefois, à Constantinople, à l'angle nord-ouest de cette ville et dans le quartier des Blaquernes, un palais connu sous le nom de « Palais de l'Hebdomon », dont un des bâtiments, le *Tekfour-Serai* (palais du Fils du Ciel), se voit encore sur les anciennes murailles, entre Eïri-Kapoussi et la porte d'Andrinople.

Les Grecs donnent ordinairement à cet édifice la dénomination de *Palais de Constantin*. Gylli et Ducange le considèrent, en effet, comme une partie du palais que Constantin le Grand fonda à l'Hebdomon, en dehors des murs, et qui, agrandi par divers empereurs, figure souvent dans les récits byzantins sous la qualification de *Magnaura*.

Le Tekfour-Seraï est rectangulaire. Il a trois étages et se trouve tellement enclavé entre le double mur d'enceinte de la ville, que les deux étages inférieurs sont compris dans l'intervalle qui sépare les deux fortifications, lequel est large de 17 mètres, tandis que le troisième étage les domine de haut et appuie ses deux pignons sur les murs intérieur et extérieur de la ville.

L'étage inférieur se compose d'une salle voûtée de 17 mètres de longueur,

soutenue par une double rangée de colonnes et s'ouvrant au nord par quatre
arceaux. Ces arceaux sont portés à leur milieu par un pilastre carré, et de
chaque côté par une paire de colonnes accouplées. Les côtés du sud, de l'est et
l'ouest sont hermétiquement fermés. Les voûtes sont faites de blocs de marbre
et la clef de voûte est ornée d'une armoirie.

Le Tekfour-Seraï, à Constantinople.

Le second étage est dans un fort mauvais état. Ses fenêtres s'ouvrent au
nord et répondent, tant par leur nombre que par leurs cintres, aux arcades
inférieures.

Le troisième étage formait jadis une salle longue de 23 mètres, haute
de 7 et large de 10. Le plafond, le toit, le dallage n'existent plus aujourd'hui,
les pignons et le mur d'enceinte sont seuls bien conservés. Cette salle offrait des
baies sur ses quatre faces, et à l'est, au-dessus du mur intérieur de la ville,
régnait un balcon s'appuyant sur des arceaux et des pierres en saillie. De ce
balcon, on domine la Corne-d'Or.

On croit que la salle inférieure était une écurie d'éléphants, que le
premier étage servait de logement au gardien, et que l'étage supérieur for-

La Colonne brûlée, à Constantinople.

mait une pièce d'apparat. Certains érudits voient, au contraire, dans cet étage supérieur un belvédère d'observation.

Ajoutons, que le *Tekfour-Serai* est en briques, alternant, sur les faces supérieures, avec des bandes de marbre jaune clair et des dessins. Les lignes de couronnement, les encadréments, les chapiteaux, les colonnes sont aussi de marbre, mais un certain nombre de matériaux d'origine diverse ont été rapportés çà et là.

Sur la seconde des sept collines du triangle compris entre la mer de Marmara et la Corne d'Or, l'empereur Constantin avait fait établir un forum de forme elliptique, orné de statues, etc., et entouré de portiques interrompus aux extrémités du grand axe par deux arcs de triomphe.

Des décorations de ce forum faisait partie la colonne que nous représentons. Le fût de cette colonne d'ordre dorique romain, située près Hippodrome, était composé autrefois de huit assises, chacune d'un bloc de porphyre de dix pieds d'élévation, et entouré de cercles de cuivre en bosse figurant des couronnes de laurier et dissimulant les joints. Il ne reste plus que cinq de ces assises.

Haute de 90 pieds, mesurant une circonférence de 33, elle avait été, dit-on, apportée de Rome par Constantin : elle était alors surmontée d'une statue d'Apollon en bronze, trouvé à Alexandria-Troia, mais l'empereur, voulant que ce monument lui fût personnel, décréta que l'on eût à tenir cette figure pour sienne ; puis il substitua aux rayons du soleil qui ornaient la tête du dieu du Soleil les clous de la Passion.

Selon une tradition, la foudre renversa la statue et les trois blocs de porphyre supérieurs, sous Alexis Comnène, qui fit restaurer la colonne et consacra la mémoire de cette restauration, assez grossière, par une inscription grecque que l'on a traduite ainsi :

« 1. — O Jésus-Christ, arbitre et souverain du monde, j'élève ma prière « vers toi ; protège cette ville, ce sceptre et l'Empire romain, et préserve-les « de tout danger.

« 2. Cet ouvrage divin, dégradé par le temps, a été restauré par les ordres « de l'empereur Emmanuel. »

Plus tard, en 1150, un tremblement de terre abattit la statue, qui disparut bientôt sans qu'on ait jamais pu savoir ce qu'elle était devenue. Aujourd'hui, le porphyre est décoloré, fendillé par le feu ou effrité par la pluie, et les cercles de cuivre sont en fort mauvais état. A la suite d'un incendie, en 1779, la base de la colonne fut ceinte d'un mur de pierre destiné à la protéger désormais contre les flammos.

Sur la même colline s'élève la mosquée de marbre de Nuri-Osmanieh (Lumière d'Osman).

LE HAREM DU SULTAN. — Le nombre des femmes qui habitent le harem est illimité. La mère et les sœurs du sultan, le grand vizir, le capitan-pacha, les personnages les plus importants de l'État, envoient en présent au Grand Seigneur chacun deux ou trois jeunes et belles esclaves dont le prix, déterminé par leur plus ou moins de beauté, peut être évalué de huit à vingt mille francs. L'âge où s'épanouit, dit-on, cette beauté est de douze à quatorze ans : à vingt ans ces femmes ont presque toujours perdu leur fraîcheur.

Dans le harem, plusieurs dignités ou charges créent pour certaines des

Intérieur d'une partie du harem du Grand Seigneur.

esclaves les plus âgées des occupations dont elles sont fières. L'une est intendante générale, une autre trésorière ; celle-ci a la garde des bijoux, celle-là veille sur les bains ; d'autres ont soin du linge, des vêtements, de la cuisine, des appartements intérieurs, etc.

Il y eut parfois jusqu'à cinq cents femmes dans le harem. Entre elles il y a toujours quelque but d'ambition à poursuivre et des brigues qui trompent l'ennui.

Les vieilles esclaves ont ce privilège de pouvoir sortir librement du harem, et même de la ville, en étant toujours accompagnées de deux ou trois esclaves, vieilles aussi.

Dès que le sultan entre, les jeunes esclaves, s'élançant vers Sa Hautesse, le portent jusqu'à sa place réservée.

Au premier plan de la gravure, on voit l'*oustakadin*, surintendante d'une chambre, qui donne des ordres à un officier des eunuques noirs.

Sur le même plan, à droite, est une chambre garnies de sofas et d'un *tandour* devant lequel sont assises des femmes de service. Le tandour, couvert de riches étoffes, est une table carrée avec un fond doublé le plus souvent en fer-blanc. On y met ordinairement un *brasero*, c'est-à-dire une terrine pleine de charbons allumés couverts de cendres.

Dans la chambre à gauche, une des femmes, sans doute une des dignitaires, est à table ; devant elle on pose une espèce de tabouret, sur un grand plateau rond de cuivre ou d'argent.

Au-dessus de cette chambre, il en est une destinée à la prière, qui est obligatoire : les femmes prient dans diverses attitudes ; elles sont couvertes d'un grand voile de mousseline.

Au troisième étage est une des chambres à coucher. Selon l'usage des Turcs, il n'y a pas là de lit monté et garni. On se contente de jeter un matelas sur un sofa, sur une estrade, ou simplement au milieu de la chambre. On couvre ce matelas d'un drap de lit de soie ou de coton, ou de couvertures d'indiennes, ou d'étoffes plus ou moins riches. Les oreillers sont d'autres étoffes de soie brodée en or ou en argent.

Des esclaves sont occupées à lever le matin les matelas qui ont servi la nuit, et à les entasser dans de grandes armoires destinées à cet usage.

Les scènes des autres parties de l'estampe s'expliquent d'elles-mêmes : elles représentent les occupations journalières des femmes du harem.

Le peintre Melling a représenté, dans cette composition, la visite d'une princesse à la sultane sa sœur, et voici la description qu'il donne du cérémonial observé dans ces circonstances et qui doit être encore fidèle aujourd'hui ; on sait combien les usages de la cour du sultan changent peu.

« En ce moment, la sultane Hadigé reçoit, avec l'étiquette d'usage, la visite d'une de ses sœurs.

Cette princesse, en entrant dans le harem, s'est annoncée par un billet auquel il a été répondu.

La réception a lieu dans un salon magnifique.

La sultane se tient sur une estrade élevée décorée d'une riche tapisserie de Perse et entourée de sofas.

Les dames de sa cour et de jeunes esclaves sont rangées devant elle dans l'ordre de leurs dignités et suivant l'importance de leurs emplois.

Intérieur d'un salon du palais de la sultane Hadigé, sœur de Sélim III.

Au bas de l'estrade, d'autres femmes attendent la sœur de leur maîtresse pour lui présenter le café, les sorbets et d'autres rafraîchissements.

Cette dernière entre avec sa suite, soutenue par deux esclaves ; elle est ordinairement accompagnée de sa nourrice ; car les princesses de l'Orient conservent pour celle qui les a reçues en naissant, et qui a pris soin de leur première enfance, une affection presque filiale.

Deux femmes précèdent la sœur de la sultane : l'une porte une cassolette de parfums, l'autre un flacon d'eau de rose qu'elle répand sur le passage de la princesse.

Le tapis sur lequel marche le cortège est composé de belles nattes d'Egypte qui entretiennent sous les pieds une agréable fraîcheur.

La salle est figurée dans le plus grand détail : on y voit des murailles nues et stuquées, les plafonds chargés d'ornements variés et de peintures, les fenêtres fermées d'un grillage qui interdit toute communication des appartements aux parties extérieures du harem.

Dès que la sultane verra sa sœur à peu de distance, elle fera quelques pas à sa rencontre, lui offrira la place d'honneur sur son sofa, et viendra s'asseoir à sa gauche ; puis on étendra sur les genoux de la princesse une pièce d'étoffe d'un tissu riche et brillant, et des rafraîchissements lui seront servis.

La sultane congédiera ensuite les femmes, et les deux sœurs pourront s'abandonner sans contrainte à un entretien familier. »

Les sultanes exercent une autorité absolue dans leur harem ; elles ont le droit de vie et de mort sur toutes leurs esclaves. Melling eut le bonheur de sauver du dernier supplice deux jeunes filles qui appartenaient à la sultane Hadigé. Effrayées de quelques menaces de leur maîtresse, elles s'étaient échappées du harem pendant la nuit par une trappe qui communiquait avec le Bosphore et permettait à la sultane de s'adonner au plaisir de la pêche. Arrêtées sur le quai du Bosphore, elles furent ramenées à la sultane, et, suivant les terribles lois du sérail condamnées à être noyées dans la mer. Déjà le bostandji-bachi avait reçu l'ordre de les jeter sur le fatal bateau, lorsque Melling, autorisé à se présenter devant la sultane pour l'entretenir de quelques réparations dans ses bâtiments, implora la grâce des deux jeunes filles et l'obtint ; il courut communiquer l'ordre de clémence au bostandgi-bachi, qui heureusement ne s'était pas trop pressé d'exécuter la sentence.

Aucun homme, à l'exception du Grand-Seigneur, ne peut rendre visite aux princesses du sang ottoman sans une permission expresse, et, une fois admis devant elles, il ne peut plus parler ; la conversation n'a lieu, de part et d'autre, qu'au moyen de billets écrits que transmet une esclave. Ces visites, où l'on a si peu de liberté, n'en sont pas moins des distractions très désirées des princesses. Au plaisir de la correspondance se mêlent les sorbets, les pâtes sucrées et parfumées, et parfois un peu de musique.

Le droit de vie et de mort sur les femmes du harem paraît maintenant abandonné même par le sultan. En 1861, deux de ces femmes ayant été enfermées dans des sacs et jetées au Bosphore, il y eut un mouvement violent de réprobation non seulement dans la ville, mais aussi parmi les grands dignitaires de la cour : l'un de ces derniers même offrit sa démission. Ausssi les sultans n'ont-ils plus recours à de pareils excès d'autorité, au moins ostensiblement. Ce progrès dans l'humanité est évidemment dû aux influences de la civilisation occidentale.

Les dames qui habitent le sérail du Grand Seigneur ne mènent pas une vie si retirée que nous le pensons généralement en Europe. Elles font même des promenades assez fréquentes, et, pourvu qu'elles restent voilées, on leur permet mainte excursion sur les rives du Bosphore.

Nos passages, nos expositions industrielles, nos halles, ne peuvent donner l'idée des splendides bazars qui forment le centre de Constantinople. La monotonie de nos costumes, la pâleur de notre ciel, excluent ce joyeux cliquetis de couleurs, ces brusques oppositions de nuit et de jour qui animent le bezestein, labyrinthe solidement construit en pierre dans le goût byzantin, et où l'on trouve un abri vaste contre la chaleur. Si nous l'emportons par la propreté des galeries, par la richesse et la grâce des devantures, par la variété des commerces, nous ne pouvons offrir au pinceau les ensembles harmonieux, éclatants que recherchent les paysagistes. L'Italie classique et la Grèce sont délaissées pour l'Egypte, la Turquie, et bientôt l'Inde ou la Chine; et nous qui demandons la science sans fatigue et l'instruction aimable, nous suivons volontiers en esprit nos peintres voyageurs. Nous aimerions, devant ces toiles lumineuses, à rêver de parfums inconnus développés par l'ardeur de l'atmosphère; nous nous mêlerions à ces marchands apathiques, à cette foule affairée ou oisive; enfin nous ferions des *Orientales*. Mais ne vaut-il pas mieux laisser la parole à un témoin oculaire? La description, comme le tableau, sera d'après nature, et le lecteur aura la bonne fortune de comparer à une copie fidèle et habile le récit d'un de nos plus spirituels écrivains; il n'y trouvera pas moins d'éclat, d'animation, d'originalité.

« Si vous suivez les rues tortueuses qui mènent de l'échelle de Yehi-Djami à la mosquée du sultan Bayezid, vous arrivez au bazar d'Egypte, ou bazar des drogues, grande halle que traverse d'une porte à l'autre, une ruelle destinée à la circulation des marchandises et des acheteurs. Une odeur pénétrante, composée des aromes de tous ces produits exotiques, vous monte aux narines et vous enivre. Là sont exposés par tas ou dans des sacs ouverts le henné, le santal, l'antimoine, les poudres colorantes, les dattes, la cannelle, le benjoin, les pistaches, l'ambre gris, le mastic, le gingembre, la noix muscade, l'opium, le hachich; sous la garde de marchands aux jambes croisées, à l'attitude nonchalante, et qui semblent comme engourdis par la lourdeur de cette atmosphère saturée de parfums. C'est là que se débitent les essences de bergamote et de jasmin, les flacons d'*atar-gull*, dans des étuis de velours brodé à paillettes, l'eau de rose, les pâtes épilatoires, les pastilles gaufrées de caractères turcs, les sachets de musc; les chapelets de jade, d'ambre, de coco, d'ivoire, de noyaux, de bois de rose et de santal, les miroirs persans encadrés de fines peintures, les peignes carrés aux larges dents, tout l'arsenal de la coquetterie turque; devant ces boutiques stationnent de nombreux groupes de femmes que leurs *féredgés* vert-pomme, rose-mauve ou bleu de ciel, leurs *yachmaks* opaques et soigneusement fermés, leurs bottines de maroquin jaune, chaussées d'une galoche de même couleur, signent musulmanes en toutes lettres; souvent elles tiennent à la main de beaux enfants habillés de vestes rouges ou vertes, passementées d'or, de pantalons à la mameluk en taffetas cerise, jonquille ou de toute autre couleur vive, qui brillent comme des fleurs dans l'ombre fraîche et transparente; des négresses, enveloppées de l'*habbarah* à quadrilles bleus et blancs du Caire, se tiennent derrière elles et complètent l'effet pittoresque. Le marchand, appuyé sur le coude, répond d'un air flegmatique aux mille questions des jeunes femmes qui fourragent les marchandises et mettent son étalage sens dessus dessous, questionnant à tort et à travers, demandant les prix et se récriant avec de petits éclats de rire incrédules. »

N'est-ce pas que l'épicerie fine, la pharmacie et les drogues de toutes espèces

Missir-Charsi, bazar des drogues, à Constantinople.

ont bien leur poésie ? Ce que c'est que l'Orient! et que serait-ce si du Messir-Charsi nous nous laissions conduire au grand bazar, immense espace voûté, qui « forme comme une ville dans la ville, avec ses rues, ses ruelles, ses passages, ses carrefours, ses places, ses fontaines, dédale où l'on a de la peine à se retrouver, même après plusieurs visites? » Comme dans notre esprit déjà ébranlé par la véhémence des aromates confondus chatoieraient les tapis, les armes, les bijoux ! L'éblouissement achèverait l'ivresse, et nous irions tomber, plutôt que nous asseoir, sur quelque natte où un serviteur élégant viendrait nous verser le café dans une tasse à filigranes d'argent. Nous serions pris à ces paresseuses délices qui engourdissent par degrés, jusqu'à l'anéantissement, les races et les empires d'Asie. Ah! revenons bien vite à nos pays brumeux, où le soleil ne fond pas la volonté, où la personne dilatée ne s'évapore pas dans les flammes qui la baignent, où le mouvement est une jouissance, le travail de l'esprit une volupté. Dérobons notre intelligence à l'inertie qui nous gagne au milieu du bien-être. Qui s'assied trop longtemps ne peut plus se relever et perd son rang dans la grande caravane du progrès indéfini. »

C'est à la race arménienne que Constantinople emprunte ses *hamals* et ses *sérafs*, c'est-à-dire ses portefaix et ses banquiers. Les Arméniens exercent bien une foule d'autres métiers dans la capitale de l'empire ottoman, dont ils sont les commerçants les plus actifs, notamment ceux de bijoutiers, d'orfèvres, de tisserands, de marchands en détail, de négociants, de manœuvres, et même d'architectes ; mais c'est surtout à transporter des fardeaux et à manier des fonds qu'ils excellent, et il semble que la nature les a taillés exprès pour ces deux sortes d'opérations. A une forte constitution musculaire ils joignent un esprit industrieux et calculateur, un caractère économe et froid pour tout ce qui n'est pas le gain.

Jadis les portefaix étaient Turcs ; mais comme du temps des janissaires leur corporation avait manifesté des dispositions turbulentes dans plus d'une circonstance, et que presque tous d'ailleurs étaient affiliés à cette célèbre société de prétoriens mahométans, le sultan actuel les a licenciés et a été chercher des remplaçants, dignes de leur vigueur proverbiale, dans les basses classes arméniennes, qui gardent avec fierté le souvenir de cette distinction. C'est cependant une rude tâche que celle de hamal à Constantinople, dans une ville aux rues mal pavées, tortueuses, grimpantes, sur les flancs de sept collines, par conséquent sans voitures de roulage ; et il ne faut rien moins que la force athlétique des Arméniens pour ne pas succomber sous les énormes ballots qu'ils portent d'un bout de la cité à l'autre ; faisant de fréquentes haltes, il est vrai, mais arrivant toujours à bon port, à demi-nus et tout ruisselants de sueur. Par exemple, malheur aux objets fragiles, et surtout malheur à vous si, vous trouvant sur leur chemin et n'écoutant pas leurs cris sauvages, vous tardez trop à vous garer ; l'extrémité d'une de ces longues barres de bois rond après lesquelles est suspendue la charge et qui pèsent sur leurs grosses épaules, pourrait bien vous atteindre et vous endommager un membre ; car la cohorte laborieuse, (ils sont quelquefois une dizaine attelés ensemble), crie gare sans jamais se déranger ni dévier de la ligne droite. Dans ce genre, rien n'est plus à redouter que les pompiers, qui sont aussi Arméniens ; ils renversent et foulent impitoyablement aux pieds tout ce qui se rencontre devant eux, lorsque, par bandes de huit à dix, ils courent au feu avec leur pompe portative sur le dos ; mais au moins, pour avertir du danger, ils poussent des hurlements à pénétrer le tympan d'un sourd, et, par surcroît de prudence, des *kavass* turcs, espèce de gens d'armes, les précèdent le fouet à la main, stimulant avec zèle, et de la façon la plus positive, les passants en retard : de toutes les manières d'éviter les accidents, celle-ci est la plus en usage à Constantinople. Il va également sans dire que, si les pompiers arméniens se dépêchent autant, c'est qu'un aiguillon tout à fait semblable les ranime et les relance au besoin, quand par hasard ils se ralentissent. La seule chose qui doive étonner après un pareil déploiement d'*activité*, c'est que très fréquemment l'incendie n'en dévore pas moins des rues entières.

Quant aux banquiers avec les juifs, dans lesquels ils ont de dangereux concurrents, ils se trouvent en ce moment les dépositaires de presque toute la fortune monétaire de l'empire. Il n'est pas un grand Turc à Constantinople, pas un pacha dans les provinces les plus reculées, qui n'ait un Arménien pour bailleur de fonds.

Un Arménien de Constantinople.

C'est même une des plaies de l'État, parce que, pour rembourser les banquiers des avances au moyen desquelles ils ont obtenu leur gouvernement, les pachas sont contraints d'accabler leurs administrés d'impôts exorbitants et de taxes vexatoires; d'autant plus que rien n'égale l'habileté avec laquelle les banquiers arméniens spéculent sur l'ambition des fonctionnaires ottomans, l'art avec lequel ils savent prêter sans se mettre à découvert, et rentrer dans leurs capitaux dès que la faveur se retire du titulaire ébranlé. Aussi tout *rayas*, tout peuple conquis qu'ils sont, les Turcs de la plus haute volée les traitent-ils avec une grande considération, et, chose vraiment étonnante, ils ne craignent pas, lorsqu'ils les rencontrent dans les rues de Constantinople, d'arrêter leur cheval et leur escorte de piétons pour se laisser baiser la main par eux et les entretenir quelques minutes avec une affabilité dont ces derniers comprennent parfaitement le sens. Les Arméniens sont aussi très versés dans la fabrication et même dans l'altération des monnaies.

Généralement, les Arméniens de Constantinople possèdent la confiance des Turcs, qui cependant méprisent souverainement les rayas, surtout les grecs et les juifs. Il faut attribuer cette faveur à plusieurs causes : d'abord les Arméniens sont maîtres de la fortune publique ou à peu près, comme nous l'avons déjà dit; et quoique ignorants dans la science d'acquérir des richesses, les Turcs n'en adorent pas moins le métal précieux sans lequel il n'est pour eux ni luxe, ni dignités, ni kiosques, ni harems. Ensuite les Arméniens ont des qualités sérieuses, éminemment propres à rassurer leurs dominateurs et à perpétuer leur esclavage ; ils sont laborieux, paisibles, honnêtes gens, dociles, avides de

bien-être, mais non de liberté, à la différence des Grecs, chez qui la déprava-
tion même n'a pu étouffer l'amour inné de l'indépendance. Enfin, les idées, les
mœurs et les usages des Arméniens se rapprochent infiniment des idées, des
mœurs et des usages turcs : comme leurs conquérants, ils sont asiatiques; comme
eux, ils tiennent leurs femmes voilées; leur genre de nourriture est à peu près
le même; leur tempérament, leur physionomie, ne sont pas sans rapports, et
c'est injustement que les Grecs leur font un crime de tant de ressemblances,
dans lesquelles ils ne voient que l'effet d'une servile imitation. De tous les chrétiens, les Arméniens sont ceux qui, par les précédents historiques, la patrie, et
peut-être aussi les principes religieux, touchent de plus près aux mahométans.
Ils n'en ont pas moins été souvent victimes de ces derniers. On n'a pas oublié
encore les terribles massacres qui ont marqué la fin du XIXe siècle.

Prenant en considération la probité, la gravité, l'aptitude financière, qui les
caractérisent, et encore plus sans doute l'analogie que leur terre natale offre
avec l'Helvétie, un de nos grands poètes modernes a comparé les Arméniens aux
Suisses. Pour être dignes de ce nom une grande vertu leur manque, une vertu
de la race helvétique, l'amour de la liberté. Dans tous les cas, ce seraient des
Suisses peu belliqueux, et s'ils s'expatrient facilement, car on en rencontre
dans toutes les grandes villes de l'Orient, depuis le Gange jusqu'au Danube,
c'est pour vendre leurs marchandises et non leur sang. D'un autre côté,
les Turcs, faisant allusion à leur singulier costume, à leur allure lourde et
empesée, au rôle commercial qu'ils remplissent, les ont surnommés les chameaux de l'empire. Les Arméniens sont posés, probes, bourgeois, passionnés
pour la vie domestique et patriarcale, riches d'enfants, économes, laborieux,
et même en partie initiés aux mœurs républicaines par le régime municipal sous
lequel les Turcs les laissant vivre et s'administrer.

Si vigoureux qu'ils soient, les Arméniens de Constantinople (et ce ne sont
certes pas ceux-là qu'il faudrait assimiler aux descendants de Guillaume Tell) se
distinguent par une timidité, disons le mot, par une lâcheté sans exemple à ce
point qu'un enfant turc armé d'un *courbach* (nerf de chameau) en dispersera
quelquefois toute une bande : il est vrai que derrière le courbach de l'enfant est
en perspective la bastonnade sous la plante des pieds, supplice barbare dont ils
sont peu friands. Après l'absence de courage, leur plus grand défaut, c'est la
jalousie envieuse qui chez eux dégénère en vice. Ils le savent sans pouvoir s'en
corriger, et avouent qu'elle a été et qu'elle est encore la principale source de
leurs infortunes et de l'asservissement de leur race; les Turcs qui sont aussi
fixés à ce sujet, en profitent pour les tenir toujours divisés. Pour ce qui est
de leur finesse d'esprit, elle disparaît complètement lorsqu'il s'agit d'autre chose
que d'affaires d'argent; sortis de leurs comptoirs, ils tombent dans le pathos
le plus pesamment oriental. Quand ils plaisantent, ce qui arrive de temps à autre,
ils rappellent tant soit peu l'ours qui veut badiner, et qui, de sa patte légère,
écrase dans ses ébats ce qu'il croit caresser. La servitude a eu de fâcheux
résultats sur leur caractère; elle a desséché en eux les sentiments de sociabilité,
et mis à la place un égoïsme flegmatique qui touche de près à la malveillance,
aussitôt que la crainte cesse de les retenir. Ainsi, pour ne nous occuper que des
détails, qu'un voyageur nouvellement débarqué à Constantinople qualifie du
titre de monsieur un marchand arménien à qui il demande poliment sa route,
l'Arménien restera muet et immobile comme une statue ou lui rira imperti-

nemment au nez. Pour qu'il réponde, il faut qu'on le tutoie et qu'on lui parle
sur le ton d'un grand seigneur d'autrefois à un faquin. Dans la rue, un Arménien se dérange rarement pour faire place avant qu'il ait été apostrophé de
quelque parole menaçante, sinon d'un geste plus que comminatoire. Il fait beau
les voir à Péra, rentrer chez eux au déclin du jour six ou sept de front dans la
rue qu'ils encombrent, marchant à pas lourds et comptés, et n'ouvrant leur
ligne de bataille qu'aux Turcs ou aux étrangers qui connaissent les usages du
pays. Néanmoins, il serait injuste de ne pas faire une exception en faveur
d'une bonne partie de la jeunesse sur laquelle le contact des Européens exerce
une salutaire influence, et nous prendrons occasion de ceci pour dire que beaucoup de jeunes gens arméniens savent déjà ou étudient les langues de l'Occident
et particulièrement le français; quelques-uns viennent en Europe puiser aux
sources mêmes les trésors de nos sciences et de nos arts dans l'espoir d'être
utiles un jour à leurs compatriotes. Sous ce rapport ils rivalisent avec les Turcs
et les Grecs, laissant loin derrière eux les juifs que l'esprit de caste condamne
toujours à l'isolement de l'ignorance et du malheur. L'intelligence des Arméniens
est peu créatrice, mais ils possèdent une grande mémoire et une facilité prodigieuse à tout imiter : ce qui, dans un certain cercle, les rend éminemment
aptes aux sciences exactes et aux travaux d'érudition. Par une analogie frappante,
qui montre que telle est bien la tournure naturelle de leur esprit, leur littérature
nationale, ancienne et moderne, qui est fort riche et remarquable à beaucoup
d'égards, compte néanmoins bien plus d'ouvrages d'histoire, de philologie, de
discussion religieuse, de patience et d'érudition enfin, que d'œuvres d'inspiration
créatrice, et d'invention plastique.

Depuis le massacre des janissaires et la réforme qui en fut la suite, le sort
des Arméniens s'est beaucoup amélioré. On se ferait difficilement une idée des
avanies dont ils avaient jadis à souffrir. Une fois, c'était un pacha au nom
duquel on les menaçait de la bastonnade sous la plante des pieds, s'ils ne
consentaient à lui payer une somme de tant. Un autre jour, les choses
allaient plus loin encore; après un commencement d'exécution sous un prétexte quelconque, la bastonnade n'était interrompue que lorsque la souffrance
arrachait au patient les offres les plus généreuses. Loin de les protéger, le gouvernement lui-même spéculait contre eux : muni de son droit de confiscation, il
les faisait décapiter comme coupables d'un crime inventé à plaisir quand les
coffres étaient vides, et, de la sorte, les remplissait à son aise avec le fruit de
leur succession vacante. Aussi, les Arméniens riches, difficiles à rassurer après
tant de déceptions, continuent encore à dissimuler leur opulence et à jouer
la médiocrité sinon la misère, de peur de réveiller la rapacité de leurs dominateurs qu'ils ne croient qu'endormie. Les plus osés se risquent dans des tentatives de luxe, mais seulement au dedans de leurs maisons, dont l'extérieur
affectant une apparence de tristesse et de délabrement est toujours peint en gris
de fer. Le gris est encore aujourd'hui la seule couleur permise aux
chrétiens pour cet usage; aux Turcs seuls sont réservées les couleurs éclatantes,
surtout le jaune, le rouge et le vert. Même simplicité, même éloignement de
toute recherche dans leur costume dont, au reste, la loi prescrit la forme et la
couleur : pour coiffure le *kalpak*, immense bonnet noir en astrakan par en haut
rebondi, ou plutôt gonflé comme un ballon ; pour vêtement de dessous la pelisse
orientale, mais de couleur noire ; pour chaussures des bottines et des babouches

rouges, insigne marque de faveur refusée aux Grecs qui n'en ont que de noires. La partie la plus originale de cet accoutrement est sans contredit la coiffure; figurez-vous une tête rasée, imparfaitement recouverte par un énorme paquet noir, une figure ordinairement pourvue d'un très grand nez et sans barbe (les rayas n'ont le droit de laisser croître que les moustaches), enfin un long cou nu se dessinant au-dessus du collet d'une ample robe noire : c'est la réunion comique de la bizarrerie dans la forme et du contraste le plus cru dans les couleurs. Les hommes du peuple, entre autres les domestiques et les *hamals* qui ne pourraient travailler avec l'édifice de chapellerie qui sert de couvre-chef aux bourgeois, aux négociants et aux banquiers, s'entourent la tête avec un morceau d'étoffe noire roulée en turban; ils remplacent également la longue pelisse par une espèce de veste fourrée et ornée de parements. Les individus qui remplissent quelque fonction auprès du gouvernement turc ont le privilège de revêtir l'uniforme administratif, composé d'une capote militaire à la russe, d'un pantalon à la cosaque et d'un grand bonnet rouge surmonté d'un flocon de soie bleue. Mais les *ulémas* (prêtres et magistrats musulmans), indignés de ce qu'ainsi les chrétiens pouvaient être pris pour des Turcs de pure race, ont obtenu que les employés rayas seraient astreints à porter sur leur bonnet rouge un signe de servitude; et ce signe est une petite bande d'étoffe noire longue d'un doigt.

Comparativement les vêtements des femmes arméniennes se rapprochent davantage de ceux des femmes turques. Dehors elles portent comme elles le *yasmak* (le voile) et le *fèredjé* (manteau de femmes); mais ni l'arrangement du yasmak, ni la forme et la couleur du féredjé ne sont identiquement les mêmes; la loi les restreint de plus aux nuances sombres et aux bottines rouges, tandis que les musulmanes qui tiennent beaucoup à ne pas être confondues avec elles, emploient toutes les couleurs vives et se chaussent avec des babouches jaunes. Grandes, fortes, un peu lourdes, les Arméniennes sont loin de briller par le bon goût. Chez elles où il leur est loisible de s'ajuster comme bon leur semble, elles se chargent d'atours et de brimborions de toutes les couleurs plutôt qu'elles ne s'en parent. A l'instar des Suissesses, avec lesquelles elles ont de commun un teint frais, une belle carnation et une santé robuste, elles laissent pendre sur leurs épaules leurs cheveux nattés.

En définitive, les Arméniens de Constantinople sont de braves gens qu'un sobriquet malicieux a pu ravaler aux chameaux pour les charges que les Turcs font peser sur eux, et l'indulgence poétique d'un illustre voyageur élever jusqu'aux Suisses pour quelques-unes de leurs vertus patriarcales; auxquels on pourrait trouver des points de contact avec les juifs pour la pusillanimité et la passion du gain, mais qu'il est plus juste de considérer comme une race d'hommes à part offrant de nombreuses ressemblances avec les orientaux dont ils ont les mœurs, et avec les occidentaux dont ils partagent les croyances; Asiatiques par l'origine, Européens par une partie de la vie morale; moitié mahométans, moitié chrétiens, mais pressentant déjà qu'ils sont à la veille d'entrer dans le mouvement de la civilisation moderne qui les affranchira et ouvrira, dans l'intérêt de tous, une immense carrière à leur génie commercial, jusqu'à ce jour comprimé par un joug de fer.

***

La côte d'Europe, sur laquelle est située Constantinople n'est séparée de la côte asiatique que par le Bosphore.

Bosphore veut dire passage des bœufs ; par ce détroit, qui sépare l'Europe de l'Asie, dont la largeur varie entre une et deux lieues, les grands troupeaux de ruminants ont pu émigrer vers l'Occident. Le chemin tracé par les animaux a été suivi par l'homme ; et, soit à la nage, soit sur quelque Argo primitive, s'arrêtant peut-être d'îlot en îlot dans le petit Archipel des Princes, les Thraces, les Pélasges et les premières tribus aryennes sont venus dans les terres moins brûlées du soleil chercher des parties plus favorables au développement des forces et de l'intelligence. Puis, à peine établis en Europe, ils envoyaient, poussés par un obscur instinct, des colonies aventureuses vers leur berceau antique. Ce reflux vers l'Asie ne cessa point de se manifester à des intervalles inégaux. On peut dire qu'il fut entretenu et perpétué

Sur la rive du Bosphore.

par la tendance constante de l'Orient à déborder sur l'Europe, et par la nécessité de repousser les Perses, les Arabes et les Turcs.

Des riverains, presque tous grecs et bulgares, ont établi dans le Bosphore un système de pêcherie pour guetter le passage des bancs de poissons qui vont de la Mer Noire dans la mer Marmara. Sur quelques perches bien solidement établies de manière à former pilotis, on installe une sorte de guérite où se place un veilleur. Celui-ci, les yeux constamment fixés sur les eaux qu'il domine du haut de son blockhaus, observe le passage du poisson, qui éviterait une barque, mais qui n'a aucune défiance de cette construction aérienne. Les barques, mouillées dans les criques voisines, se rapprochent au moindre signal du guetteur, dont la la récompense est une part proportionnelle dans le produit de la pêche commune.

Les ruines d'un château Génois sont situées sur la côte asiatique du Bosphore, en face de la partie de la rive d'Europe où réside, l'été, à Thérapia, l'ambassadeur français. La montagne qu'elles couronnent forme comme une sorte de cap sur le coude que décrit assez brusquement le canal pour remonter ensuite directement à la mer Noire.

Par des sentiers à peine tracés, au milieu de bouquets d'arbousiers et de lentisques, on monte à ces ruines, en se retournant, s'arrêtant, à chaque pas, pour contempler le magique, l'incomparable panorama qu'offrent les frontières de l'Europe et de l'Asie, rivalisant entre elles de beauté et de

Une pêcherie dans le Bosphore.

charme. Les constructions du château se composent d'un imposant ensemble, relié par plusieurs enceintes de remparts, dont le développement descend jusqu'au canal. Au centre sont disposés, sur des soubassements en souterrains, divers grands corps d'édifices construits, selon le mode byzantin, en assises alternées de pierres et de briques. Le plus important est flanqué, au levant, de deux tours rondes, et d'une carrée au couchant. Sur plusieurs portes sont enchâssées des sculptures d'armoiries où figure généralement une croix grecque ou latine. Partout se dressent encore des arceaux que semblent soutenir en l'air des pilastres de lierre et de clématite. Des pans entiers de murailles écroulées sont comme émiettés dans l'herbe. Ça et là on rencontre dans cette solitude et ces ruines une chèvre, quelques moutons, un berger grec ou bulgare.

Au bas des ruines, au niveau même des flots, se dessinent en filets blancs les batteries turques et de vastes casernes. Entre ces batteries et le village de Beycos, sur les bords du Boghar-Bogazin, on remarque une grande pierre semblable à un menhir; elle porte la date de 1829, qui rappelle la présence de l'armée russe en ces lieux.

En face, à Thérapia, à Kirech-Bournou, à Buyuk-Déreh, se déroule sous
les yeux une suite à peu près continue de villages, de palais, de cafés, de
casernes, de fontaines. Le golfe de Buyuk-Déreh, qui baigne une luxuriante
vallée, et où vit encore le gigantesque et fameux platane dit de Godefroy de
Bouillon, sert plus particulièrement de mouillage aux vaisseaux russes.

Ruines du Château Génois, sur le Bosphore.

Le Bosphore a environ trente kilomètres de long sur une largeur qui
varie d'un à quatre. D'une de ses rives à l'autre, c'est-à-dire d'Europe en Asie,
le trajet se fait dans les charmants caïques qui sont à ce pays ce qu'est la
gondole à Venise ; mais il ne faut pas s'y aventurer à la légère. Les flots sont
capricieux, terribles, et l'embarcation est frêle. Que de fois il arrive qu'on se
trouve fort heureux d'atteindre d'un suprême coup de rame à un point quelconque de la côte et d'y rester consigné vingt-quatre ou quarante-huit heures
en attendant l'apaisement de la tempête ! L'hospitalité est, du reste, toujours
et partout facile pour celui qui la donne, touchante et intéressante pour celui
qui la reçoit.

Sur l'une des rives s'élève, non loin de la mer Noire, au grand coude
d'Anatolie-Cavak, le mont du Géant. C'est à son sommet que, suivant la légende,

un géant vient se reposer souvent, après quelqu'une de ses courses en Anatolie
ou en Bithynie. Assis sur la cime, ses pieds se baignent dans les flots du
Bosphore. C'est sans doute un privilège de le voir : il n'est réservé qu'à de
rares croyants. Ceux qui en sont privés ne sauraient remarquer sur la
montagne qu'une sorte de chapelle desservie par un pauvre ermite derviche,
et tout autour de laquelle les pèlerins musulmans accrochent solidement à des
pointes de branches d'arbustes des milliers de lambeaux d'étoffe ou de chiffons.

L'esquisse a été prise à l'entrée de la mer de Marmara, ce grand bassin
si calme, que le vent ride à peine, dont les rives sont bordées d'habitations de

Entrée de la mer de Marmara.

plaisance, et l'eau couverte de nacelles dont la forme et la légèreté suffisent pour
indiquer la tranquillité des ondes qu'elles doivent sillonner. Le bateau qui est
sur le premier plan plus fort déjà, est destiné à pêcher jusque dans la
mer Noire.

A quelques kilomètres à peine de ce bassin si paisible est la mer Noire, si
terrible, si féconde en naufrages, et dont le voisinage semble encore augmenter
la paix et la tranquillité que l'on goûte dans ces parages favorisés.

De Smyrne à Constantinople, la route est comme semée de grands souvenirs.
Avant de sortir de l'archipel, on côtoie Lesbos, la patrie de Sapho, et la fertile
Ténédos qui servit de retraite aux héros d'Homère ; à droite, le regard découvre
la plaine de Troie, où les pâtres arabes montrent aux voyageurs les tombeaux de
Patrocle et d'Hector. L'entrée du détroit des Dardanelles, faiblement défendue
par des châteaux à murailles blanches, assis sur une chaîne de basses collines,

rappelle la mort de la belle Hellé, enlevée sur les vagues par le bélier à toison
d'or que lui avait envoyé Jupiter. Bientôt l'attention se partage entre Sestos, où
s'élevait la tour d'Héro, et Abydos, fondée par Gygès, et plus célèbre par la fin
tragique de Léandre que par le pont de bateaux qu'y jeta Xerxès pour traverser
l'Hellespont. Plus loin, à gauche, on aperçoit Gallipoli, l'ancienne Callipolis.

Vue de la forteresse de Sylivrie, au bord de la mer de Marmara.

Au sortir du canal, dans la Propontide ou mer de Marmara, après avoir doublé
le cap Karaboa, sur la côte d'Asie, on passe devant l'embouchure du Granique,
dont les flots furent un jour rougis par la victoire d'Alexandre. La presqu'île de
Cyzique, qui rappelle un épisode intéressant de l'expédition des Argonautes,
apparaît au delà : elle est en partie couverte par l'archipel des îles de Marmara,
dont la principale, appelée successivement Proconèse et Elaphonèse (île aux
Daims et aux Biches), doit son dernier nom, devenu celui de la mer elle-même,
au beau marbre blanc (*marmor*) que les anciens tiraient de ses montagnes.
En suivant le rivage à droite, on arriverait en vue du golfe de Nicée et des îles
des Princes ; à gauche, en face de la Proconèse, on voit Rodosto, l'ancienne

Rhedeste, la Bisanthe des Samiens, et Érékli ou Héraclée, autrefois Périnthe, où
vécut Alcibiade exilé; plus loin, enfin, Sylivrie, dont le nom antique était
Selymbria, et qui a été mentionnée par Hérodote. Ville militaire, elle servait
d'avant-poste à la muraille que l'on avait conduite de la Propontide à la mer

Un coin de bazar de Gallipoli.

Noire, et qui, depuis Anastase, formait la limite de l'empire grec, réduit alors à
la péninsule. Aujourd'hui, Sylivrie est une jolie ville d'environ deux mille
maisons. De ses terrasses, on aperçoit le mont Olympe. Elle n'est située qu'à
douze heures de marche de Constantinople. Le chemin serpente sur le rivage de
la mer de Marmara, et le voyageur impatient qui le suit, oubliant déjà l'antiquité
et ses merveilleuses histoires, ne cherche plus à l'horizon que les minarets de
Stamboul.

Le bazar de Gallipoli, ville importante de la Turquie d'Europe, n'est plus qu'une ruine. On peut cependant y remarquer une jolie fontaine en marbre, qui témoigne de l'ancienne prospérité de la ville et contraste singulièrement avec ce qui l'entoure. On s'étonne qu'elle se soit conservée sous ces toits aux trois quarts effondrés; au travers desquels le soleil et la pluie font lentement leur œuvre de destruction. Quelque jour, il suffira d'une étincelle pour qu'en peu d'instants toutes ces constructions de bois vermoulu soient dévorées et qu'il ne reste plus que des cendres de ce qui fut anciennement le centre d'un assez grand commerce.

La ville de Gallipoli, sa situation, son double port, sont demeurés une relâche forcée pour tous les navires à destination de Constantinople, et cependant de jour en jour elle dépérit. A ne voir d'abord que quelques-unes de ses maisons peintes de diverses couleurs et entourées de jardins, on admettrait volontiers qu'à l'origine elle a été bien nommée *Callipolis*, c'est-à-dire belle ville; mais la malpropreté de ses rues étroites et tortueuses désenchante bien vite les regards du voyageur; rien ne l'intéresse, sinon, peut-être, un reste d'activité industrielle. Les maroquins de Gallipoli sont encore estimés, et ses habitants exportent de la soie, des peaux, des laines, des grains; ils n'en paraissent pas plus riches, et les bénéfices, quels qu'ils soient, ne profitent guère à l'embellissement ou seulement à l'entretien de la cité.

Du reste, ce délabrement séculaire est commun à presque toutes les villes turques. Le temps détruit; l'homme ne relève ni ne répare les ruines.

Il semble qu'un souffle de mort ait passé sur le peuple turc. Il paraît n'avoir que de l'indifférence pour tout ce qui l'entoure : c'est surtout dans la partie européenne de l'empire que cet abandon volontaire est sensible. Faut-il en accuser seulement la religion musulmane, qui tend à immobiliser l'esprit de ceux qui la pratiquent? On peut en douter. Il fut un temps où, quoique sous l'influence de la même religion, les peuples de l'Islam ont prouvé qu'ils pouvaient être actifs, industrieux et habiles. A l'égard de la Turquie européenne, ne pourrait-on pas plutôt expliquer cette mortelle insouciance par la croyance généralement répandue chez les Turcs, qu'ils disparaîtront un jour de leurs États d'Europe pour être rejetés de l'autre côté du Bosphore, sur la côte d'Asie, considérée par eux comme leur vrai patrimoine?

Ce qui semble venir à l'appui de cette supposition, c'est la volonté absolue de tous les Turcs un peu aisés de faire transporter, après leur mort, leurs restes à Scutari, sur la rive asiatique.

Puisque nous citons le nom de Scutari, mentionnons les scènes religieuses dont cette ville est le théâtre.

Tout autour de la mosquée des derviches hurleurs, à Scutari, on voit des tambours, des cymbales et de singuliers instruments dont on se servait autrefois pour torturer plus ou moins sérieusement les candidats à l'initiation.

Il ne faut pas confondre ces derviches hurleurs avec les derviches tourneurs, qui se livrent seulement à des valses entremêlées de prières et de génuflexions. La cérémonie dite religieuse de ces derniers ne donne à craindre que des vertiges. Chez les hurleurs, il semble qu'on assiste aux scènes d'une folie furieuse.

L'officiant commence par la lecture de versets du Coran.

D'abord, les fidèles, accroupis sur des peaux de mouton, se balancent

Une Scène dans la mosquée des derviches hurleurs, à Scutari, près de Constantinople.

le haut du corps de droite à gauche et d'arrière en avant. Puis, tout à coup, ils se lèvent, ils se rangent au fond de la salle sur une file, en se touchant par les épaules.

Les chantres psalmodient à très haute voix des cantiques.

Les derviches saluent en se baissant à droite et à gauche, et en répétant : *La illa il Allah !*

Puis les chants deviennent de plus en plus rapides ; les têtes se penchent en tous sens ; les mouvements du corps se précipitent : il ne sort plus des poitrines que des cris inarticulés, des espèces de râlements, et, au signal du silence, on voit toujours quelques-uns de ces hommes en proie à des attaques de nerfs.

« On introduit alors des enfants, dit M. Albert Aublet, l'auteur du tableau que nous reproduisons ; on étend une peau noire devant le mihrab (chaire ou autel), où se tient l'iman impassible dans sa longue robe noire. Son fez est blanc, entouré d'un large turban noir. Sa robe intérieure est rayée rouge. Sa figure est comme figée dans une expression profondément sérieuse et mystique ; ses mains sont ramenées sur la poitrine ; la main droite est posée sur le poignet gauche.

« Le jour où nous avons assisté à la cérémonie, on fit avancer un jeune garçon. Il s'agenouilla devant l'iman, qui l'embrassa et lui fit boire une liqueur.

« Puis vint une charmante fillette vêtue de rose, suivie bientôt d'autres enfants dont les robes étaient de couleurs vives. Deux scheiks les étendirent sur la peau côte à côte et leur firent tourner la tête à gauche du côté du mihrab, les bras étendus le long du corps.

« Alors l'iman, la main droite sur le cœur, et s'appuyant de la main gauche sur le bras d'un scheik, s'avança lentement en marchant sur le dos des enfants, cérémonie qui a pour but de les préserver ainsi de toute maladie physique et morale.

« On apporta ensuite de tout petits enfants emmaillottés et on les présenta aux derviches. Après eux, ce fut le tour des malades, des paralytiques, etc. L'iman marcha sur les membres malades, puis il prit leurs têtes à deux mains près des tempes, et pria longuement. »

Gallipoli marque l'entrée des Dardanelles.

On trouvera partout la description de ce détroit fameux dans l'antiquité et dans les temps modernes. Des moulins à vent, des falaises tristes du côté de l'Europe et des aspects riants sur la rive asiatique, des batteries rasantes aux deux entrées, au sud Iéni-Scher (Sigée), au nord-est Gallipoli (Kallipolis), au milieu Khanak ou les Dardanelles, et, de place en place, des châteaux fortifiés, voilà tout ce qu'y peut voir un touriste indifférent. Le paysage, sans être déplaisant, n'a rien qui commande l'admiration, et pourtant il est plein de beautés secrètes ; mais celui qui veut les goûter doit les dégager d'abord de leur déguisement turc, écarter des villes et des sites les noms barbares ou insignifiants dont la banalité ottomane les a affublés, et, sous les Dardanelles, retrouver l'Hellespont légendaire. C'est une précaution à prendre pour tous les rivages de la Méditerranée orientale. Leur intérêt, leur gloire est dans le passé ; depuis quelque mille ans la vie s'en est retirée ;

leur décadence, qui date du Bas-Empire, a été précipitée par la domination turque. Il semble qu'un souffle maudit ait desséché les côtes de la Grèce et de la vieille Asie, si fécondes jadis en grands hommes, aujourd'hui si dénuées et si pauvres. Peut-on espérer, du moins, que l'avenir réparera leurs pertes? Qui les repeuplera, qui relèvera leurs cités, dont les ruines mêmes ont péri?

Ici, tout est débris. Les Dardanelles, diminutif italien de *Dardanus* ou *Dardanie*, une ville qui subsistait encore à la fin du moyen âge, sont comme

Les Dardanelles.

le dernier résidu de toute une histoire illustre, le vestige, l'humble reflet de grandeurs évanouies. Le long de leurs rivages dorment ensevelis les souvenirs d'Achille et d'Alexandre, et le fond de leurs eaux peut-être cache quelque planche du pont de Xerxès ou une trirème athénienne coulée dans la néfaste journée d'Ægos-Potamos. Là se sont noyés, entre Sestos et Abydos, la fabuleuse Hellé, qui chevauchait le bélier à la toison d'or, et le pauvre Léandre, mauvais nageur si l'on en croit lord Byron. Là ont passé les migrations des Pélasges, des Hellènes, et des Latins sans doute. C'est là, à droite, en face de Ténédos, entre cette montagne qui est l'Ida, et ces tumulus concédés par la tradition à Antiloque, à Achille, à Ajax, que les chants homériques ont placé le théâtre d'événements livrés depuis deux mille et quelques cents ans à d'interminables commentaires.

Profitons de l'occasion pour exposer brièvement l'énigme de *l'Iliade*. Elle est si complexe que les efforts de la critique moderne n'ont pu réussir encore à la résoudre. Trois questions se présentent : Homère a-t-il existé ? Y a-t-il eu une guerre de Troie ? Les Grecs et les Troïens étaient-ils de deux races différentes, et à quel degré ?

Jusqu'à la fin du dix-huitième siècle, tous les critiques anciens et modernes ont cru à l'existence d'un vieillard aveugle appelé Homère, dont le bâton, miraculeusement conservé, aurait été acheté très cher par un Anglais fanatique. Les Grecs n'avaient aucun doute sur ce point ; les éditeurs de Pisistrate, Aristote, Zénodote, Aristarque, et tous les scoliastes à leur suite, ont vu dans *l'Iliade* et dans *Odyssée* l'œuvre authentique et voulue d'un homme. Fénelon, pour louer le plan de l'univers, ne trouve pas de meilleure comparaison que l'ordonnance des épopées homériques ; le même exemple est reproduit jusque dans les Dialogues de Voltaire. On conçoit le scandale que produisit, en 1795, dans la science traditionnelle, la conclusion tacite, mais manifeste, des fameux Prolégomènes de l'Allemand Wolf : *Il n'y a point eu d'Homère.* Cette opinion, accueillie d'abord avec beaucoup de répugnance est aujourd'hui incontestée. Nous devons ajouter que la connaissance plus complète des formations épiques est bien faite pour la confirmer. Le *Kalevala* de Lœnnrot, ce grand poème finnois qu'un critique contemporain a composé de pièces et de morceaux recueillis dans les maisons de la Finlande et dans les yourtes de la Sibérie, est un de ces exemples frappants qui justifient les conjectures les plus hardies. Il en est de même des poèmes d'Ossian. *L'Iliade* est ainsi composée de fragments très antérieurs à la composition du poème. Le nom même d'Homère, que Curtius traduit par *assembleur*, la circonstance des neuf villes réclamant l'honneur d'avoir donné naissance au poète, semblent déceler l'origine multiple de l'épopée.

Les chants homériques sont sans doute nés dans l'Asie Mineure, aux environs de la Troade. Les rapsodes qui les ont ébauchés connaissaient à merveille Ténédos Ilion, le Simoïs et le Scamandre ; ils ont vu les portes Scées. Quant à l'attribution des divers tumulus à Achille, à Patrocle, à Ajax, bien qu'acceptée dès l'origine, elle est plus douteuse, parce qu'il n'est ni constaté ni probable que les événements de *l'Iliade* répondent à des faits entièrement réels. Si la réalité d'un royaume troïen paraît établie, si l'on admet aisément un ou plusieurs retours des Hellènes contre l'Asie, d'où ils venaient et dont leurs tribus peuplaient encore les rivages occidentaux, on est porté à croire que l'élément historique tient la moindre place dans *l'Iliade*, et qu'il s'est amalgamé avec des mythes communs à toute la race aryenne et dont on retrouve les débris dans les épopées de l'Inde, de la Grèce, de la Perse, de l'Allemagne et de la Scandinavie. Au dire de certaines critiques *L'Iliade* serait le travail de l'imagination hellénique sur un épisode du mythe solaire qui fait le fond des mythologies aryennes ; c'est le combat légendaire de la lumière et des ténèbres, compliqué d'une foule de souvenirs réels et de récits empruntés aux aventures des migrations helléniques. Ainsi s'est formé dans l'Inde le Ramayana ; le rapt de Sita fait pendant à l'enlèvement d'Hélène. La fabuleuse histoire s'est combinée, ici, avec une ou plusieurs guerres nationales entre les Hellènes et les habitants de la Troade, là avec la conquête des régions du Gange et de Ceylan par la race blanche indienne.

Que l'on rapporte au douzième siècle avant notre ère les événements plus ou moins authentiques de la guerre de Troie, ou qu'on les fasse reculer plus loin dans le passé, il est douteux que l'on résolve jamais avec certitude cette troisième question : En quoi différaient les Troïens et les Grecs? Étaient-ce des tribus de même famille, ou des races distinctes? Leur inimitié ne prouve rien. Le texte de l'*Iliade*, tel qu'il nous est parvenu, ne nous est d'aucun secours : les mœurs d'Ilion sont plus fastueuses, plus civilisées ; mais Homère prête aux héros des deux partis, à leurs femmes, le même langage, les mêmes sentiments, les mêmes dieux. Avouons, pour notre part, que l'origine différente des deux peuples nous paraît assez dénuée de probabilité. Au contraire, le long séjour des Hellènes en Asie, leur passage nécessaire dans les contrées qui sont le théâtre de la lutte, donnent toute vraisemblance à l'hypothèse d'une affinité originaire. Nous avons ici pour nous la tradition latine, si habilement reprise par Virgile. Si l'*Énéide* a plus de fondement que la *Franciade*, si l'arrivée des Latins en Italie correspond réellement à la fin de la guerre de Troie, si les fils d'Énée sont des Troïens fugitifs, il faut admettre que l'*Iliade* est le monument de la séparation définitive qui s'est jadis accompli entre la branche hellénique et le rameau italique, entre deux peuples frères, longtemps voisins par les mœurs et les idiomes. Ainsi, la guerre de Troie aurait eu un rôle décisif dans les destinés du monde. Et c'est là, sur ces côtes, aujourd'hui insignifiantes, qu'il faudrait chercher le berceau de Rome et le germe de tout notre développement européen.

— En sortant des Dardanelles et en suivant à l'occident les côtes de la mer Égée, le voyageur voit se dresser à l'horizon une montagne à cime allongée, dont la silhouette ressemble à un sphinx couché. C'est le promontoire oriental de la triple péninsule de Chalcidice, le mont Athos des anciens, appelé par les Grecs modernes Hagios Oros, la montagne sainte, à cause de la célèbre « république des moines » qui en occupe toute la superficie.

La presqu'île du mont Athos ne se relie à la terre ferme que par un isthme bas et étroit que déjà dans l'antiquité on avait coupé par un canal. Les religieux qui habitent ce coin de terre se trouvent, de ce fait, complètement isolés du reste de l'empire ottoman. Ils sont au nombre de 6.000 environ, répartis entre 20 couvents et un grand nombre d'ermitages solitaires. C'est là tout ce que le pays compte d'habitants, si l'on excepte quelques rares marchands disséminés çà et là. Mais, détail essentiel, tous ces laïques mêmes doivent être chrétiens orthodoxes. Nul mahométan n'est admis à fouler le sol de la sainte montagne. De même, jamais femme ne franchit l'isthme qui relie la presqu'île au continent. On dit qu'autrefois, l'exclusion sévère du sexe féminin s'appliquait même aux animaux; ainsi, les poules ne trouvant pas grâce devant cet ostracisme, les œufs devaient être apportés du dehors. En tout cas, à l'heure qu'il est, cette prescription paraît avoir cédé devant les nécessités de l'élevage, auquel s'adonne une partie des moines. D'autres s'occupent de la pêche. Toutefois, la majorité se consacre entièrement aux pratiques de rigoureuse dévotion prescrites par la règle de saint Bazile que suivent ces religieux, à l'instar de presque toutes les communautés orthodoxes de l'Orient. Jadis, au onzième et au douzième siècles, le mont Athos était un des centres de la culture et de l'art gréco-byzantin. On en retrouve des vestiges dans quelques-uns des monastères, sous forme de manuscrits précieux, dont le nombre s'élèverait, dit-on, à 13.000. Mais, aujourd'hui, les habitants de la montagne sont encore peu capables de lire ces documents, et l'Europe lettrée n'en apprend peu à peu le contenu que grâce à des travaux de visiteurs savants.

La presqu'île forme, en réalité, un petit État à part, tributaire de la Porte, mais n'ayant avec le gouvernement ottoman que des relations rares et de pure

Le couvent de Chilandar, au pied du mont Athos.

formalité. Elle est régie par une assemblée élue de vingt membres, un pour chaque couvent.

Les moines se recrutent dans tous les pays de religion grecque-orthodoxe. C'est de là également qu'ils tirent, par des quêtes fructueuses, la plus grande partie de leurs moyens d'existence.

Le couvent de Chilandar, que reproduit notre dessin, a été fondé en 1199 par le grand voïvode serbe, Stéphane Némani, qui s'était fait moine lui-même. Son fils, saint Sawa, premier archevêque de Serbie, contribua pour beaucoup au développement de ce monastère, dont le roi Ourosch II de Serbie (1275-1322) a été également le bienfaiteur. Ourosch a notamment fait construire la grande tour. Actuellement, les constructions forment un polygone irrégulier dont le centre est occupé par une église.

La plus grande partie des moines appartiennent à la nationalité bulgare.

Les Albanais sont une des races les plus particulières de la Turquie.

L'Albanie, située dans le nord-ouest de la Turquie d'Europe, comprend l'Epire ancienne et l'Illyrie de la Grèce. Les voyageurs décrivent avec enthousiasme les beautés de la nature dans cette contrée, que plusieurs comparent à la Suisse. L'Epire, est une miniature des régions alpines, et un abrégé de tous les climats.

La population de l'Albanie est mêlée de beaucoup de Turcs, de Grecs, de Serviens et de Juifs. Le pays se divise en pachaliks, dont les trois principaux sont ceux de Janina, d'Albessan et de Scutari. Lord Byron a consacré à l'Albanie plusieurs belles strophes du poëme de *Child Harold*. Dans sa correspondance, il parle avec éloge de la beauté des femmes albanaises et de la bravoure des hommes. « Les Albanais, dit-il (je veux parler ici des montagnards, et non de ceux qui cultivent la terre dans les provinces) ont en général très bonne mine. Nous avons trouvé, entre Delvinachi et Libochabo, les plus belles femmes que j'aie jamais vues pour la taille ou pour la figure. Elles étaient occupées à réparer un chemin qui avait été dégradé par les torrents. La démarche des Albanais est tout à fait théâtrale. Leur longue chevelure

Un Albanais.

fait penser aux Spartiates, et l'on ne peut se faire une idée du courage qu'ils déploient dans les guerres de partisans. » Il écrivait donc, le 13 octobre 1809, à sa mère : « J'aime beaucoup les Albanais; ils ne sont pas tous Turcs; il y a même quelques tribus chrétiennes; mais leur religion ne fait pas grande différence dans leurs mœurs et leur façon de vivre : ce sont les meilleures troupes de l'armée turque. Dans mon voyage, j'ai passé une fois deux jours, et ensuite trois, dans une caserne, à Salone, et n'ai jamais trouvé de soldats aussi supportables, quoique j'aie été dans les garnisons de Malte et de Gibraltar, et bien que j'aie vu bon nombre de troupes françaises, espagnoles, siciliennes et anglaises. On ne m'a rien volé, et j'ai toujours été bien venu à partager leurs provisions et leur lait. Il n'y a pas une semaine qu'un chef albanais (chaque village a son chef appelé primat) après nous avoir tirés de la galère turque en détresse, nous nourrit et logea, moi et ma suite, sans vouloir accepter d'autre indemnité qu'un écrit constatant que j'avais été bien reçu, et comme je le pressais de prendre au moins quelques sequins : — « Non, me dit-il, je désire que vous m'aimiez, non que vous me payiez. »

Vers le milieu de novembre, Byron traversa l'Acarnanie et l'Etolie avec une escorte de cinquante Albanais. A Utraikey, petit village situé au fond d'une des baies du golfe de l'Arta, il fit une halte de nuit, qu'il a décrite en ces termes :

« Le soir, les portes du village ayant été fermées, on s'occupa des préparatifs du souper de nos Albanais. Une chèvre fut tuée et rôtie tout entière ; quatre feux furent allumés, autour desquels les soldats s'assirent par groupes. Après avoir longtemps bu et mangé, la plupart s'assemblèrent autour du feu le plus considérable, et tandis que nous et les plus âgés restions assis à terre, ils se donnèrent la main, et dansèrent autour de la flamme au bruit de leurs propres chansons, et avec une étonnante énergie. Le sujet de ces chants était toujours les exploits des Klephtes, guerriers réfugiés dans les montagnes pour échapper à la domination des Turcs. Il y en eut un qui dura plus d'une heure ; il commençait ainsi : « Quand nous partîmes de Parga, nous étions soixante ! » puis venait le refrain

> Tous Klephtes à Parga !
> Tous Klephtes à Parga !

« Et lorsqu'ils entonnaient cette strophe de toute la force de leurs poumons, ils tournaient rapidement autour du feu, tombaient sur leurs genoux, se relevaient, et recommençaient à tourner en répétant en chœur le refrain. Le bruissement des vagues sur les cailloux du rivage où nous étions assis remplissait les intervalles du chant d'une musique plus douce et non moins monotone. La nuit était très sombre ; mais aux éclats que jetait la flamme, nous apercevions les bois, les rochers, le lac ; et l'aspect sauvage des danseurs prêtait au site, à demi voilé dans l'ombre, quelque chose d'étrange et de mystérieux. »

Au reste, la bonne opinion que lord Byron conçut tout d'abord pour les Albanais, quoique les voyageurs les accusent presque tous de brigandage et de perfidie, venait peut-être de la ressemblance qu'il remarqua entre eux et les Highlanders de l'Écosse ; leurs vêtements, leurs manières de vivre, sont à peu près les mêmes. Ils portent comme eux un jupon, le *kilt*, mais il est blanc. Les montagnes de l'Albanie ne diffèrent pas sensiblement de celles de la Calédonie ; seulement le climat est beaucoup plus doux.

On ne peut parler de Janina sans évoquer le souvenir d'Ali-Pacha dont le tombeau y est édifié.

« Un visir est un homme couvert de pelisses, assis sur un baril de poudre, et qui a peur d'une étincelle. » Lorsque Ali-Pacha prononçait ces paroles, il était parvenu au plus haut degré de sa puissance. Fils d'un pauvre aga de Tépélini, il s'était élevé par son courage, son intelligence, mais aussi par sa ruse et par sa cruauté, à l'un des premiers rangs de la hiérarchie musulmane. De son palais de Janina, sur les bords du beau lac Achérusie, où il jouissait avec faste d'immenses richesses, fruit de ses rapines et de sa tyrannie, il régnait sur l'Epire, l'Acarnanie, les montagnes du Pinde, la Phocide, une partie de l'Etolie, de la Thessalie et de la Macédoine. Le sultan lui donnait dans les firmans le surnom de Lion (*arslan*). Bonaparte, au début de sa glorieuse carrière, l'avait remarqué et l'avait voulu faire entrer dans les plans de sa politique. Les journaux de Paris publiaient des lettres du pacha de l'Epire au général de l'armée d'Italie. Le perfide Ali exprimait pour une révolution qu'il ne comprenait pas une sympathie menteuse ; il se déclarait le disciple fidèle de la religion des Jacobins ; mais peu de temps après il trahissait la France ; et l'Angleterre, dont il servait par occasion les intérêts, lui prodiguait à son tour les louanges. Nelson arrêtait sa flotte au milieu de la mer Egée et envoyait complimenter celui qu'il appelait le « héros de l'Epire. » Pendant les longues guerres de l'empire, son alliance avait été recherchée presque par tous les souverains. Au milieu des révolutions que subissaient les royaumes chrétiens et la Turquie elle-même, il savait non seulement préserver mais augmenter son influence et son autorité. Son nom était populaire en Europe. Les illustres voyageurs qui parcouraient la Grèce ou le Bosphore ne manquaient point de visiter Ali-Pacha. Lord Byron, dont toute supériorité intellectuelle ou matérielle excitait vivement la curiosité, se montra plus

Tombeau d'Ali-Pacha, dans une cour du palais de Janina.

empressé de voir le souverain de Janina que d'admirer Constantinople. Il eut plusieurs entrevues avec Ali-Pacha en 1809, et il a donné, dans le second chant de Childe-Harold, une description brillante de la cour du tyran de l'Epire. On trouve aussi dans ses Mémoires une lettre à sa mère, où il raconte ses impressions moins poétiquement mais avec autant d'esprit.

« J'ai traversé, dit-il, l'intérieur de l'Albanie pour aller visiter le pacha. Je suis allé à Tebelen, palais de plaisance de Sa Hautesse, où j'ai demeuré trois jours. Le nom du Pacha est Ali, et il passe pour un homme d'une grande habileté : son fils Véli-Pacha, pour qui il m'a donné une lettre de recommandation, commande en Morée, et jouit d'une grande influence en Egypte ; bref, Ali est un des hommes les plus puissants de l'empire turc. Quand j'arrivai à Janina, sa capitale, après un voyage de trois jours à travers les montagnes, dans un pays de la plus agreste beauté, j'appris qu'il était en Illyrie, avec son armée, à assiéger Ibrahim-Pacha dans la forteresse de Bérat. Il avait su qu'un Anglais de distinction venait visiter ses États, et il avait laissé des ordres pour qu'à mon arrivée on me préparât une maison et qu'on me fournît gratis tout ce qui me serait nécessaire. J'ai fait quelques cadeaux aux esclaves, mais on n'a pas souffert que je payasse rien de ce qui s'est consommé chez moi. J'ai monté les chevaux du visir, et j'ai été voir ses palais et ceux de ses petits-fils : ils sont splendides, mais trop ornés d'or et de soie. Je suis allé aussi par les montagnes de Zitza, village qui a un monastère grec dans le plus beau site que j'aie jamais vu, excepté Pintra, en Portugal. Au bout de neuf jours, je suis arrivé à Tebelen. Notre voyage s'est prolongé, parce que les routes avaient été coupées par les torrents qui tombent des montagnes. Je n'oublierai jamais la singulière scène qui s'offrit à nous, en entrant dans la cour du palais, à cinq heures de l'après-midi, comme le soleil descendait à l'horizon. A quelque différence de vêtements près, ce spectacle me rappela tout le système féodal, et la description que fait Walter-Scott, dans le Lai du dernier Ménestrel, du château de Branksome. Les Albanais, avec leur costume le plus magnifique du monde, composé d'une large jupe blanche, d'un surtout brodé d'or, d'un justaucorps et d'une veste de velours cramoisi, couverte de galons d'or disposés avec un goût infini, et formant toutes sortes d'arabesques et de dessins variés, leurs pistolets et leurs poignards montés en argent; les Tartares, avec leurs hauts bonnets pointus; les Turcs, avec leurs larges pelisses et leurs turbans; les soldats et les esclaves noirs, tenant des chevaux; les premiers, groupés dans une immense galerie ouverte, formant la façade du palais; les autres, réunis dans une espèce de cloître au-dessus; deux cents coursiers caparaçonnés, prêts à partir au moindre signal; des courriers entrant et sortant avec des dépêches; le retentissement des cymbales, le cri de jeunes garçons annonçant l'heure du haut du minaret, et l'apparence bizarre du palais lui-même : tout formait pour l'œil d'un étranger l'ensemble le plus beau et le plus pittoresque. Je fus conduit à un appartement superbe, et le secrétaire du pacha vint savoir des nouvelles de ma santé, à la mode turque. Ali me reçut le lendemain. J'avais un uniforme complet d'officier d'état-major et un magnifique sabre. La salle était pavée de marbre; une fontaine jaillissait au milieu, et l'appartement était entouré d'ottomanes écarlates. Le visir me reçut debout, grande distinction de la part d'un musulman, et me fit asseoir à sa droite. J'ai pris pour mon usage particulier un interprète grec; mais cette fois, un médecin d'Ali nommé Femlario, et qui comprenait le latin, en fit les fonctions. La première demande du pacha fut : Pourquoi, si jeune, j'avais quitté mon pays? (Les Turcs n'ont pas la moindre idée d'un voyage de pur agrément.) Il ajouta ensuite que le ministre anglais, le capitaine Peake, lui avait dit que j'étais d'une grande famille; et il me chargea de ses respects pour ma mère; je vous les transmets donc au nom d'Ali-Pacha. Il me dit qu'il était sûr que j'étais un homme de qualité, parce que j'avais les oreilles petites, les cheveux frisés, et les mains petites et blanches. Il ne me cacha pas que ma tournure et mon costume lui plaisaient. Il me pria de le considérer comme un père tant que je serais en Turquie, m'assurant qu'il me regarderait comme son fils. De fait, il m'a traité en enfant, m'envoyant vingt fois par jour des amandes,

des sorbets, des fruits et des confitures. Il m'engagea à le visiter souvent, et de préférence le soir, parce qu'il avait plus de loisir. Je me retirai après qu'on nous eût donné du café et des pipes. Je le revis trois autres fois. Il est bizarre que les Turcs, chez lesquels il n'existe ni dignités héréditaires ni grandes familles, excepté celles des sultans, fassent tant de cas de la naissance; car je remarquai que ma généalogie passait avant mon titre. »

Pouqueville, qui a été longtemps consul à Janina, Hobhouse, Smart Hughes ont aussi donné, dans leurs descriptions de la cour d'Ali, une haute idée de son luxe et de sa puissance. Mais à l'époque même de sa plus grande prospérité, lorsque sa renommée, sa richesse et les nombreux alliés qu'il s'était assurés semblaient lui permettre d'espérer une vieillesse et une fin tranquilles, Ali n'avait cependant que peu de confiance dans l'avenir : sa pelisse d'honneur pesait lourdement sur lui, et il craignait l'étincelle. Si habile qu'il fût à déjouer les projets hostiles de ceux que lui avaient aliénés ses injustices et ses cruautés, si persévérant et si impitoyable qu'il fût dans ses vengeances, il n'ignorait pas qu'incessamment on ourdissait des trames contre lui. En vain ses sicaires déguisés parcouraient la Grèce, l'Asie-Mineure ; en vain il entretenait une police secrète même à Constantinople : il suffisait qu'un seul ennemi intelligent et déterminé réussit à lui échapper pour qu'il vît changer toute sa fortune. Cet homme se rencontra. Pach-Beya, dépouillé de ses biens par Ali et chassé de Janina, parvint, après des efforts inouïs, à former à Constantinople une conjuration redoutable. Il inspira au sultan des soupçons contre l'ambition du pacha de l'Epire ; il intéressa sa cupidité en lui montrant comme une proie facile les trésors enfouis à Janina et à Tepelini. Ali, inquiet et irrité, tenta de faire assassiner Pacho-Bey; l'un des assassins fut pris, et Ali reçut l'ordre de venir rendre compte de sa conduite à Constantinople. Il pressentit le péril et refusa d'obéir : dès lors sa perte fut résolue. Une armée conduite d'abord par Pacho-Bey, ensuite par Kourschid-Méhémet-Pacha, vint l'assiéger dans sa capitale. Il résista longtemps. Plus d'une fois il découragea ses ennemis ; mais la trahison lui enleva l'appui de ses alliés et d'une partie de sa famille. Après deux années, il fut obligé d'abandonner la ville et le palais de Janina pour se retirer dans la citadelle. C'était son dernier refuge : il y combattit longtemps encore ; mais enfin, soit lassitude et découragement, soit politique malheureuse et espérance aveugle, il se livra à ses ennemis. Voici comment la dernière scène de la vie d'Ali-Pacha a été racontée par un de ses biographes :

« Ali, renfermé dans le château du Lac avec un petit nombre d'hommes déterminés à mourir, fit déclarer à Kourschid que son intention était de mettre le feu à deux cent milliers de poudre et de se faire sauter. C'était une résolution sérieuse. Jour et nuit, un Turc appelé Sélim se tenait dans le magasin à poudre, une mèche allumée à la main, et prêt à y mettre le feu au premier signal de son maître. Les trésors d'Ali étaient amoncelés sur les barils.

« Kourschid eut recours à la ruse. Il parvint à persuader à Ali que le sultan lui accordait son pardon à la condition qu'il ferait sa soumission. Il l'attira ainsi dans l'île du Lac.

« Ali ne tarda pas à se repentir de cette confiance, que peut expliquer seulement l'extrémité où il était réduit. Kourschid lui demanda de donner des ordres pour que Sélim eût à remettre la mèche allumée.

« Ali répondit qu'en partant de la citadelle, il avait recommandé à Sélim de n'obéir qu'à son ordre verbal, qu'une injonction écrite n'aurait aucun effet sur ce fidèle serviteur, et qu'il fallait par conséquent le laisser aller lui-même intimer cet ordre.

« Kourschid refusa prudemment à Ali de lui rendre la liberté.

« Après de nouvelles et de longues instances, Ali, soutenu par une dernière espérance, tira de son sein la moitié d'une bague dont l'autre moitié était dans les mains de Sélim. « Allez, dit-il, présentez-lui ceci, et ce féroce lion se changera en timide et obéissant agneau ». En effet, à la vue de ce signe convenu, Sélim se prosterna, éteignit la fatale mèche, et fut aussitôt poignardé. La garnison, à qui on déroba la connaissance de ce meurtre, informée de l'ordre qu'avait donné Ali-Pacha, arbora aussitôt le pavillon impérial et fut relevée par un autre corps de troupes.

« Il était alors midi, et Ali-Pacha, retiré dans l'île du Lac, éprouvait un affreux battement de cœur, sans pourtant que ses traits fussent altérés par l'agitation. Dans ce moment solennel, il montrait une contenance ferme et courageuse au milieu de ses officiers, la plupart défaits ou accablés. De fréquents bâillements qu'il ne pouvait réprimer temoignaient seuls de son appréhension impatiente. Il portait quelquefois ses regards sur le poignard, les pistolets et le tromblon dont il était armé. Il se tenait assis en face de la porte d'entrée de la salle des conférences. Vers cinq heures après-midi, on vit arriver, avec un visage sombre, Hassan-Pacha, Omer-Bey Brioni, le sélictar de Kourschid-Pacha, et quelques autres chefs de l'armée turque avec leur suite. A leur aspect, Ali se lève avec l'impétuosité de la jeunesse, la main sur ses pistolets de ceinture. « Arrêtez! que m'apportez-vous, crie-t-il à Hassan d'une voix tonnante. — Le « firman de Sa Hautesse; connaissez-vous ces sacrés caractères? — Oui, et je les « révère. — Soumettez-vous donc au destin; faites votre prière à Dieu et au « prophète : votre tête est demandée. — Ma tête, réplique Ali avec fureur, ne « se livre pas si aisément. » Ces mots, dits rapidement, sont accompagnés d'un coup de pistolet dont la balle brise la cuisse de Hassan. Aussi prompt que l'éclair, Ali tire deux autres coups de pistolet qui tuent deux de ses adversaires. Déjà il tenait en joue son tromblon rempli de chevrotines, lorsque le sélictar, dans la mêlée (les affidés d'Ali défendaient leur maître avec fureur), le perce d'une balle dans l'abdomen. Une autre balle lui traverse la poitrine, et il tombe en criant à un de ses sicaires : « Va, cours, ami! va tuer sur-le-champ la pauvre « Vasiliki, afin qu'elle ne devienne point l'esclave de ces chiens. » A peine a-t-il achevé ces mots qu'il expire, après avoir tué ou blessé quatre des principaux officiers de l'armée turque. Sa tête fut séparée de son corps, embaumée, et expédiée à Constantinople par Kourschid. Le sultan la fit porter au sérail et la montra au divan assemblé; on la promena en triomphe dans toute la capitale. On l'exposa ensuite au-dessus de la grande porte du sérail, avec cette inscription : « Voici la tête de Tepelenli Ali-Pacha, traître à son culte et à son souve-« rain. Les sectateurs de l'islamisme sont enfin délivrés de son astuce et de sa « tyrannie. »

Nous terminerons notre excursion en Turquie par une visite à quelques points de son domaine asiatique.

Rien ne contraste davantage avec la nudité des îles de la Grèce que les montagnes boisées qui entourent le beau golfe de Smyrne; celles qui s'élèvent derrière la ville sont malheureusement dépouillées de végétation. Le voisinage

de l'homme est fatal aux forêts. A Smyrne, dans le quartier des Roses, habité
surtout par les riches négociants grecs, chaque maison a un jardin intérieur
entouré d'une galerie sur laquelle s'ouvrent les portes et fenêtres des appartements. Au centre, s'élance un jet d'eau entouré d'orangers, de grenadiers, de
néfliers du Japon, de jasmins et de roses. Quand la porte de la rue est entr'ou-

Le pont des Caravanes, à Smyrne.

verte, on croit voir l'*atrium* d'une maison antique ; c'est un souvenir de Pompéi
réalisé dans l'ancienne Lydie. Ma première visite fut au pont des Caravanes qui
traverse le Melès, au bord duquel Homère aveugle faisait, dit-on, entendre ses
chants divins. Le lieu de la scène est des plus poétiques. Du côté de la ville le
torrent est bordé de saules, de platanes, de mûriers et d'autres arbres aux
formes arrondies, au feuillage mobile et varié ; sur la rive opposée se dresse une
forêt de cyprès séculaires, noirs, immobiles, serrés l'un contre l'autre, laissant
voir çà et là leur squelette intérieur, formé de grosses branches dénudées. A leur
pied sont d'innombrables tombes turques coiffées du turban, les unes droites, les
autres déchaussées et inclinées, la plupart gisant sur le sol. Les cyprès sont
l'image de l'immobilité ; les tombes, celle de l'incurie musulmane. Sur le pont

défilaient de longues caravanes de chameaux attachés l'un à l'autre par une corde
et menés en laisse par un petit âne servant de monture à un conducteur turc,
arabe, anatolien, caramanien ou nègre, tous revêtus de costumes variés, plus pittoresques les uns que les autres, armés jusqu'aux dents et partant pour s'enfoncer
dans les contrées les plus reculées de l'Asie-Mineure.

Désireux d'avoir une idée de la végétation du pays, je me dirigeai avec deux
officiers de l'*Hydaspe* vers le village de Bournaba, situé à six kilomètres de la
ville. Nous marchions dans des chemins creux, chaque champ étant entouré

Le Platane de Godefroy de Bouillon, a Bujudgéré.

d'une levée de terre recouverte de sarments de vigne. Le myrte, le gattilier
de superbes pistachiers térébinthes, le fenouil, bordaient la route. On vendan-
geait de tous côtés. La vigne, le froment, les oliviers étaient les cultures dominantes. Ceux-ci, vieux et noueux, semblaient abandonnés à eux-mêmes ou
ébranchés de la façon la plus inintelligente. J'aurais voulu voir un champ de
ces melons de Smyrne, ovales, verts extérieurement, à chair blanche, fondante
et sucrée, les meilleurs du monde assurément. On les cultive, du reste, à
Cavaillon, près d'Avignon, et dans les années favorables, ils peuvent rivaliser
avec ceux de l'Asie-Mineure.

Un botaniste ne saurait passer sous silence le célèbre platane de Bujugdéré,
village du Bosphore, renommé par sa belle situation. Cet arbre est connu sous
le nom de platane de Godefroy de Bouillon : c'est le végétal le plus colossal que
j'aie jamais vu, ou, plutôt c'est une réunion de neuf platanes soudés, formant trois

groupes très rapprochés. En commençant par l'est, on voit d'abord deux troncs réunis ayant, à un mètre au-dessus du sol, une circonférence de 10 m. 80. Le feu y a creusé une cavité de 5 mètres d'ouverture; puis vient un tronc isolé dont le pourtour est de 5 m. 50. Le dernier groupe se compose de six troncs réunis, formant une ellipse courbe, dont la circonférence est de 23 mètres, savoir : 13 mètres pour l'arc extérieur, 10 mètres pour l'intérieur qui est concentrique au premier. Cet énorme tronc a été creusé par le feu, car la barbarie turque n'admire rien et ne respecte rien. Un cheval était à l'aise dans cette cavité qui lui servait d'écurie. J'estime à soixante mètres environ la plus grande hauteur du massif. La projection de la cime sur le sol couvre une surface irrégulière de 112 mètres de pourtour. Quelques branches mortes dépassent le dôme de feuillage, mais de longues branches vivantes retombent de tous côés, chargées de feuilles plus découpées que celles du platane d'Occident. C'est à la fois une merveille botanique et un arbre à enchanter un paysagiste. Théophile Gautier l'appelle non pas un arbre, mais une forêt. Son instinct ne l'a pas trompé, ce mot forêt peint l'impression produite par ce géant ; mais en réalité, c'est un massif dont le tronc semble unique quoique multiple en réalité.

RHODES est la ville la plus poétique que j'aie jamais vue. Lamartine l'a décrite. Comment ne pas mentionner au moins cette belle tour carrée, flanquée de quatre tourelles et montrant encore la croix de Malte sur la face qui regarde la mer? Les derniers tremblements de terre l'ont à moitié détruite ; c'est un monument de moins pour rappeler aux générations futures l'héroïque défense du grand maître de l'ordre de Saint-Jean de Jérusalem, Villiers de l'Isle-Adam, car cette tour renversée ne sera jamais reconstruite. Les Turcs laissent tout tomber et ne relèvent rien. Dans la rue des Chevaliers, qui s'ouvre par une arcade en ogive, l'écusson fleurdelisé orne la plupart des maisons. Sur la principale, on lit, d'un côté : POUR L'ORATOIRE; de l'autre : POUR LA MAISON, avec la date de 1511, et au milieu, sous un écusson portant trois fleurs de lis et un chapeau de cardinal : DE FRANCE LE GRANT PRIOR FR. EMERY DE AMBOISE. 1492. C'est en 1522 que les chevaliers quittèrent l'île, après avoir résisté pendant quatre mois aux armées de Soliman le Magnifique. Si cette admirable rue n'existe plus, l'art et l'histoire doivent en porter le deuil.

Autour de la ville, la fertilité est prodigieuse. Oliviers noueux, figuiers dont les branches traînent à terre ; palmiers élancés, orangers, caroubiers et figuiers d'Inde sur la lisière des champs de blé et des vignes; chênes vélanis et platanes au pied des collines; lauriers roses dans le lit desséché des ruisseaux : tout annonce un climat chaud et sec. Les montagnes éloignées sont couvertes de pins; les parties plates cultivées ; c'est l'image de la fertilité, un vrai paradis terrestre. Quelques plantes herbacées, témoignait aussi que jamais la neige ou la glace n'y couvrent le sol.

En partant de Rhodes, nous longeâmes de près la côte méridionale de l'Asie Mineure, l'ancienne Carie, la Lycie, la Pamphylie et la Cilicie, contrées populeuses et fertiles sous l'empire romain. La mer était d'un bleu foncé, et de nombreuses troupes de poissons volants argentés s'élançaient hors de l'eau, glissaient en rasant la surface à la manière des hirondelles, pour plonger de nouveau dans leur élément. Au fond de chaque golfe, la longue-vue découvrait les ruines imposantes des grandes villes qui jadis bordaient la mer. Je n'en ai visité qu'une-

seule, c'est Solès, la patrie du solécisme, ainsi nommée parce que les habitants
de Solès parlaient un grec détestable. Lorsque Pompée y eut établi les restes
des pirates vaincus par lui soixante-huit ans avant l'ère chrétienne, elle s'appela

Rue des Chevaliers, à Rhodes.

Pompéiopolis, peu désireuse sans doute de conserver un nom qui lui avait valu
la célébrité du ridicule. Maintenant Pompéiopolis n'est plus ; le petit comptoir
de Mersina l'a remplacée. En débarquant, je remarquai l'*Acacia alba*, croissant
dans le sable avec le *Datura stramonium* ; mais les plantes ne piquaient plus
ma curiosité, j'étais impatient de voir les ruines de la ville romaine : nous y
arrivâmes en longeant la mer. Quelques champs de sésame et de coton croissant
au milieu des broussailles et envahis par les mauvaises herbes, étaient les seuls
traces de l'activité dans cette plaine jadis si fertile. Après avoir traversé une

petite rivière coulant sous un berceau de platanes, de vignes, de mûriers entrelacés ensemble, bordée de lauriers roses et animée par des tortues et des crabes
d'eau douce, nous découvrîmes une longue colonnade. Les piédestaux des
colonnes sont cachés par un lacis d'arbustes épineux qui en défendent l'approche;
mais leur fût élève majestueusement dans les airs des chapiteaux corinthiens
admirablement fouillés. Quelques-uns supportent encore des fragments d'attique.
Un aigle, immobile comme la pierre qui le portait, était perché sur le plus élevé
de tous; il s'enleva lourdement à mon approche, tandis qu'une compagnie de
francolins ou perdrix d'Asie s'éparpillait au milieu des ruines. Tout le terrain
environnant est bosselé de décombres; des arcades se montrent à l'une des
extrémités de la ville; ce sont les restes d'un théâtre; çà et-là des sarcophages
vides, renversés par le temps, gisent sur le sol. Du côté de la mer, une colline
se dressait devant moi; je la pris pour une dune, c'était un amphithéâtre grand
comme celui de Nîmes, mais à moitié écroulé. Un berger syriaque se tenait au
sommet, appuyé sur un fusil et revêtu d'un manteau de laine à grandes raies
noires et jaunes; immobile, il surveillait ses moutons qui paissaient dispersés
sur les gradins. A côté du cirque s'étendait le miroir bleu de cette Méditerranée
qui a jadis réfléchi tant de grandeurs et qui réfléchit actuellement tant de
misères. Quel tableau pour le poète, le peintre et l'historien!

  Le rivage de la mer entre Pompéiopolis et Mersina est couvert de débris qui
prouvent l'importance de cette ville antique. La plaine, d'une fertilité prodigieuse
a été envahie par ces broussailles qui, sur tout le littoral méditerranéen, couvrent les terres abandonnées; térébinthes, lentisques, chênes kermès, arbres
de Judée, romarins, arbousiers, gattiliers et lauriers roses.

  Les pentes des collines sont revêtues des pins d'Alep; mais çà et là
s'élèvent des troncs noueux d'oliviers sauvages, véritables ruines végétales,
restes des champs d'oliviers cultivés par les Romains à l'époque ou Pompéiopolis
était l'une des villes florissantes de la Cilicie agricole.

  ALEXANDRETTE. — J'ai peu de chose à dire d'Alexandrette, où nous abor-
dâmes le lendemain; c'est le port d'Alep, comme Mersina est celui de Tarsous.
Dans l'avenir, ce comptoir insignifiant prendra peut-être une grande importance s'il devient le point de départ du chemin de fer de l'Euphrate, par
lequel les Anglais se proposent de relier la Méditerranée au golfe Persique,
Malte et les îles Ioniennes à leurs possessions de l'Inde. Actuellement, une
plaine marécageuse entoure Alexandrette; de hautes montagnes la dominent
à l'est. La fièvre et les voleurs guettent le voyageur qui s'écarte des dernières
maisons, et un poste turc veille à la sûreté des habitants qui vont puiser
l'eau d'une source située à deux kilomètres de la ville.

  Latakié est l'ancienne Laodicée. Les forts turcs qui défendent le port sont
bâtis avec des colonnes antiques couchées horizontalement. La mer a démoli
une partie de ces misérables constructions, et la vague roule sur la grève ces
colonnes qui jadis supportaient les frontons des temples et les entablements des
palais. Les environs de Latakié rappellent ceux de Nice; l'olivier et le figuier sont
les arbres dominants; un promontoire sinueux s'avance dans la mer, comme
celui de Saint-Hospice, et le rivage est profondément découpé comme celui de
Villefranche et de Beaulieu.

  Quelques heures après avoir quitté Latakié nous étions mouillés devant Tri-

poli, la triple ville, suivant son étymologie grecque. En effet, le port ou la *Marina*,
comme on l'appelle, est séparé de la partie principale. Un chemin large et verdoyant, rayé de petits sentiers tracés par les ânes qui transportent sans cesse les
habitants, mène de la ville au port. La route était bordée de hautes cannes de Pro-
vence en fleur. Nous entrâmes dans les rues étroites et voûtées de Tripoli, que
nous traversâmes pour gagner un ravin profond situé derrière la citadelle.

C'est l'endroit le plus frais et le plus romantique que j'aie admiré en Orient.
Nous suivions un sentier à mi-côte; les cimes des orangers, des figuiers, des
micocouliers, s'élevaient jusqu'à nous, tandis que leurs troncs se cachaient dans
l'abime. A travers les éclaircies du feuillage nous apercevions les eaux d'un
torrent formant de petites cascades écumeuses en franchissant les barrages qui
arrêtaient son cours. Partout, sous les arbres, des Turcs accroupis sur des nattes
fumaient, jouaient aux échecs et prenaient le café que les *cadfigis* empressés
chauffaient près d'un foyer rustique formé de quelques pierres assemblées. Au-
dessus du sentier la pente était nue ou hérissée de figuiers d'Inde, dont les
formes bizarres contrastaient avec celle des arbres du ravin. Sur le sommet de la
colline se dressaient les murs jaunes, unis et massifs d'une grande forteresse carrée
bâtie par les croisés. Au haut du mur crénelé, une sentinelle turque, immobile
comme la pierre, regardait dans le vide. Nous atteignîmes bientôt la maison d'un
derviche solitaire. Dans ces ermitages on trouve du café et des rafraîchissements
comme jadis chez les ermites des montagnes de la Suisse. Le derviche ne put
nous admettre parce que le harem, composé des sept femmes d'un caïman de
Tripoli, se trouvait chez lui. Nous dînâmes donc sur la terrasse d'une maison
située au-dessous de la sienne. A travers les grillages en bois de l'ermitage nous
vîmes briller les prunelles de ces femmes qui assistaient en cachette à notre repas
improvisé. Combien l'animation, la gaieté, les rires, la loquacité de ces *giaours*
dut étonner ces paisibles filles de l'Asie, habituées à la gravité silencieuse de leur
mari. Le soir venu, les femmes partirent. Nous les vîmes défiler, semblables
à des fantômes blancs, sur le sentier du vallon, et se perdre enfin dans la nuit
sous la sombre verdure des orangers. Pendant ce temps, la lune s'était levée
derrière le Liban; sa clarté, mêlée à celle des derniers rayons du soleil couchant, avait répandu sur tout le paysage une teinte de cuivre rouge semblable
à un reflet d'incendie. A mesure que l'obscurité croissait le Liban s'illuminait
de mille feux épars. Ils étaient allumés par les Maronites, qui célébraient dès le
soir la fête de l'Exaltation de la Croix du lendemain. Les femmes s'étant éloignées,
le derviche nous fit entrer dans sa maison et nous introduisit sur une terrase
recouverte d'une treille. Un jet d'eau babillait au milieu, et l'ombre des feuilles
de la vigne éclairée par la lune se dessinait nettement sur le pavé de marbre.
On apporta du café et des narguilés. Accroupis sur les nattes, nous nous laissâmes
aller pour un moment aux délices du kief oriental. Le charme dura peu;
l'Européen, toujours pressé, n'a pas le temps de vivre : il fallait partir. Nous
revînmes en passant par la forteresse; les maisons blanches de Tripoli étaient à
nos pieds, éclairées par la lumière de la lune et des étoiles. Nous traversâmes
les rues silencieuses de la ville, où quelques boutiques de barbiers étaient seules
ouvertes. Au sortir des murs nous trouvâmes les chameaux d'une caravane
accroupis et endormis sur le sable ou paissant aux environs. Jamais cette soirée
ne sortira de ma mémoire, j'en jouirai toujours par le souvenir comme
l'une des plus poétiques de ma vie.

Le lendemain matin, nous étions devant l'aimable BEYROUTH, véritable
colonie européenne, jetée sur les côtes de Syrie, entre le Liban et la mer :
c'est là qu'habitent les consuls généraux, pour la Syrie et la Palestine, de
toutes les grandes nations de l'Europe et de l'Amérique ; ces consuls sont
le noyau d'une société choisie où l'on cause comme à Paris. Les maisons
de campagne des Européens s'étagent sur un amphithéâtre couvert de la
verdure luisante des azédarachs. La ville est saine, la campagne l'est
encore plus, et sur les flancs du Liban, peuplé de chrétiens maronites,
on trouve tous les climats de l'Europe étagés au-dessus de ceux de l'Asie. Si je
voulais m'étendre sur les charmes de Beyrouth, je ne tarirais pas.

La végétation des environs de la ville ressemble à celle de Tripoli ;
cependant je vis là pour la première fois le figuier sycomore, arbre majestueux
qui figure dans les tableaux de scènes bibliques ou orientales : son bois
indestructible était employé par les anciens Egyptiens pour faire les cercueils
de leurs momies. Les fruits sont de petites figues douceâtres portées sur de
courtes brindilles dépourvues de feuilles et qui hérissent les grosses branches
de l'arbre. Le ricin d'Afrique est très commun à Beyrouth. Sur le Liban, à
500 mètres environ au-dessus de la mer, on admire le rhododendron pontique
cultivé dans nos jardins, et qui ne se retrouve en Europe, à l'état sauvage,
que dans les montagnes de l'Espagne et du Portugal. Beyrouth est menacé
par des dunes de sable mouvantes qui s'avancent vers la ville. Pour les
arrêter, l'émir Fakkardin fit planter un bois percé d'allées qui se nomme la
promenade des Pins : ce sont, en effet, des pins pignons qui ont été semés si dru
qu'ils ont pris un aspect tout particulier. S'élevant tous à la même hauteur, ils
ressemblent à une immense charmille ou à ces buis que la manie architec-
turale de nos ancêtres taillait en forme de murailles. Dans les allées sablon-
neuses de cette promenade, je remarquai la coloquinte à l'état sauvage.

En longeant les côtes de Palestine, nous vîmes de loin le promontoire du
Carmel, d'où l'ascétisme rayonne sur le monde catholique, et bientôt nous nous
trouvâmes devant Jaffa, l'ancienne Joppé, le port de Jérusalem, brûlée par Judas
Machabée, ravagée par Vespasien, conquise par les croisés, assiégée par Bonaparte et emportée après une lutte acharnée, malgré la peste qui décimait son
armée. Cette ville, comme on le voit, a subi plus d'une fois les viscissitudes de la
guerre : elle est bâtie en amphithéâtre comme Alger et comme Syra. C'est là
que débarquent les pèlerins de Jérusalem. L'immense majorité se compose de
Grecs schismatiques, puis viennent les Arméniens, enfin les catholiques. On
compte aussi un certain nombre de juifs ; ce sont des vieillards qui vont à
Jérusalem pour y mourir et reposer sous les pierres de la vallée de Josaphat,
dans la terre d'Abraham, d'Isaac et de Jacob.

Rien de plus oriental que la porte par laquelle on sort de Jaffa pour aller à
Jérusalem. Elle s'ouvre sous une tour bâtie par les croisés : en dehors est une
fontaine surmontée d'une inscription arabe et sans cesse entourée de chameaux
les uns accroupis sur le sable, les autres debout, le cou tendu et s'abreuvant
dans le bassin. Plus loin sont les nombreux cafés qui n'auraient pu trouver place
dans l'étroite enceinte de la ville ; ils n'ont qu'un rez-de-chaussée, et les terrasses
sont occupées par une population bigarrée : des Arabes pillards de la Palestine,
des Turcs indolents, des Arméniens voyageurs, des Grecs, des Juifs, des nègres,
un rendez-vous des peuples de l'Orient attirés par l'appât du lucre ou la ferveur

de la dévotion. La campagne voisine est un jardin d'orangers arrosés par des puits à roue, de bananiers aux fruits délicieux, de grenadiers, de cotonniers arborescents, de figuiers dont les troncs devenus cylindriques sont de véritables arbres.

LES BALKANS

LES BALKANS

Entre la Russie, la Turquie et l'Autriche s'étendent des États que l'on désigne sous le nom générique de Balkaniques.

Que nos lecteurs nous permettent de donner de l'antiquité de ces régions, un rapide aperçu, indispensable pour la connaissance complète du pays.

Les peuples qui habitaient les contrées situées au nord du Danube, n'avaient été que vaguement aperçus des anciens avant que les Romains étendissent de ce côté leurs conquêtes. On ne possédait sur leur compte que les notions recueillies jadis par Hérodote, et les rapports confus et incertains du petit nombre d'hommes qui faisaient avec eux des échanges. Les expéditions dirigées contre les Daces sous l'empire, et surtout leur soumission opérée par Trajan, au commencement du deuxième siècle après Jésus-Christ, les firent mieux connaître. Les colonnes et les arcs triomphaux élevés par cet empereur et par Marc-Aurèle, à la suite de leurs victoires, sont encore pour nous les sources les plus sûres et les plus abondantes de renseignements sur les peuplades, fort diverses d'ailleurs, que les écrivains anciens groupent ordinairement sous les noms de Sarmates et de Daces.

Costume dace.

Roi dace ou sarmate.

Ces derniers, les plus rapprochés des Romains, occupaient les pays riverains du Danube et du Pruth. Les populations comprises sous le nom de Sarmates étaient répandues plus au nord et à l'est, jusqu'à la Baltique, jusqu'à la Vistule et jusqu'au Volga. Les Daces nous apparaissent, sur les monuments, vêtus, comme tous les peuples du Nord, de larges pantalons descendant jusqu'à la cheville, et chaussés de forts souliers fermés et noués à l'aide de cordons. Le haut du corps est tantôt nu, tantôt couvert d'une sorte de chemise ou de tunique à manches qui laisse le cou dégagé, est serrée à la taille par une ceinture et tombe jusque sur les genoux. A en juger d'après quelques-unes des figures qui les représentent, on peut croire que ce vêtement était fendu sur le devant ou sur le côté. Ils portaient encore par-dessus un ample manteau qui semble, dans les sculptures, souvent être garni de fourrure ; ce manteau était attaché sur l'épaule au moyen d'une fibule ou agrafe. Leur coiffure la plus ordinaire était un haut bonnet cylindrique ; le bandeau qui ceint la tête d'un des personnages ici représentés est un insigne royal ; de même, la mitre ou bonnet phrygien que d'autres Barbares portent dans les bas-reliefs romains où est figurée la guerre contre les Daces, et que l'on voit sur la tête du Décébale, est un emprunt fait à des peuples habitant plus à l'est. Les principaux de la nation semblent avoir adopté les vêtements plus amples des Sarmates, dont il est difficile de les distinguer.

Ceux-ci, dans les monuments, sont souvent vêtus de véritables robes ajustées sur le haut du corps, avec une longue robe flottante qui laisse à peine le pied à découvert. Cette robe pouvait faire partie même du costume de guerre ; on voit à beaucoup de guerriers la cuirasse ou le justaucorps de cuir ou garni d'écailles placé par-dessus.

Les monuments nous montrent aussi des femmes daces ou sarmates vêtues de longues tuniques semblables, avec une ou plusieurs

Musée de Saint-Pétersbourg. — Buste de Décébale.

tuniques plus courtes superposées, que des ceintures ou des cordons tiennent serrées à la taille et aux bras. Celle qui recouvre toutes les autres est quelquefois ouverte par devant ; un nœud en tient les deux côtés assemblés sur l'estomac. Les cheveux sont ramassés dans une coiffe en forme de sac qui retombe sur la nuque, ou couverts d'une pièce d'étoffe. On ne distingue pas les chaussures.

Décébale est le Vercingétorix dace. Les Daces, ou Gètes, sont les ancêtres des Roumains (Moldo-Valaques) actuels. Ils habitaient, entre les Carpathes, le Dniester, le Danube et la Theiss, la fertile contrée qui comprend, outre les principautés annexées à l'Allemagne, la Bessarabie devenue en grande partie province moscovite, la Bukovine, la Transylvanie et le Banat, provinces autrichiennes.

Au temps d'Hérodote, les Daces habitaient sur la rive droite du Danube,

vers les embouchures ; ce n'est que plus tard, à la suite des expéditions de
Philippe et d'Alexandre en Thrace, qu'ils passèrent sur la rive gauche.
L'émigration, toutefois, ne fut pas complète. Ovide, dans un exil de Tomi,
était entouré de peuplades gètes et sarmates dont il avait dû apprendre la
langue. Il avait été même, — ce dont il se confesse en rougissant à ses amis
de Rome, — jusqu'à composer un poème dans leur idiome barbare.

Au nord et à l'ouest de la Dacie, dans la Dacie même, habitaient de
nombreuses peuplades d'origine celtique, avec lesquelles les Daces se trouvèrent
de bonne heure en contact et en lutte. Cette circonstance, et une analogie
singulière entre le caractère et les dogmes religieux des deux peuples, ont
contribué à accréditer l'opinion, qui tend à devenir populaire en Roumanie,
que les Daces étaient un peuple gaulois. Il existe, en effet, une grande affinité
entre le druidisme et ce que nous connaissons des doctrines religieuses et
philosophiques des Daces, de leur organisation sacerdotale, des cérémonies
de leur culte. Comme les druides, leurs prêtres enseignaient que les âmes
ne meurent pas, et que le trépas n'est que le passage à une seconde existence,
ou à une série d'existences plus parfaites : d'où vient qu'Hérodote et les autres
historiens de l'antiquité ne les désignent que par le surnom qu'ils s'étaient
donné à eux-mêmes, *les Immortels* (*oi Athanatizontes*). Et plus loin, Hérodote
ajoute : « Ils sont les plus braves et les plus justes des Thraces. »

Leur bravoure rappelle l'intrépidité et aussi la forfanterie gauloises. Ils
vont à la mort comme à une fête. Leur âme est fermée à la crainte, et plane
au-dessus des superstitions vulgaires. Quand il tonne, ils décochent leurs
flèches contre les nuages, et répondent par de menaçantes clameurs aux
grondements de la tempête. Ainsi Aristote nous montre les Gaulois opposant
les boucliers à la foudre et s'élançant, le glaive à la main, contre les flots
débordés.

Vers la fin du premier siècle de l'ère chrétienne, les Daces formaient
une nation puissante, relativement civilisée, soumise à un gouvernement
fortement empreint de théocratie, très guerrier, et pouvant mettre sur pied
deux cent mille hommes, au rapport de Strabon.

Ils obéissaient à plusieurs chefs ou princes, parmi lesquels Décébale
tenait le premier rang. La figure que reproduit notre gravure a été photogra-
phiée d'après un buste colossal, d'une parfaite conservation, découvert en 1855
près du Forum de Trajan, à Rome, et qui se trouve actuellement au
Musée de Saint-Pétersbourg.

On suppose que la tête seule est antique. Elle rappelle exactement les
têtes de Daces sculptées sur la colonne : même type, même coiffure, le bonnet
phrygien (*pileus*) que porte encore aujourd'hui le paysan roumain des Carpathes,
même accoutrement de visage, la barbe et les cheveux longs, la moustache
hérissée.

Diurpanée avait succédé, vers l'an 84, à Duras, qui avait abdiqué en sa
faveur. Les circonstances étaient critiques pour la Dacie. Les Romains, établis
depuis le règne d'Auguste sur la rive droite du Danube, avaient déjà envahi à
plusieurs reprises la contrée, tentés par le voisinage des gîtes aurifères des
Carpathes. Les Daces se sentaient mal protégés par les glaces de leur climat et
cette obscurité profonde de leurs forêts qui une fois (en 74 av. J.-C.) avait
fait reculer d'épouvante l'armée de Scribonius Curion. On parlait d'une

nouvelle expédition préparée par Domitien. Le Décébale résolut de la prévenir en portant lui-même la guerre sur le territoire romain. Domitien vaincu acheta la paix en s'engageant à payer un tribut annuel aux Daces (89). Les maîtres du monde tributaires d'un barbare ! Cette honte dura jusqu'au règne de Trajan.

L'expédition de Trajan en Dacie est le fait militaire le plus considérable de l'empire. La gloire qu'elle procura au vainqueur balança, surpassa même celle que César avait acquise dans les Gaules. Une lettre de Pline, adressée à l'un de ses amis, Caninius, qui voulait en faire le sujet d'un poème, montre à quel point elle avait frappé les imaginations des Romains : « Vous ne pourriez mieux faire, dit-il, que d'écrire la guerre contre les Daces. Où trouve-t-on un sujet plus nouveau, plus riche, plus étendu, plus susceptible de tous les ornements de la poésie, et où les plus constantes vérités aient plus l'air de fables ? Vous nous représenterez des fleuves au milieu de campagnes auparavant sèches et arides : des ponts bâtis sur des rivières où l'on n'en avait point encore vu ; des armées campées sur la cime de montagnes inaccessibles ; un roi toujours plein de confiance forcé d'abandonner sa capitale et la vie. Vous nous peindrez deux triomphes, dont l'un a été le premier qu'on eût remporté sur une nation jusque-là invincible ; l'autre sera le dernier. »

La guerre nécessita d'immenses préparatifs et des travaux gigantesques, qui transformèrent la Dacie avant même qu'elle fût conquise. Elle dura cinq ans, de 101 à 106. Les détails nous en sont malheureusement très peu connus. Des nombreux écrits que les anciens possédaient sur cette expédition, aucun, pas même le commentaire composé par Trajan lui-même, à l'imitation de César, n'est parvenu jusqu'à nous. Seule, la colonne Trajane est restée debout pour nous raconter, dans un langage souvent plus éloquent que la parole, en même temps que les exploits de Trajan, la résistance opiniâtre des Daces et la fin tragique de leur chef.

Le Décébale avait le génie inné de la guerre : « Prince d'un mérite éminent, dit Dion Cassius, également propre pour le conseil et pour l'action, sachant saisir le moment d'attaquer et celui de faire retraite, capable de profiter de la victoire et de se ménager des ressources après une défaite. » Ajoutons une constance à toute épreuve, un singulier mélange de fierté et de souplesse, l'esprit rusé du barbare secondant les vues arrêtées de l'homme d'État, une volonté peu scrupuleuse sur l'emploi des moyens, un patriotisme ardent, la haine du nom romain. Durant cinq années consécutives, sauf l'intervalle entre les deux guerres daciques, remarquable par la construction du fameux pont de Trajan sur le Danube, il dispute le terrain pied à pied, reculant devant l'ennemi, mais sans cesser de lui faire face, quelquefois disparaissant subitement à sa vue pour se montrer de nouveau à quelques jours de là sur ses flancs ou sur ses derrières ; le harcelant sans relâche, détruisant les corps isolés, les attirant à l'aide de ses espions dans des gorges étroites où il les accable sous des quartiers de rochers.

A la fin pourtant, il succombe. La guerre, la trahison, l'or, dont les Romains sont habiles à se servir non moins que du fer, ont éclairci les rangs de ses soldats. Ses compagnons les plus braves et les plus fidèles sont morts ou prisonniers des Romains. Sa sœur elle-même est captive. Ses principales villes, sa capitale même, Sarmizegethusa, sont tombées au pouvoir de l'ennemi. Maintenant il est acculé aux extrémités même de ses États. Les Romains, maîtres du défilé de la Tour-Rouge, le menacent dans son dernier refuge qu'ils ont pris à revers. En vain il s'est adressé aux peuples voisins, les conjurant, dans l'intérêt de leur propre salut, de lui venir en aide contre l'ennemi commun. L'épouvante a glacé tous les courages. La dernière heure de la Dacie est arrivée. Il faut suivre sur l'airain de la colonne, les dernières scènes du drame jusqu'à la catastrophe finale. Rarement la langue parlée ou écrite a atteint à ce degré de vérité et de pathétique. Ici, un soldat dace se poignarde pour ne pas survivre au malheur de sa patrie, un autre se fait tuer par un de ses camarades. Là, des chefs, reconnaissables au *pileus* qui coiffe leur tête, groupés autour d'un cratère rempli d'un breuvage empoisonné, plongent à tour de rôle leurs coupes dans le liquide fatal, et retombent inanimés dans les bras de leurs serviteurs. Là, enfin, le Décébale, que poursuivent des cavaliers romains, tombe épuisé par ses blessures au pied d'un arbre, et, au moment où les soldats s'apprêtent à le saisir, se frappe mortellement de son glaive.

A quelques mois de là, Trajan, de retour à Rome, célébrait par un triomphe, le plus magnifique dont l'histoire de Rome fasse mention, sa victoire sur les Daces et la réunion d'une nouvelle *province* à l'empire. Parmi les nombreux trophées qui étaient portés devant le char du vainqueur, on distinguait, posée sur un plat d'argent, une tête humaine que les captifs daces mêlés au cortége suivaient d'un regard triste et sombre. C'était la tête du Décébale. Les dieux s'étaient montrés plus cléments envers l'antagoniste de Trajan qu'envers celui de César : Rome l'avait vaincu, elle ne l'avait pas possédé vivant.

Ce mot *Raia*, par lequel on désigne les sujets non musulmans de la Porte, est un pluriel arabe qui signifie « troupeau ». Pris dans un sens métaphorique, en vertu d'un préjugé ancien et que l'on rencontre partout à l'origine des sociétés, qui considère les rois comme les pasteurs des peuples, il s'appliquait indistinctement, dans le principe, à tous les individus vivant à l'ombre du sceptre des khalifes. Ce ne fut que plus tard, après que la conquête eut établi une distinction radicale entre les *croyants* (musulmans) et les *infidèles* (chrétiens ou juifs), que le mot commença d'être pris en mauvaise part et s'appliqua exclusivement à ceux qui, ayant refusé d'embrasser l'islamisme, furent exclus de la jouissance de certains droits inhérents à la condition de musulmans. En vain une ordonnance impériale, rendue sous le dernier règne, en même temps qu'elle supprimait l'impôt du *karadj*, qui restait comme un souvenir ou plutôt comme un stigmate de la conquête, abolit la qualification de raïa comme contraire à l'égalité qui servait de base au tanzimat, et confondit de nouveau les musulmans et les non-musulmans sous une même dénomination, celle de *tebah* (sujets); l'usage a prévalu, et aujourd'hui encore le raïa, en Turquie, est un individu à part, — mais non toutefois un paria, comme on se le représente vulgairement, — que le préjugé, plus fort que la loi, place, sinon en dehors du droit commun, du moins dans un état d'infériorité politique et même civile, à l'égard du musulman.

Considérée sous le rapport ethnographique, cette population appartient à trois races principales : la race grecque, la race albanaise et la race slave.

Cette dernière est de beaucoup la plus nombreuse. Disséminée dans toute

Un Raïa slave.

la largeur de la Turquie d'Europe, depuis l'Adriatique jusqu'à la mer Noire, elle se subdivise en plusieurs groupes, qui se reconnaissent aisément à la ressemblance du type et de la langue : les Monténégrins, les Bulgares, les Serbes, les Bosniaques, les Herzégoviniens.

Les Monténégrins, au nombre d'environ cent vingt mille, habitent, près de l'Adriatique, entre Cattaro et la côte d'Albanie, un territoire de cent cinquante mille carrés, composé de deux parties distinctes, le *Czernâgore* ou Montagne-Noire (*Montenegro*) et les *Brdas*, enclavé de toutes parts dans les possessions austro-turques, hérissé et entouré de montagnes, qui en font une véritable forteresse naturelle. On sait quelle est la bravoure de ce petit peuple qui, depuis quatre siècles, lutte contre les Turcs pour le maintien de son indépendance. Mais à quoi peut lui servir même son indépendance? Pressé, comme il l'est aujourd'hui, entre ses deux puissants voisins, le Monténégro étouffe. L'air et la terre lui manquent à la fois. Il ne peut ni respirer ni se nourrir. C'est à peine s'il produit la quantité de blé et de maïs nécessaire à sa subsistance. Tout le reste, comme il n'a ni manufactures, ni industrie, il doit le tirer du dehors, et comme l'argent lui manque pour l'acheter, il pille. Ces habitudes de bandits, ces razzias reprochées au Monténégrin, sont une nécessité de sa position. Il s'est fait brigand, ne pouvant être autre chose. Mais qu'on lui donne ce qu'il ne cesse de réclamer, quelques champs pour s'étendre, un port sur l'Adriatique pour communiquer avec le dehors, il deviendra colon comme ses voisins serbes et bulgares.

Les Bulgares appartiennent-ils véritablement à la race slave? Selon l'opinion la plus répandue, ce seraient des tribus finnoises, originaires des bords du Volga, qui envahirent, au septième siècle, l'ancienne Mœsie, occupée antérieurement par les Slaves, et, au bout de deux siècles, se confondirent avec eux. Les Bulgares sont de trois à quatre millions. Doux, patients, laborieux, paisiblement adonnés à la culture de la terre, ils diffèrent essentiellement, par leur caractère et leur genre de vie, des peuplades guerrières et à demi sauvages du Monténégro. A la moindre provocation, le Monténégrin saisit son fusil et court sus au Turc; le Bulgare se contente de maudire tout bas son ennemi, et attend, *le doigt sur la bouche*, l'heure de la délivrance. Parfois, quand l'oppression a comblé la mesure, il émigre en Russie, résolution désespérée, que suit un long repentir. Un invincible attachement le lie au sol comme à la religion de ses pères. Toutefois, en ces dernières annnées, l'agitation et les soulèvements sont, en Bulgarie, à l'état permanent.

Les Serbes, au nombre d'environ deux cent mille, répandus dans les districts turcs de Prichtina, de Prizren et de Novi-Bazar, sur tout le territoire de *l'ancienne Serbie*, ne diffèrent en rien, quant à l'origine, à la langue, au caractère, des habitants de la principauté de Serbie, dont ils ont été détachés autrefois, et à laquelle ils aspirent à se réunir. Ils forment, pour ainsi dire, le cœur de la nationalité serbe, dont la principauté de Belgrade forme la tête et le bras. Prizren, ancienne capitale de l'empire serbe sous le roi Douchan, et le fameux *champ de Kossovo*, où périt, en 1389, l'indépendance de la Serbie, font partie de leur territoire.

La Bosnie et l'Herzégovine formaient autrefois deux provinces distinctes. Réunies en 1854, par suite de la nouvelle organisation donnée par Omer-Pacha à ces contrées, elles forment aujourd'hui l'*eyalet* (gouvernement général) de Bosnie, dont le chef-lieu est Sarajevo. L'Herzégovine proprement dite a pour capitale Mostar.

La population, évaluée à deux millions environ se partage en deux groupes distincts, les chrétiens des deux rites grec et latin, et les musulmans. Ces derniers forment un peu moins des deux cinquièmes du chiffre total.

Les Bosniaques musulmans sont les descendants de cette noblesse indigène qui, après avoir vaillamment combattu contre Mahomet II pour sauver l'indépendance de la patrie, quand cette indépendance eut péri, embrassa l'islamisme afin de conserver ses terres et ses privilèges. Ils formèrent dès lors une aristocratie militaire aussi redoutable aux Sultans de Constantinople que dure aux chrétiens de la contrée. Au moindre signe par lequel la Porte faisait mine d'attenter à leurs privilèges, toute la confédération des *beys* était debout. Ils convoquaient le ban et l'arrière-ban de leurs vassaux musulmans et offraient le combat au vizir, le seul fonctionnaire qui ne fût pas indigène en Bosnie. Si le vizir acceptait le combat, il perdait régulièrement la partie. Le plus souvent on le gagnait à prix d'or, et alors, indemnisé d'avance de la destitution qui l'attendait à Constantinople, il mandait au divan qu'il n'y avait rien à faire de ces « têtes carrées », et qu'il valait mieux les ménager « comme bons musulmans ». Retranchés dans leurs châteaux, comme les barons de notre moyen âge, propriétaires exclusifs du sol dont les chrétiens n'étaient considérés que comme de simples tenanciers, ils régnaient et règnent encore aujourd'hui sur la contrée en véritables tyrans. Vous les reconnaissez sans peine sur les chemins, non seulement à leurs armes, à leurs montures, mais à un certain air de noblesse et de grandeur qui frappe tous les voyageurs. « J'ai souvent, dit un voyageur rencontré dans les *khans* (hôtelleries) et sur les routes, des nobles bosniaques qui allaient visiter leurs terres. Ce sont des gentilshommes dans la bonne acception du mot. Quelques-uns sont de la race des anciens rois, et leurs manières élégantes et fières, relevées par la beauté de leur costume, pourraient leur mériter une place dans l'élite de la société européenne. »

Ces « parfaits gentilshommes » ne laissent pas que d'être parfois des voisins assez incommodes. Toutefois, le pire tyran pour le raïa bosniaque ou herzégovinien, ce n'est pas le bey indigène, qui se contente de lui faire sentir sa supériorité sans vivre à ses dépens, c'est le pacha ou le *mudir* (gouverneur de district) de Stamboul, dont les exactions triplent et quadruplent à son détriment les taxes qui lui sont imposées ; c'est le *bachi-bozouq* (soldat irrégulier), dont les rapines et la licence ne connaissent aucun frein.

Vers le milieu du treizième siècle, la ville de Fagaras, bâtie dans une des gorges des Carpathes, non loin du défilé de la Tour-Rouge, par où l'Olto débouche de la Transylvanie sur le territoire valaque, était le centre d'un petit État, d'une origine en apparence fort ancienne. Radu (Rodolphe), surnommé le *Noir*, de la vieille famille des Basaraba, en était le chef. Ses voisins, Slaves et Magyars, lui donnaient le titre de duc, ou *voïvode*; ses sujets l'appelaient *domnu* (*dominus*, seigneur). Eux-mêmes se désignaient, dans leur langue, sous le nom de Romains ou Roumains. C'étaient, en effet, les descendants directs de ces colons que l'empereur Trajan avait transplantés dans la Dacie, après l'entière soumission de cette province, mêlés aux débris de la nation dace, dispersée, mais non anéantie par la conquête. De ce mélange était sorti à la longue, par un phénomène d'assimilation analogue à celui qui s'était produit en Gaule, un peuple

Rodolphe le Noir.

qui, sans rompre entièrement le fil de la tradition nationale, avait continué sur les bords du Danube le génie et la langue de Rome, jusqu'au jour où les invasions barbares le forcent à chercher un refuge dans les Carpathes. Retranché derrière leurs pentes abruptes comme dans une forteresse naturelle, il assiste avec plus de curiosité que de crainte à ce long défilé de peuples qui, du quatrième au dixième siècle, se poussent les uns les autres à travers les fertiles plaines du bas Danube. Entouré par les Barbares, mais non confondu avec eux, il a foi dans la durée de sa race. Un préjugé ancien, qui paraît emprunté en même temps aux dogmes religieux des Daces et à la tradition de la *ville éternelle*, affermissait en lui cette croyance. *Romanu no pere!* « le Roumain ne périt pas! » criait le guerrier en s'élançant au fort de la mêlée. Et de son côté le pâtre de la montagne, tandis que le flot de la barbarie grondait à ses pieds, murmurait tout bas : *Apa trece, petrile remanu.* « Le flot s'écoule, les pierres demeurent. »

Le flot s'écoula en effet, et bientôt, quoique la contrée offrît encore aux yeux l'image du désert, quelques cités, semées à de longs intervalles, quelques groupes de peuples, les uns fixes, les autres nomades, commencèrent à se montrer comme des débris échappés du naufrage. A mesure qu'on se rapprochait de l'Olto, ces groupes, plus compacts, avaient formé de petites républiques sous des chefs indigènes Au delà du fleuve, en tirant vers l'occident, dans la contrée connue depuis sous le nom de Petite-Valachie, et qui possédée longtemps par les Hospitaliers, eut moins à souffrir des invasions, trois seigneuries, distinctes à l'origine, avaient fini par se confondre en un même État gouverné par un prince qui prenait le titre de *bano* (ban), et qui descendait, de même que le *domnu* de Fagaras, de la famille de Basaraba.

Rodolphe était-il un de ces seigneurs des basses terres que des événements, ignorés aujourd'hui, avaient portés à émigrer de l'autre côté des Carpathes? Ou bien cette transplantation avait-elle eu lieu sous quelqu'un de ses prédécesseurs, à une époque plus reculée? On l'ignore. Les circonstances et la date précise de son retour ne sont pas mieux indiquées. C'est vers 1241, d'autres disent 1290, que les colons de Fagaras, ayant repassé les monts sous la conduite de leur chef, s'arrêtèrent non loin des sources de la Dimbovitza, à la naissance de ces vastes et fertiles plaines qu'une pente douce incline vers le Danube. Les anciens chroniqueurs et le peuple roumain encore aujourd'hui nomment cet événement *la descente.* Il y a deux *descentes* dont le souvenir s'est conservé dans la tradition, et qui marquent les deux dates les plus mémorables de l'histoire de la Roumanie : la descente de Trajan et celle de Rodolphe.

Une grande renommée sans doute l'avait précédé; car au premier bruit de son arrivée les petits princes du voisinage accoururent au-devant de lui et se rangèrent d'eux-mêmes sous sa bannière. Leur soumission entraîna celle des chefs plus éloignés, et le plus considérable d'entre eux, le ban de Craïova, dans la Petite-Valachie, s'étant reconnu son vassal, Rodolphe se vit maître de tout le pays compris entre les Carpathes, le Danube et le Sereth.

C'est alors que Rodolphe joignit à son titre de duc (voïvode) de Fagaras et d'Omlas, celui de « seigneur de tout le pays roumain » *domnu a toala tsara romanesca*, et fit graver sur son écusson, en signe de son origine et de sa foi, l'aigle au bec armé de la croix, qui figure encore aujourd'hui dans les armes de la Valachie. Les princes valaques et moldaves ne s'intitulèrent jamais rois dans leurs actes. Cependant sur les monnaies de plusieurs d'entre eux la légende porte, après le nom du souverain, les initiales D. G. R., *Dei Gratia Rex*. Quelquefois à la place de l'R, en lit un K : *Kraï* (en slavon), même signification que *rex*.

Rodolphe partagea le territoire de son nouvel Etat en douze districts, à l'imitation des douze tribus d'Israël après le retour dans la terre promise. Pour Rodolphe et ses compagnons, en effet, la contrée où ils venaient de s'établir n'était point une terre étrangère; c'était l'héritage des aïeux, la patrie qu'ils avaient quittée et qui leur était rendue.

Plus tard, environ soixante ans après la mort de Rodolphe, l'adjonction définitive de la Petite-Valachie forma cinq nouveaux districts qui s'ajoutèrent aux premiers. La même division subsiste encore aujourd'hui.

Le règne de Rodolphe (circonstance rare chez un fondateur) fut plus pacifique que guerrier. Comme il n'a point à conquérir son territoire sur ses voisins, on le voit sans cesse occupé chez lui, soit à relever les anciennes villes ou à en bâtir de nouvelles, soit à régler par des lois la constitution de l'Etat. Il est à la fois le Romulus et le Numa de son peuple.

Ses lois, qui régirent la domnie jusqu'à la fin du quinzième siècle, sont toutes basées sur le principe de l'égalité entre les membres composant le corps social. Tout Roumain est astreint au service militaire, mais tout Roumain est accessible aux fonctions de l'Etat, à la domnie même qui n'est que la première de ces fonctions. Nul n'est exclu de la possession de la terre, et l'impôt est payé également par tous ceux qui possèdent. S'il existe une noblesse, une *boyarie*, elle est personnelle et viagère. Les titres décernés par le prince ne sont que la récompense des services rendus à l'Etat, et ne confèrent point de privilèges, pas même celui de l'hérédité. Le fils du boyard succède aux biens, mais non aux titres paternels. Il n'est rien, sinon par lui-même. De même, les enfants du prince n'ont point de rang, ils sont simplement fils de prince, *ficori de domnu*, qualifications que les Turcs traduisirent plus tard par celle de *beyzadé*. A la seconde génération, les descendants de la lignée princière rentrent dans la classe des simples citoyens.

Rodolphe, sur la fin de sa vie, transporta sa résidence de Campŭ-Lungŭ à Curté d'Argis. C'est là qu'il mourut, vers 1265, après un règne de vingt-quatre ans. Il fut inhumé dans la grande basilique qu'il y avait fait construire, et où l'on conserve encore son portrait et celui de sa femme Roxandra, peu différents des peintures à fresque qui décorent l'église de Campŭ-Lungŭ. Le domnu est représenté la tête ceinte du diadème, avec un justaucorps brodé en or et en argent et recouvert d'un surtout de fourrure noire. Sa physionomie, la coupe de sa barbe, rappellent celles du Christ. Seulement il a le visage brun, et sa barbe et ses cheveux sont noirs. D'où, sans doute, son surnom.

Un siècle environ après l'établissement de Rodolphe en Valachie, un autre chef de même origine, Dragos, fils de Bogdan, franchit les Carpathes, vers les sources du Sereth, et fonda la principauté de Moldavie. Les circonstances de cette nouvelle *descente* ne sont pas très bien connues. Les récits des chroniqueurs tiennent plus de la légende que de l'histoire.

Quoi qu'il en soit, les deux domnies, gouvernées par une série de princes sages et valeureux, subsistèrent avec éclat jusque vers le commencement du seizième siècle, époque à laquelle elles se placèrent elles-mêmes, en vertu de traités connus sous le nom de *capitulations*, sous la suzeraineté de la Porte Ottomane.

La VALACHIE n'est plus qu'une province de la Roumanie, érigée en royaume,
et dont la capitale est Buckarest ou *la ville du Plaisir*. Située dans une belle
plaine sur la rive de la Dumbovitza, qui roule ses eaux vers le Danube, elle offre
de loin au voyageur une perspective délicieuse. Ses maisons, au nombre d'environ dix mille, sont dispersées sur une vaste étendue : des jardins, des masses
de verdure divisent et encadrent leurs toits de diverses couleurs, que surmon-

Eglise métropolitaine de Buckarest, en Roumanie.

tent les dômes et les tours de plus de soixante églises. Le charme n'est plus
aussi grand lorsqu'on est au sein même de la ville. Aucun plan n'a présidé à sa
construction et n'a réglé son accroissement. Les rues, pour la plupart, ne sont
point pavées; en quelques endroits elles sont couvertes d'un plancher fait de
madriers. A côté d'hôtels somptueux, on en voit beaucoup qui sont mal entre-
tenus et du plus triste aspect. En face de riches magasins qui ne dépareraient
point Paris, des échoppes de foire étalent en permanence leurs pauvres marchandises. Les plus beaux quartiers sont encombrés de cabanes. Ce désordre,
ces contrastes de luxe et de pauvreté donnent à Buckarest un caractère étrange
qui la fait participer à la fois de l'Orient et de l'Occident, du village et de la
cité, qui rappellent aussi son passé humble et agité, et ses efforts laborieux,
constants, pour arriver à l'indépendance et à la civilisation. Les deux édifices
les plus remarquables sont le palais du prince et l'église grecque métropolitaine,
qui s'élèvent à peu de distance l'un de l'autre, sur une hauteur dans le centre
de la ville. L'église a trois clochers d'une forme élégante; leurs dômes, ainsi

que la toiture, sont de métal et peints en vert. La surface du monument est couverte d'un stuc brillant ; le péristyle est orné de peintures plus nombreuses que belles ; la nef très étroite et mal éclairée est chargée d'ornements ; l'autel est, selon le rite grec, séparé du reste du temple par un voile qui n'est levé qu'à certains moments de l'office ; des rideaux de diverses couleurs donnent au jour des reflets changeants et bizarres. Une église catholique, une église luthérienne, une synagogue, la résidence du consul d'Autriche et une tour très haute nommée *Tour du Feu*, sont ensuite les monuments qui méritent le plus d'attirer le regard. Il convient cependant de citer encore la chambre des représentants, qui est d'une grande simplicité à l'intérieur aussi bien qu'à l'extérieur ; c'est une vaste salle à l'extrémité de laquelle siège le président ; les membres sont assis de chaque côté et les orateurs parlent de leur place ; il n'y a point de tribune. Un muséum d'histoire naturelle, un collège fréquenté par 500 élèves, et où l'on enseigne les éléments des sciences, les langues grecque et romaine, et la langue française dans toutes les classes ; enfin une bibliothèque dont l'importance et l'utilité s'accroissent chaque jour.

Le nombre des habitants de Buckarest est de 221.000. Les costumes sont très variés et montrent de combien d'éléments divers se compose la population. Il règne dans les rues et sur les places une activité bien rare dans les villes qui se rapprochent de l'Orient. Les juifs, toujours ingénieux et sensibles à l'appât du gain, sont pour beaucoup dans ce mouvement ; on les voit partout affairés, empressés à offrir leurs services ; surtout aux étrangers, qui ne se débarrassent pas aisément de leur officieuse importunité. Des voitures de louage circulent de toutes parts comme dans les grandes villes. Le soir, la principale rue de Buckarest, dite *Pogonomochoi*, est remplie d'équipages. Les boyards déploient un luxe extraordinaire, et la plupart d'entre eux se ruinent.

Tel est extérieurement l'aspect général de Buckarest. Si l'on veut ensuite la connaître plus intimement, si l'on veut se rendre compte du caractère des habitants, de leurs institutions, de leurs tendances, du rang qu'ils occupent dans la civilisation, il est indispensable d'évoquer à soi quelques souvenirs historiques et de se rappeler les vicissitudes qui ont amené successivement la Valachie à sa constitution actuelle.

Sous le nom de Dacie, les anciens comprenaient tout le territoire occupé aujourd'hui par la Valachie, la Moldavie, le bannat de Temeswar et la Transylvanie. Lorsqu'après la défaite de Décébale par Trajan, la Dacie fut déclarée province romaine, les soldats vainqueurs reçurent en partage les terres des vaincus, et ils y fondèrent une colonie. Les traces de cette occupation, qui dura un siècle et demi, ne se sont jamais effacées ; de nos jours encore, les paysans valaques s'appellent *Roumains*. Ils donnent à leur pays la dénomination de *zara roumanesea*, terre romaine. Ils se saluent au nom de *frater*. Leur langue, douce comme l'italien, paraît n'être qu'une dégénérescence du latin. On a peine à concevoir que les révolutions qui, depuis la colonisation romaine ont tant de fois labouré et ensanglanté ce sol, n'aient point plus sensiblement modifié et renouvelé la population.

Les Goths, sous Galien, s'établirent en Dacie. A la fin du troisième siècle, ils furent chassés par les Huns. A ceux-ci succédèrent les Gépides, les Lombards, et enfin les Bulgares et les Slaves. Sous la domination de ces derniers, les anciens habitants d'une partie du sol commencèrent à être nommés Valaques. On a émis l'opinion que ce nom venait du mot *ulhas*, dont les Slaves se servent encore aujourd'hui pour désigner les Italiens.

Au neuvième siècle, les Tartares chassèrent les Slaves, qui revinrent toutefois s'établir plus solidement en Valachie au treizième siècle. C'est vers ce temps que la Valachie et la Moldavie furent érigées en principautés.

A la fin du quatorzième siècle, Bajazet rendit la Valachie tributaire de son empire. De nombreuses tentatives d'affranchissement, dans le siècle suivant, ne réussirent point à soustraire les Valaques au joug des sultans. Le voïvode Michel délivra ses concitoyens pendant quelques années; mais il fut assassiné en 1602, et sa mort laissa la Valachie sans défense. Pendant la première partie du dix-huitième siècle, ce malheureux pays fut accablé sous le poids de l'oppression musulmane. Les sultans, qui s'étaient réservé de choisir eux-mêmes les voïvodes, ne donnaient le gouvernement qu'à leurs créatures pour se faciliter les moyens de prélever, sous toutes les formes, les impôts les plus onéreux. Un seul refuge s'offrit aux Valaques : la protection de la Russie. Ils l'obtinrent aisément en se jetant de son côté dans tous les débats qui survinrent entre elle et l'empire turc au cours des derniers siècles. Chaque fois que la paix se rétablissait, la Russie, tout en rendant au sultan la souveraineté sur la Valachie et la Moldavie, stipulait en leur faveur une part plus large d'indépendance, en ayant soin de se réserver à elle-même des droits de protection et une influence qu'elle exerce encore aujourdhui.

La principauté est divisée en 18 districts; chaque district est gouverné par un magistrat que le roi choisit entre deux candidats élus par les notables. Chaque ville a un conseil municipal par lequel elle se gouverne, s'impose et s'administre elle-même; sous la seule obligation de soumettre son budget aux ministres. Les habitants chrétiens, nobles ou roturiers, propriétaires d'un immeuble de 700 francs, se réunissent tous les trois ans dans leur paroisse, et nomment des députés chargés à leur tour d'élire, parmi les citoyens possesseurs d'un immeuble de 2.800 francs, les quatre membres qui forment le conseil municipal.

La propriété du sol peut être acquise par tous les citoyens, qui peuvent tous également parvenir à la noblesse. Il y a, à la vérité, une classe tout à fait privée des droits civils; nous voulons parler des *Cigains* ou Bohémiens, qui sont au nombre de plus de 250.000 en Valachie et en Moldavie. Les uns, que l'on nomme *aurari* ou orpailleurs, sont chargés de recueillir les paillettes d'or dans les rivières; les autres *ursari*, domptent les ours et les promènent en mendiant et en vendant des recettes pour les maladies des bestiaux; les autres, enfin, nommés *lingurari*, fabriquent des ustensiles en bois, et ont des fours à charbon. Les plus misérables, voués au vagabondage. sont appelés *laiessi*.

Quant aux paysans, leur sort est beaucoup amélioré, et leur ignorance est aujourd'hui le seul obstacle à leur complète émancipation. Les grands boyards sont obligés de leur fournir une quantité de terres variable suivant leurs besoins et ceux de leurs familles, à charge, par ces tenanciers, de payer la dîme et de fournir dix-huit jours de travail qu'il leur est permis de racheter à un taux fixé par l'assemblée nationale. Les paysans sont soumis à une capitation annuelle de trente piastres (10 fr. 50); mais les pères dont les enfants ont été appelés au service militaire sont de droit exempts de la capitation.

Chaque village a ses archives, sa maison commune, ses percepteurs nommés par les contribuables, et un médecin sans cesse en tournée dans le district pour vacciner les enfants.

La législation est en grande partie empruntée à la nôtre.

La peine de mort et les tortures sont abolies. Le châtiment le plus sévère est le travail dans les mines de sel. On a fini par introduire le système pénitentiaire moderne dans la prison de Buckarest.

L'instruction publique est répandue dans toute la principauté avec libéralité. On compte plusieurs écoles gratuites à Buckarest et dans les districts. Il est remarquable que la langue française a été adoptée comme base de l'éducation nationale. Les Russes n'ont pas réussi à faire enseigner leur langue dans les écoles et le collège. Les citoyens aisés donnent des précepteurs français à leurs enfants.

Ainsi, tandis que la Russie et la Turquie se disputent ou plutôt se partagent sous deux titres différents la direction politique de la Valachie, c'est à la France, qui n'a aucune prétention de s'immiscer dans des intérêts si lointains, qu'appartient en fait la plus grande part d'influence sur le caractère et sur les institutions du pays. Nos plaisirs même les plus frivoles sont en honneur chez les Valaques, comme on en jugera par le passage suivant :

« Un Français est fêté à Buckarest comme un ami; comme un compatriote; et souvent, en effet, dans un salon où la conversation se fait dans notre langue, où l'on parle de nous, de notre littérature, de Paris, ce grand foyer de lumière, qui rayonne sur l'Europe, on se demande si vraiment la Valachie en est séparée par tant de pays où les mœurs et les idées françaises exercent moins d'influence. De retour du Casino, le maître du logis me demanda si je ne voulais point aller au théâtre. — Quoi ! vous avez un théâtre ici ? — Oui, monsieur, et le mois dernier des acteurs français y jouaient un vaudeville. Le soir il y a concert. A sept heures du soir donc, je me fis conduire au théâtre. Le bâtiment n'est qu'une grande baraque construite en bois; mais on a ménagé dans l'intérieur une salle assez bien distribuée. L'assemblée était au grand complet : les femmes, vêtues suivant la dernière mode, portaient leurs brillantes parures avec grâce ; les hommes, à de bien rares exceptions près, ont aussi adopté nos costumes. Les officiers, en grand uniforme, tout couverts de torsades et de broderies, paradaient devant les dames, comme les *beaux* de garnisons dans nos villes militaires. Le parterre offrait le plus singulier mélange de Grecs, d'Arméniens et de Bulgares. Le roi prit enfin place dans sa loge tapissée de damas rouge, et la toile se leva. Les artistes attaquèrent avec aplomb les morceaux les plus difficiles de Donizetti et de Bellini : leurs succès furent bruyants. Pendant les intermèdes, leur mérite fournit le sujet de nombreuses controverses. Je remarquai que presque toutes les conversations avaient lieu en français. A onze heures, chacun se retira satisfait de sa soirée. »

Buckarest possède une conduite d'eau et des fontaines établies avec beaucoup de talent par des ingénieurs français. Cependant les ressources très limitées qui ont été mises à leur disposition ne leur ont pas permis d'approvisionner la ville entière, ni, à plus forte raison, de réaliser la distribution à domicile. Aussi le *sakadjiou* (porteur d'eau) n'a-t-il pas été interrompu dans l'exercice de sa profession, et Buckarest a conservé un de ses types caractéristiques.

Notre gravure est la reproduction fidèle d'une épreuve photographique prise à Buckarest même. Il y a, dans cette figure, bien des détails de nature à attirer l'attention. Le train à deux roues sur lequel est monté le tonneau est tout en bois; des chevilles tiennent lieu de ferrures, et pas une seule pièce métallique n'entre dans la construction. Le tonneau lui-même est de petites dimensions, ce que l'on s'explique facilement lorsque l'on voit la pauvre bête qui doit le traîner.

Sakadjiou ou porteur d'eau valaque.

La *donilza*, ou broc de bois destiné à remplir le tonneau, est accrochée à un bâton fiché dans le brancard. Malgré le manque absolu de suspension, c'est sur les brancards mêmes que le sakadjiou se tient, jambes et pieds nus, mais fièrement campé, dans l'attitude d'un triomphateur.

Comme chez tous les Valaques, la lèvre supérieure est ornée d'une moustache, mais le menton est rasé. Le sakadjiou, en sa qualité de Roumain de Transylvanie, porte le feutre rond et à larges bords, le sarreau de toile et la ceinture à longs replis qui donnent à ses compatriotes tant de ressemblance avec nos Kimris de Bretagne. Nous croyons qu'on peut se ressembler de plus loin; mais il serait hors de propos d'exposer ici les motifs à l'appui de notre opinion.

Quelques mots seulement sur le contenu du tonneau, que le sakadjiou va puiser dans le lit même de la Dimbovitza, petite rivière qui traverse la ville.

C'est une eau très sale, et pour cause; très jaune, chargée d'une quantité de limon qui s'elève parfois jusqu'au centième de son volume. Pour la boire, et même pour l'employer aux usages domestiques, il faut qu'elle ait été préalablement clarifiée et filtrée. La clarification s'opère d'une manière très simple, au moyen d'alun. Dans le réservoir que chaque habitation particulière possède, on projette, au moment où elle vient d'être versée, quelques pincées de poudre alumineuse, et on laisse reposer. Au bout de quelques heures, le limon s'est accumulé à la partie inférieure du réservoir. La partie supérieure n'en renferme presque plus : cependant, pour obtenir une limpidité complète, il faut puiser à cette partie supérieure et faire filtrer à travers un cône, une sorte de grand cornet de terre cuite poreuse. On recueille enfin, goutte à goutte, au bas de ce filtre, une eau d'une excellente qualité, d'une limpidité parfaite, d'un goût irréprochable. Mais, en vérité, à la voir couler entre les berges irrégulières, roulant des immondices dans les bas quartiers de Buckarest, on ne serait guère tenté d'accepter l'adage valaque :

Dimbovitza, apa dulce !
(Dimbovitza, aqua dulcis)
Quine obea nu se mai ducc.
(Qui bibit non se magis ducit.)
« Dimbovitza, eau douce! qui en a bu ne s'en va plus. »

La traduction latine que nous avons placé mot pour mot au-dessous du texte valaque, montre la ressemblance des deux langues et le passage de la basse latinité au *roumain*.

L'histoire de la Valachie est un long martyrologe ; le souvenir de ce que cette contrée a subi de tyrannies, de tortures, de luttes et de misères semble avoir laissé une empreinte de mélancolie sur la physionomie même de ses habitants. Le peuple valaque est doux, aimant, pieux, triste et résigné. L'aspect de ses cimetières exprime bien toutes les nuances de son caractère. Les croix qui s'y dressent à la tête de chaque monticule sont découpées avec recherche, décorées d'images de saints, du Christ ou de la Vierge, peintes de couleurs vives, quelquefois sur fond d'or, daus le style de décadence, mais non pas trop abâtardi, des miniatures byzantines. Des prières, des versets tirés des saintes Écritures, y sont tracés avec soin. C'est le dernier hommage du parent ou de l'ami, embelli le plus possible. Après ce doux et suprême devoir accompli, la tristesse native, la résignation reprennent le dessus. — Ce mort est heureux, il échappe à toutes les oppressions, à l'impôt, à la corvée; — il repose véritablement. A quoi bon troubler par des soins inutiles la paix qu'on lui envie? La nature, qu'il a aidée dans ses labeurs, saura bien désormais parer sa dernière couche. On laisse croître autour de cette étroite demeure dernière les ananas, les pommiers et les pruniers dont les gais oiseaux et les écureuils vagabonds se partagent librement les fruits, et aussi toutes les folles herbes que le vent sème.

Une clôture de forts pieux reliés par des branchages entrelacés protège le saint asile contre les profanations des animaux.

On visite peu les cimetières, excepté le jour consacré, — mais on ne les évite pas.

J'ai vu dans ces mélancoliques retraites, de jeunes femmes au costume biblique, appuyées aux troncs des arbres, calmes et fières comme des cariatides grecques, filer leur quenouille chargée de laine pendant que de jeunes enfants

Un cimetière valaque.

presque nus, se roulaient entre les sillons formés par les tombes, et se jetaient
en riant des fleurs arrachées à la terre de leurs aïeux oubliés ou inconnus.

On a ouvert et comblé en ma présence la fosse qui occupe le premier plan
du dessin.

Quatre Tziganes basanés y déposèrent une bière découverte, qui laissait voir
le visage osseux et émacié d'une femme âgée et ses longs cheveux gris collés aux
tempes. Une jeune fille de dix ans, maigre, chétive et déguenillée, paraissait
seule regretter la morte ; elle pleurait et s'arrachait les cheveux en poussant des
cris modulés comme ceux des pleureuses antiques. La bière recouverte, la fosse
remplie, les hommes placèrent à la tête de la morte une pierre ronde ; à ses
pieds ils plantèrent une branche de saule coupée à un arbre voisin, posèrent sur
la poitrine un tesson de poterie dans lequel brillaient quelques charbons allumés ;
puis, avec un calme silencieux, en gens qui connaissent le rude poids de la vie
et qui estiment qu'elle mérite peu de regrets, ils s'éloignèrent sans dire un mot
à l'enfant qui pleurait et qui criait toujours assise sur le tertre funèbre.

La Valachie et la Moldavie, renferment un grand nombre de monastères,
qui diffèrent essentiellement, au moins par leur aspect extérieur, des édifices du
même genre dans l'Europe occidentale. Bâtis sur les crètes ou dans les gorges
étroites des montagnes, entourés de murailles épaisses percées de meurtrières
et flanquées de tours à leurs extrémités, on dirait plutôt des forteresses habituées
au cliquetis des armes que des asiles consacrés à la prière ou à l'étude. La plupart, en effet, jouèrent un rôle important dans l'histoire militaire des contrées
auxquelles ils appartiennent. Dans les possessions immédiates du Grand Seigneur,
dans la Thrace, la Bulgarie, la Macédoine, les chrétiens, aux époques de troubles
et d'oppression, y cherchaient un asile contre le fanatisme des musulmans.
Dans les principautés, où la persécution religieuse n'était point à craindre,
puisque nulle part la mosquée ne s'élevait à côté de l'église, mais que leur situation au point de rencontre de trois grands empires exposait à de continuelles
attaques, ils servaient à la fois de lieu de refuge aux femmes et aux enfants, et
de centre de ralliement aux milices qui, chassées de la plaine par le nombre des
envahisseurs, se retiraient à l'abri de leurs fortes murailles comme dans une cita-
telle inexpugnable. Plusieurs d'entre eux soutinrent des sièges célèbres dans
l'histoire. Tel fut le siège de Niamtzo, où quarante moldaves tinrent en échec,
pendant plusieurs semaines, une partie de l'armée du roi de Pologne Sobieski.

Aujourd'hui, la paix et le silence règnent dans leurs cloîtres à demi déserts.
Quelques-uns ont été transformés en prisons d'Etat ; les autres abritent un petit
nombre de moines oisifs, possesseurs d'immenses domaines. Quelques rares touristes, séduits par la beauté des sites des Carpathes, des chercheurs de légendes,
des érudits attirés par l'espoir de découvrir les fragments de quelque chronique
enfouis dans leurs archives, les visitent seuls, à de lointains intervalles, et
viennent frapper à la porte du monastère, toujours prête à s'ouvrir à l'appel du
voyageur. C'est ainsi que de nos jours, un jeune historien valaque, enlevé trop
tôt à la science et à sa patrie, Nicolas Balcesco, a pu recueillir un grand nombre
de matériaux précieux pour l'histoire de la Roumanie. Le reste a été emporté
dans le naufrage des temps et dans les désastres des guerres. Que de fois, en
effet, lorsque l'ennemi battait en brèche les murailles, les manuscrits entassés
pêle-mêle dans la bibliothèque du monastère, et parmi lesquels se cachaient

peut-être quelque précieux reste de l'antiquité latine ou grecque, n'ont-ils pas
servi, comme dans les couvents du mont Athos, à bourrer les fusils et à fabri-
quer des cartouches pour les assiégés !

Parmi ces monastères qui, par leur aspect et leur situation pittoresques,
leurs souvenirs historiques, leurs habitudes d'hospitalité, se recommandent éga-

Argis, d'après une photographie.

lement au peintre, à l'archéologue et au voyageur, on cite ceux de Niamtzo, de
Veratice, d'Agapia, de Slatina, de Biséricani, eu Moldavie ; de Dragomiza, de
Putna, où se trouve le tombeau d'Etienne le Grand, eu Bukovine ; de Tismana,
de Cernica, de Passere, en Valachie. Mais aucun, dans cette dernière contrée,
n'est à comparer, sous le rapport de l'art, au monastère et à l'église de Curte
d'Argis, bâtis, au treizième siècle, par le fondateur même de la principauté de
Valachie, Rodolphe le Noir. Malgré le déplorable état d'abandon où elle a été
condamnée par l'incurie du gouvernement local, l'église d'Argis demeure comme
l'un des monuments les plus complets de l'art byzantin, non seulement dans les
Principautés, mais dans tout le reste de l'Europe. Bien supérieure à l'église de
Saint-Étienne de Vienne, qu'elle rappelle pourtant par le caractère de son architecture, elle est bâtie toute entière en pierres de taille soudées l'une à l'autre
par du plomb, sans vestige d'aucun autre ciment. Elle est recouverte par un

dôme surmonté de quatre tourelles dont les croix en bronze doré étincellent au soleil. Le portique, orné d'une statue de Rodolphe le Noir placé autrefois sur son tombeau, est remarquable par sa légèreté ainsi que par la finesse de ses sculptures et de ses reliefs, découpés à jour comme une dentelle. L'intérieur resplendit de dorures et de peintures à fresque, comparables pour l'éclat et la vivacité des couleurs à nos plus beaux vitraux d'églises gothiques. La nef, soutenue par de sveltes colonnes en marbre blanc, est garnie de chaque côté de stalles pour les femmes, et se referme sur le chœur, où l'on pénètre par une seule arcade. Le pourtour extérieur de l'église, réservé, suivant l'usage, aux sépultures, est flanqué par les murs en ruine du monastère, dont on attribue la fondation à l'épouse de Rodolphe, princesse catholique romaine, et qui est habité anjourd'hui par une petite communauté de moines dominicains. L'aspect de ces vieux murs, qu'entourent d'épais massifs d'arbres fruitiers, est des plus pittoresques. Commencée par Rodolphe vers 1260, l'église ne fut achevée que beaucoup plus tard, par Neagu Basaraba, l'un de ses successeurs, après neuf années d'un travail non interrompu, qui coûta au domnu tous ses trésors, et à la princesse sa femme jusqu'à sa dernière paire de boucles d'oreilles, qu'elle vendit pour payer les ouvriers.

L'église, placée sous l'invocation de la sainte Vierge, fut dédiée solennellement, le 17 août 1518, en présence du patriarche œcuménique de Janina et de cinq archevêques. Ce jour-là, la princesse et ses enfants servirent la messe. Des récompenses furent accordées à tous les dignitaires de l'État, et d'abondantes aumônes furent distribuées aux pauvres.

Comme tous les monastères, toutes les anciennes églises de la Roumanie, l'église d'Argis a sa légende.

Le souvenir de cette légende s'est perpétué dans une ballade, — la ballade de Manol, — qui figure au premier rang des « Chants populaires de la Roumanie ».

Je ne sais pas s'il existe dans aucune langue un récit qui atteigne à un plus haut degré de pathétique.

Manol est le nom du premier architecte qui bâtit l'église. Le domnu Rodolphe a marqué lui-même l'emplacement du temple. Manol se met à l'œuvre avec ses neuf compagnons. On creuse les fondements; mais une puissance invisible renverse les murs à mesure qu'ils s'élèvent de terre, et chaque nuit détruit l'ouvrage du jour précédent. Manol a un rêve. Il faut, pour que le charme cesse, qu'il jure, ainsi que ses compagnons, de murer vivante dans les fondations la première femme, épouse ou sœur, qui se montrera le lendemain à l'aurore, apportant à manger à l'un d'eux. Tous jurent. Le matin arrive; Manol, grimpé sur l'échafaudage, regarde au loin. Une femme parait : c'est sa jeune épouse, la Flora des champs. Éperdu, il tombe à genoux, et, joignant les mains devant le Seigneur :

Ô Seigneur, mon Dieu !	Qui trace des ruisseaux	Pour inonder la plaine,
Verse sur la terre	Et creuse des torrents.	Et forcent ma femme
Une pluie écumante	Que les eaux se gonflent.	De rebrousser chemin.

Sa prière est exaucée. Une pluie effroyable se répand du ciel; des torrents barrent le chemin, mais ils ne peuvent arrêter la jeune épouse, qui toujours approche.

O Seigneur, mon Dieu ! / Déchaîne un grand vent / Au loin sur la terre / Qui torde les platanes, / Dépouille les sapins, / Renverse les montagnes, / Et force ma femme / De s'en retourner / Loin dans la vallée.

L'orage éclate dans toute sa furie ; mais l'épouse avance toujours.

Pourtant les maçons, / Neuf maîtres maçons / Éprouvent à sa vue / Un frisson de joie, / Tandis que Manol, / La douleur dans l'âme, / La prend dans ses bras, / Grimpe sur le mur, / L'y dépose, hélas ! / Et lui parle ainsi : / « Reste, ma fière amie, / « Reste ainsi sans crainte, / « Car nous voulons rire, / « Pour rire te murer. » / Et Flora le croit, / Riant de bon cœur, / Tandis que Manol, / Fidèle à son rêve, / Soupire et commence / A bâtir le mur. / La muraille monte / Et couvre l'épouse / Jusqu'à ses chevilles, / Jusqu'à ses genoux ; / Mais lors la pauvrette

A cessé de rire, / Et, saisie d'effroi, / Se lamente ainsi : / « Manol, Manol, / « O maître Manol ! / « Assez de ce jeu, / « Car il est fatal. / « Manol, Manol, / « O maître Manol ! / « Le mur se resserre / « Et brise mon corps. » / Manol se tait / Et bâtit toujours. / Le mur monte encore / Et couvre l'épouse / Jusqu'à ses genoux, / Jusqu'à sa ceinture, / Et jusqu'à son sein. / Mais elle, ô douleur ! / Pleure amèrement, / Et se plaint encore : / « Manol, Manol, / « O maître Manol ! / « Assez de ce jeu, / « Car je vais être mère.

« O maître Manol ! / « Le mur se resserre / « Et tue mon enfant ; / « Mon sein souffre et pleure / « Des larmes de lait. » / Mais Manol se tait / Et bâtit toujours. / Le mur monte encore, / Et couvre l'épouse / Jusqu'à ses chevilles, / Jusqu'à sa ceinture, / Et jusqu'à son sein / Et jusqu'à ses yeux ; / Et jusqu'à sa tête ; / Si bien qu'à la vue / Elle disparaît / Et qu'à peine encore / On entend sa voix / Gémir dans le mur : / « Manol, Manol, / « O maître Manol ! / « Le mur se resserre, / « Et ma vie s'éteint. »

Le fond de cette ballade repose sur une croyance populaire commune à toute la Roumanie, et qui représente chaque maison en pierre, chaque édifice comme habités par une vision effrayante, une « stahié ». Cette vision n'est autre que l'ombre courroucée de la victime que l'on a muré dans les fondements de la bâtisse pour la rendre plus solide. De nos jours encore, les maçons, après avoir creusé le sol, ont soin d'y enfouir des baguettes de roseaux, avec lesquelles ils ont essayé de mesurer l'ombre de quelque passant. Ce malheureux est destiné, à ce qu'ils croient, à mourir au bout de quarante jours et à se métamorphoser en « stahié ».

Quant au nom de Manol, il s'est conservé dans la mémoire du peuple roumain comme la personnification de l'art architectural, et on lui attribue la fondation de tous les monuments anciens du pays.

On compte encore aujourd'hui, en Roumanie, trois cent seize monastères, tant d'hommes que de femmes, qui possèdent en biens-fonds environ le quart du revenu territorial. Ces monastères, dont les enceintes fortifiées servaient de refuge, aux époques d'invasion, aux populations environnantes, et qui, en temps ordinaire, étaient chargés de pourvoir à tous leurs besoins moraux et matériels, instruisant les enfants, dotant les jeunes filles pauvres, recueillant les malades et les infirmes, aujourd'hui n'abritent plus que quelques milliers de moines, la plupart étrangers au pays.

Porche de l'église du monastère d'Orozu.

Les couvents moldo-valaques se distinguent en couvents *dédiés* aux lieux saints, c'est-à-dire placés, à l'origine, sous le patronage des communautés grecques du Saint-Sépulcre, du Mont-Sinaï, du Mont-Athos, etc., qui, par une exception vivement combattue aujourd'hui, les administrent en dehors de toute ingérence du gouvernement local et en perçoivent les revenus à leur profit sauf une modique subvention qu'elles payent au Trésor ; et en couvents *indigènes*, qui ont été sécularisés et réunis au domaine public. En dehors de ces deux grandes catégories, il existe (en Valachie) une autre classe de monastères que l'on pourrait appeler *privés*, dont les revenus, affectés exclusivement à des œuvres pies et de bienfaisance, sont, par une clause expresse des actes de donation, administrés à perpétuité par les héritiers du sang ou du nom de la famille qui les a institués.

Le monastère d'Orezu, fondé anciennement par la famille Brancovano, et l'un des plus riches et des plus heureusement situés de la Valachie, appartient à cette dernière catégorie.

Adossé à la montagne du même nom formée par un prolongement de la chaîne des Carpathes Transylvaines, dominant la pittoresque vallée de la Bistritza, à quatre postes (quinze lieues) de Tismana, autre monastère célèbre, Orezu charme de loin la vue par ce gracieux mélange d'architecture et de paysage qu'offrent la plupart des villages et même des villes de l'Orient. A l'extrémité d'une belle avenue de sapins, un porche, surmonté d'un pavillon carré à volets verts, donne accès dans une première cour, de forme carrée, très vaste, renfermant les *communs* du monastère, les écuries, les remises, les étables, une tonnellerie, une distillerie, et au-dessus de vastes greniers pour serrer le blé et le maïs. Dans la seconde cour se trouvent l'église et la porte d'entrée du monastère, dont nous emprunterons la description à un historien de la Valachie, M. Vaillant : « Le monastère est orné, comme presque tous les couvents en Valachie, d'une large galerie soutenue par des colonnes, et qui fait le tour du premier étage. Mais ici la pierre est plus prodiguée et mieux travaillée surtout qu'en aucun autre lieu de la Valachie. Le cintre des portes, les escaliers, le balustre, les colonnes de la galerie, tout est en pierre, tout est dallé, et aux deux perrons, qui font pavillon d'été, sont des colonnes torses de quinze pieds de haut et d'un seul bloc... Nous descendons à l'église, sur laquelle deux grands arbres, qui s'élèvent devant le portail, s'inclinent avec respect. La porte en est curieuse de sculptures fines et délicates ; l'intérieur n'a rien de remarquable. Nous nous contentons d'y examiner les riches broderies de velours de Venise attribuées à la princesse Brancovano, la main de sainte Marguerite, et un petit tableau de deux pouces carrés représentant le Paradis, don de Catherine II, et des miniatures de saints en assez grand nombre et fort belles. »

Les revenus du monastère étaient évalués, en 1844, à 15.000 ducats (180.000 francs). Ils doivent être beaucoup plus considérables aujourd'hui. L'higoumène (supérieur) faisait faire une excellente chère à ses hôtes ; en revanche, il nourrissait fort mal ses moines, dont le nombre ne dépassait pas cinquante.

Les Brancovano, qui avaient fondé et doté Orezu, s'étant éteints au commencement de ce siècle, le titre et les biens de cette ancienne maison, ont passé par testament à la famille Bibesco.

Les *Tziganes* constituent une partie de la population de Valachie. Ce n'est pas la moins pittoresque.

Sorciers, bateleurs ou filous,
Gais bohémiens, d'où venez-vous ?

BÉRANGER.

Nomades par caractère, hier campés sur les bords du Danube, aujourd'hui cachés dans une gorge des Carpathes, où seront-ils demain ? Qui le sait ? Ils vont, comme le vent les pousse, toujours devant eux, au gré du caprice ou du hasard. Ont-ils une patrie ? Non. S'arrêteront-ils ? Pourquoi ? Ils disent, en regardant le soleil levant : « Celui qui est tout commence sa course ; il reviendra au même point pour la recommencer encore. » Ils font comme le soleil. Les astres sont pour eux l'objet d'un culte particulier ; ils leur attribuent tous les phénomènes terrestres et tous les événements de la vie. Ils sont sorciers, devins, chiromanciens ; le teint basané, l'air hardi, tantôt d'une beauté superbe, tantôt d'une laideur repoussante ; le regard étrange, plein de lueurs qui vous éblouissent ou d'une fixité froide qui vous glace ; le langage figuré, le geste rapide et passionné ; industrieux, adroits, musiciens-nés : évidemment faits pour la locomotion, le grand air et la liberté : tels sont ces aventuriers que toute l'Europe a connus, la France sous le nom de Bohémiens, l'Espagne sous celui de *Gitanos* ; l'Italie les appelle *Zingarelli*, et les Principautés danubiennes, *Tziganes*.

C'est dans ce dernier pays qu'on les retrouve aujourd'hui en plus grand nombre. Ils ont reculé vers l'Orient devant les envahissements de notre moderne civilisation, pour laquelle ils n'ont montré d'abord que répugnance. Pourquoi ? Peut-être que sous ses promesses les Tziganes soupçonnèrent des entraves. Ils eurent tort, sans doute. Dans les Principautés danubiennes, les boyards en firent leurs esclaves ; un assez grand nombre, cependant, parvinrent à se soustraire au joug. Retirés dans les montagnes ou au fond des forêts, vivant en plein air ou s'abritant sous des huttes grossières, ils purent conserver leur indépendance.

On en rencontre encore aujourd'hui, tantôt ici, tantôt là, forgeant le fer, fondant l'étain, ou fabriquant, avec l'os et le bois, toutes sortes de charmants ouvrages qu'ils vendent à vil prix. Le produit de ces diverses industries, la mendicité, et un peu de vol, quand l'occasion s'en présente, tels sont leurs moyens d'existence. Quelques-uns d'entre eux, mieux vêtus et déjà plus civilisés, se sont fixés auprès des villes pour y exercer leurs divers métiers. Ces derniers sont surtout musiciens. L'aristocratie de province n'a pas d'autre orchestre pour ses bals, et le dimanche, dans les villages, ils font danser les jeunes paysans et jouent des airs nationaux aux anciens qui vont s'enivrer dans les cabarets. Boire au son de la musique est, pour le paysan roumain, la suprême félicité.

Les plus aisés possèdent une cabane qui reçoit le jour par la porte et par une petite ouverture vitrée de la largeur de la main. Les pauvres se contentent d'un trou creusé sous la terre. Un toit formé d'herbes sèches et de joncs pétris avec de la boue recouvre l'ouverture. Leur mobilier ne les embarrasse point : pour batterie de cuisine une marmite, pour siège et pour lit une natte de joncs ; ils emportent cela sur leur dos quand il leur plaît de changer de demeure. C'est le dénûment le plus complet ; mais, derrière cette misère, il y a les biens que Dieu fit pour tous : le grand air, l'espace, le ciel bleu, le soleil, la liberté.

Leurs frères esclaves étaient naguère encore bien plus à plaindre : dégradés par l'esclavage, abrutis par l'ignorance et par les coups, ils n'avaient pas même en dédommagement une plus grande somme de jouissances matérielles. C'était un troupeau que le boyard entretenait au moins de frais possibles. Il les nourrissait de *mamaglia*, espèce de bouillie compacte faite de farine de maïs. Leur

vêtement d'été consistait en une chemise de grosse toile qu'ils portaient jusqu'à
ce quelle tombât en pourriture. La pluie faisait l'office de la lessive. Les enfants
allaient tout nus. L'hiver, ils se drapaient dans quelque lambeau jeté au rebut :
vieux habits, vieilles couvertures, vieux tapis, tout leur était bon. Quant au

Village tzigane, en Valachie.

logement, on ne s'était pas même donné la peine d'y songer. Ils logeaient partout.
Le matin, le *vatave* (intendant) du seigneur, soigneusement enveloppé dans ses
fourrures, et la main armée d'un fouet, les rassemblait pour leur distribuer la
tâche du jour. C'était un spectacle navrant : une troupe puante, hâve, demi-nue,
grelottante, sortait des écuries, des cuisines, des hangars, de partout. L'intendant, généralement dur et inflexible, frappait autant par goût que pour faire
preuve de zèle.

Tel était encore, en 1852, le sort des Tziganes appartenant aux boyards. Ceux
de l'État, en Valachie, avaient été affranchis par Alexandre Ghika, en 1837, et
ceux du clergé, en Moldavie, par Michel Stourdza, en 1844. Les affranchis furent
répartis dans les villages, et reçurent des seigneurs, comme les autres paysans,
des terres de labour qu'ils cultivèrent à titre de corvéables. Un de ces villages,
représenté par la gravure, donne une idée de leurs habitations. Ce n'était guère

là qu'un changement de servitude ; mais, enfin, c'était un pas vers la réhabilitation morale : ils devinrent hommes. Les boyards furent lents à suivre cet exemple ; ils se regardaient comme les propriétaires de cette chair humaine, et demandaient de grosses indemnités !

Cependant, il fallut bien s'exécuter. Quand les Roumains, menacés dans leur nationalité, invoquèrent la protection de l'Europe occidentale, ils comprirent qu'avant de faire appel à la sympathie de peuples libres, il convenait d'abord d'abolir chez eux l'esclavage. L'affranchissement général fut prononcé. Malheureusement, cet acte d'humanité est resté pour beaucoup sans application. Partout où le Tzigane est resté à titre de domestique, il est encore, de fait, un esclave. Le même préjugé barbare pèse sur lui, le même mépris l'abreuve ; son nom est une flétrissure : Tzigane est toujours, en Roumanie, le synonyme d'animal immonde.

La race bulgare est la première des populations chrétiennes de l'empire ottoman, comme nombre et comme surface. Elle occupe les provinces de Silistrie, Varna, Routschouk, Vidin, Nisch, Pristina, Philippopolis, Sophia, et la plus grande partie de celles de Monastir, Salonique, Andrinople, sans compter les *colonïes bulgares* de la Russie méridionale et de la Moldavie. L'ensemble peut s'évaluer à sept millions d'âmes.

La race bulgare est principalement agricole, contrairement aux tendances des Slaves en général ; il est vrai qu'elle n'est que *slavisée*, c'est-à-dire que les anciens Bulgares, race ouralienne venue des bords du Volga, ont pris la langue slave en adoptant le christianisme sous le Bas-Empire. Comme toutes les races agricoles, le Bulgare est robuste, sobre, hospitalier, doux et disciplinable. Si on veut l'étudier dans ses éléments les moins mêlés, il faut pénétrer dans les Balkans, au fond de ces villages chrétiens qui ont conservé toute leur autonomie d'autrefois, et où, sur cinq ou six mille âmes, vous ne trouvez jamais qu'un seul Turc, le *mudir* ou sous-préfet. C'est là qu'on trouve des costumes qui n'ont guère varié depuis le temps du roi Kram, qui assiégea Constantinople. Le plus original est celui des montagnards de Samakov : pantalon collant, avec des losanges allongés aux deux genoux ; ceinture de cuir serrée ; veste en laine blanche s'évasant par le bas, avec broderies en laine bleue ; manteau en laine blanche à la hongroise ; *opankes* ou sandales avec jambières, rappelant les *abarcas* du pays basque. Le menton rasé, les moustaches, et la queue pendant sur le dos, sont d'ordonnance ; de même que le bonnet en peau de mouton (*chapska*), ressemblent un peu au *kaçula* des Valaques, et dont la forme varie légèrement suivant les divers cantons.

Le costume des femmes, fort étoffé, comme tous les costumes des pays froids, se compose d'une jupe de laine sans manches, recouvrant un jupon blanc dont le bord brodé dépasse de trois ou quatre doigts ; cette jupe s'échancre sur le buste et laisse voir la chemise, dont les manches flottantes et brodées découvrent l'avant-bras. Les deux détails les plus caractéristiques de ce costume sont une ceinture aux larges fermoirs de cuirs ordinairement arrondis, et un collier de pièces de monnaie dont la valeur intrinsèque donne la mesure de la fortune de celle qui le porte : il est de sequins chez les riches, de pièces d'argent chez les paysannes à l'aise, de simples *paras* de cuivre chez les pauvres. La tête nue, avec quelques fleurs dans les cheveux disposés en bandeaux et partagés en arrière en deux tresses, est l'attribut des jeunes filles ; les femmes portent un foulard rouge relevé de quelques bijoux.

En Bulgarie, comme en Grèce et ailleurs, les paysans seuls ont conservé un costume national : la bourgeoisie des villes a adopté les vêtements européens, moins le chapeau qu'elle remplace par le *fez*. Les femmes n'ont presque point sacrifié à nos modes, autant que j'ai pu en juger, il y a huit ans, quand j'ai visité

Costumes bulgares.

la Bulgarie centrale : leur costume était toujours celui des riches familles non levantines de Constantinople, et le goût personnel y avait une assez large place. Je regretterais fort qu'elles eussent depuis suivi le torrent, et surchargé leur beauté toujours remarquable, parfois splendide de quelques-unes des tristes inventions par lesquelles nos Françaises ont entrepris de corriger la nature, si généreuse envers leurs sœurs d'Orient.

VARNA est, après Sofia, la capitale, la ville la plus importante de la Bulgarie. Elle doit cette importance à sa situation sur la mer Noire.

En vain on cherche aujourd'hui à éclaircir l'obscurité qui enveloppe le passé de Varna. On ne trouve aucun nom, aucun fait qui puisse jeter une lumière quelconque sur les ténèbres de son histoire. Strabon, dans la descrip-

tion qu'il nous a laissée de toute cette côte de la mer Noire, depuis les bouches
de l'Isler jusqu'à la vieille Bysance, cite entre autres villes Callasis, Apollonie et
Odessus, colonie des Milésiens ; mais on ne rencontre dans son récit aucun terme
dont on puisse conclure l'existence primitive de la moderne cité de Varna. Quel-

Ruines d'un ancien palais romain, à Varna.

ques géographes, guidés par le rapprochement des deux points du rivage, ont
cru que Varna n'était autre que l'antique Odessus, et que, par conséquent, son
origine devrait être attribuée aux habitants de Milet. Mais ce ne sont là que des
conjectures, et dans le doute qui continue d'exister à cet égard, le plus sage
paraît être de s'abstenir.

     La ville moderne est assise au bord de la mer, un peu au-dessus des bou-
ches du Pravadi, et au nord des petits lacs marécageux de Devna, formés par les
eaux de la rivière et les alluvions des hautes marées. En face s'étend une rade
dont les deux points extrêmes, au sud et au nord-est, sont les deux caps Galata
et Soughanlik. Les vents y soufflent avec une entière liberté de l'e t et du sud-

est, ce qui rend l'ancrage généralement pénible. Mais l'obstacle que présentent les deux promontoires à l'action des vents du nord-ouest, les plus terribles de la mer Noire, la garantit suffisamment pour qu'elle puisse présenter aux navires, en été principalement, un asile complètement sûr. Un autre avantage, c'est qu'elle est accessible aux plus gros bâtiments. On en trouve le fond, formé de sable et de vase durcie, par huit et quinze brasses de profondeur. En y pénétrant, les vaisseaux se dirigent de préférence vers l'est, et mouillent d'ordinaire dans une anse que protègent entièrement la tour hexagone de Varna et les hauteurs de Soughanlik. Les côtes qui bordent la rade se composent de rochers en escarpement au nord et au sud, et d'un terrain en pente douce et presque uni au couchant. Ces dispositions naturelles, jointes à sa situation générale sur le rivage d'Europe, font de ce mouillage un des meilleurs de toute la côte occidentale de la mer Noire.

Le port de Varna, du reste, mérite seul de fixer l'attention. La ville n'est autre chose qu'un amas assez confus de maisons pressées les unes contre les autres. Les fortifications sont formées d'une ceinture de mauvais murs en pierres, protégés par un petit fossé à sec garni de palissades.

Varna n'est célèbre dans l'histoire que par un seul fait de quelque importance, la bataille livrée, le 19 novembre 1448, entre Ladislas VI, roi de Hongrie et de Pologne, et Mourad-II, empereur ottoman, qui fut vainqueur.

En 1828, les Russes l'assiégèrent, et la contraignirent à se rendre, le 11 octobre de la même année, après une défense assez remarquable.

Quoique située à la gorge d'un vaste marais, qui s'étend entre la rade et un lac d'aspect assez sauvage, Varna n'est pas très favorisée sous le rapport des eaux potables. Mais les hauteurs étagées qui l'avoisinent au nord contiennent des sources nombreuses, et plusieurs fontaines, d'un certain caractère monumental, desservent de misérables villages turcs et bulgares, perdus dans les plis de la montagne. Telles sont deux fontaines en marbre blanc, datant probablement du temps où la colonie grecque d'Odessus florissait sur ce point, et que le voyageur russe Teplaékof a découvertes, au village d'Hebedji. Telle est encore celle dont nous donnons ici le dessin, et dont l'élégance simple et sévère fait un contraste singulier avec la construction barbare qui s'est accolée à elle.

En dehors des fontaines antiques, la dévotion musulmane avait doté la Turquie de beaucoup de ces humbles monuments, et c'est un bienfait qu'on peut apprécier dans toute son étendue, quand on a voyagé, même un seul jour, dans les steppes, d'une monotonie désespérante, qui s'étendent entre Silistrie, Mangalia et la Dobroudja. Si un riche ottoman vient à mourir, il y a des chances pour que son testament contienne un legs destiné à orner telle route fréquentée et cependant déserte, soit d'un *han* (caravansérail), soit d'une fontaine que l'on fera jaillir du sol, dans un site pittoresque, à l'ombre de quelques arbres. Le voyageur altéré s'y reposera un instant; non sans adresser une prière reconnaissante à Allah, pour que l'âme du riche bienfaisant puisse, dans l'autre vie, se désaltérer aux sources intarissables de l'éternel bonheur.

Comme autrefois pour Homère, sept villes aujourd'hui, d'après le compte des érudits, prétendraient à l'honneur d'avoir été le tombeau d'Ovide.

En effet, si le motif de la disgrâce du poète de la cour d'Auguste forme jusqu'ici un mystère impénétrable, la même incertitude a longtemps subsisté au sujet de l'endroit où il fut exilé, sur le déclin de sa vie, et où il termina, dans les plaintes et les larmes, une existence commencée sous de plus riants auspices. L'on savait bien, d'après lui-même, que cet endroit était une ville d'origine grecque, du nom de Tomi, située sur le rivage du Pont-Euxin, à peu de distance de l'embouchure de l'Ister; que l'on y parlait un grec corrompu, mélangé de gète et de sarmate; que la contrée, l'hiver, quand le fleuve était pris par les

Une Fontaine à Varna.

glacès, était exposée aux incursions des barbares. Mais où fallait-il chercher au juste l'emplacemeni de cette Tomi, dont toute trace disparaît dans l'histoire à partir du douzième siècle? C'était à faire aux savants, et comme on pense bien, les conjectures ne manquèrent pas.

Un érudit italien du seizième siècle, Celio Calcagnini, chanoine de la cathédrale de Ferrare, s'avisa le premier que l'ancienne Tomi devait être Temeswar, dans le banat de Hongrie. *Temes-war*, l'analogie était frappante.

Après lui, d'autres commentateurs placèrent Tomi, les uns à Stain (l'ancienne *Sarium*) sur la Saave, d'autres sur les bords du Borysthène, à Kiova ou Kiev; et comme on objectait à ces commentateurs que ces deux localités, aussi bien que Temeswar, étaient trop éloignées du Danube pour qu'on pût y appliquer la description qu'Ovide lui-même a tracée du lieu de son exil, ils répliquèrent par cette hypothèse toute gratuite que le poète, quelques années avant sa mort, aurait obtenu de résider dans une ville de l'intérieur, plus rapprochée de l'Italie.

Hoffmann, dans son Dictionnaire universel, est le premier qui semble s'être

approché de la vérité en désignant pour l'emplacement de Tomi la ville turque
de Baba-Dagh, dans la Dobrodja. C'est aussi l'opinion admise par le voyageur
anglais Neale, trompé comme lui par le voisinage d'un lac, qu'il confond
avec le lac d'Ovide (*Lacul Ovidului*), située près du Dniester, en Bessarabie, à plus
de 30 lieues de l'embouchure méridionale du Danube. Là, en effet, une
tradition en apparence fort ancienne semble avoir conservé le souvenir
du poète ; car à quel autre qu'à lui pourrait se rapporter cette légende :
« Qu'il vint des bords du Tibre un homme extraordinaire, qui avait la douceur d'un enfant et la bonté d'un père ; que cet homme soupirait sans
cesse et parlait quelquefois tout seul ; mais quand il adressait la parole à
quelqu'un, le miel semblait couler de ses lèvres. » Catherine entendit parler
de cette tradition lors de son fameux voyage de Crimée avec Potemkin : il
n'en fallut pas davantage pour qu'elle se crût autorisée à donner le nom
d'Ovide (Ovidiopol) à la forteresse qu'elle fit construire plus tard à l'embouchure du Dniester. Cette évocation des noms célèbres de l'antiquité était une
des manies ou, si l'on veut, des roueries de la grande impératrice.

Au mois d'août 1851, M. Papadopoulos-Vretos, consul de Grèce à Varna, se
rendant de Kustendjé à Rassova sur le Danube, découvrit, à deux lieues
environ de la première de ces villes, dans un endroit désigné sur les cartes
sous le nom d'Anadoli-Keui (Village-Oriental), une inscription qui a servi
à déterminer le véritable emplacement de Tomi.

Voici la traduction de cette inscription, d'après un fac-simile pris sur
les lieux mêmes :

A LA BONNE FORTUNE.

La Corporation des navigateurs de Tomi au césar Aurelius Verus, fils de l'empereur.
La statue a été élevée aux frais de Publius le Jeune, fils de Titus.

La colonne sur laquelle a été sculptée l'inscription, est en pierre dure, et
longue de trois pieds. Quant au césar mentionné dans le texte, ce n'est
point, comme le dit la traduction, le fils adoptif de Marc-Aurèle, Lucius
Verus, mais Marc-Aurèle lui-même qui, jusqu'à son avènement à l'empire, porta toujours ce nom de Marcus Aurelius Verus. M. Papadopoulos
paraît également se tromper, quand il s'autorise de sa découverte pour fixer
le véritable emlpacement de Tomi dans l'endroit même où la colonne a été
trouvée, c'est-à-dire à Anadoli Keui, au lieu de le chercher à deux lieues plus
loin, à Kustendjé, l'ancienne Constantia, ainsi que l'exige la vraisemblance
historique et topographique. En effet, il est impossible d'admettre qu'une ville
aussi considérable que Tomi, siège du gouvernement de la province, eût
disparu sans laisser au moins quelques traces. Or, on ne trouve à Anadoli
même aucun reste d'antiquités, tandis qu'ils abondent à Kustendjé. On y a relevé,
lors de la dernière occupation française, un grand nombre d'inscriptions, et
portant toutes l'indication de Tomi. L'une d'elles est relative à un monument
élevé en l'honneur d'Antonin et de son fils adoptif (Marc-Aurèle), par la corporation des négociants d'Alexandrie établis à Tomi : ce qui est une nouvelle preuve de l'importance commerciale de cette ville. Quant à la distance du
gisement, elle s'explique par l'étendue de la ville dont les faubourgs pouvaient
atteindre jusque-là, et mieux encore par la barbarie des Turcs, qui faisaient servir les débris des monuments anciens à la décoration de leurs tombeaux.

Aujourd'hui, l'ancienne Constantia n'est plus qu'une méchante bourgade,

situé à l'extrémité d'une petite anse, incessamment battue par les vents du
large, et comptant à peine quelques centaines de maisons. Les Russes, après la
paix d'Andrinople, firent sauter ses fortifications ; et lorsque les Français y arri-
vèrent en 1854, ses ruines offraient l'image du chaos et de la désolation. Mais

Vue de Kustendjé près du Danube, lieu de l'exil d'Ovide.

que ces ruines elles-mêmes viennent à disparaître, leur souvenir sera impéris-
sable. Tel est le privilège de la poésie.

Située en Roumélie, sur une presqu'île assez élevée qui domine la côte, l'ancienne Mesambria, fondée, rapporte la tradition, par les Chalcédoniens et les
Mégariens, est d'un aspect très pittoresque ; ce n'est plus toutefois qu'une assez
pauvre petite ville ou bourgade gréco-turque, indiquée sur les cartes entre la
ville d'Ankialou au sud, et le cap Emona au nord.

Le cap Emona est l'extrémité, sur ce littoral, de la branche orientale de la
chaîne des Balkans, formée de montagnes encore peu élevées, ondulées et couvertes de bois. On ne voit point là de véritables vallées et de rivières. La population, très clairsemée, est adonnée à la vie agricole. Mêlée de Bulgares, elle

participe déjà, au milieu de l'oisiveté et de l'incurie turques, à l'activité des
populations, en grande partie slaves, qui vivent de l'autre côté des Balkans.

Les églises grecques orthodoxes de Messemvria se font remarquer par un

L'Eglise Saint-Michel, à Messemvria, en Roumélie.

caractère d'architecture que l'on peut croire unique, au moins pour son genre
d'éclectisme. Deux de ces églises entre autres sont bâties de pierres et de briques
combinées de la façon la plus originale. C'est un mélange bizarre, mais élégant,
de tous les styles connus. Il y a du bas-empire dans la disposition générale de
l'appareil ; du byzantin dans les colonnes et les chapiteaux, exactement semblables à ceux de Sainte-Sophie de Constantinople ; de l'arménien dans la multi-
plicité des arceaux postiches couvrant tout le champ des surfaces extérieures ;
du persan par l'importance des briques comme matériaux ; et de l'arabe par le
caprice de certaines découpures. Il est intéressant de noter l'emploi, dans le
système et dans le détail de leur ornementation extérieure, d'imbrications de

petites rosacés, de trèfles, ou divers fleurons en terre cuite, de couleur verte vernissée et naïvement fichés dans le mortier frais en affleurement de surface. Cependant l'ensemble n'est rien moins qu'oriental. On y sent le rapprochement de nos formes d'Occident dites romanes.

L'église Saint-Michel, que représente notre gravure, se trouve à peu près au centre de la ville. Elle tombe en ruine et sert de grenier à paille. Toutes ses voûtes ont été construites de briques avec couches de mortier; toutes ses fenêtres et portes sont en plein cintre. Diverses parois étaient revêtues de peintures dont on ne voit guère plus que les traces. Partout le regard rencontre des débris païens, colonnes, autels, pierres tumulaires, frises, utilisés dans le gros de l'œuvre et dans ses accessoires chrétiens.

L'église Saint-Jean, très importante, est aussi en ruine. Elle sert de magasin de blé. Elle n'a jamais été achevée, l'architecte étant mort pendant sa construction. Une voûte centrale manque, et on ne voit pas qu'il ait été jamais élevé de clocher. Chaque chapiteau, d'un style corinthien composite, diffère des autres par ses proportions et ses ornements. Toutes les colonnes ont évidemment appartenu à des monuments anciens qui ne peuvent avoir été que grecs.

Les premières colonies de ces contrées furent toutes détruites lors de la grande invasion, et les villes du Bas-Empire ne furent créées que longtemps après sur leurs ruines. A l'architecture gréco-romaine avait succédé l'architecture byzantine; tout ce que l'on peut trouver de parties ou détails d'un style différent doit être attribué à une époque lointaine. L'état de ces monuments prouve, du reste, que ces cités n'étaient pas opulentes et ne pouvaient point faire venir du marbre de la Grèce.

Il reste quelques débris de l'enceinte antique de Mésambria, reconnaissables parmi ceux du Bas-Empire. Ce sont des pans de mur dont la base est formée d'énormes pierres taillées en bossage. Plusieurs autres fragments de murs plongent aujourd'hui dans la mer.

Le Balkan (ce mot signifie défilé difficile) sépare la Bulgarie de la Thrace ou Roumanie. Les anciens l'appelaient Hœmus, d'un mot grec qui signifie sang, en mémoire du sang du Typhon. Le géant, disait la fable, avait escaladé ces montagnes pour assiéger le ciel, et y avait été foudroyé. On se faisait une idée exagérée de la hauteur de l'Hœmus : Pomponius Méla affirmait que de sa cime la plus élevée on pouvait voir d'un côté le Pont-Euxin, de l'autre l'Adriatique. La chaîne touche par ses ramifications à ces deux mers.

Cinq routes traversent le Balkan. Trois d'entre elles conduisent de Sophie et de Ternova à Andrinople; les deux autres conduisent de Schmula par Carnabat et Haidos à Constantinople. Etroites, sinueuses, souvent presque perpendiculaires, arides et brûlantes en été, couvertes de neige et envahies par les torrents en hiver, ces routes, qui sont loin d'être sans danger pour les caravanes, seraient impraticables pour une armée : aussi la politique considère-t-elle le Balkan comme le plus formidable rempart que la Turquie ait à opposer de ce côté aux envahissements de la Russie.

Les voyageurs qui ont visité ces montagnes en ont tous admiré les aspects imposants et sauvages. Un attaché à l'ambassade anglaise de Constantinople, lord Strangford, décrivait ainsi la première impression qu'il éprouva lorsqu'en sortant d'Haidos il se trouva en présence du Balkan : « Les montagnes me paraissaient

absolument inaccessibles. Si·le docteur Johnson eût voyagé dans ce pays, j'aurais
supposé qu'il avait fait la description de la vallée de Rasselas d'après celle-ci.
En portant mès regards autour de moi, je ne pouvais découvrir l'issue par laquelle
je sortirais. Cependant, à la base de la montagne perpendiculaire qui fermait la vallée
de ce côté-là, un rocher sembla s'ouvrir par enchantement, et nous aperçûmes

Une Vue dans le Balkan.

un sentier étroit, dans lequel nous entrâmes en côtoyant un ruisseau. Ce ravin
est l'un des plus pittoresques de l'Europe. Ses flancs à pic s'élèvent à une hauteur immense ; ils sont couverts de bois jusqu'à leur sommet, et ne laissent
entrevoir qu'une bande étroite de l'azur du ciel. »

Un voyageur qui était entré dans le Balkan par la Bulgarie écrit : « A
mesure, que nous approchions de ces hauteurs pittoresques, au travers d'un
terrain tourmenté, raviné, crevassé au delà de toute expression, l'air devenait
plus vif, le paysage plus sombre, la solitude plus sévère, et bientôt nous ren-

contrâmes un de ces corps de garde, ou blockhaus en branchages, si commun, en Turquie ; il était occupé par cinq hommes qui nous donnèrent les nouvelles les plus sinistres. Deux voyageurs avaient été assassinés dans les gorges boisées du Balkan ce jour-là même, et les passages étaient pleins, nous dirent les soldats, « de mauvaises gens qui se promenaient. » Du haut de leur station, ces soldats voyaient au loin dans les anfractuosités de la montagne ; mais les arbres touffus dont elle est parsemée ne permettaient point de distinguer aisément les objets.

« En pénétrant dans ces labyrinthes inextricables, parsemés de chemins creux taillés en forme de V et ressemblant à de véritables entonnoirs, où le voyageur semble pris à chaque pas dans un traquenard, je ne pus me défendre d'une certaine inquiétude. Heureusement le temps était superbe, et nos chevaux excellents. Nos armes étaient prêtes, et nous regardions de tous côtés de manière à éviter d'être surpris. Il y avait plus de trois heures que nous marchions ainsi comme des soldats en reconnaissance, à travers mille tours et détours, lorsque nous aperçûmes brusquement, à petite distance, un détachement de soldats qu'à leurs fustanelles blanches, à leurs calottes rouges et à leurs longs fusils, je reconnus pour des Albanais. Nous les eûmes bientôt rejoints ; et nos Kavas se mirent à parlementer avec eux. Les Albanais prétendirent visiter nos papiers et savoir qui nous étions ; notre escorte semblait partager leur avis. Je fis répondre que l'on ne visitait les papiers que dans les villes, que nous étions des étrangers en mission, et que nous voulions passer sans être arrêtés par personne...

« C'est au sortir de ces coupe-gorges que la fameuse porte de Trajan nous apparut dans un pli de terrain, presque rasée jusqu'au sol et à peu près recouverte d'un amas de décombres. Ce devait être un arc de triomphe de la même grandeur et de la même forme que celui de la porte Saint-Martin, à Paris, autant que j'ai pu en juger d'après les fondations. Ce vieux débris de la puissance romaine existait encore, m'a-t-on assuré, il y a cinquante ans, et il n'a été détruit que par le fanatisme d'un pacha qui le croyait bâti par des chrétiens. La porte de Trajan est le point de partage de la ligne des eaux, dont les unes, celles de la Bulgarie, vont gagner le Danube, et les autres descendent vers la Méditerranée par la plaine de Philippopolis. De là jusqu'à Venichen la pente est continue jusqu'à ce qu'on découvre, à la hauteur de ce village, l'immense bassin de la Thrace et la vallée de l'Hèbre, dont le panorama est l'un des plus admirables de la Turquie.. »

Avant de pénétrer en SERBIE il convient de dire quelques mots de celui qui fut son fondateur.

Douchan est le Charlemagne serbe. Comme tous les fondateurs d'empires, il apparaît dans l'histoire sous la double face du conquérant et du législateur.

Son règne représente le point culminant de la puissance serbe. Il y avait juste sept siècles, à l'époque de son avènement (1336), que les tribus serbes, encore païennes, avaient quitté les rivages de la mer du Nord et les bords de l'Elbe pour s'établir, du consentement de l'empereur grec Héraclius, dans la contrée située entre le Danube, la Save et le Timok, d'où elles refluèrent bientôt à l'ouest et au sud jusqu'à l'Adriatique et aux frontières de l'ancienne Grèce. Converties au christianisme sous l'empereur Basile le Macédonien, on les avait vues, depuis la séparation définitive des deux Eglises (1054), osciller entre Rome et Constantinople, à laquelle elles devaient rester unies en dernier lieu. Elles avaient, de même, subi de nombreuses vicissitudes politiques, indépendantes à l'origine sous leurs chefs nationaux puis tour à tour sujettes ou vassales des Grecs et des Bulgares, jusqu'au moment où un de leurs chefs, Stefan Nemania, après avoir réuni toutes les tribus sous son autorité, se rendit indépendant des monarques de Byzance, et prit le titre de roi que ses descendants portèrent après lui. En 1195, le saint roi (*sveti krol*), comme l'appellent les Serbes, se retira dans un monastère du mont Athos, où il devint moine sous le nom de Siméon, suivant la coutume grecque qui veut que tout religieux en se cloîtrant quitte son nom pour en prendre un autre commençant par la même lettre.

Douchan descendait en cinquième ligne du fondateur de la monarchie serbe. Il était fils d'Etienne Nemania, huitième du nom, et de Smilia, fille du roi des Bulgares. Il avait passé une partie de sa jeunesse à Constantinople avec son père, disgracié et exilé par son aïeul Miloutine (1307-1317). Entre l'époque de son retour et celle de son avénement se place une serie de révoltes, de violences, d'attentats, comme il s'en rencontre à chaque pas dans l'histoire de ces temps, et auxquels il ne fut que trop mêlé, s'il est vrai, comme le rapportent les chroniqueurs, qu'il ait hâté lui-même la fin de son père, se frayant par le parricide un chemin au trône qu'il devait illustrer par ces grandes actions.

Cependant ces mêmes chroniqueurs s'accordent en général à célébrer sa douceur, le charme de son visage et cette grâce aimable qui lui avait fait donner par ses parents le surnom de *Douchan*, (doux, gracieux), auquel s'ajouta plus tard celui de *Silni*, le Puissant, le Fort. Il est vrai que quelques-uns, au rebours, le peignent avec une taille gigantesque, les traits rudes, une physionomie effrayante. Le portrait que reproduit notre gravure, d'après des fresques et des médailles, ne présente, par malheur, aucune garantie d'authenticité, ce qui laisse la question indécise. Une seule chose demeure hors de doute, c'est le génie politique de Douchan, son talent pour la guerre, la justesse et l'étendue de ses vues. S'il reste de son époque par son caractère, il la dépasse par ses idées.

Moins de dix ans après son avénement, il avait subjugué ou rangé sous ses lois toute la Péninsule. La Bosnie était incorporée à ses Etats. La Bulgarie lui payait tribut. Raguse s'était placée sous sa protection. L'Epire, la Thessalie, l'Etoile, l'Arcanie, la Macédoine, avaient été enlevées aux Grecs, réduits désormais à l'étroit triangle que dessinent sur la carte Salonique, Constantinople et Bourgaz. Il touchait par Salonique à l'Archipel, par la Bulgarie à la mer Noire, par Belgrade au Danube et à la Save, par Raguse à l'Adriatique. Le titre de roi porté par les premiers Némanitch ne convenait plus au possesseur de tant d'Etats; Douchan y ajouta celui de *tsar* (empereur), comme plus en rapport avec sa fortune. *Etienne, en Dieu le Christ, roi et empereur de Serbie et Roumanie* ; ainsi le voyons-nous désigné dans les chartes et les chrysobulles. Dans les diplômes des ambassadeurs, conservés aux archives de Venise, dans les bulles et les lettres du saint-siége, il est qualifié d'*imperatora Rsciæ* (Serbiæ) *ac Romaniæ*. En 1349, la Sérénissime république inscrivit son nom sur son livre d'or.

Sur les sceaux et sur les médailles, il est représenté tenant dans sa main le globe impérial surmonté de la croix; au revers figure le splendide écusson du tsar, dont nous empruntons la description au neuvième volume du *Glasnik*, ou Recueil des mémoires de la Société serbe de Belgrade.

Le champ de l'écu est formé de onze quartiers. Au milieu sont les armes de la maison de Nemania : sur un champ de gueules, un aigle blanc éployé, à deux têtes couronnées, et, sous les ailes, deux fleurs de lis d'or. Les autres divisions de l'écu représentent les armoiries des divers Etats dont se composait l'empire serbe sous Douchan, savoir :

La Bulgarie, un lion couronné debout, d'or sur champ de gueules ;

La Slavonie, trois lévriers, de gueules sur champ d'argent ;

La Bosnie, deux clefs croisées, à têtes de nègres, couvertes à leur intersection d'un écu de gueules portant un croissant d'argent sous une étoile ;

La Macédoine, un lion debout, de gueules sur champ d'or ;

La Dalmatis, trois têtes de lion couronnées, d'or sur azur ;

La Serbie, une croix flanquée de quatre briquets dans les intervalles angulaires laissés sur l'écu par les bras ;

La Croatie, un écu en échiquier, de vingt carrés argent et gueules ;

La Russie (Serbie méridionale), trois fers à cheval renversés sur champ d'azur ;

La Primorie, (portion de l'Herzégovi e et du littoral adriatique), un bras cuirassé armé d'un glaive, sur champ de gueules ;

La Grèce, un lion debout sur un fond de huit bandes diagonales, or et argent.

L'Empereur des Serbes Douchan le Fort.

On croit que le même blason figurait, en même temps que l'image du *saint roi*, sur les insignes de l'ordre de Saint-Etienne, institué par Douchan vers 1336 ou 1337, et dont furent décorés en premier lieu plusieurs grands de Serbie, et les ambassadeurs de Raguse qui avaient assisté à son couronnement. Tous les historiens, tant orientaux qu'occidentaux, rapportent le même fait, mais sans en préciser la date, qui nous semble devoir être reportée quelques années plus tard, lorsque Douchan posa sur sa tête la couronne impériale.

Deux grandes mesures, dont les circonstances sont mieux connues, signalèrent son règne : l'institution du patriarcat serbe, et la publication du Code de lois connu encore aujourd'hui sous le nom de *Lois et ordonnances* de Douchan.

Déjà, lors de l'avénement des Némanitch, l'Eglise serbe avait été dotée de priviléges assez étendus, comme d'élire elle-même son métropolitain et ses douze évêques, et de former des synodes provinciaux. Néanmoins, elle continuait à rester soumise à l'autorité directe des patriarches de Constantinople. Or cette soumission, même avec les restrictions qu'elle comportait, constituait désormais une anomalie ainsi qu'une dérogation au principe, qui est de règle dans toutes les contrées orthodoxes, que l'indépendance de l'Eglise doit suivre celle de l'Etat. Comment admettre, en effet, que le monarque qui s'annonçait comme l'égal des empereurs d'Orient demeurât soumis spirituellement au patriarche de Constantinople et tolérât l'immixtion d'un pouvoir religieux étranger dans ses Etats? Il n'y avait donc pas lieu de s'étonner qu'un synode réuni en 1351 à Sères (Macédoine), par ordre de Douchan, et composé des évêques et des principaux laïques de la Serbie, de la Bulgarie et de l'Ochride, proclamât le métropolitain de Serbie indépendant et *égal en tous points* aux patriarches d'Orient. Néanmoins, cette déclaration excita au plus haut degré l'indignation de l'évêque de la nouvelle Rome, Caliste, lequel s'empressa d'excommunier le nouveau patriarche, son clergé et le tsar lui-même. L'anathème ne fut levé que trente années après, en 1376, époque à laquelle le successeur de Caliste, Philothée, reconnut le nouveau siège patriarcal, et admit l'Eglise serbe au nombre des

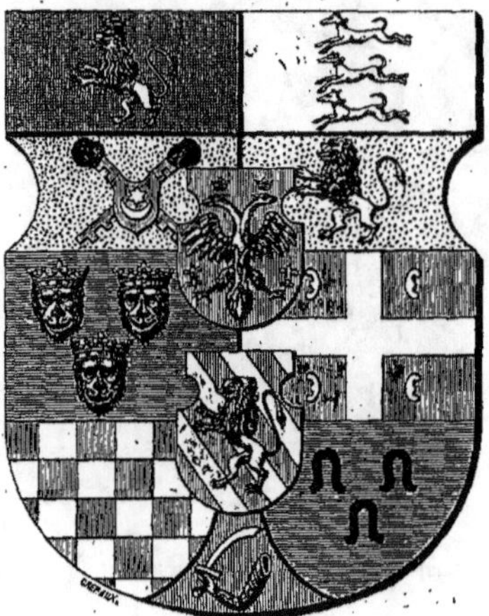

Eglises autonomes de la communion orthodoxe, situation qu'elle a conservée jusqu'à aujourd'hui.

Les *Lois et ordonnances* sont les *Capitulaires* de l'empire serbe. Promulguées le jour de l'Ascension 1349, à la suite d'une grande assemblée présidée par le tsar en personne et le patriarche Joanice, et composée des principaux clercs et laïques de l'empire, elles demeurent comme un curieux spécimen de l'état des mœurs et de la civilisation durant le Moyen âge serbe.

Quelques prescriptions sont à noter :

« Les ecclésiastiques ne doivent pas anathématiser les fidèles pour leurs péchés; mais ils doivent leur faire des remontrances avec douceur et sans scandale, et leur représenter

deux ou trois fois la grandeur de leur faute; et alors, s'ils n'obéissent pas, ils les excommunieront. »

« Si un noble offense gravement une femme mariée, on lui coupera les deux mains et le nez. »

« Les nobles dont les troupes pillent le pays seront obligés de payer tout le dégât en repassant par la même contrée. »

« Le noble qui, par haine, fait du mal aux colons par le pillage ou l'incendie, ou qui leur joue tout autre mauvais tour, perdra son domaine. »

« Pour une parole mauvaise ou déshonnête, le noble payera cent *perpers* (monnaie d'or valant le quart d'un marc), et le paysan douze perpers, et il recevra la bastonnade. »

« Un noble ayant tué un paysan en ville ou à la campagne payera mille perpers; un paysan ayant tué un noble payera trois cents perpers et aura la main coupée. »

Les mœurs et les coutumes féodales s'étaient déjà, comme l'on voit, implantées en Serbie. L'ancienne constitution démocratique, signalée par Procope chez les Slaves de la Mœsie, avait disparu peu à peu pour faire place à un régime nouveau basé sur la division et l'inégalité des classes. Cette inégalité, il est vrai, est moins choquante que dans les autres contrées de l'Europe où le système féodal est en vigueur; mais elle tend à s'accroître, sous Douchan, par l'introduction des titres et des usages byzantins : emprunt maladroit, dont Rodolphe le Grand de Valachie devait donner, à un siècle de là, un second et funeste exemple, et qui montre quel prestige conservait, aux yeux des peuples, ce fantôme de l'empire romain.

D'autres innovations, bien que nécessitées peut-être par les circonstances, ne furent pas plus heureuses. Comme Charlemagne, Douchan voulut partager, de son vivant, ses vastes domaines. Il établit son fils unique, Ouroch, un enfant (il n'avait pas plus de dix-neuf ans à la mort de son père, en 1356), *roi* de Rascie, et lui donna à gouverner ses Etats héréditaires, tandis qu'il régnait personnellement, avec le titre d'*empereur*, sur les pays nouvellement conquis. L'empire tout entier fut partagé en douze grands gouvernements, à la tête desquels il plaça des *voïvodes*, qui, à l'instar de nos grands vassaux, tendaient à se rendre indépendants dans leurs domaines. C'est ainsi que Douchan prépara, sans le vouloir, le démembrement de l'empire serbe, en même temps qu'il favorisa le développement d'une aristocratie nobiliaire en désaccord avec les traditions et les mœurs nationales.

Mais Douchan, alors à l'apogée de sa puissance, ne soupçonnait pas ces germes de dissolution. Comme tous les fondateurs, il croyait à la durée de l'édifice qu'il avait élevé, et n'était plus préoccupé que d'y poser le couronnement. Ce couronnement, c'était la conquête de Byzance. Douchan s'était fait empereur; mais il ne peut exister en Orient deux empereurs, pas plus que, suivant l'adage turc, deux sabres ne peuvent être contenus dans le même fourreau. De 1337 à 1352 il avait soutenu contre les Grecs douze guerres, la plupart heureuses. Déjà maître de leurs plus belles provinces, il convoitait maintenant leur capitale. L'occasion paraissait propice. Menacé au midi par les Turcs, affaibli par des dissensions intérieures, l'empire penchait visiblement vers sa ruine. En 1356, Douchan part à la tête d'une armée de quatre-vingt mille hommes. Une marche de vingt-deux jours le porte à Diavoli, petit village de la Thrace. Il n'est plus qu'à douze lieues de Constantinople. Mais tout à coup il est saisi d'une fièvre ardente et meurt au bout de quelques jours (20 décembre). A la nouvelle de cette catastrophe, l'armée, frappée de stupeur, s'arrête, puis rebrousse chemin, emportant le cadavre de son chef.

De funestes pressentiments, que l'avenir ne justifia que trop tôt, paraissent avoir assombri ses derniers moments. C'est en vain que, comme s'il eût prévu que ses funérailles allaient être sanglantes, il rassembla autour de son lit de mort les voïvodes, et les conjura de demeurer unis entre eux et fidèles à son fils. A peine eut-il les yeux fermés que, se regardant les uns les autres d'un air farouche, ils s'écrièrent : « A qui sera l'empire? » Fatale question, que devait trancher bientôt le cimeterre musulman !

La mort de Douchan avait rompu le faisceau de l'unité serbe. Démembré, l'empire fut bientôt asservi. En 1367, Ouroch meurt assassiné par Voukachine, le plus puissant des voïvodes. Vingt-deux ans après, l'indépendance serbe expire dans les champs de Kossovo (27 juin 1389).

Un autre nom est célèbre dans les fastes de la Serbie, c'est celui de Georges Brankovitch, dernier despote serbe.

Sur une des places de la petite ville d'Egra, en Bohême, à l'angle de la Schlœgelgasse, et attenant d'un autre côté au bâtiment de la Poste, on voit deux maisons anciennes d'apparence qui, séparées aujourd'hui, jadis étaient réunies et formaient un seul corps de logis. Cette maison ou, si

Georges Brankovitch.

l'on veut, ce groupe de maisons, antérieur par sa construction au quinzième siècle, comme l'indique le millésime de 1398 gravé récemment sur la porte principale, avait pour propriétaire, vers l'an 1700, un honnête bourgeois nommé Georges-André Mineti, qui joignait à ses fonctions de conseiller municipal celles d'historiographe; historiographe non de sa province, non de sa ville, mais de sa demeure, de laquelle il a composé une chronique intime manuscrite. C'est à cette chronique, mise en lumière par les soins et complétée plus tard par les recherches des savants que l'histoire est redevable des seuls renseignemants *certains* que l'on possède sur la captivité et les dernières années de la vie d'un personnage qui prit une part considérable dans les événements politiques qui marquèrent la fin du dix-septième siècle en Autriche, en Hongrie, en Turquie, tandis que, par un singulier contraste, son nom est à peine mentionné par les historiens et les chroniqueurs contemporains.

Cet homme qui, par le mystère qui couvre encore certaines particularités de sa vie, fait songer au Masque de fer, et qui périt comme lui victime de la raison d'Etat, est Georges Brankovitch, libre baron de Hongrie, comte du saint empire romain et despote de Serbie.

Il était né en 1645 à Ieno ou Ienopol (aujourd'hui Boros-Ieno), dans le comitat d'Arad, et descendait en ligne directe (d'après sa propre généalogie qui figure en tête de son *Histoire*) des anciens roi serbes qui, lorsque les Turcs eurent pris possession définitive de la Serbie (1459), passèrent en Hongrie et, sous le titre de despotes qu'avaient adopté leurs prédécesseurs après Kossovo, continuèrent durant près d'un siècle l'antique maison des Brankovitch.

Orphelin de bonne heure, — son père et ses deux frères cadets étaient morts de la peste en 1650, et sa mère, sous le coup de ce triple deuil, était entrée dans un monastère, — il fut élevé par son frère aîné Siméon, qui lui tint lieu de père. Ce Siméon avait débuté par être soldat, puis il s'était fait moine pour échapper aux Turcs qui réclamaient son extradition, et avait été promu, au bout de quelques années, à l'archevêché de Ienopol. Il fit donner à son pupille l'éducation que comportaient les nécessités et les habitudes du temps, sa naissance, et une sorte de pressentiment du rôle auquel il était destiné L'histoire, la géographie, les mathématiques, les langues surtout, en composèrent le fond. A quinze ans, Brankovitch conversait dans tous les idiomes qui étaient à cette époque et qui sont aujourd'hui encore usités en Hongrie : le hongrois, le serbe, le romain, l'allemand, l'italien. Il parlait et écrivait le latin avec une élégance qui faisait plus tard l'admiration des lettrés d'Egra. Il possédait par surcroît le turc, le bulgare et le grec moderne.

Ses études terminées, il entra au service de Michel Apaffy, qui venait d'être nommé par la Porte grand prince de Transylvanie, et peu après fut adjoint en qualité d'interprète à l'ambassade que le nouvel élu envoyait au sultan.

Il demeura en Turquie trois à quatre ans, de 1663 à 1666 ou 1667. C'est dans cet intervalle que se place l'événement qui décida du reste de sa vie.

Il s'était lié à Andrinople (Andrinople était à cette époque le séjour favori des sultans) avec le styrien Simon Reninger, envoyé de Léopold près la Porte Ottomane. On sait quels ambitieux projets nourrissait ce prince qui occupa pendant près d'un demi-siècle le trône impérial. Ils n'allaient à rien moins qu'à reconstituer, au profit des Habsbourg, l'ancien empire romain. Restaurer en Occident la monarchie de Charles-Quint par la revendication de la succession d'Espagne ; en Orient, relever le trône de Constantin par l'expulsion des Turcs de l'Europe : cette double pensée n'avait cessé de hanter son esprit depuis qu'un moine lui avait prédit, à l'époque de son mariage, qu'il deviendrait père de *deux empereurs*. C'était d'ailleurs une doctrine professée ouvertement en Allemagne à cette époque que les *deux mers*, —la mer Blanche (l'Archipel) et la mer Noire, — devaient former les limites de l'empire au sud et à l'est.

Tels étaient les projets que l'on caressait secrètement à Vienne dans l'entourage immédiat de l'empereur, et auxquels un très petit nombre de

personnes avaient été initiées. Reninger, en raison de la position qu'il occupait
à Constantinople, et parce qu'il inspirait toute confiance par ses talents et
sa fidélité était un des adeptes. Parmi les moyens à employer, un des plus
efficaces, celui sur lequel on comptait le plus, devait être le soulèvement,
à un jour donné, des populations chrétiennes de la Roumélie, Grecs, Albanais, Serbes, Bulgares. etc. Il fallait préparer les voies. Reninger s'ouvrit
au Grec Panajoti, grand interprète de la Porte, et au patriarche serbe d'Ipek,
Maxime, qui se trouvait de]passage à Constantinople. Tous deux entrèrent

La forteresse de Semendria, au bord du Danube.

dans ses vues et promirent leur concours, le premier par ambition, le second
par patriotisme.

Mais il manquait un chef actif à l'entreprise. Reninger songea à
Brankovitch. Jeune, aventureux, portant un nom cher à tous les Slaves, et
qui vibrait à leurs oreilles comme un écho de leur ancienne gloire, Brankovitch
était seul capable de soulever les masses chrétiennes, de les entraîner et de
les guider sur les champs de bataille. C'était bien l'homme, ou plutôt
l'instrument qu'il fallait.

Lui, de son côté, n'eut garde de se dérober à la fortune qui venait au-
devant de lui. L'œuvre à laquelle on lui demandait de s'associer, en flattant
ses instincts, ne lui paraissait pas au-dessus de ses forces. Il s'y jeta tout
entier.

On arrêta en commun les conditions. L'une de ces conditions devait être
le rétablissement, au profit de Brankovitch, de l'ancienne *despotie* serbe,
dont le titre s'était éteint en 1571 dans la personne de son ancêtre Jean

Brankovitch. Reninger écrivit à Vienne. La réponse ne se fit pas attendre. Brankovitch était un auxiliaire trop nécessaire pour qu'on marchandât avec lui. Léopold expédia à Reninger des lettres patentes au nom de Georges Brankovitch, qui conféraient par avance à l'envoyé d'Apaffy le titre et la qualité de despote « dans tout le pays serbe ». Quelques jours après, Georges fut sacré secrètement en cette qualité par Maxime, dans l'église de Saint-Michel-Archange, à Andrinople, en présence du résident impérial et de plusieurs notables serbes (septembre 1663).

Diverses circonstances, la paix inopinée de Vasvar qui suivit la bataille de Saint-Gothard (1664), la mort de Panajoti, celle de Maxime, suspendirent l'exécution de ce projet, qui ne fut repris sérieusement que vingt à vingt-cinq ans plus tard, au milieu de l'enivrement produit par la délivrance de Vienne et la prise de Bude (1683-1686). Ce qu'il advint de notre héros pendant cet intervalle, ses voyages, ses aventures, les missions qu'il remplit successivement à Constantinople, à Vienne, à Pétersbourg, à Varsovie près de Sobieski, et qui le mirent en rapport avec la plupart des princes et des hommes considérables de son époque, la haute faveur dont il jouit d'abord à la cour d'Apay, puis sa brouille avec ce prince et sa retraite en Valachie près du voïvode Cherban Cantacuzène, nous n'entreprendrons pas de le raconter.

Semendria ou Smederevo, ancienne capitale de la Serbie, est située à 40 kilomètres de Belgrade, entre les villages de Grodska et de Basiach, au bord du Danube, en cet endroit très large. C'est le chef-lieu d'un des dix-sept départements de la Serbie moderne.

Sa forteresse, bâtie en 1433, par George Brankovitch le dernier roi serbe, s'avance comme un promontoire au milieu du fleuve. Vingt-sept tours carrées s'élèvent au-dessus de ses murailles d'un air imposant ; mais les tours sont fendues, les créneaux émoussés, les murs peu solides. Une porte basse s'ouvre sur la berge. L'effet est triste. On se sent mal à l'aise devant ce tableau de solitude et de décadence. Cependant aux environs la nature est riche. Les collines sont couvertes d'arbres fruitiers, de pruniers surtout d'où l'on tire une liqueur estimée, la *slivovitza*, et de vignes qui produisent, dit-on, un excellent vin.

LA GRÈCE

LA GRÈCE

La Grèce a conservé, dans tout leur pittoresque, certains de ses anciens usages.

Éleusis, comme un grand nombre des villages de l'Attique, est peuplé presque exclusivement d'Albanais. Leurs usages sont peu différents de ceux des Grecs. Voici ceux qui se rapportent au mariage. Aussitôt après la cérémonie religieuse, le cortège se dirige vers la maison de l'épouse, précédé de musiciens et de danseurs. La mariée (*vahissa*), cachée sous un long voile et soutenue par ses parrains, semble être traînée au supplice, tant sa démarche est pénible. Arrivée devant son mari, elle se jette à ses pieds, lui baise les mains et dépose devant lui un sac et une corde pour exprimer, dit-on, qu'elle est destinée à porter les fardeaux et à conserver les provisions de ménage. Dans la maison, les femmes se réunissent autour d'elle et célèbrent, dans un épithalame, psalmodié d'une voix monotone, les vertus de la nouvelle épouse.

Puis, après l'initiation aux détails du ménage, commencent les réjouissances, qui se prolongent pendant plusieurs jours.

Les cérémonies funèbres en usage chez les Grecs modernes, diffèrent peu de celles que célébraient leurs ancêtres ; on sait quelle importance les anciens Hellènes attachaient à la sépulture : tant que le cadavre demeurait privé des honneurs funèbres, l'âme ne pouvait être admise dans l'Élysée et rôdait sur les bords du Styx, repoussée par Caron. Attristés par cette vagabonde condition, les morts apparaissaient à leurs amis, afin de leur demander la faveur de la sépulture. Ainsi l'ombre de Patrocle se présente à son ami Achille et lui dit : « Donne-moi la sépulture, afin que je pénètre au plus tôt par la porte des enfers. » C'est par transmission de ces idées antiques qu'on s'explique l'empressement que mettent aujourd'hui les Grecs à ensevelir leurs morts, la crainte qu'ils éprouvent de mourir sur une terre étrangère où ils seraient privés des honneurs funèbres. Et de là l'usage des lamentations sur ceux auxquels ce malheur est arrivé.

Un prêtre est appelé près des agonisants pour les recommander à Dieu ; un

grand silence se fait autour du mourant, dont on recueille les derniers mots,
considérés comme sacrés. A peine a-t-il expiré qu'on s'empresse de lui fermer
la bouche et les yeux. C'est le plus proche parent qui s'acquitte de ce triste
devoir.

Le cadavre, après avoir été lavé avec de l'eau et du vin, est revêtu de ses
plus beaux habits. Si le défunt est fiancé ou marié depuis peu, on dépose sur sa

Un mariage à Éleusis.

tête la couronne nuptiale ; est-ce une jeune fille ou un enfant, on se contente
d'une couronne de fleurs. L'obole de Caron est encore mise religieusement sous
la langue des morts dans certaines parties de la Grèce, comme cela se pratique
encore dans quelques régions de la France (par exemple, dans le Morvan). Le
cadavre, avec sa dernière parure, est placé sur un lit ordinaire. Les plus proches
parents, chez les Grecs anciens, et non des femmes mercenaires comme chez les
Romains, s'acquittaient de tous ces soins funéraires. Aujourd'hui encore c'est
à regret que l'on abandonne à des mains étrangères ces pieux devoirs.

On a rapproché, peut-être à tort, des *thrênôdoi* des Grecs anciens les *mysologistus* des Grecs modernes. Les *thrênôdoi* semblent avoir été des femmes de
Carie, quoique Platon parle d'hommes qui précédaient ou suivaient le convoi en
jouant sur des flûtes des airs funèbres. Il n'est fait nulle part mention de femmes
qui offrent quelque rapport avec les *mysologistus*, lesquelles ne sont que les *præficæ*
des Romains. Celles-ci suivaient le convoi en faisant entendre des lamentations et

en improvisant des chants funèbres (*neniæ* ou *lessus*) en l'honneur du défunt ; il
en est de même des *mysologistus*, à la différence près que ces improvisations se font
dans la maison, en présence du cadavre. Ordinairement c'est la mère ou l'épouse
du défunt qui se charge de cette sorte d'oraison funèbre. En son absence, on
choisit une amie ou une étrangère qui ait pour ce genre de composition quelque
célébrité ; on la rétribue en provisions de bouche, rarement en argent. Ces

Funérailles.

complaintes, appelées *mysologues*, se terminent par cette sorte de refrain : *Ou !*
ou ! ou bien : *Och ! och !* Cet usage se retrouve en Corse (*voceri*) et en Sardaigne ;
dans ce dernier pays, les lamentations se terminent par le refrain *Ahi ! Ahi !* et
sont appelées *attito*. Ce nom pourrait être une corruption de l'exclamation *ototoï*,
qui se rencontre chez les tragiques grecs ; la *præfica* est appelée *attitodora* ;
souvent ce sont des hommes qui remplissent ces fonctions : *attitodori*.

Des femmes qui ont eu récemment à déplorer la perte d'un de leurs proches
parents, viennent assister à ces cérémonies funèbres et apportent avec elles une
pomme ou un autre fruit, qu'elles déposent aux pieds du mort en le priant de
le remettre à celui qu'elles ont perdu.

Le défunt, après avoir reçu *le dernier baiser*, est conduit au lieu de la sépulture sur un brancard.

Les femmes suivent le convoi. Au moment où on enlève le cadavre, elles
font retentir l'air de leurs cris, et, entre autres marques de douleur, elles se
déchirent avec leurs ongles le visage et se frappent le sein.

Chez les anciens, la durée du deuil était plus ou moins prolongée, et, pendant tout son cours, il n'était pas convenable pour les parents du défunt de se montrer en public. Aujourd'hui, la mère et la femme du défunt ne sortent de chez elles qu'après une année révolue.

Au sujet des cérémonies mortuaires, il faut signaler cette autre coutume.

Pendant le service funèbre du rite gréco-russe, le mort est exposé le visage découvert et le front orné du bandeau que représente notre gravure. Quand le service est achevé, le prêtre s'approche du cercueil et lit la prière d'absolution ; ensuite il plie le papier sur lequel elle est imprimée et le place dans la main du mort. Alors tous les assistants, les uns après les autres, viennent embrasser le

Bandeau que l'on place sur le front des morts selon le rite gréco-russe.

défunt ou la défunte, ou lui baiser la main, et l'on ferme le cercueil pour le transporter au cimetière. Le bandeau reste attaché au front du mort ; la prière reste dans sa main.

Voici la traduction de la prière :

Prière d'absolution du prêtre pour le défunt ici présent.

— Notre Seigneur Jésus-Christ, dans sa bonté divine, en accordant à ses saints disciples et apôtres le don et le pouvoir de lier et de délier les péchés des hommes, leur dit : « Recevez l'Esprit saint. Si vous relevez les hommes de leurs péchés, ils leur seront remis ; si vous les retenez, ils seront retenus ; et selon que vous lierez ou délierez sur la terre, il sera lié ou délié dans le ciel. » En leur nom et en celui de ceux qui leur ont succédé, il est accordé par moi, à l'âme de l'enfant (la place du nom de baptême du défunt), un humble pardon de tous les péchés qu'il a pu commettre comme homme contre Dieu, en parole ou en action, ou par pensée ou par sentiment, volontairement ou involontairement, avec conscience ou sans conscience. S'il se trouve sous la malédiction ou l'excommunication de l'évêque ou du prêtre, ou s'il s'est attiré la malédiction de son père, ou s'il s'est maudit lui-même, ou s'il a manqué à son serment, ou si, comme homme, il a commis quelques autres péchés, s'il s'en repent dans son cœur, que ses fautes lui soient remises à cause de la faiblesse de sa nature, qu'elles soient oubliées et que toutes lui soient pardonnées à cause de sa participation à l'humanité, par les prières de notre très sainte et immaculée vierge Marie, par celles des glorieux et illustres apôtres et de tous les saints. Amen.

Le prix du bandeau est de 60 kopecks en argent (environ 2 fr. 40 cent.) ; celui de la prière est seulement de 6 kopecks. Ces chiffres sont imprimés sur le

bandeau et au bas de la prière, afin que l'on ne puisse jamais exiger des parents
du défunt un prix plus élevé.

Les vêtements ecclésiastiques en Grèce diffèrent de ceux des prêtres catholiques romains.

Le prêtre, avant de célébrer les mystères, se revêt d'habillements particuliers et plus riches que les vêtements ordinaires. Il en est ainsi depuis le commencement du christianisme, quoique le nombre et la forme de ces vêtements aient changés par la suite des temps. On trouve le fondement de cet usage dans

Évêque.

Prêtre.

l'Ancien Testament : chez les Hébreux, les prêtres et les lévites avaient des vêtements spéciaux consacrés d'une manière déterminée pour certaines cérémonies ; ils ne pouvaient approcher du tabernacle que revêtus de ces divers costumes, faits d'étoffes de prix, de lin très fin, de tissus de laine très rares, et remarquables par la teinture et les broderies les plus précieuses. Autrefois, on avait le plus grand respect pour les vêtements sacerdotaux ; les femmes et les laïques ne pouvaient y toucher. Chez les chrétiens grecs, la forme du costume sacerdotal a moins changé que dans l'Église latine. On la retrouve dans les anciennes peintures qui tapissent leurs églises, et l'on est frappé en assistant aux cérémonies grecques, de voir les saints représentés sur les murs et les prêtres officiants revêtus d'ornements souvent identiques.

Les vêtements sacerdotaux ne sont pas seulement une parure ; ils ont, comme tous les objets matériels qui servent au culte, un sens spirituel et mystique destiné à toucher le cœur, et à rappeler à l'esprit les plus saints mystères du christianisme. Nous allons en donner une idée, et faire une énumération sommaire des ornements qui servent aujourd'hui dans l'Église grecque :

1° Le *sticharium*. C'est une espèce de tunique qui correspond à l'aube des Latins : autrefois, le sticharium était blanc; le patriarche seul avait le droit d'en porter un de couleur rouge. Sa blancheur est destinée à figurer la splendeur de Dieu et l'éclat de la dignité sacerdotale. Un autre mystique compare les plis ondoyants de ce vêtement aux flots de sang et d'eau qui sortirent du côté de Jésus-Christ;

Diacre.

Sous-Diacre.

2° La *zona*, ou ceinture, usitée de tout temps. Cette partie du costume est destinée à serrer les reins et à relever la partie inférieure des vêtements lorsque l'on est en marche : elle indique qu'il faut toujours être prêt à se mettre en route pour le service de Dieu;

3° L'*epitrachelium* correspond à l'étole : c'est une large bande qui entoure le col et les épaules. L'epitrachelium représente les liens qui entouraient le col de Jésus-Christ lorsqu'on le conduisit chez le grand-prêtre et au Calvaire. Le plus souvent, on lit sur l'étole du diacre trois mots grecs qui signifient : Saint, Saint, Saint;

4° L'*epimanicicum* correspond au manipule. Les Grecs en ont deux; sur le droit est peinte le plus souvent l'image du Sauveur. Ils représentent les liens qui serrèrent les mains de Jésus-Christ pendant la passion;

5° L'*epigonacium*, ou *hypogonacium*, ornement quadrangulaire, attaché à la hauteur du genou ; c'est un attribut des évêques et des patriarches. Il représente le linge dont se servit Jésus-Christ pour essuyer les pieds des apôtres après les leur avoir lavés. Cet ornement n'a de correspondant chez les Latins que celui que l'on nomme *orale* ou *fano*, et que le pape seul a le droit de porter ;

6° Le *phénolium* correspond à notre chasuble. C'est un vêtement tout rond avec un trou au milieu pour passer la tête ; c'est aussi l'ancienne forme de la chasuble latine, on en voit encore une dans la sacristie de la cathédrale de Reims ; mais, plus tard, elle fut échancrée latéralement, et comme elle gênait encore les mouvements, elle fut rognée petit à petit jusqu'à devenir ce que nous la voyons aujourd'hui. La chasuble des prêtres grecs est d'une étoffe unie ; celle des évêques est parsemée de croix et de triangles pour représenter la gloire de la croix et la pierre angulaire, c'est-à-dire le Christ. La chasuble latine offre encore, en Italie, deux croix ; en France, elle n'a conservé que la croix dessinée sur la partie postérieure ;

7° L'*homophore* ou *pallium*, ornement particulier aux évêques. Il est fait, non de lin ni de soie, mais de laine d'agneau. Il figure la brebis égarée, rapportée sur les épaules du bon pasteur : aussi, les évêques sont-ils obligés de s'en revêtir quand ils administrent le sacrement de pénitence. Dans l'Église latine, il n'y a qu'un nombre très limité d'évêques qui aient le droit de porter cet insigne ; ce sont ceux auxquels le pape l'a envoyé. Tous les ans, le jour de la fête de sainte Agnès, on bénit, à Rome, dans l'église de Sainte-Agnès hors les murs, deux petits agneaux blancs et sans tache. C'est avec la toison de ces agneaux que l'on fait les pallium que le pape distribue dans l'Église romaine. Avant de les envoyer, on les dépose sur le tombeau des apôtres, où ils restent l'espace d'une nuit. Ce pallium est formé d'une petite bande blanche ornée de croix noires ; il entoure le col et descend sur le dos et sur la poitrine. Le pallium des Grecs est beaucoup plus large et plus long que celui des Romains.

La *chape* n'est pas usitée en Grèce. Autrefois, chez nous, c'était le manteau ou le pluvial qui se mettait par-dessus les autres vêtements. Aujourd'hui, son manque de souplesse et sa forme bizarre font regretter la simplicité et les plis nombreux de ce costume dont les anciens monuments de sculpture et de peinture peuvent seuls nous donner l'idée.

La *crosse*, ou bâton pastoral, est comme le sceptre des rois un symbole d'autorité. Un ancien vers latin nous apprend que sa partie supérieure ou arrondie sert à diriger ceux qui sont soumis, et que la pointe inférieure sert à combattre les rebelles :

Curva trahit mites, pars pungit acuta rebelles.

La crosse grecque est presque toujours en bois, avec des incrustations de nacre, d'écaille et d'ivoire ; elle diffère surtout de celle des évêques d'Occident par la double courbure qui termine sa partie supérieure. Cette double courbure est formée ordinairement de deux serpents qui lui donnent une certaine ressemblance avec le caducée antique, symbole de la paix et de l'union, jointes à la prudence : entre les deux serpents est une boule surmontée d'une croix.

Il y a une légère différence entre la dalmatique du diacre et la tunique du sous-diacre : ces deux ordonnés ne se distinguent que par la manière dont ils enroulent l'étole autour de leurs épaules et de leur poitrine. Il faut remarquer

aussi la forme de la mitre, qui est totalement différente de celle des évêques
latins. Les prêtres grecs ne coupent jamais leurs cheveux ni leur barbe ; cette
barbe donne une très belle expression à leur physionomie.

Les quatre dessins, que nous donnons, ont été faits, d'après nature, à
Athènes. Ils sont la représentation exacte des costumes usités aujourd'hui dans
l'Église grecque. Ces costumes sont en soie ; on y emploie indifféremment
toutes les couleurs, hors·le noir qui est inusité, même dans les enterrements.

La Grèce est surtout célèbre par son antique civilisation. On comprendra
donc que nous parlions ici des bulletins de vote dans l'ancienne Athènes.

Les bulletins de vote en usage à Athènes ont été décrits par Aristote. Ils

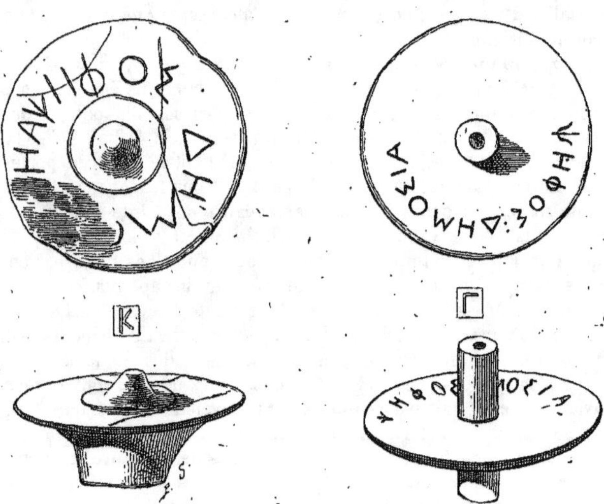

Bulletins de vote chez les Athéniens.

étaient en bronze : une petite tige sortait du milieu, pleine chez les uns, creuse
chez les autres. L'inscription qu'on lit sur le disque circulaire *psephos demosia*,
indique bien qu'il s'agit d'un bulletin de vote public. On suppose que le K et
le Γ gravés sur l'autre face du disque peuvent être des lettres de série.

On remettait deux bulletins à chacun des juges ou jurés, l'un plein, l'autre
creux. Le bulletin plein condamnait ; l'autre acquittait.

Le pouvoir législatif se réunissait deux ou trois fois par mois, et, du temps
de Démosthène, quatre fois par prytanie (dixième partie de l'année). Il se
composait de cinq cents citoyens âgés de plus de trente ans et désignés par le
sort. Tout citoyen pouvait proposer une loi nouvelle, mais il assumait sur lui
une responsabilité rigoureuse, par exemple, si cette proposition était en contradiction avec une loi ancienne. Le vote ne pouvait avoir lieu que sur la proposition du Sénat.

Les historiens font observer que les dangers de la mobilité ordinaire qui résulte des passions démocratiques, étaient en partie conjurés, parce que, dans un si petit État, tous les citoyens avaient à peu près la même culture d'esprit et étaient réellement accessibles à certaines fonctions publiques.

C'est encore à l'antiquité que l'on doit le monument qui frappe la vue à l'approche d'Athènes. Son diamètre est de 8 mètres environ. Sur chacune de ses huit faces, à la partie supérieure, est une figure sculptée représentant un des

Une vue d'Athènes. — La Tour des Vents, près de la citadelle

Vents principaux. Vitruve et Varron donnent le nom de l'architecte qui avait construit ce monument singulier : il s'appelait Andronicus Cyrrhestes.

« Les Vents, dit Vitruve, ne sont, selon l'opinion de quelques-uns, qu'au nombre de quatre, savoir : *Solanius* (l'Est), qui souffle du côté du levant équinoxal ; *Auster* (le Sud), du côté du midi ; *Favonius* (l'Ouest), du côté du couchant équinoxial ; et *Septentrio* (le Nord), du côté septentrional. Mais ceux qui ont plus soigneusement recherché les différences des Vents en ont fait huit, et particulièrement Andronicus Cyrrhestes, qui pour cet effet bâtit à Athènes une tour de marbre, de figure octogone, qui avait à chaque face l'image de l'un des Vents à l'opposition du lieu où il souffle ordinairement ; sur la tour, qui se terminait en pointe, il plaça un triton de bronze tenant en main une baguette, et la machine était ajustée de manière que le triton, tournant et se tenant toujours opposé au Vent qui soufflait, l'indiquait avec sa baguette. »

Les huit figures sont sculptées en bas-relief; leurs noms sont gravés près d'elles en grands caractères ; elles portent, en outre, des attributs qui les font reconnaître au premier aspect. *Apéliotès*, le Vent de l'Est, qui amène une pluie douce et favorable à la végétation, est représenté sous les traits d'un jeune homme dont les cheveux flottent de tous côtés ; il tient de ses deux mains les bords de son manteau rempli de fruits, d'épis de blé et de rayons de miel. *Notus*, Vent du Sud, brûlant et humide, est représenté vidant un vase d'eau. *Libs*, Vent du Sud-Ouest, qui souffle à Athènes du golfe Saronique et de toute la côte de l'Attique, est figuré avec l'aplustre d'un vaisseau qu'il semble pousser devant lui ; c'était ce vent qui amenait les galères au Pirée. Les autres personnifications sont toutes dans ce style.

Au-dessous de chacun des Vents, on avait tracé un cadran solaire ; et il résulte, tant de la disposition de celui du Sud que de ceux de l'Est et de l'Ouest, que la tour est parfaitement orientée. Enfin une clepsydre ou horloge d'eau placée à l'intérieur de la tour suppléait aux cadrans lorsqu'ils ne pouvaient servir. Ainsi l'édifice indiquait aux habitants d'Athènes non seulement la direction des vents, mais les heures par le moyen des cadrans pendant les beaux jours, et à l'aide de la clepsydre après le coucher du soleil ou pendant les jours nébuleux.

Vitruve ne parle point de cette clepsydre ; mais Varron en fait mention dans le troisième livre de son ouvrage sur la campagne (*De re rustica*). Les traces de cette clepsydre sont d'ailleurs encore visibles de nos jours sur le pavé en marbre de la tour des Vents : elles consistent en plusieurs cavités circulaires et canaux de dégagement ; de plus, il existe un petit acqueduc voisin de l'édifice qui servait à y conduire les eaux d'une source nommée *Cleypsidra* dans l'antiquité, et qui est située sur le flanc septentrional des rochers de l'Acropolis ou citadelle d'Athènes.

Il faut ajouter que cette tour était voisine de l'*Agora*, ou place publique de l'ancienne Athènes.

C'est le seul monument antique de ce genre qui ait été conservé ; il offre un grand intérêt sous le rapport à la fois de sa destination et de son architecture.

Sur la face méridionale, et sous la figure de *Notos*, Vent du Sud, est une tour circulaire engagée d'un quart environ dans le pan de l'octogone ; elle communique avec l'intérieur du bâtiment par une petite ouverture pratiquée vers le bas. C'était sans doute dans cette construction accessoire qu'était réunie la quantité d'eau nécessaire pour faire marcher la clepsydre ou horloge hydraulique.

Deux portes donnaient accès dans l'édifice, l'une au-dessous de la figure de *Kaikias* ou Vent du Nord-Est, l'autre au-dessous de *Skiron* ou Vent du Nord-Ouest. Voici quel était sans doute leur usage. Les Grecs ne possédant pas comme nous les cadrans à aiguilles mobiles, qui permettent de signaler au loin le résultat des mouvements de l'horloge, il fallait qu'à Athènes les habitants qui avaient besoin de connaître l'heure marquée par la clepsydre entrassent dans la tour pour s'approcher de la machine ; mais cette tour, fort restreinte dans ses dimensions, eût été bientôt encombrée par le public si l'on n'eût pratiqué, à très peu de distance l'une de l'autre, et vers l'Agora, deux portes destinées, l'une à faire entrer, l'autre à faire sortir immédiatement les personnes qui n'avaient qu'à jeter les yeux sur l'horloge pour connaître l'heure.

Trois marches, en marbre comme le reste de l'édifice, supportent l'ensemble; les huit faces et la tour ronde reposent sur une première assise décorée d'une forte moulure qui fait le tour du monument dont les parois sont appareillées sans symétrie. Ces faces sont verticales et unies jusqu'à l'étroite cimaise au-dessus de laquelle sont sculptées les huit figures des Vents; un entablement, dont l'architrave se mêle aux parties supérieures des sculptures, couronne tout l'édifice; dans sa moulure supérieure sont des têtes de lions qui servent à jeter au loin les eaux du toit. La couverture, qui est d'un très bon goût, représente des tuiles plates reliées par des couvre-joints; au sommet du comble, un amortissement porte un chapiteau surmonté d'un cône, sur l'extrémité duquel tournait le Triton en bronze décrit par Vitruve, et qui est la plus ancienne girouette dont les auteurs aient donné la description.

Chacune des deux portes était abritée par un petit porche de deux colonnes soutenant un entablement et un fronton. Le porche, situé au Nord-Est, a disparu; on en voit seulement les profils, très bien tracés, sur les parties du mur voisines de la porte; au Nord-Ouest, les antes et une grande partie des colonnes étaient encore en place, lorsque Stuart, architecte anglais, qui a dessiné les monuments d'Athènes à la fin du XVIII⁰ siècle, fit faire autour de l'édifice des fouilles qui permirent de le déblayer des atterrissements considérables qui l'encombraient alors en grande partie. L'artiste anglais reconnut que les colonnes étaient cannelées et sans bases, qu'elles partaient des chapiteaux décorés d'un seul rang de feuilles d'acanthe, et, au-dessus, de longues feuilles d'eau; enfin que l'entablement, dont il retrouva des fragments, était orné de denticules.

Le plan de l'intérieur de la tour des Vents est un octogone régulier comme au dehors; une corniche fort simple règne à la hauteur de 1 mètre 80 centimètres au-dessus du pavé; plus haut, à 4 mètres 70 centimètres environ du sol, on en voit une autre fort riche et ornée de denticules et de modillons. Le sommet de la tour devient ensuite circulaire, et est orné, au-dessus, d'un bandeau sans moulures, de huit petites colonnes doriques et cannelées; le dessous du toit, évidé en pyramide tronquée et divisée en vingt-quatre facettes, repose sur une architrave. Dans ce toit, l'architecte a pratiqué huit petites ouvertures très étroites, s'évasant beaucoup à l'intérieur, et correspondant chacune au milieu d'une des faces externes du monument, au-dessus des figures sculptées; on a supposé ingénieusement que ces ouvertures avaient pour but de permettre au vent qui soufflait pendant la nuit de produire un bruit qui fît connaître sa direction, lorsque l'obscurité s'opposait à ce qu'on aperçut du dehors le Triton qui servait de girouette; il est plus probable que ces ouvertures ont été pratiquées simplement afin d'établir un courant d'air au sommet de la tour, d'abord pour renouveler une atmosphère qui en avait besoin, puisque, dans la journée, un grand nombre d'habitants d'Athènes passaient sans doute par cette tour pour connaître l'heure, ensuite pour sécher l'humidité qui devait se produire, soit dans le réservoir ou dans la clepsydre, soit dans une ou plusieurs des cavités pratiquées sur le sol.

Dans son ensemble, la tour des Vents réunit l'élégance et la solidité convenables à un édifice d'utilité publique. Le style des sculptures est mâle; l'exécution savante sans être très finie leur donne l'aspect de belles ébauches portant un très grand caractère, et assez terminées par la place qu'elles occupent au-dessus du sol. Certaines parties de l'architecture offrent des proportions agréables : le porche qui précède l'une des portes, tous les détails de la toiture, le petit ordre dorique qui couronne l'intérieur, sont empreints d'un style qui se rapproche des belles époques de l'art grec ; mais à côté de ces parties remarquables, on en voit d'autres qui dénotent un commencement de décadence. La corniche qui surmonte l'édifice à l'extérieur est loin de rappeler la finesse de goût qu'on retrouve dans tous les monuments d'Athènes et de la Grèce en général ; il en est de même de celle qui règne au milieu de l'édifice, à l'intérieur ; elles ont l'une et l'autre, dans leurs profils, des formes et des proportions qui semblent indiquer une influence romaine, cependant cet édifice doit dater, au plus tard, du commencement du siècle qui précéda l'ère chrétienne, car Varron en parle. Il est certain aussi qu'il ne peut remonter au siècle de Périclès, les Grecs n'étant pas alors suffisamment versés dans les sciences qui dépendent de la géométrie, telles que l'astronomie et la gnomonique, pour orienter exactement l'édifice et y tracer des cadrans solaires aussi parfaits que ceux que l'on y observe. Ce ne fut que du temps d'Anaximandre, selon Diogène de Laërce, et même lorsque son disciple Anaximène vivait, selon Pline, qu'ils commencèrent à connaître la gnomonique. Cette science ne marcha que lentement : au troisième siècle avant notre ère, les Grecs ne divisaient encore leur année qu'en trois cent soixante jours.

Sur la colline du Musée, qui fait face à l'acropole d'Athènes, à son point culminant, s'élève un monument ruiné, mais dont l'aspect ne paraît pas avoir beaucoup changé depuis que les voyageurs Spon et Wheler l'ont décrit les premiers en 1676. « C'est une muraille de marbre, légèrement enfoncée en demi-cercle, sur laquelle, du côté qui regarde Athènes, est gravé un char de triomphe à quatre chevaux... précédé par quelques figures et suivi d'une Victoire. (Dans cette statue, devenue très fruste, d'autres ont cru reconnaître depuis un prisonnier barbare.) Au-dessus est une statue dans une niche, avec le nom sous les pieds en caractères grecs : « Philopappus, fils d'Épiphanes, de « Bésa (bourg de l'Attique). » A sa droite, il y a une semblable niche sous laquelle on lit ce nom: « Le roi « Antiochus. » A la gauche, il devait y en avoir une autre pour faire la symétrie ; mais ce côté de la muraille est tombé. Entre les deux niches qui restent est un pilastre. Sans doute qu'au côté qui est ruiné il y en avait un autre. »

Sur ce second pilastre on lit une longue inscription latine dont voici la traduction : « Caïus Antiochus, Philopappus, fils de Caïus, de la tribu Fabia, consul, frère Arvale, agrégé aux prétoriens par l'empereur César-Nerva Trajan, très bon Auguste, qui a triomphé des Germains et des Daces. » Spon croyait que cette inscription mentionnait les qualités de ce même Philopappus nommé dans l'inscription de la niche centrale. Plus tard, l'Anglais Stuart, auteur des *Antiquités d'Athènes*, pensa trouver dans les indications qu'elle fournit la date de l'érection du monument, et il la fixait, d'après les titres donnés à l'empereur Trajan, entre les années 109 et 111 après Jésus-Christ. Il est peu probable qu'une inscription reléguée au sommet d'un pilastre désigne le personnage auquel a été élevé un mausolée de cette importance. Cette inscription dut être ajoutée après coup, peut-être lorsque les restes d'un membre de la même famille

Le Monument de Philopappus, à Athènes.

eurent été déposés dans la chambre funéraire dont la construction qui subsiste formait la façade. Il est plus naturel de reconnaître le mort illustre auquel le monument fut dédié dans la statue qui occupe la niche principale entre son père Antiochus IV Épiphanes, roi de Comagène, à sa droite, et sans doute, à sa gauche, quelque autre roi de ses ancêtres ; et le bas-relief placé au-dessous de son effigie représente vraisemblablement, non le triomphe de Trajan, comme ou l'a cru, mais plutôt celui de Titus après la prise de Jérusalem, à laquelle Antiochus IV avait pris part.

Antiochus IV conserva son royaume jusqu'en 72 après Jésus-Christ ; mais alors, s'étant compromis par une alliance avec les Parthes, il fut dépouillé de son royaume par Vespasien, qui lui ordonna de se rendre à Rome. Il avait deux fils, Épiphanes et Callinicus. Celui-ci fut adopté par une famille romaine. Epiphanes paraît être devenu citoyen d'Athènes et avoir été inscrit sur le rôle des citoyens du *démos* ou bourg de Bésa, situé dans la partie méridionale de l'Attique, et qui faisait partie de la tribu Antiochide. C'est évidemment à lui que Pausanias fait allusion lorsqu'il se contente de dire, en parlant de la colline du Musée, « qu'on y a érigé un tombeau à un Syrien. »

Le chemin bordé de tombeaux que reproduit notre gravure est une restauration. Il n'existe pas à Athènes de tombeaux restés debout. Des fouilles faites dans la ville et dans la campagne environnante ont mis au jour ceux que nous connaissons. C'étaient en général des pierres longues et étroites, — des stèles, — dressées verticalement, tantôt reposant directement sur le sol, tantôt exhaussées sur un piédestal. Elles, étaient couronnées soit d'un fronton triangulaire, soit d'un élégant fleuron. Elles portaient une inscription gravée et souvent des fleurs ou feuillages sculptés sur la face antérieure. Une stèle de ce genre, trouvée devant la porte Dipylon (d'où partait le chemin menant à l'Académie) à 4^m,31 de hauteur. On voit plusieurs de ces piliers funèbres dans notre gravure. D'autres stèles étaient moins hautes et beaucoup plus larges, presque carrées ; l'une d'elles, trouvée dans le voisinage d'Athènes, est décorée d'un bas-relief représentant une femme assise, recevant les adieux de deux de ses parentes ou de ses amies ; sur l'entablement est inscrit le nom de Phrasikleia. Un autre monument, découvert près de Hagia-Triada, haut de 1^m,41 et de même largeur, représente un cavalier foulant sous les pieds de son cheval qui se cabre un ennemi renversé : il est reproduit à droite, au premier plan, dans notre gravure.

Les Athéniens marquaient aussi la place de leurs sépultures par des colonnes basses en marbre bleu de l'Hymette, les unes tronquées, les autres surmontées d'un chapiteau à feuilles d'acanthe. A ces colonnes étaient suspendues des bandelettes, des couronnes, entretenues par la piété des parents.

Il y a lieu de croire que, dans les premiers temps, les Athéniens enterraient les morts dans leurs maisons ou à proximité, « afin, dit un ancien, que les fils, en entrant et en sortant, rencontrassent chaque fois leurs pères et chaque fois leur adressassent une invocation ». Ils gardaient ainsi leurs ancêtres auprès d'eux. Les deux parties de la famille, la vivante et la morte, restaient unies. L'absence, et par suite l'oubli, ne consommait pas l'œuvre de la mort. Plus tard, on exclut les sépultures de l'enceinte de la ville, mais on les en éloigna le moins possible. Les tombes remplirent les faubourgs, toute la banlieue ;

Avenue des tombeaux, à Athènes : restauration.

elles se pressaient aux portes, elles s'alignaient le long des chemins. Parmi les innombrables monuments funèbres qu'il vit sur les routes du Pirée, de l'Académie, de Colone, Pausanias cite les plus notables, ceux de Ménandre et d'Euripide, de Thrasybule, de Périclès, de Chabrias, de Phormion, de Conon et de Timothée, de Zénon et de Chrysippe, d'Harmodius et d'Aristogiton, des deux orateurs Ephialte et Lycurgue. Tout l'emplacement qui portait le nom de Céramique extérieur, entre la porte Dipylon et l'Académie, lieu planté d'arbres et arrosé de ruisseaux, était occupé par les sépultures des Athéniens morts en combattant pour la patrie ; elles étaient groupées par tribus. Les tombeaux particuliers étaient rangés sur les autres avenues rayonnant autour de la ville.

Les fosses recouvertes par ces monuments, ou creusées dans des tertres naturels et dans des rochers, contenaient soit des corps entiers, couchés dans des cercueils de bois ou de terre cuite, soit, quand la crémation avait eu lieu, des cendres renfermées dans une urne de bronze ou de marbre, souvent dans une simple boîte de plomb. On avait soin d'enterrer avec le corps divers objets usuels, des vases, des coupes, des vêtements, des armes, afin que rien ne manquât au défunt dans sa vie souterraine. Certaines tombes étaient vides ; elles ne servaient qu'à conserver une mémoire, un nom, celui qui l'avait porté ayant péri en mer ou dans un pays éloigné, et ses restes n'ayant pu être retrouvés.

Après que le mort avait été conduit en grande pompe, porté triomphalement, avec les signes de la douleur et du respect, et déposé dans sa dernière demeure, tout n'était pas fini pour lui. On ne l'abandonnait pas. Aux anniversaires, à certaines dates fixées par la famille, on revenait visiter son sépulcre ; on s'y affligeait de nouveau, on versait des larmes, on apportait des offrandes, des couronnes, des guirlandes d'herbes et de fleurs, du lait, du vin, du miel, des corbeilles de gâteaux et de fruits, le sang et la fumée d'un sacrifice, comme pour un dieu. Et, en effet, dans la croyance des anciens, les morts étaient réellement des dieux, plus prochains, plus accessibles, plus amis que ceux de l'Olympe. On s'adressait à eux plus familièrement ; on n'avait que quelques pas à faire pour aller les trouver ; on leur confiait ses chagrins ses vœux ; on les réjouissait par des présents, et, en retour, on leur demandait leur assistance ; on les priait de rendre le champ fertile, telle entreprise heureuse, la maison prospère, les cœurs vertueux. Aussi la pensée de cette glorification future, de ces honneurs posthumes, était-elle pour un Grec une consolation dans le malheur, une lumière dans la nuit de la mort. Euripide, dans *Hécube*, fait dire à Ulysse. « Si peu que je possède pendant ma vie, je m'en contenterai ; mais mon tombeau, je voudrais le voir honoré, car cette gloire nous survit longtemps. »

En descendant de l'Acropole d'Athènes, du côté du couchant, si l'on dirige ses regards vers le Pirée, on a devant soi, et à une petite distance, un assemblage irrégulier de rochers, les uns s'élevant en collines plus ou moins hautes, les autres s'étendant à fleur de terre et composant uniquement le sol pendant quelques centaines de pas. Tous les environs offrent des traces nombreuses de travail de la main d'homme à une très ancienne époque : ici des grottes sépulcrales, là de longues et profondes rainures ; plus loin des aires parfaitement

planes, des citernes, des marches d'escaliers. Sans s'arrêter à ces nombreux et
obscurs vestiges, le voyageur s'empresse de visiter ceux auxquels l'archéologie a
pu imposer des noms certains et confirmés par les découvertes postérieures.
Ainsi, commençant notre exploration par la gauche, nous trouverons en premier

lieu *la colline du Musée*, éminence escarpée, surmontée d'un petit monument en
marbre blanc : c'est le tombeau d'un Syrien, nommé Philopappus, qui gouverna
Athènes pour les Romains sous Trajan. On voit aussi çà et là, sur cette colline,
des traces des murs de l'ancienne ville. Non loin de là, mais tout en bas, est
la prison de Socrate : ce sont deux chambres taillées dans le roc ; l'une d'elles
est percée, dans sa partie supérieure, d'une ouverture arrondie, par laquelle on
descendait les condamnés. En sortant de ces grottes, on se trouve en face de

l'Acropole ; nous ferons remarquer que cet endroit nous a paru la place la plus convenable pour jouir de la vue du Parthénon. Les restes de ce temple admirable, vus de cet endroit deux heures avant le coucher du soleil, se présentent d'une manière beaucoup plus favorable que de quelque autre point que ce soit. Continuant de nous avancer dans la même direction, nous arrivâmes au *Pnyx*, l'ancienne tribune aux harangues. C'est une tribune très simple, taillée dans le roc, ainsi que les degrés qui y conduisent. Sur les parties latérales, le rocher, taillé à pic comme un mur, offre diverses cavités et niches dans lesquelles étaient placés des *ex-voto* et des symboles religieux. Les degrés portent aussi en différents endroits des traces de scellements. L'ancien pnyx, ou tribune de Pisistrate, était situé derrière et au-dessus de celui que représente notre dessin. De son enceinte on pouvait voir la flotte de la république remplir le port et couvrir la mer de ses voiles. Plutarque nous apprend que ce furent les trente tyrans qui changèrent cette disposition, qu'ils regardaient comme dangereuse pour leur gouvernement, et qui firent établir le pnyx tel qu'il existe aujourd'hui encore. C'est du haut de cette tribune que les Athéniens entendirent autrefois l'éloquente et énergique parole de Démosthène. L'assemblée se tenait au-devant dans une enceinte semi-circulaire, formée de terres rapportées et terminée par un mur en terrasse ; ce mur, qui existe aussi, est un des exemples les plus étonnants de construction cyclopéenne ou pélasgique : on reste stupéfait en voyant la prodigieuse grosseur de ces pierres et la perfection de leur assemblage. Par suite des années et des bouleversements de tout genre qui vinrent affliger ce pays, le pnyx se trouvait enseveli sous des monceaux de terre et de décombres ; ce furent les fouilles de lord Aberdeen qui, en 1822, firent retrouver ce monument si curieux.

Près de là se trouve *la colline de l'Aréopage*, où siégea si longtemps le plus impartial tribunal de l'univers. Ce rocher était autrefois consacré à Mars. Les chrétiens y avaient élevé une église à saint Denis l'Aréopagite ; on en voit encore quelques traces. — Un peu plus loin, l'on rencontre un rocher assez élevé, qui était dédié aux Muses, ainsi que l'indique une inscription existant encore. C'est à cet endroit que s'élèvent aujourd'hui des constructions destinées à servir d'observatoire.

Sur un autre rocher placé sur un plan inférieur au précédent, au milieu des stries nombreuses qui sillonnent la pierre sur laquelle vous marchez, la perspicacité admirable d'un antiquaire athénien a découvert une inscription qui nous apprend que cette colline était consacrée à Jupiter. Cette inscription est gravée en caractères d'une forme très ancienne et se lit de droite à gauche.

Une autre éminence sert de piédestal au temple de Thésée, le reste le plus complet de l'architecture antique à Athènes, et que tout le monde connaît.

Enfin, avant d'arriver à la grande route d'Athènes au Pirée, il faut encore remarquer un petit sanctuaire dédié aujourd'hui à saint Athanase. D'après une inscription, le petit rocher qui porte la petite chapelle chrétienne aurait été dédié à Apollon.

Le voyageur qui parcourt les lieux dont nous venons de parler, n'évoquera pas dans sa mémoire les seuls souvenirs de l'antiquité profane. Tous ces sanctuaires consacrés pendant si longtemps aux fausses divinités, furent conservés par les premiers chrétiens, qui ne crurent pouvoir mieux les purifier qu'en les consacrant au Dieu véritable, sous l'invocation de ceux qui, les premiers, annon-

cèrent la nouvelle doctrine. Outre l'église Saint-Denis-l'Aréopagite, dont le plan
se dessine encore nettement sur le rocher de l'Aréopage, et l'église Saint-Atha-
nase citée plus haut, on voit encore dans cette localité restreinte une chapelle
dédiée à saint Démétrius Boumbardiari, près le Pnyx ; et sur la colline de Jupiter,
à la place d'un temple d'Hercule, il y a une église dédiée à sainte Marine, où
s'est conservée jusqu'aujourd'hui une pratique en usage chez les anciens Athéniens : les parents apportent dans cette église leurs enfants malades ; après la

Le Pnyx, ancienne tribune aux harangues des Athéniens, découverte en 1822.

messe, on leur retire leurs vêtements qui sont jetés à la porte, et on les revêt
d'un nouvel habillement. Nous avons vu le sol qui environne cette chapelle
jonché de ces restes de vêtements.

Toute cette région semée de monuments et de vestiges aux noms célèbres,
offre tant d'intérêt au voyageur, qu'il s'abandonne volontiers au plaisir de venir
y rêver à son aise. Quoique tout près de la nouvelle ville, cet endroit est solitaire et silencieux ; aussi la méditation y est facile, et les idées naissent en foule
dans l'esprit. Heureux celui qui est venu y passer quelques moments, il en rap-
portera d'ineffaçables et délicieux souvenirs !

Faut-il que la capitale d'un État soit sur le bord de la mer ou dans l'intérieure des terres ? Aristote qui se pose cette question, s'arrête à un parti moyen,
et conclut que la capitale sera près de la mer, mais pas tout à fait sur la mer.
Bien des siècles avant qu'il fût question « d'Aristote et de sa politique », les
Athéniens, par pure crainte des pirates, avaient conclu dans le même sens,
et voilà comment Athènes est à sept kilomètres du Pirée, qui lui sert de port.

Le Pirée moderne est un gros bourg, ou plutôt une petite ville de cinq ou six milles âmes, sans autres édifices que des magasins, des entrepôts, quelques fabriques, et force cabarets. Une route, bordée en partie de grands peupliers, relie le Pirée à Athènes; cette route aboutit à la rue d'Hermès, qui conduit tout droit au palais du roi.

S'il est vrai que la mer a été pour beaucoup dans la grandeur et la gloire de la Grèce, il ne l'est pas moins que le Pirée a été pour moitié dans celle d'Athènes. Ce bourg a son histoire comme la ville de Minerve; il est bien vrai que ses annales se lient à celles d'Athènes comme le port se reliait lui-même à la ville par les Longs-Murs, mais le plus souvent elles s'y rattachent sans s'y confondre, et quelquefois s'en distinguent complètement. La population du Pirée était plus démocratique que celle de la haute ville : c'est une des raisons pour lesquelles Aristote préfère qu'elle soit reléguée à quelque distance.

La mer qui baigne le Pirée, au temps de la grande gloire d'Athènes, a vu sombrer la flotte et la puissance des Perses; elle a reflété, au moment de la renaissance de la Grèce moderne, les incendies allumées aux flancs des vaisseaux turcs par les brûlots de l'héroïque Canaris. Au temps de Périclès, le Pirée lançait par flottes entières les navires marchands qui ouvraient et soumettaient le monde civilisé au commerce et à l'industrie des Athéniens. Aujourd'hui, moins d'un siècle après la renaissance de la Grèce, le Pirée, dans ses chantiers, ses bassins et ses darses, compte autant de navires marchands que les ports les plus considérables des plus grandes puissances maritimes : le cabotage hellénique s'exerce sur toute la Méditerranée. C'est un fait à noter que ce développement prodigieux au milieu des secousses qui n'ont cesser d'agiter le pays.

La position géographique du Pirée ne suffirait pas à expliquer cette extraordinaire prospérité; il en faut chercher la raison dans le génie même du peuple hellénique, génie maritime par excellence, et qui semble être, jusqu'ici du moins, la part la mieux conservée par les Grecs modernes de l'héritage de leurs ancêtres.

Pourquoi Tyr, Sidon, Carthage, sont-elles détruites sans retour? Pourquoi, par exemple, les efforts de Rome toute-puissante, pourquoi l'engouement des patriciens, parmi lesquels le IVᵉ livre de l'Enéide et les malheurs de Didon avaient mis Cartharge à la mode, pourquoi la volonté d'Auguste, n'ont-ils jamais pu ressusciter Carthage? Pourquoi, au contraire, le Pirée est-il sorti de ses cendres, comme par enchantement, toutes les fois que la main des oppresseurs s'est écartée d'Athènes? Pourquoi a-t-il suffi de souffler sur cette poussière séculaire pour en faire sortir le Pirée tout armé, comme Minerve de la tête de Jupiter? C'est que de tout temps les Athéniens ont été les plus intelligents et les plus artistes des navigateurs et des commerçants; c'est que, de toutes les manières de faire le commerce et le négoce, ils ont toujours choisi d'instinct celle qui convenait le mieux à l'état présent de leurs affaires; c'est que derrière leur commerce il y avait une industrie dont les produits s'imposaient à l'univers par leur seule perfection. Pour ruiner à jamais des villes comme Sidon, Tyr, Carthage, il suffisait d'un vainqueur brutal; moins que cela, c'était assez d'un simple changement dans les habitudes commerciales du monde et dans le courant des affaires. C'est que ces villes faisaient ce qu'on est convenu d'appeler le *commerce d'économie*, celui qui consiste à acheter les produits d'une nation pour les revendre à une autre, sans rien tirer ou sans tirer grand'chose de son propre fonds et de son industrie. On fait, à ce commerce, des fortunes colossales, mais on peut être ruiné par les changements dont nous avons parlé, ou par la simple concurrence ; de là l'esprit étroit et la jalousie des villes qui ont fait le commerce d'économie. Les Athéniens, poussés par leur esprit naturel, formés de bonne heure aux grandes idées par leurs hommes d'État et par leurs philosophes, s'en tinrent au *commerce actif*, celui qui consiste à exporter les produits de sa propre

Vue du Pirée.

industrie, à rendre aux autres nations les matières premières qu'on en a reçues par importation, mais centuplées de valeur par l'industrie de l'artisan ou l'inspiration de l'artiste.

On prend une haute idée de l'intelligence humaine quand on voit un petit coin de terre comme l'Attique, étroit, montagneux, stérile, mais habité par la race la plus fine et la plus artistique qui fût jamais, opérer ce prodige de nourrir près de cinq cent mille habitants sur une surface qui régulièrement, semblerait n'en pouvoir nourrir que soixante-dix mille. L'Attique est si pauvre de produits naturels qu'elle ne peut exporter que de l'huile ; tout le reste, elle le garde avec une jalousie justifiée par la nécessité, ou elle l'importe avec des frais énormes. Son sol ne produit pas même le fer, les voiles, les cordages de ses navires. Son blé lui vient de la Chersonèse Taurique, de la

Thrace, de la Sicile, de l'Égypte, de la Syrie ; ses bois de construction, du Pont-Euxin, d'Olynthe, d'Amphipolis ; ses toiles de coton, d'Asie ; l'ébène et l'ivoire, de l'Orient et de la Libye ; les cuirs, de Cyrène ; le plomb, de Tyr ; l'or, de la Lydie et du Pont-Euxin ; le vin et les fruits, des îles. Eh bien ! non seulement Athènes vit, mais elle prospère, mais elle attire les regards et l'admiration du monde, elle fait rentrer sous terre l'énorme puissance des Perses, elle peut dépenser vingt-deux millions pour s'orner de temples et de statues. C'est qu'elle a l'art merveilleux de transformer la matière ; de rien elle fait quelque chose ; elle n'emprunte pas sa richesse, elle la crée. Cette puissance de création lui vient du génie de ses habitants, des leçons des philosophes qui forment ses artistes, et de l'exemple des artistes qui élève les idées des manufacturiers et des plus simples artisans. Le goût est partout ; on sent partout l'influence directe ou indirecte des doctrines les plus élevées, non seulement dans le Parthénon, dans les Propylées, dans la Minerve de Phidias, mais dans le vase le plus simple de la plus humble argile. On est quelquefois un peu surpris et même impatienté, quand on lit les Dialogues de Platon ou les Souvenirs de Xénophon, de voir Socrate, au moment où il discute les questions les plus élevées de l'esthétique, prendre ses termes de comparaison dans les métiers les moins relevés. Qu'on y réfléchisse bien : c'est là une habitude de l'esprit athénien. La preuve, c'est que, parmi les interlocuteurs de Socrate, les rhéteurs seuls et les faiseurs de phrases s'indignent de cette familiarité. Si Socrate passe brusquement d'une statue à un chaudron ou à une marmite, ou d'un tableau à harnais de cheval, c'est qu'à Athènes le grand goût est partout, et les règles de l'art, vulgaires même pour de simples artisans, les conduisent dans le choix des dessins, des lignes, des profils et des cambrures. Aussi, qu'arrive-t-il ? Tandis que les procédés mécaniques et les recettes de fabrication s'empruntent de nation à nation, et ne constituent jamais qu'une supériorité précaire, le goût, qui tient au fond même du caractère, qui se forme lentement et par suite d'une longue tradition nationale, demeure le patrimoine incontesté des nations d'élite ; on peut le leur envier, on ne le leur vole pas ; la mode ne peut rien contre lui, parce qu'il est plus fort que la mode ; les voies du commerce peuvent changer, les concurrents s'évertuer, les Romains peuvent écraser la Grèce sous le joug de la servitude universelle, Athènes reste Athènes, autant qu'elle le peut dans le malheur toujours croissant des temps ; la Grèce vaincue domine son farouche vainqueur ; le commerce du Pirée perçoit encore le tribut du monde entier, de Rome elle-même, dont les citoyens prisent si haut ses produits, que César paye 80 talents deux tableaux de Timomaque, et que Verrès se fait voleur pour avoir ses vases et ses statues, répandus dans toute la Sicile.

A la fondation et à la décoration du Pirée se rattachent les noms les plus glorieux, ceux de Thémistocle, de Cimon, de Périclès, de Conon ; ceux aussi des architectes Hippodamas et Callicratès. Thémistocle, qui eut le mérite de pressentir les destinées d'Athènes et la sagesse de lui créer une marine, fit choisir le port du Pirée pour remplacer le port de Phalère, qui n'était ni assez grand ni assez sûr. Les murs dont il fait entourer le bourg du Pirée étaient si épais que deux voitures y pouvaient passer de front ; les pierres, d'une grosseur énorme, étaient reliées entre elles par des barres de fer scellées avec du plomb. Cimon, avec l'argent que fournissaient les alliés, commence les Longs-Murs pour relier le Pirée à Athènes. Périclès les achève ; et telle est l'importance que

l'on attache à un pareil ouvrage, et tel le soin qu'on prend de rendre belles les
choses qui semblent de pure utilité, que l'on ne craint pas de s'adresser, pour
diriger les travaux, à Callicratès, l'un des architectes du Parthénon. Un autre
architecte illustre, Hippodamas, déblaye, assainit, rectifie le dédale de petites
ruelles qui composaient le vieux Pirée. C'est ce qu'Aristote appelle le « système
moderne ». Autrefois, à l'époque des guerres fréquentes et des invasions subites,
chaque maison était un fort détaché, sans autres baies au rez-de-chaussée
qu'une porte étroite et dissimulée le plus possible. Le rempart forcé, la ville
n'était qu'à moitié prise. C'est ce qu'éprouvèrent Pyrrhus au siège d'Argos et
Flaminius lorsqu'il s'empara de Lacédémone. Les murs du Pirée, ruinés par
les Lacédémoniens après la guerre du Péloponèse, sont rebâtis par Conon, avec
l'or et le concours des Perses, jaloux de la prépondérance de Sparte. Rasé par
Sylla, le Pirée se relève encore ; il faut l'effroyable obscurité du moyen âge pour
effacer ce nom glorieux, et la barbarie des Turcs pour l'empêcher si longtemps
de renaître.

A l'époque de Périclès, le Pirée contenait des temples, des chantiers, des
magasins, des bazars et un théâtre. On y voyait embarquer, pour le monde entier,
des cargaisons de casques, d'épées, de cuirasses, de chars, de boucliers, de la
forme la plus élégante et la plus pure ; des lits et des ameublements que se disputaient les souverains ; des vases de bronze et d'argile qui, conservés à travers
les siècles, nous servent encore de modèles ; on entendait citer parmi les fabricants, ou tout au moins parmi les propriétaires de fabriques, les hommes les
plus illustres de la ville, ce qui montre en quelle estime les Athéniens tenaient
la grande industrie. L'orateur Lysias, par exemple, avait une manufacture considérable de boucliers, et le grand Démosthène une fabrique d'épées et une autre
de lits. On voyait encore au Pirée quantité d'œuvres d'art originales, ou bien des
copies de toutes les dimensions, que l'on expédiait jusque chez les souverains d'Asie.

De nos jours, le goût des arts et la supériorité artistique sont en Occident.
La Grèce n'a plus, ou, si l'on veut, n'a pas encore d'artistes, peu ou point de
manufactures ; mais les Grecs vont au plus pressé, et avec une intelligence et une
souplesse dignes d'Ulysse, ils ont improvisé une marine, en attendant mieux. La
nature et la portée de leur commerce a changé, leur idéal aussi. Si florissante
que soit leur marine, sa prospérité est précaire, parce qu'elle ne repose plus
sur des bases solides, celles de l'industrie nationale. Mais il faut bien commencer par quelque chose, et vivre avant tout. Voilà du moins un réveil de l'activité
nationale.

Le temple de Diane à Éphèse compte parmi les sept merveilles du monde.
Un premier édifice, construit avant les guerres médiques, périt dans un incendie
la nuit même où naquit Alexandre le-Grand. Lorsque le conquérant macédonien fut devenu maître de l'Asie, il voulut relever le temple ; mais on ne lui en
abandonna pas la gloire : les Éphésiens, avec la coopération des autres villes de
l'Asie Mineure, bâtirent un nouveau monument plus magnifique que le premier.
C'était un temple diptère, c'est-à-dire extérieurement entouré d'un double rang
de colonnes. Il y en avait cent vingt-sept, dont la hauteur était de soixante pieds.
Pline nous apprend que trente-six de ces colonnes étaient sculptées, et qu'une
l'était de la main de Scopas.

Musée britannique. — Fût de colonne

du temple d'Éphèse.

Des colonnes sculptées, sculptées par un statuaire fameux ! Le fait semblait si étrange que l'on mit longtemps en doute l'assertion de l'écrivain romain. Si l'on n'attaquait pas sa bonne foi, on essayait au moins de corriger sa phrase ou d'en donner une interprétation différente de celle qui se présentait naturellement à l'esprit. Quel moyen avait-on d'en contrôler l'exactitude ? Il ne restait aucuns vestiges du temple. Quelques voyageurs avaient cru les reconnaître : mais ils les avaient cherchés, disait-on, hors de leur véritable place. Les doutes se sont dissipés tout à coup, et il a bien fallu confesser qu'on s'était un peu trop hâté de rectifier un texte dont l'explication semblait difficile.

Pline n'avait dit que la vérité. Les ruines du temple d'Éphèse ont été retrouvées par un Anglais, M. Wood, qui a poursuivi ses recherches pendant de longues années avec la plus louable persévérance. Après qu'il se fut assuré qu'il avait rencontré l'emplacement réel du temple, il en explora les ruines avec une nouvelle attention, et un jour il retrouva à moitié ensevelis des fûts de colonnes autour desquels des figures étaient sculptées en bas-relief. Deux de ces fûts ont été transportés à Londres, et sont actuellement placés dans une des salles du Musée britannique.

On voit ici reproduit celui qui est le mieux conservé. Si l'on ne peut se flatter d'avoir rendu à la lumière celui-là même que Scopas avait sculpté, du moins n'est-il pas indigne d'un si grand nom et répond-il à l'idée qu'on peut se faire d'une œuvre appartenant à son école. Des figures qui alternent, masculines et féminines, entourent la partie inférieure de la colonne jusqu'à la hauteur de 2 m. 25, au-dessus de laquelle commençaient les cannelures ; ces figures dépassent un peu la grandeur naturelle. Une seule est tout à fait intacte : c'est celle d'un jeune homme nu, portant seulement, suspendue à son bras gauche, une légère chlamyde, qui a glissé de l'épaule jusqu'au coude ; de la main droite il tient un caducée qui fait reconnaître Hermès, le Mercure grec, le dieu des gymnases, le modèle des éphèbes qui s'exerçaient dans la palestre. Il lève la tête et dirige en haut ses regards comme pour prendre les ordres de Jupiter. Une figure de femme le précède et une autre le suit, et les nobles draperies qui les couvrent forment un heureux contraste avec la grâce juvénile du dieu qu'elles accompagnent. Les têtes manquent : aussi est-il difficile de désigner ces figures, et l'on n'a pas encore essayé de leur donner un nom. La quatrième figure est ailée, légère, ses pieds touchent à peine la terre ; elle tenait peut-être dans sa main une couronne ou une palme ; un glaive est suspendu à son flanc : on a proposé d'y voir Agôn, qui personnifiait chez les Grecs les luttes de la palestre et des jeux publics, et qui serait ici en relation directe avec Hermès. Toutes ces figures n'ont, par rapport au diamètre du fût, qu'un faible relief.

On voit déjà par ce seul morceau comment l'art grec, dont on ne se lasse pas d'admirer la souplesse et la fécondité, a su allier dans une combinaison toute nouvelle les beautés de la statuaire aux lois rigoureuses de l'architecture.

L'école ionienne, toujours portée vers la richesse et l'abondance, a fait un pas de plus dans cette voie, lorsque le temple d'Éphèse fut reconstruit au quatrième siècle avant Jésus-Christ. On voit avec quelle mesure et quel goût des artistes de génie ont satisfait au besoin de luxe qui était propre aux Grecs asiatiques. La découverte d'un monument qui éclaire tant de points obscurs est d'une grande importance pour l'histoire de l'art.

Qui fonda cette ville? Que fut-elle ? Qui la détruisit ? Voilà ce que le voyageur se demande en face des ruines de THESPIE, en face de toutes les ruines qui furent une ville. Neptune eut un fils qui s'appelait Asope, dit la Fable en ses fictions si longtemps chantées par les poètes et répétées par les naïves populations de bergers et de laboureurs, aux sillons de la plaine ou aux échos de la montagne. Asope eut pour fille Thespia, qui bâtit Thespie et lui donna son nom. D'autres récits rapportent cette fondation à Thespius, fils d'Érechhée. Thespius ou Thespia, c'était sans doute quelque navigateur étranger qui avait remonté

Les ruines de Thespie et le mont Hélicon.

une rivière voisine et formé un établissement an pied de l'Hélicon. Thespie rappelait son nom, ou celui de sa femme, ou celui de sa fille. La suite des temps en avait fait une cité puissante et brave; ce n'était pas seulement à Sparte que le voyageur pouvait aller dire : « Léonidas est mort pour défendre la patrie. » Il y avait des citoyens de Thespie parmi les héros des Thermopyles; Thespie la Béotienne y eut aussi sa part de gloire. Pline l'appelle *oppidum liberum*, la ville libre; et, au nom des Muses thespiades qui habitaient les bois parfumés de Thespie, on peut protester contre le vers d'Horace :

« Bœotum in crasso jurares aere natos. »
(On dirait qu'ils sont nés dans l'atmosphère épaisse des Béotiens.)

Étaient-ils Béotiens dans la signification malveillante du mot, ceux qui, trahis et pouvant fuir, aimèrent mieux mourir pour la défense de la patrie et de la liberté? Étaient-ils des gens à cervelle épaisse, ceux qui, chaque année, célébraient en l'honneur des Muses la fête et les jeux Muséens, et entouraient de tant d'hommages le souvenir de leur poète, du chantre immortel des *Œuvres et des Jours*, Hésiode? Les mères racontaient à leurs enfants qu'Hésiode avait été enlevé au ciel par les Muses ; sur la place publique et au mont Hélicon, près du séjour sacré, sa statue de bronze dominait la ville, comme pour la recommander aux dieux et à la postérité.

Contemporain d'Homère, il n'a ni l'habile ordonnance de l'Iliade ou de l'Odyssée, ni la fécondité d'inspiration de l'aveugle immortel, ni la même vigueur de peinture dans les portraits ; mais quelle harmonieuse simplicité, quelle précision dans ses récits, quel enthousiasme pour les phénomènes de la nature ! S'il est vrai que la vie à travers les âges est vraiment la gloire, nul poète antique n'a légué plus de proverbes à la mémoire des hommes. C'est dans les œuvres d'Hésiode qu'il faut aller chercher beaucoup de ces maximes de source inconnue qui ont circulé chez presque tous les peuples d'Europe : « Le potier s'irrite contre le potier, et l'artisan contre l'artisan, et le mendiant porte envie au mendiant. — Insensé qui veut lutter contre plus puissant que soi ! Il n'a point la victoire, et pour lui là souffrance vient s'ajouter à la honte ! » Combien de fables charmantes se mêlent à ses narrations ! Dans les ruines de Thespie, ruines que firent la servitude, la dispersion des habitants et les invasions barbares, il n'y a plus trace des théâtres, ni de la place publique ; quelques assises des anciens temples servent de fondations à des chapelles chrétiennes ; quelques débris de soubassements indiquent l'emplacement de l'acropole ; mais sur ces décombres sont à jamais debout l'ombre et la renommée du poète qui naquit au bourg d'Ascra et vécut à Thespie, près du lieu de sa naissance.

Pas plus que la ville de Thespie, la montagne de l'Hélicon n'a échappé aux désastres de la guerre, de l'esclavage et des invasions. Elle n'a pas même gardé son nom : c'est aujourd'hui le Zagora-Vouni. Et cependant, c'était là que le fils de Latone, le blond protecteur des poètes, conduisait les chœurs des Muses ; c'était là que les inspirés de Phébus venaient s'abreuver aux sources de l'Hippocrène, de l'Aganippe aux ondes violettes, méditer dans les sacrés vallons du Permesse ou dans les retraites des Libéthriades, lorsque Pégase n'était pas pour eux trop rétif et les portait jusqu'aux cimes de l'Hélicon. A chaque entablement de rochers étaient exposés des statues ou des trépieds que la piété des anciens avait offerts à Phébus et à ses divines compagnes. Au dixième siècle, on montrait encore celui qu'Hésiode avait consacré aux Muses héliconiennes. Temples, bois sacrés, chapelles, statues, trépieds, fêtes et jeux, Constantin fit tout raser, emporter, supprimer ; les barbares ont achevé l'œuvre des Byzantins. Par un malheur irréparable, un incendie a détruit, à Constantinople, les merveilles d'art que l'empereur avait arrachées à leur poétique patrie pour les soustraire au culte des habitants. Ces persécutions contre le paganisme n'ont pu ravir à Thespie ni à l'Hélicon leur place dans le souvenir des hommes, et le voyageur, qui parcourt ces vallées qu'arrosent quelques affluents du Céphise ou de l'Hercyne, peut croire encore que sur le haut de la montagne Apollon et les neuf sœurs errent autour du couvent des ermites que saint Luc y fonda en 908.

Chéronée ! Encore un nom qui, avec ceux de Platée, de Thespies, d'Orchomène, de Thèbes et de Coronée, recommande à la postérité ces pauvres Béotiens, tant bafoués des poètes. Cependant, Hésiode, Corinne, Pindare, Epaminondas, Plutarque, et tant d'autres, étaient de Béotie. Cette injustice des anciens n'est-elle pas venue d'une de ces haines jalouses qui portaient les petits Etats de la

Grèce à se détruire par les armes, par la calomnie ou même par l'invasion
étrangère? Faut-il croire Dicéarque lorsqu'il dit : « L'envie a fixé son séjour à
Tanagre ; l'amour des gains illicites, à Orope ; l'esprit de contradiction, à Thespies ; la violence, à Thèbes ; l'avidité, à Anthédon ; le *faux empressement à Chéronée* ; l'ostentation, à Platée ; la fièvre, à Oncheste ; la stupidité, à Haliarte ;
et tous les vices de la Grèce sont répandus dans les villes de la Béotie. » Les
Spartiates faisaient apprendre par cœur à leurs enfants ces litanies de la médi-
sance. N'était-ce point par un ressentiment profond contre la ligue *pambéotique*

Restes de l'Acropole de Chéronée.

et surtout contre leurs propres terreurs? Il serait difficile de savoir aujourd'hui
ce que signifiait le faux empressement de Chéronée. Montons aux ruines de son
Acropole, et, en regard des injures si chères aux Spartiates, plaçons les souvenirs plus bienveillants de l'histoire.

Homère l'a désignée sous le nom d'Arné ; elle s'appela plus tard *Cheronea*.
C'est aujourd'hui Capranu ou Skripu. Au cinquième siècle, les Béotiens y rem-
portèrent une grande victoire sur les Athéniens ; Agésilas y fut recueilli plus
tard tout couvert de blessures ; en 388 avant J.-C., Philippe de Macédoine y écrasa
les troupes d'Athènes et de Thèbes, et des larmes de pitié jaillirent de ses yeux
quand il vit le bataillon des Hétaïres étendu tout entier, la face contre terre, à
la place même où ils avaient combattu. Démosthène, moins heureux ou moins
bien inspiré, avait préféré le suicide, *rejecta non bene parmula* (après avoir jeté
derrière lui son bouclier, ce qui n'était pas bien), comme dira plus tard Horace en
parlant de la bataille d'Actium, et en proclamant sa fuite pour empêcher ses
rivaux de la lui reprocher incessamment. C'était une faute ; mais Démosthène
l'a expiée par la mort et effacée par toute une vie de luttes pour la patrie et la

liberté. Que celui qui n'a jamais fui devant aucun devoir jette la première pierre au grand orateur qui fut un jour un mauvais soldat. Sur ce même champ de bataille, on éleva un lion en marbre. « C'est le signe funèbre du polyandrion des Thébains, dit Pausanias, qui moururent en combattant contre Philippe. On n'a placé qu'un lion sur leur tombeau, en symbole de leur courage; on n'y a point mis d'inscription, parce que la fortune trahit leur valeur. » Non loin de là se trouvent quelques vestiges du monument que Sylla destinait à perpétuer le souvenir de son triomphe sur Archélaüs, général de Mithridate. Dans une petite église, on conserve une pierre que l'on assure être un fragment de la *chaire de Plutarque.* Avant de quitter les blocs carrés qui indiquent le tracé de l'Acropole, rappelons-nous que nous sommes sur cette montagne où Rhéa emmaillottait si bien les pierres, où Saturne avalait ses enfants, où Jupiter donnait à Mercure ce fameux sceptre de Pélops, d'Atrée, de Thyeste et d'Agamemnon, sceptre qui avait ses prêtres et ses sacrifices : on lui offrait des viandes et des confitures.

Un tremblement de terre a détruit Chéronée au sixième siècle; elle commençait à se relever quand l'invasion des Barbares la renversa de nouveau. Le christianisme y a bâti quelques chapelles, et ramené quelques habitants qui cultivent les marais en rizières. Ces agriculteurs ont perdu le secret de l'onguent contre les rhumatismes. Cet onguent était composé de roses, de lis, de narcisses et d'iris. Leurs ancêtres possédaient, en outre, la recette d'une mixture contre les vers et contre la décomposition du bois; ils en faisaient un grand commerce. Aujourd'hui le pays est pauvre comme les ruines de l'Acropole.

La chaîne de montagnes du Parnasse s'élève dans la Phocide, s'étend au loin vers le nord, et se termine tout à coup, du côté du midi, par deux masses imposantes de rochers. De l'ouverture que ces rochers laissent entre eux, on voit s'échapper et descendre dans la plaine la source célèbre que l'antiquité a nommée Castalie.

Suivant la riche et mystérieuse mythologie de la Grèce, ce double faîte du Parnasse que nous avons représenté, était le séjour d'Apollon, des Muses et des Grâces; le dieu avait donné aux eaux de Castalie la secrète vertu d'inspirer les poètes; et cette solitude, remplie de sa présence, était sacrée. En traversant les siècles, cette croyance n'a point perdu tout ce qu'elle avait de charmes pour l'imagination. Aujourd'hui encore, sous ces roches majestueuses, près du frais bassin de cette fontaine, le voyageur sent les émotions les plus pures et les plus élevées de la poésie se presser dans son cœur aussi sincèrement que, devant les Thermopyles, s'élèvent en lui les émotions ardentes de l'amour de l'indépendance et de la patrie.

Il est vrai que, dans les temps modernes, surtout, les invocations emphatiques de versificateurs qui se sont crus poètes, ont fatigué ces noms consacrés du Parnasse et de Castalie. Mais quelle influence peut avoir ce ridicule contre la sainteté des souvenirs? Souvent aussi l'éloge de la vertu et de la justice a importuné, comme un lieu commun, dans des bouches suspectes, sans que jamais, heureusement, l'humanité ait cessé d'aimer et d'honorer ce qui est vertueux et juste. Se détourner de tout ce que les sots ou les méchants ont une fois touché, ce serait réellement donner aux sots et aux méchants trop de puissance.

Nous remarquons, à l'appui de ces observations, que ces mêmes noms,

qu'on souffre d'entendre invoquer par des voix vulgaires, restent toujours imposants quand ils sont prononcés par des hommes d'une élévation d'âme éprouvée.
Nous en trouvons un exemple dans les vers suivants, inspirés à lord Byron,

La fontaine Castalie et le mont Parnasse.

lorsque, parcourant la Grèce, il s'arrêta au pied du Parnasse, et approcha ses
lèvres de la source de Castalie :

Et toi, Parnasse, que j'aperçois dans ce moment, non dans les délices d'un songe, non dans
l'horizon d'un poëme, mais dans toute la pompe de ta masse sauvage et majestueuse, élevant jusqu'aux nues ton front couronné de neige !

Combien de fois j'ai rêvé de ton mont sacré ! Celui qui ne connait pas ton nom glorieux ignore
les plus divines inspirations de l'homme ! Aujourd'hui que je t'aperçois, je rougis de te célébrer

avec de si faibles accents ; lorsque je pense à ceux qui t'ont invoqué jadis, je tremble et ne puis
que fléchir le genou. Je n'ose élever la voix, ni prendre un vain essor; mais je contemple en silence
ton dais de nuages, content du moins de penser que je te vois.

Plus heureux en ce moment que tant de poëtes illustres que le destin enchaîna sur des rivages
lointains, verrai-je sans émotion des lieux sacrés que d'autres crurent voir, dans leurs folles
extases, sans les avoir jamais visités? Quoique Apollon n'habite plus sa grotte, et que toi, jadis
le séjour des muses, tu ne sois plus que leur tombeau, un doux génie règne encore dans ces lieux,
soupire avec le zéphyr, se fait dans les cavernes, et glisse d'un pied léger sur cette onde
mélodieuse. (*Childe Harold.*)

Les ruines de Delphes sont à peu de distance de Castalie. En continuant à
monter vers les sommets du Parnasse, on découvre, à l'ouest, un petit village
bâti sur l'emplacement de cette illustre cité, et qu'on appelle Castri. Ce village
se compose de quatre-vingt-dix cabanes : une église, dédiée à la Vierge, a remplacé le temple d'Apollon, dont les oracles, jadis consultés par toute la Grèce,
terminaient les débats les plus graves, décidaient les plus grandes entreprises.

D'après Pausanias, la terre rendait primitivement des oracles à Delphes par
la voix de Daphné, l'une des nymphes du Parnasse. Ce souvenir était conservé
dans des poésies adressées à Eumalpe; Neptune y prophétisa ensuite par l'or-
gane de Pyrcon. Thémis, qui avait précédé l'arrivée de Jupiter à Dodone dans la
Aellopie, lui ayant succédé, céda ses droits à Apollon, qui donna à Neptune
l'île de Calaurée, voisine de Trézène. Apollon ne fut donc, suivant cette tradition, que la troisième divinité qui régna à Delphes et sur le Parnasse, vers
l'ère à laquelle on assignait l'arrivée des Dieux dans la Grèce. Le premier temple
consacré à Apollon fut un téménos, ou enceinte construite en branchages du
laurier du Tempé, qui entourait l'autel à ciel ouvert, composé de gazon. Dans
la suite des temps, on lui éleva un temple en bronze, qui fut rebâti en pierres
par Agramède et Trophonius, Béotiens. Ce nouvel édifice fut brûlé la première
année de la 58ᵉ olympiade, et c'était un édifice élevé par les Amphictyons,
dont Spiatharos de Corinthe avait été l'architecte, qui existait lorsque Pausanias
visita Delphes.

A cette époque, des poëtes et des prophètes, voués au culte d'Apollon,
racontaient les histoires du temps où la montagne sacrée avait pris son nom de
Parnassus, fils de Cléopompe et de la nymphe Cléodore, et comment Parnassus
fonda une ville qui fut submergée dans le déluge de Deucalion; ils montraient
l'endroit où l'arche qui renfermait Deucalion s'arrêta, lorsque les eaux rentrèrent
au sein des mers. Ils parlaient du temps où Amphictyon fixa à Delphes l'assemblée des Etats, composée de l'élite des nations voisines; mais déjà la splendeur
de la ville était déchue; on n'y trouvait plus les chars d'or et les trépieds élevés
sur des colonnes, que Brennus montrait de loin à ses soldats, pour les engager
à gravir les escarpements du Parnasse.

L'empereur Julien essaya de réhabiliter l'oracle qu'on avait cessé de con-
sulter; ce fut en vain, et Delphes est complètement oubliée au temps du Bas-
Empire. On sait seulement qu'une princesse catalane en fut dépouillée par
Mahomet II, et réduite en esclavage avec sa fille.

Il y avait à Delphes, outre le temple d'Apollon, des édifices consacrés à
Minerve Pronœa, et à Phytacus, « dont le spectre gigantesque, revêtu d'une
armure, apparut pour épouvanter les barbares. » A trois stades de ces deux
temples, on arrivait au bord du Pleistus, maintenant appelé Sizalisca, qui baigne

un sol fertile, couvert d'oliviers. Le ruisseau de la fontaine Castalie se perd dans
le Pleistus; quelques auteurs croient même qu'il en est l'origine.

Bien que la Grèce attire depuis longtemps les savants et les artistes, on ne
saurait croire combien de parties de cette terre, partout couverte des débris de
l'antiquité, sont encore inexplorées. C'est l'honneur de notre École française
d'Athènes d'augmenter chaque jour sur ce point l'étendue de nos connaissances.
Les deux gravures que nous donnons ici sont tirées de l'ouvrage d'un ancien
membre de cette École. L'auteur décrit deux régions restées longtemps incon-

Porte d'arsenal à Œniades en Acarnanie.

nues, et cependant riches en ruines, en faits nouveaux et curieux, en détails
intéressants pour l'histoire de l'art Nos lecteurs en jugeront par les exemples
qui suivent.

I. — *La voûte chez les Grecs.* — Une opinion généralement répandue veut
que la voûte, employée dès les premiers âges par les Romains et par les Étrus-
ques, n'ait été connue en Grèce que fort tard, et seulement vers le temps de la
domination macédonienne. Cette opinion est inexacte. Voici, en effet, une voûte
grecque qui présente des caractères d'antiquité incontestables, puisqu'elle est
pratiquée dans un mur cyclopéen, « percée en plein appareil polygonal, au milieu
« de l'enchevêtrement le plus bizarre et le plus compliqué des blocs irréguliers..»
C'est la porte d'un arsenal fortifié, à Œniades, cité acarnanienne dont la vaste
enceinte, à peine ruinée, se dresse encore près des bouches de l'Achéloüs.
Remarquez dans cette construction primitive la rudesse, la gaucherie de l'exécution et, tout ensemble, la merveilleuse solidité de l'assemblage. « Il y a, dit

« l'auteur, dans un art à la fois si habile et si grossier, je ne sais quelle puis-
« sance de contraste qui étonne les yeux. Les ouvrages d'un style primitif ont ce
« privilège de nous faire mieux sentir le prix de l'invention et la difficulté du
« travail; leur beauté est surtout dans la surprise qu'ils nous causent. On peut
« affirmer que cette porte d'Œniades serait moins admirable si elle était plus
« régulière. Elle reste ainsi en parfaite harmonie avec les antiques murailles
« qui l'avoisinent. Telle qu'elle est, c'est un chef-d'œuvre d'aplomb, d'adresse et
« de rusticité. » Cet exemple curieux est loin d'être unique en Acarnanie.
Dans plus de quarante villes ou forteresses helléniques on retrouve le cintre
et la voûte; de même en Epire et jusqu'en Macédoine. Des faits positifs permettent donc aujourd'hui de tracer comme l'histoire de cette forme d'architecture
et d'en suivre la transmission en Grèce. Les Acarnaniens paraissent l'avoir
empruntée de bonne heure à l'Italie, dont ils n'étaient séparés que par la mer
Ionienne. Les populations à demi civilisées de la Grèce occidentale et septentrionale accueillirent les premières et conservèrent un art longtemps inconnu
aux autres Grecs, ou, tout au moins, négligé par eux. C'est chez elles assurément, c'est en Acarnanie, en Epire, en Macédoine, que les architectes de l'époque
macédonienne vinrent plus tard en chercher le secret, et non, comme on l'a
prétendu, dans les écrits et dans les calculs du philosophe Démocrite.

II. — *L'Hercule de Lysippe.* — Le second dessin, tiré du même ouvrage,
représente la porte d'une forteresse qui faisait partie des défenses d'Alyzia, autre
ville de l'Acarnanie, riche et commerçante, sur la mer Ionienne. Ici nous avons
des lignes droites, un linteau horizontal, selon la véritable tradition hellénique.
Tout l'intérêt de ces ruines est dans le bas-relief d'Hercule taillé à vif dans la
muraille, à l'angle même de la porte. « Ce n'est pas sans intention qu'on a
« sculpté, à l'entrée de la citadelle, l'image de ce dieu. Hercule est, à cette place,
« le dieu gardien des portes, le dieu de la force, qui rend les ais solides et les
« verroux inébranlables, qui fait tenir les gonds contre le choc du bélier. Appuyé
« sur sa massue, il fait là pour les Alyzéens une éternelle faction. Les Byzantins,
« par une idée analogue, ont peint à l'entrée de leurs églises l'archange Michel
« en sentinelle. » Mais observez de plus près cette esquisse tracée légèrement sur
la pierre : n'y reconnaissez-vous pas un type célèbre de la sculpture antique,
l'Hercule au repos, l'Hercule vainqueur du dragon des Hespérides ? Tête petite,
larges épaules, cou de taureau, poitrine épaisse, un athlète divinisé plutôt qu'un
dieu. Le corps se repose et s'appuie sur la massue; l'un des bras, détendu, pend
le long de l'arme redoutable aux monstres, tandis que l'autre, ramené derrière
le dos, découvre la hanche qui se courbe par une flexion puissante. Telle est bien
l'image que nous ont transmise les sculpteurs de l'ère impériale dans vingt statues, dont la plus fameuse est l'Hercule Farnèse, œuvre de Glaucon. Le bas-relief
d'Alyzia, sculpté sur une muraille hellénique et certainement antérieur à l'époque
romaine, prend alors une grande importance pour l'histoire de l'art. Cette
antique copie prouve que toutes les représentations connues d'Hercule au repos
sont bien les imitations d'un chef-d'œuvre grec plus ancien. On attribuait le
premier modèle au célèbre Lysippe; le bas-relief d'Alyzia convertit cette supposition en certitude. Nous voyons, en effet, dans Strabon, que Lysippe avait travaillé pour les Alyzéens; il avait sculpté, à leur demande, une série de statues
représentant les *Douze travaux d'Hercule,* chef-d'œuvre qui fut de bonne
heure emporté à Rome. Dans le nombre se trouvait nécessairement un Her-

cule vainqueur du dragon des Hespérides, qui devint, il paraît, l'objet d'une
admiration particulière. Les Alyzéens, les premiers, se plaisaient à reproduire
jusque sur leurs portes et sur leurs murailles leur chef-d'œuvre national,
longtemps avant que les sculpteurs de l'époque romaine n'eussent multiplié et
popularisé par leurs copies cette magnifique étude de la force dans le calme,

Porte d'une forteresse d'Alyzia en Acarnanie.

cette noble représentation de la victoire par le repos qui la suit et qui la
couronne.

CÉPHALONIE est la plus grande des îles semées sur la mer Ionienne. Le
soleil d'Orient inonde et féconde de ses rayons cette terre privilégiée qui récom-
penserait généreusement les soins d'un peuple agriculteur. Mais les quatre-vingt
mille habitants de Céphalonie se livrent exclusivement à la pêche, et échangent
les produits qu'ils en retirent contre ceux de la Morée. Il fut un temps où la
puissance maritime de Céphalonie était considérable : ses ports contenaient environ cent cinquante vaisseaux, dont cinquante au moins étaient armés. Comme
toutes les anciennes possessions de la Grèce et de Rome, cette île, où les longues
paix auraient eu tant de charmes, agitée sans cesse, a éprouvé bien des vicissitudes, et au milieu de luttes sanglantes a souvent changé de maîtres et de nom.
Strabon prétend qu'elle s'est appelée d'abord *Cheffo* ou *Kefali*; Pline la nomme
Melania; Virgile, *Samo* ou *Samos*; d'autres enfin, *Dulichium*. Suivant Pausanias, l'île fut conquise sur les aborigènes par Céphale, et, suivant Strabon, seu-

lement par ses quatre fils, qui donnèrent leurs noms aux quatre villes principales : *Palis, Samos, Kram* et *Pronos*. De son côté, Pline raconte que ce fut une
compagnie de Curètes qui, la première, vint s'établir sur les plages désertes de
cette souveraine de l'Archipel.

Vue de Kaligata, dans l'île de Céphalonie.

Après avoir dépassé Corfou, on découvre un golfe magnifique à l'entrée
duquel est située *Lixuri* (l'ancienne *Dulichium*). De l'autre côté du golfe s'élève
la ville qui sert aujourd'hui de siége au gouvernement. Elle a changé son nom
de *Kram* en celui d'*Argostoli*, depuis le passage de Jason et des Argonautes, qu
s'y reposèrent quelque temps en allant à la conquête de la Toison-d'Or M. raci.

Antoine, exilé, entreprit dans l'île la fondation d'une ville où il devait faire sa résidence; mais il fut rappelé sur ces entrefaites, et *Petulia* resta inachevée. A la division de l'empire, Céphalonie échut en partage aux empereurs d'Orient. Ils la conservèrent jusque vers l'an 982. Lorsque Genséric et les Vandales envahirent la Grèce, l'île entière fut ravagée. Depuis, elle eut à souffrir plusieurs fois des agressions des Sarrasins pendant les croisades. Les chrétiens y trouvèrent quelquefois un refuge contre leurs ennemis et contre les tempêtes. Quand Beaudouin fut élu empereur de Constantinople, il assigna des fiefs aux chefs des croisés qui l'avaient aidé à conquérir la Terre-Sainte. Céphalonie échut à Galus de Tarente en 1215. Galus se déclara tributaire de Venise, dont la puissance maritime, à cette époque, brillait du plus vif éclat. Le comte napolitain de Tocchi acheta l'île, qui tomba enfin au pouvoir des Vénitiens en 1479. La domination des Vénitiens sur l'Archipel a été en général déplorable. Les provéditeurs vendaient les places dont ils disposaient. On allait du continent en Ionie, comme autrefois nos commerçants allaient dans les colonies du nouveau monde, pour faire fortune en peu de temps. Les mœurs des dominateurs étaient devenues celles des indigènes, et on trouvait en Céphalonie des *bravi* qui, comme à Venise, mettaient leur stylet mercenaire au service de toutes les haines. Malgré ce relâchement des mœurs, les Céphaloniens ont montré depuis qu'ils n'étaient pas tout à fait indignes de leurs pères, ces éternels alliés des Grecs dans leurs guerres homériques. Prise par les Turcs, reprise par les Vénitiens, tour à tour occupée par les Français et les Russes, puis encore par les Français et les Anglais, Céphalonie avait salué de ses acclamations l'ère de liberté que lui promettait enfin le protectorat de la France. Mais ses espérances ont été déçues : aujourd'hui, elle est au pouvoir des Anglais.

L'île de Céphalonie présente au voyageur de charmantes perspectives. En s'éloignant des bords de la mer, on retrouve çà et là les traces d'une végétation puissante : les plaines sont toutes fertiles, des forêts couvrent les flancs des montagnes jusqu'à leurs cimes, de gracieux villages laissent entrevoir de loin en loin leurs blanches maisonnettes au sein de berceaux de feuillage. *Kaligata*, représenté dans notre gravure, est l'un de ces bourgs, qui sont au nombre de vingt-cinq ou vingt-six. Le dôme de son couvent, moitié chrétien et moitié grec, s'élève entre deux collines verdoyantes que sépare un ruisseau quelquefois tumultueux comme un torrent, plus souvent paisible. Au loin on voit *Ennéios*, sur lequel un temple avait été dédié à Jupiter. Du haut de ce mont élevé, le regard embrasse un spectacle magique : ici Zante, où dorment les restes de l'amie de Cicéron, Tertia Antonia; au-dessous, Leucade, célèbre par la mort de Sapho; là, Ithaque, patrie d'Ulysse et de la sage Pénélope, et dans l'éloignement, l'Achaïe.

« Le fleuve Alphée, dit Pausanias, forme la limite du pays des Laconiens et du pays de Tégée; il naît à Phisaque; à peu de distance de là, il reçoit les eaux d'un grand nombre de sources. » Plusieurs fois, dans son cours, l'Alphée dérobe tout à coup ses ondes, les précipite au fond d'un gouffre et les fait reparaître comme une source nouvelle. L'une de ses réapparitions est le torrent de Saranda-Potamos, qui jaillit sur les pentes septentrionales d'Arakhova, où le mont Tsoka s'élève à plus de douze cent quatre-vingt-dix neuf mètres au-dessus de la mer; pendant un parcours de douze à quinze lieues, il va lacérant, fracassant, dépouillant les montagnes, roulant des roches, jusqu'à ce qu'il s'enfonce

dans un de ces gouffres que les Grecs modernes appellent *catavothra*. Les
légendes populaires assuraient qu'il allait se remontrer aux moulins d'Argos ;
Thudicyde dit qu'il allait jusqu'aux terres des Mantinéens, soit par des conduits
naturellement souterrains, soit par les aqueducs de l'armée d'Agis. La Fable
raconte que l'Alphée passait même sous la mer pour aller retrouver en Sicile la
fontaine Aréthuse. La science établit que ces catavothra étaient d'anciens lacs à
méandres souterrains. L'un d'eux, qui s'appelle Francovrisi, était du temps de
Pausanias un bassin fermé : il est aujourd'hui comblé par les alluvions. Les
atterrissements ont même déplacé l'embouchure du fleuve. L'Alphée n'a point
encore achevé ses métamorphoses. Son nom moderne de Rouphia ne lui appartient pas non plus en propre : il ne se nomme Rouphia qu'à sa rencontre avec le
Ladon, qui est le vrai Rouphia. La géographie n'est pas exempte de caprices. Il
est vrai qu'un fleuve à surprises, à disparitions, à cours inégal et fantasque,
perd ses droits à la régularité du nom. La diversité des terrains qu'il parcourt
répond à la variété imprévue de ses fantaisies. Quand il s'élance à travers le
château de Karithène, au pied du Diaforti, on le voit sur un lit de grès rouges
et de roches calcaires ; non loin du rocher en pointe qui sert de base au vieux
château de Colocotroni, ses rives sont herbeuses, et au-dessous du gravier, les
lignites à fleur de terre indiquent des gisements de même matière ; au delà, des
bois épais, des ravins profonds, des nappes d'eau jaillissantes à l'ombre de platanes séculaires ; auprès du pont si pittoresque de Karithène, il y a des vignes
et des noyers, toujours des sources ; puis des gués presque sans eau, des poiriers
sauvages, des aubépines, de gros chardons épineux, des myrtes, des lentisques,
des oliviers, des boues et des bains sulfureux ; de chaque côté, sur les montagnes
ou les collines, l'ombre noire des forêts de pins, où bondissent avec des miau-
lements stridents des bandes de chats sauvages. A l'endroit où la Dogana
(ancien Érymanthe) sépare l'Arcadie de l'Élide, et va se jeter dans l'Alphée, le
paysage devient saisissant de pittoresque et de singularité. Quand, du haut des
restes de l'acropole de Nerovitza, on découvre devant soi toute la vallée de
l'Alphée, on se croirait volontiers dans un pays fantastique. On aperçoit peu de
monuments, parce que la pierre est peu résistante et que le temps a fait là
l'œuvre des Barbares et des Musulmans ; mais les souvenirs de l'histoire peuplent cette vallée et la rendent vivante. L'Achéron, d'infernale mémoire, le
charmant Selinus, les débris de Megalopolis (le Pallantium d'Evandre, d'où
Rome appela Palatin l'un des sept monts immortels) et les restes d'Olym-
pie, suffiraient à eux seuls pour rendre le voyageur attentif. Ne semble-t-il pas
qu'il passe dans cette vallée comme un frémissement de ces peuples qui se
pressaient, sur les bords de l'Alphée, aux jeux Olympiques ? Nous n'avons plus
du Jupiter de Phidias qu'une tête mutilée ; les mille statues qui entouraient le
temple sont enfouies ou perdues ; tout ce passé glorieux a fui. Mais la nature est
toujours belle, et les bergers se sont transmis d'âge en âge le même costume
qu'on voit sur les bas-reliefs antiques avec la mangoura et la tunique arcadienne ;
bergers et troupeaux sont restés les mêmes, comme un souvenir sur des ruines.

Avant de parcourir les belles plaines de l'Elide, l'Alphée traversait les
confins occidentaux de l'Arcadie, au milieu de collines boisées et de vallons
capricieux. Dans une de ces retraites naturelles, auprès du petit village de
Scyllus, s'écoulèrent, dans le loisir et l'étude, les dernières années de Xénophon

exilé. Plus haut, sur les pentes sud-est du mont Lycée, Lycosura, la plus vieille
cité de la Grèce, dominait le bassin de l'Alphée naissant; et, presque en face,
au nord-est, à quelque distance de la rivière, sur les bords d'un petit affluent
nommé Hélisson, Epaminondas avait fondé, l'an 371 avant notre ère, une ville
considérable, destinée à défendre l'Arcadie des incursions lacédémoniennes,
mais exposée aussi à la colère de Sparte victorieuse : c'était Mégalopolis, qui

La Vallée de l'Alphée, rivière d'Élide (Grèce)

brilla d'une splendeur passagère, du quatrième au troisième siècle avant Jésus-
Christ.

Pausanias, Plutarque et Polybe ont conservé quelques traits de son histoire.
Le premier donne une liste des villes, qui, de leur propre gré, ou bien en
haine de Sparte, contribuèrent à bâtir et à peupler cette colonie, située au
centre même du Péloponèse. Les deux autres, à propos d'Aratus, de Philopœmen qui, aussi bien que Polybe, était né à Mégalopolis, rapportent divers
événements auxquels elle se trouva mêlée.

La première période de l'existence de Mégalopolis est fort obscure; elle se
fondait, sans doute, et se décorait d'édifices. Toute la Grèce, d'ailleurs, avait les
yeux tournés vers la Macédoine, d'où allait sortir Alexandre. On sait seulement
qu'Epaminondas, mort à Mantinée en 363, avait envoyé mille hommes aux Arcadiens pour aider aux premiers travaux; que le roi Archidamus II fit la guerre à

Mégalopolis et traita avec elle ; que les Etoliens, durant la guerre sociale (359), essayèrent de s'en emparer. Platon, invité à doter d'un code la nouvelle cité, se récusa lorsqu'il fut informé que les habitants n'admettraient jamais l'égalité des biens (en quoi ils étaient plus sages que Platon). Ce fut un péripatéticien nommé Prytaxide qui, selon Polybe, écrivit les lois mégalopolitaines. Vers 338, Mégalopolis était gouvernée par le tyran Aristodème. Un demi-siècle plus tard, Lysiade se trouvait à la tète des affaires (266) ; il déposa l'autorité à la prière d'Aratus, qui cherchait alors à constituer la ligue Achéenne.

« Ce Lysiade, dit Plutarque, n'avait pas un cœur bas et insensible à l'honneur ; il ne s'était pas porté à cette usurpation, comme la plupart des autres tyrans, pour assouvir son intempérance et son avarice ; sa jeunesse et un vif désir de gloire lui ayant fait adopter comme vrais ces discours trompeurs qui représentent la tyrannie comme l'état le plus heureux, il s'empara, dans son pays, de l'autorité souveraine. Mais, dégoûté bientôt des embarras qu'entraîne la tyrannie, enviant le bonheur d'Aratus, et craignant aussi les embûches qu'il dressait, il conçut le généreux dessein, d'abord, de se délivrer de ses craintes, de faire cesser la haine qu'on lui portait, de renvoyer sa garnison, ses satellites, et ensuite de devenir le bienfaiteur de sa patrie. Il invita donc Aratus à venir le trouver, déposa devant lui le pouvoir dont il était revêtu, et fit entrer Mégalopolis dans la ligue des Achéens, qui, pleins d'admiration pour sa grandeur d'âme, le nommèrent préteur. »

Laissons maintenant la parole à Polybe : « Aratus comprenait que les Mégalopolitains, tenant au territoire de Lacédémone, étaient les plus exposés à la guerre, et que les Achéens, pressés eux-mêmes par les difficultés, ne pouvaient leur donner des secours, nécessaires cependant ; il savait, d'autre part, les Mégalopolitains bien disposés pour la maison royale de Macédoine. Par l'influence de deux hôtes dévoués qu'il avait à Mégalopolis, il obtint l'envoi de deux ambassadeurs au conseil des Achéens et au roi Antigone. » Mais Cléomène, roi de Sparte, serrait de près Mégalopolis, et, malgré son bon vouloir et sa marche heureuse, Antigone arriva trop tard. Cléomène entra dans la ville, de nuit, par trahison ; quoi que pussent faire les citoyens, qui combattirent vaillamment, le nombre lui assura le succès. Il expulsa tous les Mégalopolitains et les força de se réfugier à Messène. Sa cruauté fut extrême, à ce point qu'il ne paraissait rester aucun espoir de pouvoir restaurer la ville (222). Cependant elle ne tarda pas à sortir de ses ruines.

Parmi les citoyens qui avaient tenté de repousser Cléomène, et qui, auparavant, s'étaient signalés dans de nombreuses incursions en Laconie, se trouvait Philopœmen, alors âgé de trente ans. Il sortit le dernier de la ville qu'il avait défendue, et devint le chef réel de ses malheureux concitoyens : il les dissuada de retourner à Mégalopolis sous la protection de Cléomène ; bientôt il décida par une habile charge de cavalerie, le gain de la bataille de Sellasie, où Cléomène fut battu par Antigone et les Achéens. Mégalopolis lui dut sa liberté. La glorieuse histoire du *dernier des Grecs* ne peut trouver place ici qu'en ce qui concerne la ville dont nous nous occupons. Laissons donc de côté les défaites de Machanidas (208) et de Nabis. Durant un voyage de Philopœmen en Crète, « les Mégalopolitains, très mécontents de son absence qu'ils considéraient comme une trahison, voulaient prononcer contre lui un décret de bannissement ; mais les Achéens, pour les en empêcher, envoyèrent à Mégalopolis leur général Aris-

ténète, qui, quoiqu'en dissension avec Philopœmen sur les affaires du gouvernement, ne souffrit pas qu'on prononçât cette condamnation. » Plus tard, Philopœmen irrité souleva plusieurs bourgs voisins dont les impôts enrichissaient
Mégalopolis, et desservit sa patrie ingrate dans le conseil des Achéens. Mais
dans la suite, après s'être emparé de Sparte, il étendit le territoire mégapolitain
aux dépens de la Laconie. Lorsqu'un véritable assassinat termina brusquement
sa brillante carrière, il fut rapporté de Messène à Mégalopolis.

    « On brûla le corps de Philopœmen, et, après avoir recueilli ses cendres
dans une urne, on partit de Messène sans confusion et avec beaucoup d'ordre,

Ruines de Mégalopolis, aujourd'hui Simano.

en mêlant à ce convoi funèbre une sorte de pompe triomphale. Les
Achéens marchaient couronnés de fleurs et fondant en larmes; ils étaient suivis
des prisonniers messéniens, chargés de chaines. Polybe (l'historien), fils du général Lycortas, entouré des plus considérables d'entre les Achéens, portait l'urne
qui était couverte de tant de bandelettes et de couronnes qu'on pouvait à peine
l'apercevoir. La marche était fermée par les cavaliers, revêtus de leurs armes
et montés sur des chevaux richement harnachés. Ils ne donnaient ni des
marques de tristesse qui répondissent à un si grand deuil, ni des signes de joie
proportionnés à une si belle victoire. Les habitants des villes et des bourgs, qui
se trouvaient sur le passage, sortirent au-devant de ce grand homme, avec le
même empressement qu'ils avaient coutume de montrer quand il revenait de ses
expéditions; et, après avoir touché son urne, ils accompagnaient le convoi jusqu'à Mégalopolis. Ce grand nombre de vieillards, de femmes et d'enfants, mêlés
dans la foule, jetaient des cris perçants qui, de l'armée, retentissaient dans toute

la ville, dont les habitants leur répondaient par des gémissements, accablés de douleur et sentant bien qu'avec ce grand homme ils avaient perdu leur prééminence sur les Archéens. » (Plutarque).

En effet, Mégalopolis disparut de l'histoire, et ne fit point parler d'elle sous la domination romaine. C'était une ville inconsistante, pour ainsi dire, et qui n'avait pas trouvé le temps de s'asseoir et de se peupler. Son enceinte dépassait en étendue celle de Sparte même; mais deux siècles n'avaient pas suffi à la remplir. Du temps de Strabon, son territoire n'était déjà plus qu'une grande solitude. Elle continua cependant de végéter durant quinze siècles encore; sa position centrale lui conservait une vie factice. C'est ainsi qu'elle était, lors du concile de Sardique (347), le siège d'un évêché qui ne fut transféré à Arcadia qu'au milieu du sixième siècle. Les Français, qui s'emparèrent de l'Arcadie en 1204, ne font aucune mention de Mégalopolis. Ce n'était plus qu'un nom, sans doute; on en fit encore un titre d'évêché latin, et Chalcondyle en parle comme d'une ville qui existait en 1459. Thomas Paléologue, dernier défenseur de l'empire, s'y retira avec une petite armée pour attendre et combattre les Turcs. Il fut battu, et le nom de Mégalopolis se serait éteint pour jamais, s'il n'était sauvegardé par les noms d'Épaminondas et de Philopœmen.

On a cru longtemps que Léondari était situé sur l'emplacement de Mégalopolis; il s'en faut de cinq milles environ. Voici une description des ruines, aujourd'hui couvertes d'une riche végétation, et qu'on soupçonnerait à peine dans leur riante vallée :

« Notre premier soin, fut de rechercher le théâtre, qui était un des plus vastes de la Grèce, et nous le découvrîmes creusé en hémicycle dans le flanc des collines qui bordent la rive gauche de l'Hélisson. Je remarquai, dans la partie inférieure, des murailles fort bien bâties, et, en allant vers la droite, je vis un pont brisé. J'examinai ensuite, dans tous les sens, les débris de Mégalopolis. On sait que l'Hélisson traversait la ville, la place publique restant à droite, du côté nord. Ce serait là qu'il faudrait chercher les restes de Jupiter Lycien; le Philippéum, portique élevé par la flatterie à Philippe, roi de Macédoine, qui touchait au temple de Mercure Acacésius; le portique des sénateurs; un troisième édifice du même genre qu'on surnommait la Mycopolis; enfin, le portique d'Aristandre. Ces monuments, ainsi que le temple de Jupiter, aboutissaient à une place consacrée à la grande déesse, dont une inscription porterait à supposer qu'on célébrait les mystères suivant le rituel d'Éleusis. Les principaux artistes de la Grèce avaient orné ces édifices, dont l'un des plus remarquables était la maison de l'historien Polybe, qu'on peut appeler le génie tutélaire de la ligue Achéenne, qu'il protégea auprès des Romains, et qu'il gouverna, en quelque sorte, par la sagesse de ses conseils. A l'amas de décombres qui couvrent l'autre côté de la rivière, on devine, sans pouvoir assigner un nom à chaque débris, qu'on est aux lieux où existait le Thersilion, où se rassemblait le sénat des Dix mille, près duquel on montrait encore, dans le deuxième siècle de notre ère, une maison bâtie par Alexandre. Plusieurs édifices, entourés de colonnes rasées à fleur de terre, sont les restes des temples de Vénus, de Mercure, placés dans le voisinage du stade, qui aboutissait au théâtre. Je vis, de ce côté, les assises d'un temple d'ordre dorique; plus loin, l'enceinte d'un autre édifice, et, à peu de distance, celle d'un temple plus grand, dont il existe encore quelques murailles.

La plupart des colonnes sont brisées à des hauteurs différentes. Pausanias, qui en parle en détail, semble les avoir signalées à l'attention des voyageurs. »

On voit que ce qui reste de Mégalopolis se réduit, le plus souvent, à des débris vagues, objet d'hypothèses incertaines. La physionomie même de la Grèce a péri sous la lourde main des Turcs, et à peine retrouve-t-on, çà et là, un nom défiguré. L'Alphée n'est plus aujourd'hui que le Rouphia ou Orphéa.

Vue du fleuve Eurotas, en Laconic.

L'Eurotas est resté plus célèbre encore que l'Alphée. Edgar Quinet décrit en ces termes, dans son ouvrage sur *la Grèce moderne*, un site charmant des rives de l'Eurotas :

« Au moment où nous traversions l'Eurotas sur un pont d'une seule arche, les sons criards d'un pipeau retentissaient sur l'autre rive. Une troupe d'hommes étaient étendus sur leurs peaux de mouton, les fusils couchés à côté d'eux, les besaces et les outres réunies en monceaux. Vis-à-vis, quelques femmes en turban s'appuyaient sur les rochers. Un groupe des plus jeunes dansait sur une pelouse en se tenant par la main ; elles formaient une ronde brisée dont les deux extrémités se poursuivent et se balancent sans jamais se réunir ; c'était la danse des femmes de Calavryta, lorsqu'elles se précipitaient une à une des rochers. Ici le lieu retiré, de hauts pitons qui bornent la vue, des chèvres à demi cachées dans les niches de ces pitons, la rivière qui encadrait ce petit tableau dans une bordure de roseaux et d'ombres, lui prêtaient une grâce indéfinissable. »

L'Eurotas traversait, dans toute son étendue, cette partie de la Grèce ancienne, appelée la Laconie, et dont Sparte fut la capitale ; il recevait les ruisseaux, ou plutôt les torrents qui descendaient des montagnes voisines ; pendant une grande partie de l'année on ne pouvait le passer à gué ; il coulait toujours dans un lit étroit, et il avait plus de profondeur que de superficie. A certaines époques, il était couvert de cygnes d'une blancheur éblouissante, et rempli de roseaux très recherchés, parce qu'ils étaient droits, élevés et variés dans leurs couleurs. Outre les autres usages auxquels les Lacédémoniens appliquaient ces roseaux, ils en faisaient des nattes, et s'en couronnaient dans quelques-unes de leurs fêtes. Sparte se trouvait située à la droite de l'Eurotas, à une petite distance du rivage. Aujourd'hui ce fleuve a perdu son nom ; les Grecs modernes l'appellent l'Iri jusqu'à sa jonction avec une rivière nommée la Tiase ; puis il prend alors le nom de Vasilipotamos ; devant Sparte, il a la largeur de nos rivières. Son lit, presque desséché en été, présente une grève semée de petits cailloux : il suit une ligne tortueuse, et se cache parmi des roseaux et des lauriers-rose aussi grands que des arbres ; sur la rive gauche, les montagnes, d'un aspect aride et rougeâtre, forment contraste avec la fraîcheur et la verdure du cours de l'Eurotas. Sur la rive droite, le mont Taygète déploie son vaste rideau ; tout l'espace compris entre ce rideau et le fleuve est occupé par les collines et les ruines de Sparte ; ces collines et ces ruines, dit Chateaubriand, ne paraissent point désolées comme lorsqu'on les voit de près : elles semblent, au contraire, teintes de pourpre, de violet, d'or pâle. On sait que la gloire d'avoir décrit le premier avec le plus d'exactitude l'emplacement de Lacédémone, appartient à l'illustre écrivain. Le lieu qu'occupait cette ville est appelé aujourd'hui Palœochôri, ou la Vieille Ville. Là on voit une hauteur qui était la colline de la citadelle de Sparte, et dont le sommet offre un plateau environné d'épaisses murailles. Des décombres, en partie ensevelis sous terre, en partie élevés au-dessus du sol, annoncent, vers le milieu de ce plateau, les fondements du temple de Minerve-*Chalciœcos* (maison d'airain) ; une espèce de rampe en terrasse, large de 70 pieds, et d'une pente entièrement douce, descend du midi de la colline dans la plaine ; on pense que c'était le chemin par où l'on montait à la citadelle. De cette hauteur, l'on voit, au levant, c'est-à-dire vers l'Eurotas un monticule de forme allongée, et aplati à sa cime. Des deux côtés de ce monticule, entre deux autres qui font avec le premier deux espèces de vallées, on aperçoit les ruines d'un pont et le cours de l'Eurotas. De l'autre côté du fleuve, la vue est arrêtée par la chaîne des monts Ménélaïons. Au delà s'élève la barrière des hautes montagnes qui bordent au loin le golfe d'Argos.

« Tout l'emplacement de Lacédémone, dit Chateaubriand, est inculte : le soleil l'embrase en silence, et dévore incessamment le marbre des tombeaux. Quand je vis ce désert, aucune plante n'en décorait les débris, aucun oiseau, aucun insecte ne les animait, hors des millions de lézards qui montaient et

descendaient sans bruit le long des murs brûlants. Une douzaine de chevaux
à demi sauvages paissaient çà et là une herbe flétrie ; un pâtre cultivait dans
un coin du théâtre ruiné quelques pastèques ; et à Magoula, qui donne son
triste nom à Lacédémone, on remarquait un petit bois de cyprès. Mais ce
Magoula même, qui fut autrefois un village turc assez considérable, a péri
dans ce champ de mort : ses masures sont tombées, et ce n'est qu'une
ruine qui annonce des ruines. »

Le Ladon est une rivière d'Arcadie. Les anciens habitants, et après eux
les poètes, ont célébré dans leurs légendes ses bords protecteurs et ses
naïades hospitalières. Quand le dieu Pan poursuivit la nymphe Syrinx, ce fut le
Ladon qui la sauva ; il la changea tout d'un coup en roseau. Pan, pour se
consoler, fit de ce roseau sa première flûte.

Les Arcadiens affirmaient que leurs ancêtres étaient établis dans les vallées
de l'Érymanthe et du Ladon avant que la lune eût marqué son cours dans le
ciel. On retrouve fréquemment, chez les peuples de l'antiquité, cette prétention :
être la plus ancienne race du monde semblait les rapprocher des dieux. Les
Arcadiens, comme les Attiques, les Égyptiens, etc., se proclamaient donc
autochthones, c'est-à-dire fils de la terre même qu'ils habitaient. Un mérite
plus réel était leur bravoure, leur culte jaloux de la liberté, leur habile
agriculture. L'élevage des chevaux et des ânes les avait rendus fameux ; on
recherchait leur amitié politique pour avoir la coopération de leur cavalerie,
et les roussins d'Arcadie ont encore aujourd'hui le privilége de désigner les
ânes, par périphrase poétique. Combien y a-t-il de contrées qui aient été plus
visitées de la renommée ? Bosquets et forêts, gras pâturages, champs fertiles,
paysages ravissants, tout semblait donner au val du Ladon une physionomie
singulière, originale : musiciens et bergers, agriculteurs et soldats, les habitants
vivaient heureux. Dans les temps modernes, c'est encore un des endroits les
plus riants de la Grèce. L'éloignement de la mer et des communications lui a
épargné les désastres des invasions barbares, et, malgré le triste passage de la
domination ottomane, le Ladon arrose encore un pays aimé du touriste. Il sort
des montagnes de l'Arcadie et s'appelle aujourd'hui Rhouphia à sa jonction
avec l'Alphée. Les anciens plaçaient sa source au-dessous du village de Lycouria ;
les modernes la placent près de Soudena, au lieu de naissance de l'affluent le
plus prolongé.

Les géographes de l'antiquité n'avaient pas sur les fleuves des idées fort
précises : pour nous, la source d'un grand cours d'eau est au point de départ le
plus éloigné de l'embouchure, et non pas à la source de l'affluent le plus
considérable ; l'affluent n'est pas le fleuve. Parmi les tributaires du Ladon,
Pausanias nomme l'Aoranius (aujourd'hui *Katsana*), le Tragus (*Dara*), l'Arsen
(*Velisnakhi*). Ajoutons les rivières de Priolyta, de Lycouria, et les torrents des
coteaux qui bordent les vallées occidentales, où le Ladon se jette dans l'Alphée,
après avoir baigné de ses ondes fécondantes Leucasium, Mesoboa, Nasi, Oryx,
Halus, Thaliades. Cette dernière ville honorait d'une piété particulière Cérès
Eleusienne ; la déesse des moissons y avait un temple. A Oncium, dans le pays
de Thelpuse, on retrouve quelques ruines des temples d'Apollon Oncæate,
d'Esculape enfant, et d'une autre Cérès, de Cérès Erinnyx, c'est-à-dire prise de
fureur contre Neptune qui l'avait outragée. Toutes les passions avaient des

autels chez les anciens. A l'entrée de la petite plaine de Clitor, sur la colline
des Kalyves de Mazi, un temple d'ordre dorique montre ses ruines à côté des
remparts de la ville, dont l'enceinte oblongue, irrégulière, était flanquée de
tours rondes. Un village situé à une lieue de là a conservé le nom de Klitouras.
Au pied des ruines jaillit encore la source Clitor, dont l'eau était si délicieuse
qu'elle donnait de l'aversion pour le vin. Heureux Arcadiens, la simplicité de
vos mœurs n'empêchait pas les doux mensonges de la fiction, et l'eau fraîche de

Le Ladon, en Arcadie.

votre fontaine de Clitor rendait le vin jaloux. N'était-ce point parce qu'il n'y
avait pas de vignes dans vos gras pâturages ? La forêt de chênes de Soron vous
prêtait son ombrage, et le cœur de ses arbres pour vos manches de charrue ;
mais les pampres ne s'unissaient point, chez vous, aux ormes joyeux.

Les provinces arcadiennes au delà du Ladon possédaient la presqu'île
comprise entre cette rivière et l'Erymanthe (*Doana*), avec une partie du mont
Pholoé. Cette antique division n'a pas changé ; ce sont les hermès qui semblent
avoir fixé la circonscription moderne. En circulant à travers ses prairies, ses
buissons de lentisques et d'arbustes, à l'ombre des bois touffus, le Ladon porte
donc ses eaux dans les mêmes contrées. Quelques ruines éparses sur ses bords
rappellent que le temps a son cours comme les fleuves.

Modon. — C'est une petite ville grecque de Morée, agréablement située sus
un îlot joint au continent messénien par un pont de bois. Ses défenses naturelles
et artificielles sont un rempart, double à l'est, appuyé au couchant sur une ligne
de rochers escarpés ; deux hautes tours, une au nord, une autre au midi,

complètent cet ensemble plus intéressant pour l'antiquaire que pour l'ingénieur. La ville est mal bâtie; ses rues sont tortueuses, étroites et sales. Comme position elle a un grand rapport avec notre ville de Saint-Malo, ayant comme elle son île et son *sillon*.

Modon, *Methone* des temps antiques, a, pour son malheur, des annales assez accidentées. Les Turcs et les Vénitiens se sont longtemps disputé cette place, fort importante par sa situation sur une des pointes avancées de la Morée. Les Grecs l'occupèrent dans la guerre de l'indépendance, et elle leur est restée à la paix.

Modon.

Le 13 mai 1825, les marins hellènes incendièrent dans la rade de Modon la flotte turque; et l'incendie ayant maheureusement gagné la poudrière, elle sauta avec un épouvantable fracas : l'explosion emporta une partie de la ville, qui, du reste, s'est relevée assez rapidement de cette catastrophe.

La ville d'Egripos, que l'on appelait Chalcis dans l'ancienne Grèce, est située sur la côte occidentale de l'île d'Eubée ou de Nègrepont. L'Euripus, qui sépare l'île de la terre ferme, est en cet endroit plus serré qu'en aucun autre, et n'a guère que cent dix pieds de largeur, et de plus, un rocher le partage en deux parties. « En venant de la Béoce pour traverser dans l'île, dit le voyageur Spon (en 1675) on passe, premièrement, sur un pont de pierre, qui n'a guère que trente pas de long, et qui mène sous une tour au milieu du canal; de la tour dans la ville il n'y a qu'un pont-levis, qui se lève pour donner passage aux galères. » On voit par notre gravure que l'état des lieux n'a point changé depuis cette époque. Dans les temps modernes, Egripos a été longtemps au pouvoir de la république de Venise, ainsi qu'une grande partie de la Grèce; et l'on voit encore sur les remparts en ruine qui défendaient jadis la cité du côté opposé à l'Euripus, de nombreuses sculptures représentant les lions ailés de saint Marc. Avant la dernière révolution hellénique, les Turcs en étaient les seuls habitants : quant aux Grecs, ils étaient relégués avec les Juifs dans une espèce de petit faubourg marchand, au nord de la ville.

Si la Grèce parvient enfin à jouir, comme on doit l'espérer, d'une liberté et d'une paix durables ; s'il est permis à ses habitants, plus heureux et plus unis dans l'avenir, de laisser l'épée pour la charrue, et les entreprises guerrières pour celles du commerce et de l'industrie, Egripos deviendra, sans aucun doute, l'une des villes les plus populeuses et les plus florissantes du pays ; ce sera le port marchand de toute l'île d'Eubée, qui n'a aucun port du côté de l'Orient ; et les plaines fécondes de la Béotie, qui s'étendent le long de la rive de la Morée, en face de la ville, y trouveront un débouché pour leurs produits. De chaque côté du chenal il y a un port : celui qui est situé au nord, quoique peu étendu, est sûr et profond, bon pour la construction des vaisseaux, et capable de contenir plusieurs navires de commerce ; celui qui est situé au midi est partagé en deux autres, et ne pourrait, à cause d'un banc de sable, recevoir que les bâtiments qui tireraient moins de quatorze pieds d'eau ; mais en somme, peu de frais et de travaux suffiraient pour permettre à des navires de trois à quatre cents tonneaux de se rendre au lieu du mouillage.

Le détroit offre un phénomène remarquable qui a été l'objet des dissertations de quelques anciens écrivains et de divers voyageurs modernes. On sait que sur la Méditerranée, de même que sur les autres mers dans l'intérieur des terres, on n'est soumis que d'une manière peu sensible au mouvement des marées, qui, toutefois, se font sentir plus ou moins en certains endroits, suivant la configuration des côtes. Contrairement à ce fait général, le détroit de Nègrepont, qui a sept pieds de profondeur entre le rocher et les murs de la ville, et seulement trois pieds entre le rocher et la Béotie, est agité de courants et de marées, extraordinaires surtout par leur irrégularité. Parfois l'eau parcourt, dit-on, huit milles à l'heure : rarement elle est calme, et elle change souvent de direction dans l'intervalle de quelques minutes : sa plus grande rapidité est vers le sud.

La cause immédiate de ce phénomène doit être la variation continuelle du niveau relatif de l'eau au nord et au midi du détroit, dont l'étendue n'est pas assez considérable pour permettre une libre communication qui assurerait un niveau constant ou un courant régulier ; mais il est difficile de se rendre compte de la combinaison de causes qui expliquerait dans tous les détails la perpétuelle variation du niveau. Les vents variables, surtout ceux du nord-est, doivent avoir une assez grande influence sur ce phénomène. Le courant qui descend des Dardanelles, et qui baigne la côte orientale de l'île, est régulier, mais il doit néanmoins ne pas demeurer étranger à quelques-unes des phases de ces variations. Dans l'intéressante lettre du Père Babin, conservée par Spon, on trouve qu'à l'époque des nouvelles et pleines lunes le cours de l'Euripe suit la même loi de marées que l'Océan ; et que, dans les jours de quartier, il est *déréglé*, et en vingt-quatre heures varie onze, douze, treize et jusqu'à quatorze fois.

On a dit qu'Aristote avait enfin cherché la cause de ce phénomène, et que ne l'ayant pas trouvée, il se noya de désespoir. Cette fable n'a sans doute pour fondement que le fait même de la mort de ce grand philosophe à Chalcis.

Sur la terre ferme, un peu au-dessous d'Egripos, au midi, on trouve quelques restes de constructions cyclopéennes, qui, d'après la tradition, seraient les derniers vestiges d'Aulis où Agamemnon rassembla la flotte pour l'expédition de Troie. C'était en effet le lieu le plus central que pût choisir le grand roi de Mycènes, et le port y est assez large pour avoir contenu aisément les mille *vaisseaux* qu'il dirigea contre Priam.

Lorsque, vers l'an 480 avant J.-C., l'armée des Perses commandée par Xerxès

Vue du pont de l'Euripus, en Grèce.

fit une descente vers la Grèce européenne, elle stationna quelque temps à l'entrée du golfe Volo, vis-à-vis l'extrémité septentrionale de l'Eubée : là, divers engagements eurent lieu ; une partie de la flotte persane, chargée de reconnaître l'île, fut submergée par une violente tempête sur la côte orientale, que les marins redoutent encore aujourd'hui à cause de la rapidité du courant des Dardanelles, surtout lorsque ce courant est accru par la violence des vents d'est, contre lesquels il ne se trouve sur l'île aucun refuge : le reste des vaisseaux de Xerxès poursuivit les Grecs en traversant le détroit opposé à Egripos, et cette circonstance permet de se faire une idée de la dimension des vaisseaux les plus considérables de ce temps ; car il est du moins certain qu'aucun d'eux ne pouvait tirer plus de sept pieds d'eau, et que probablement, pour la plupart, ils tiraient beaucoup moins.

La piraterie a longtemps exercé ses ravages dans l'Archipel grec. Voici un épisode de sa répression :

Une bande de pirates commandés par un nommé Négros infestait depuis longtemps l'Archipel. En 1851, le brick français *le Fabert*, après une croisière de sept mois, s'est emparé de Négros et de ses complices. Une fois déjà *le Fabert* avait été sur le point de surprendre Négros dans l'île de Nicaria, située à trois lieues à l'ouest de celle de Samos; mais les fausses mesures des autorités turques avaient permis au forban de s'évader. Chassés de nouveau avec activité, acculés et cernés par les embarcations du brick dans l'île de Forni, située entre Nicaria et Samos, attaqués par un détachement albanais qu'avait envoyé le pacha de cette

Vue du rocher de Caraboussa, prise de l'extrémité du cap de Bousa,
pendant une expédition contre les pirates de l'Archipel.

dernière île, les voleurs de mer et leur chef ont péri les armes à la main ; leurs oreilles, suivant un usage qui rappelle un peu trop les temps de barbarie et les mœurs des sauvages, ont été envoyées au commandant Pichon, du brick *le Fabert*.

Du reste, la piraterie paraît être en Grèce un fléau périodique, contre lequel le gouvernement d'Athènes et celui de Constantinople sont également impuissants. Il ne faut rien moins que l'intervention des grandes puissances maritimes pour réprimer de temps à autre les attentats de ces audacieux brigands contre les droits de toutes les nations.

Vers la fin de la guerre de l'indépendance, en 1828, la piraterie s'exerçait avec une telle audace dans l'Archipel, que les navires du commerce ne pouvaient plus y naviguer que par convoi, et sous escorte de plusieurs bâtiments de guerre. Tout navire éloigné du convoi par imprudence ou accident, était aussitôt enlevé

et son équipage massacré après avoir été soumis à d'infâmes tortures. Par déci-
sion du conseil des amiraux des différentes nations, plusieurs frégates et plusieurs bricks furent détachés des croisières française, anglaise et américaine,
pour donner la chasse à ces malfaiteurs jusque dans leur dernier repaire. En peu
de mois l'Archipel fut purgé de la plus grande partie de ces brigands. Vers le
milieu de l'année, une frégate américaine, une frégate anglaise, une frégate
française et plusieurs autres bâtiments plus légers se trouvaient réunis devant
Carabousa, rocher sauvage et aride, qui s'élève au-dessus de la mer comme un
immense bloc de grès, à une lieue au nord-ouest de l'île de Candie, en face du
cap Bousa. Un déplorable sinistre signala le mouillage des bâtiments alliés :
le Cambrian, frégate de soixante, l'un des plus beaux navires de la marine
anglaise, talonna sur l'un de ces récifs à fleur d'eau qui, partout dans l'Archipel,
rendent la navigation si dangereuse. Les efforts réunis de toutes les embarcations furent infructueux pour la relever, et *le Cambrian*, encore au début de sa
carrière maritime, fut condamné à être lentement dépecé par les flots de la
Méditerranée. Un détachement de soldats de marine fut débarqué avec mission
de visiter les contours du rocher et de fouiller toutes ses cavernes. Les pirates,
au nombre d'une centaine environ, furent traqués comme des bêtes fauves;
plusieurs périrent en se défendant, le reste fut pris et partagé entre les trois
pavillons qui avaient concouru à l'expédition. Les Français mirent leurs prisonniers aux fers, à fond de cale; les Anglais firent mourir les chefs; les Américains
pendirent aux vergues tous leurs prisonniers, chefs et pirates.

La grotte d'Antiparos, dans l'Archipel, célèbre chez les anciens, parait avoir
été oubliée pendant une longue suite de siècles. En 1673, elle fut visitée avec
une sorte de solennité par de Nointel, ambassadeur du roi de France près la
Sublime Porte. Les gens mêmes du pays n'osaient, à cette époque, y descendre :
de Nointel parvint, en les payant bien, à déterminer quelques corsaires à le
suivre; il était aussi accompagné de deux habiles dessinateurs et de trois ou
quatre maçons avec les outils nécessaires pour détacher et enlever les marbres
les plus lourds. La plupart de ces marbres furent remis à M. Baudelot, de
l'Académie royale des inscriptions et médailles, et l'un d'eux, peut-être le plus
remarquable, figure aujourd'hui dans la riche collection du Museum d'histoire
naturelle de Paris.

Plus tard, la grotte fut de nouveau minutieusement explorée par l'illustre
botaniste Tournefort, professeur au jardin du Roi, qui en fit une description
détaillée dans son ouvrage intitulé : *Relation d'un voyage du Levant fait par
ordre du roi*, ouvrage publié en 1717.

De notre temps, la grotte a retrouvé toute son ancienne célébrité, et elle
attire chaque année de nombreux visiteurs.

Antiparos, île de l'Archipel grec, située vis-à-vis de Paros, a de tour environ
26 kilomètres. La grotte est à environ un mille et demi de la mer, en vue des
îles de Nio, de Sikino et de Policandro. Une caverne rustique s'offre d'abord au
regard, large d'environ trente pas, voûtée en arc surbaissé et fermée par une
cour qui est l'ouvrage des bergers : ce lieu est partagé en deux par quelques
piliers naturels; sur le plus gros, qui ressemble à une tour attachée au sommet
de la caverne, on lit une inscription fruste fort ancienne; elle fait mention de
quelques noms propres, que les gens du pays prennent pour les noms de conspi-

rateurs qui en voulurent à la vie d'Alexandre le Grand; et qui, après avoir
manqué leur funeste projet, seraient venus se réfugier dans cet endroit comme
dans un lieu de sûreté. Parmi ces noms, celui d'Antipater est le seul qui puisse
favoriser la tradition des Grecs; Diodore de Sicile rapporte, en effet, que quel-

Une vue de la grotte d'Antiparos, dans l'Archipel grec.

ques historiens avaient accusé Antipater de la mort d'Alexandre. On sait que ce
prince avait laissé Antipater régent en Europe, lorsqu'il partit pour la conquête
de Perse; mais ce ministre, irrité des mauvais offices qu'Olympias lui avait
rendus auprès de son maître, fut soupçonné d'avoir fait empoisonner le roi par
son fils, l'un des échansons de la cour. Cependant Diodore remarque qu'Antipater ne laissa pas de conserver et d'exercer une partie de son autorité après la
mort d'Alexandre, et que rien n'expliquerait qu'il fût venu se cacher dans
cette île.

Lorsque la grotte fut visitée par Tournefort, on ne pouvait lire qu'une partie
de l'inscription ; mais un habitant en gardait une copie; voici comment Tournefort la traduisit : « Sous la magistrature de Citron, vinrent en ce lieu : Ménandre,
Socarme, Ménécrate, Antipater, Ippomédon, Aristéas, Philéas, Gorgus, Diogène,
Philocrate, Onésime. »

Peut-être ces noms sont-ils simplement ceux de citoyens de l'île qui, dans le
temps que Citron en était le magistrat, osèrent les premiers descendre dans la
grotte et là reconnaître. Au-dessous de cette inscription est un creux carré long
dans lequel était encastré un marbre qui n'est pas bien loin de là, mais qui
n'est pas fort ancien, comme il paraît par la figure de la croix que l'on y a tracée :
c'est un bas-relief du temps des chrétiens, si maltraité qu'il n'est pas reconnais-
sable ; et, suivant les apparences, on ne l'a jamais trouvé assez beau pour l'emporter. Sur la gauche, et au bas d'un rocher taillé en plan incliné, on voit une
autre inscription grecque encore plus usée que la précédente.

Entre les deux piliers qui sont sur la droite, est un petit terrain en pente
douce, séparé du fond de la caverne par une muraille assez basse : on a gravé
dans cet endroit, depuis quelques années, au bas d'un rocher dont la coupe est
assez plate, quelques mots qui indiquent l'époque à laquelle la grotte fut visitée
par de Nointel.

On avance ensuite jusqu'au fond de la caverne par une pente plus rude,
d'environ vingt pas de longueur : c'est le passage qui conduit à la grotte, et ce
passage n'est qu'un trou fort obscur, par lequel on ne saurait entrer qu'en se
baissant et avec le secours de flambeaux. On descend d'abord dans un précipice
horrible à l'aide d'un câble que l'on prend la précaution d'attacher tout à l'entrée. Du fond de ce précipice on pénètre dans un autre bien plus effroyable,
dont les bords sont fort glissants et correspondent sur la gauche à des abîmes
profonds : on place sur les bords de ces gouffres une échelle, au moyen de
laquelle on franchit en tremblant un rocher tout à fait taillé à plomb. On continue à glisser par des endroits un peu moins dangereux ; mais au moment où
l'on se croit en voie plus praticable, le pas le plus affreux vous arrête, et l'on
courrait le plus grand danger si l'on n'était averti et retenu par les guides.
Lorsque Tournefort visita la grotte, il trouva encore dans cet endroit les restes
d'une échelle que de Nointel y avait fait placer. Pour franchir ce pas difficile, il
faut glisser sur le dos le long d'un grand rocher, et même, sans le secours d'un
autre câble que l'on y accroche, on risquerait de tomber dans les fondrières les
plus effroyables.

Quand on est arrivé au bas de l'échelle, on se roule encore quelque temps
sur des rochers, tantôt sur le dos, tantôt couché sur le ventre, suivant qu'on
s'en accommode le mieux. Après tant de fatigues, on entre enfin dans cette
admirable grotte que de Nointel ne pouvait se lasser d'admirer. Les guides
comptent 150 brasses de profondeur depuis la caverne jusqu'à l'endroit dit
l'*Autel*, et autant depuis cet autel jusqu'à l'endroit le plus profond où l'on
puisse descendre. Le bas de cette grotte, sur la gauche, est fort dangereux : à
droite il est assez uni, et c'est par là que l'on passe pour aller à l'Autel. De ce
lieu la grotte paraît haute d'environ 40 brasses sur 50 de large ; la voûte est
assez bien taillée, relevée en plusieurs endroits de grosses masses arrondies, les
unes hérissées de pointes semblables à la foudre de Jupiter, les autres bossuées
régulièrement, d'où pendent des grappes, des festons et des lances d'une lon-

gueur surprenante. A droite et à gauche ce sont des rideaux et des nappes qui s'étendent en tous sens et forment sur les côtés des espèces de tours cannelées, vides la plupart, comme autant de cabinets pratiqués autour de la grotte. On distingue parmi ces cabinets un gros pavillon formé par des productions qui représentent, à s'y méprendre, les pieds, les branches et les têtes des choux-fleurs; le marbre blanc qui les forme est transparent, cristallisé, et se casse presque toujours de biais et par lits en forme de losanges. La plupart même des pièces sont couvertes d'une écorce blanche et résonnent sensiblement quand on frappe dessus.

Sur la gauche, un peu au delà de l'entrée de la grotte, s'élèvent trois ou quatre piliers ou colonnes de marbre, plantées comme des troncs d'arbres sur la crête d'une petite roche. Le plus haut de ces troncs a 6 pieds 8 pouces sur 1 pied de diamètre; il est presque cylindrique et d'égale grosseur, si ce n'est en quelques endroits où il est comme ondoyant, arrondi par la pointe et placé au milieu des autres. Le premier pilier est double et n'a qu'environ 4 pieds de haut. Il y a sur le même rocher quelques autres piliers naissants qui sont comme des bouts de corne; il en existe un en particulier assez gros, et qui peut-être fut cassé du temps de de Nointel; il représente véritablement le tronc d'un arbre coupé en travers; le milieu, qui est comme le corps ligneux de l'arbre, est d'un marbre brun, tirant sur le gris de fer, large d'environ 3 pouces, enveloppé de plusieurs cercles de différentes couleurs, ou plutôt d'autant de vieux aubiers, distingués par six cercles concentriques épais d'environ deux ou trois lignes, dont les fibres vont du centre à la circonférence. Pour s'expliquer la formation de ces différentes sortes de concrétions calcaires, il faut supposer un temps où les eaux, chargées de carbonate, arrivaient en plus grande abondance dans l'intérieur de la grotte; aujourd'hui il ne s'en distille que fort peu dans la caverne; à peine remarque-t-on quelques nappes dentelées, dont les pointes laissent couler encore de faibles gouttes.

Au fond de la grotte, sur la gauche, se présente une pyramide bien plus surprenante, qu'on appelle l'*Autel*, depuis que de Nointel y fit célébrer la messe en 1673. Cette pièce est tout isolée, haute de 24 pieds, semblable en quelque manière à une tiare, relevée de plusieurs chapiteaux cannelés dans leur longueur et soutenus sur leurs pieds, d'une blancheur éblouissante, de même que tout le reste de la grotte. Cette pyramide est peut-être la plus belle plante de marbre qui soit dans le monde; les ornements dont elle est chargée sont tous en chou-fleur, c'est-à-dire terminés par de gros bouquets, aussi parfaitement modelés que si un sculpteur venait de les achever.

Au bas de l'Autel, il y a deux demi-colonnes sur lesquelles on pose des flambeaux pour éclairer la grotte et la considérer à loisir. De Nointel les fit écorner pour y dresser la table sur laquelle on célébra la messe de minuit. On grava par ses ordres quelques mots latins sur la base de la pyramide.

Tournefort décrit de la manière suivante le séjour que fit dans cette grotte de Nointel, et la cérémonie qui y eut lieu le soir de Noël :

« M. le marquis de Nointel, ambassadeur de France à la Porte, passa les trois fêtes de Noël dans cette grotte, accompagné de plus de cinq cents personnes, soit de sa maison, soit marchands, corsaires, ou gens du pays qui l'avaient suivi. Cent grosses torches de cire jaune et quatre cents lampes qui brûlaient jour et nuit étaient si bien disposées qu'il y faisait aussi clair que dans l'église la mieux illuminée. On avait posté des gens d'espace en espace dans tous les précipices, depuis l'Autel jusqu'à l'ouverture de la caverne; ils se firent le signal avec leurs mouchoirs, lorsqu'on éleva le corps de Jésus-Christ; à ce signal on mit le feu à vingt-quatre boîtes et à plusieurs pierriers qui étaient à l'entrée de la caverne : les trompettes, les hautbois, les fifres, les violons rendirent cette consécration plus magnifique. L'ambassadeur coucha presque vis-à-vis de l'Autel, dans un cabinet long de sept ou huit pas, taillé naturellement dans une de ces grosses tours dont on vient de parler. A côté de cette tour se voit un trou par où l'on entre dans une autre caverne; mais personne n'osa y descendre.

« On était bien embarrassé à faire venir de l'eau du village pour fournir à tout le monde; les capucins, aumôniers de Son Excellence, n'avaient pas la baguette de Moïse : à force de chercher on trouva une fontaine à gauche de la montée; c'est une petite caverne où l'eau s'amasse dans les creux des rochers. »

Pour faire le tour de la pyramide, on passe sous un massif ou cabinet de congélation, dont la partie postérieure est faite en voûte de four : la porte est basse; mais les draperies des côtés sont des tapisseries d'une grande beauté, plus blanches que l'albâtre. Du haut de la voûte, au-dessus de la pyramide, pendent des festons d'une longueur extraordinaire, lesquels forment pour ainsi dire l'attique de l'Autel.

Au fond de la caverne qui sert de vestibule à la grande grotte, on trouve une autre petite caverne dite *la caverne d'Antipater*, dans laquelle on entre par une fenêtre carrée. La caverne d'Antipater est toute revêtue de marbre cristallisé et cannelé; c'est une espèce de salon de plein-pied à son ouverture, qui paraîtrait fort agréable si l'on n'avait pas été ébloui par les merveilles de la grande grotte.

La croupe de la montagne où sont ces grottes est comme pavée de cristallisations transparentes, aussi de nature calcaire, et qui se cassent toujours en losange. Ces cristallisations pourraient bien être des indices d'autres grottes souterraines.

Milo, l'ancienne *Melos*, est une île de l'archipel Grec, comprise aujourd'hui dans le département des Cyclades centrales. Elle est environnée d'îles et de rochers, et les anciens voyaient dans ces écueils des monstres toujours prêts à engloutir les vaisseaux; le bruit des vagues qui se brisaient contre les récifs, était pour eux le mugissement de ces monstres. Cependant le port de Milo est un des meilleurs et des plus grands de la Méditerranée; il est assez vaste pour recevoir les escadres les plus nombreuses. Cette île, située au nord et en regard de Candie et au sud-ouest de l'île de l'Argentière, dont elle n'est qu'à une lieue, est de forme presque circulaire; sa longueur est d'environ 5 lieues sur 3 et demie de largeur moyenne. Malgré son peu d'étendue, elle fut importante dans le beau temps de la Grèce, et jouit pendant une longue suite de siècles d'une entière liberté; mais comme sa splendeur et ses richesses la rendaient une possession intéressante pour les peuples du continent de la Grèce, les Athéniens, après plusieurs tentatives inutiles, réussirent à s'en emparer et firent le massacre général de ses habitants; ce fait odieux est rapporté par Thucydide, Diodore et Strabon.

Comme toutes les îles de l'archipel, Milo tomba sous la domination des Romains, et ensuite sous celle des empereurs grecs de Constantinople; puis elle appartint aux Vénitiens; et enfin Barberousse, capitan-pacha, la soumit à l'empire turc de Soliman II.

Cette île est toute volcanique. Des vapeurs sulfureuses s'en exhalent sur différents points, principalement au sommet du mont Calamo; et des sources d'eaux chaudes minérales y coulent de toutes parts jusque sous la mer. On y trouve beaucoup de grottes et de cavernes, dont une entre autres, dite de *Zopyre*, est un objet de curiosité pour les étrangers; après avoir rampé à travers des passages étroits et tortueux, on pénètre dans deux chambres contiguës; la chaleur humide qu'on y éprouve fait de ce lieu une étuve naturelle, et dont l'atmosphère, semblable à celle des bains turcs, est entretenue par une source d'eau bouillante qui y coule.

La terre de Milo, doucement fertilisée par cette chaleur interne, produit les meilleurs vins, les meilleures figues et les melons les plus délicieux de l'archipel, tous les végétaux de la zone torride y réussissent. A l'époque où le savant Tournefort visita cette île, le blé, l'orge, le sésame, le coton, les oliviers y croissaient en abondance, et rien n'est plus séduisant que le tableau que les voyageurs des siècles passés ont fait de sa fertilité, de son heureux aspect, de sa délicieuse température: ils vantent ses tapis de verdure parsemés d'anémones de toutes couleurs; ses pâturages excellents, ses bestiaux et son gibier, etc. Mais l'état actuel de cette île contraste péniblement avec ces riants souvenirs; aujourd'hui elle est d'un aspect triste et sauvage, couverte de montagnes nues et stériles, elle n'offre qu'un sol pierreux et volcanisé où la terre n'est cultivée çà et là dans les vallons que pour subvenir aux besoins de la consommation locale. Elle est déserte en comparaison de son ancienne population. En 1828, on y comptait à peine 500 habitants tous Grecs, et une cinquantaine de montagnards candiotes engagés par le gouvernement de la Morée pour la défense de l'île; mais ceux-ci pillaient plutôt les habitants qu'ils n'étaient portés à les défendre, et leurs nombreuses exactions ont contribué à l'état d'abandon et de langueur où l'île se trouve aujourd'hui.

Les plaines produisent de l'excellent soufre, des lits abondants d'alun des meilleures qualités, et du minerai de fer. Ces mines procuraient aux habitants de grands profits, lorsque les Turcs, en frappant ces exploitations de lourdes taxes, forcèrent les insulaires à abandonner cette branche d'industrie.

La ville de Milo, ancienne capitale de l'île, est située près de l'extrémité sud-est de la baie qui forme son port; sa population, qui comptait autrefois 5.000 habitants, est réduite à quelques familles de pauvres indigènes. Des dix-huit églises et des trente monastères qu'on y voyait, il ne reste qu'une chapelle; les maisons presque toutes à deux étages, bâties en pierres, et du style élégant de l'époque où les Vénitiens possédaient Milo, sont en ruines, et c'est dans ces masures délabrées que réside la malheureuse colonie. Une négligence et une malpropreté insupportables règnent dans cette ville; les cochons, qu'on y laisse courir en liberté, sont logés au rez-de-chaussée de chaque maison sous une arcade dont l'ouverture donne sur la rue, et les habitants y laissent accumuler les immondices dont les émanations achèvent d'empoisonner l'air de Milo; le climat de l'île est d'ailleurs malsain, les eaux y sont mauvaises à boire, et les habitants sujets à des fièvres endémiques pernicieuses; aussi le mauvais air, la malpropreté et la mauvaise administration ont-ils presque entièrement dépeuplé l'île de Milo.

Ce qui peut donner une idée de l'ancienne importance de Milo, c'est l'existence d'un théâtre dont les ruines n'ont été reconnues que depuis peu d'années;

il est situé au pied du revers nord-ouest de la montagne, et au-dessous du sommet sur lequel la ville est bâtie. Ce théâtre, qui était à ciel ouvert, présente une cavité de forme elliptique, taillée dans le roc, et autour de laquelle les anciens élevèrent des pierres en gradins. Quoique son étendue fût assez médiocre comparativement à d'autres théâtres anciens, il pouvait contenir plus de 6.000 personnes. La partie du théâtre adossée à la montagne est encore assez bien

Restes d'un ancien théâtre, à Milo.

conservée; mais du côté le plus étendu, les sièges ont été rompus et enlevés par les insulaires pour bâtir leurs habitations. A l'époque de l'expédition française de Morée, on apercevait, répandus sur l'arène, à moitié enfouis et couvert de broussailles, plusieurs blocs de marbre sculptés, dont quelques-uns ont été déterrés par les paysans et vendus aux militaires qui probablement les ont rapportés en France. C'est à 400 ou 500 pas du théâtre qu'a été découverte, en avril 1820, la célèbre statue dite *Vénus de Milo*, qui décore aujourd'hui l'une des salles du Louvre.

Notre gravure peut donner une idée de ce qui reste du théâtre. La construction élevée au sommet de la montagne est un fort construit par les Sarras-

sins et actuellement ruiné, et l'on voit à l'horizon une partie de l'île d'Argentière, le *Cimolus* des anciens, qui, aussi bien que Milo, était renommée
par la craie qu'elle produisait, et par une terre sigillaire dont les habitants se
servent en guise de savon.

Le Platane de l'Île de Cos, sur la place publique de la ville.

Cos, que la plupart des marins appellent Co ou Stanco, est l'une des plus
petites îles du groupe des Sporades, dans la mer Égée ou l'Archipel ; mais son
nom ne peut périr : elle a donné naissance au plus grand médecin et au plus grand
peintre de la Grèce, à Hippocrate et à Apelle.

La ville de Cos est sur le rivage de l'île, son port est commode, et
toute la côte est couverte d'orangers et de citronniers, qui forment
l'aspect le plus séduisant. Mais rien n'est aussi agréable que la place publique.

Un platane prodigieux en occupe le centre, et ses branches étendues la couvrent
tout entière : affaissées sous leur propre poids, elles pourraient se briser, sans
les soins des habitants, qui lui rendent une espèce de culte ; et, comme tout doit
offrir dans ces contrées les traces de leur ancienne grandeur, ce sont des colonnes
de marbre et de granit qui sont employées à soutenir la vieillesse de cet arbre
respecté. Une fontaine abondante ajoute au charme de ces lieux, toujours fréquentés par les habitants, qui viennent y traiter leurs affaires et y chercher un
asile contre la chaleur du jour.

L'Archipel est fermé, du côté de la Méditerranée, par une belle chaîne d'îles
dont les deux extrêmes sont Rhodes et Cérigo, et le milieu, cette longue et
grande île doublement célèbre sous ses deux noms de *Crète* et de *Candie*. Longue

Ile de Candie. — Ville de Candie vue du côté de la mer.

de 300 kilomètres environ sur une largeur qui varie de 30 à 90, Candie n'est, à
vrai dire, qu'une arête montagneuse dont le point culminant, le Psiloriti, qui
a 2.400 mètres au-dessus du niveau de la mer, est couvert de neiges perpé-
tuelles. On n'y trouve pas une seule rivière de quelque étendue, mais les
innombrables cours d'eau qui sortent des flancs de la montagne fertilisent les
plus belles vallées du monde.

On peut juger de la fécondité de l'île par l'énumération de ses principaux
produits : chevaux, bétail, moutons, miel, cire, céréales, soie, coton, huiles,
lins, vins et fruits magnifiques, etc. C'est une terre essentiellement agricole :
aussi a-t-elle peu de villes, à l'exception de Candie et la Canée, qui ont chacune
environ 16.000 âmes ; la première est la capitale actuelle et la résidence du
pacha ; viennent ensuite Rétimo, Sélino, et le bon port de Spina-Longa.

La population dominante de Candie est la population grecque, au milieu
de laquelle vit, concentrée dans les grandes villes et leurs banlieues, une faible

minorité d'Ottomans. L'ensemble de ces habitants grecs et turcs donne un chiffre d'environ 300,000. Mais le plus curieux élément ethnographique de l'île est sans contredit celui des *Abadiotes*, petit peuple campé sur un plateau situé entre le Psiloriti et la mer, à l'ouest du Castel-Nuovo : il habite vingt villages et n'atteint pas mille familles. Ce sont les descendants des Arabes qui occupèrent l'île avant le neuvième siècle : assez beaux, maigres, nerveux, basanés, pirates dans l'occasion, hostiles aux Grecs qui les entourent, ils ne démentent pas leur curieuse origine.

A côté d'eux vivent les *Sphakiotes*, ou Grecs de Sphakia, sur la côte sud-ouest, Hellènes de race pure qu'on regarde (un peu arbitrairement) comme les descendants directs des anciens Crétois. Ce sont du moins les vieux indigènes de l'île : ils ont la beauté physique, l'intrépidité, le patriotisme indocile, en

Candie vue du côté de la terre.

général les qualités bonnes et mauvaises des anciens Grecs. Ils n'ont jamais été entièrement soumis; et en 1821, lors de l'insurrection grecque, ils chassèrent les Turcs de tout le couchant de l'île. Plus tard, le vice-roi d'Egypte, à qui Candie fut cédée, eut un compte à régler avec les Sphakiotes; mais des luttes sanglantes et inégales ont changé peu de chose à leur position première.

Nous n'avons pas à faire ici l'histoire de la Crète, histoire que tout le monde connaît et qu'ont popularisée les plus belles fictions de la Grèce. Cependant nous croyons intéressant d'en rappeler les faits principaux. Les plus anciens habitants de l'île passent, dans les traditions des Grecs, pour des émigrés de la Phrygie : ce sont les *Dactyles*, qui donnent au mont principal de leur nouvelle patrie le nom historique de l'*Ida* de la Troade, peuple de magiciens que remplacent les *Kourètes*, civilisateurs et agriculteurs ; leurs rois sont divinisés sous les noms de Saturne et de Jupiter (ou plus exactement *Kronos* et *Zeus*).

Après eux viennent les Hellènes, et un grand courant d'émigration s'établit entre l'île et le continent voisin ; la Crète se peuple au point de s'appeler bientôt

Hécantopoulis (aux cent villes). C'est à cette période qu'appartiennent Minos, Rhadamante et tout le cycle mythologique qui se rattache à eux. Minos II (1295 av. J.-C.) conquit pour un temps quelques cantons de la Grèce, ce qui supposait une marine ; et cette marine, en effet, prit une part importante à la guerre de Troie, sous Idoménée (1270). A la suite de quelques révolutions dynastiques, la Crète chassa ses rois et se constitua en république fédérative sous l'administration d'une diète de dix représentants cantonaux nommés *kosmoi*. L'île était gouvernée par les lois de Minos, qu'elle ne quitta qu'avec sa liberté. Cette constitution, qu'admira toute l'antiquité, dura *onze siècles* au moins.

Ce fut une ère de gloire inouïe pour la Crète : elle pouvait montrer avec orgueil à ses voisins ses grandes villes : Gortyne, Gnosse, Cydonia ; ses archers, les premiers du monde ; ses écoles, d'où sortirent Thalès de Gortyne, Dictys de Crète, l'historien, Ctésiphon et Métagènes, qui bâtirent le temple de Diane d'Ephèse.

Cela dura jusqu'à l'an 74 avant notre ère : à cette époque, les Romains, sous le prétexte vrai ou faux de la sécurité des mers, attaquèrent la Crète et s'en emparèrent après sept ans d'une lutte terrible. Gnosse reçut une colonie romaine. L'île fit partie de l'empire romain, puis de celui d'Orient, jusqu'à l'année 823, dans laquelle un petit chef arabe d'Espagne, El-Saled, après avoir navigué à l'aventure vers l'Orient, aborda dans la Crète, en chassa les *Roumis*, et bâtit un fort qu'il appela *El-Khandak* (le retranchement). C'est l'origine de la ville de Candie.

Cette ville grandit rapidement sous les trois dominations qui se succédèrent dans l'île : les Arabes, les Grecs, les Vénitiens, les Turcs, qui l'avaient menacée en 1645 et les années suivantes, revinrent en 1667, sous le fameux Kiupruli, qui débarqua quatre-vingt mille hommes devant la place, et commença les approches (14 mai).

La place était forte : défendue par sept bastions avec leurs accessoires et divers ouvrages avancés, elle avait une garnison de près de dix mille hommes, commandés par Morosini et secondés par une flotte vénitienne en croisière devant le port. Venise, alarmée, avait obtenue de toute l'Europe une coopération sans caractère officiel, mais qui donnait à cette guerre l'apparence d'une vraie croisade. L'Italie était représentée par le contingent papal ; la France, par l'élite de sa noblesse, alors inoccupée, et le chevaleresque La Feuillade ; l'Allemagne, par le comte Waldeck et trois régiments ; le génie, enfin, par Vauban lui-même et les meilleurs ingénieurs du temps.

Les Turcs, après avoir perdu beaucoup de monde à l'attaque du bastion Panigra, se découragèrent et se renfermèrent tout le reste de l'année 1667 dans un système de blocus rigoureux. En 1668, ils assaillirent le bastion Saint-André, qui devint la clef des opérations du siège ; cependant, ce point écrasé par une artillerie bien servie, tenait encore au printemps suivant. Ce fut alors que parut le fameux duc de Beaufort avec sept mille Français : ce renfort entra dans la place, et fit merveilles à une première sortie ; mais l'explosion d'un magasin à poudre jeta le désordre dans ses rangs, et il laissa sur place des centaines de morts et le duc de Beaufort lui-même. Navailles prit le commandement de ce corps désorganisé, et quitta brusquement le siège, exemple que suivirent beaucoup d'étrangers. Les Turcs eurent alors plus aisément raison des trois mille qui restaient : ils capitulèrent le 27 septembre 1669, et rendirent aux Ottomans la place et l'île entière : ils purent se retirer aux conditions les plus honorables, après deux ans et quatre mois de tranchée ouverte. Ce siège n'a d'équivalent que celui d'Ascalon, dans les temps antiques, pour la longueur, et celui d'Ostende, un demi-siècle auparavant, pour le sang répandu. La place, attaquée pendant vingt-cinq ans, à diverses reprises, avait coûté aux Turcs 118.754 hommes hors de combat et 30.985 aux Vénitiens. Il y avait eu 58 assauts, 96 sorties; 1.645 mines; la ville avait tiré environ 510.000 coups de canon.

Le célèbre labyrinthe de Crète avait été construit par un ordre du roi Minos, pour servir de prison au monstre Minotaure : c'était un édifice élevé sur le sol, à ciel ouvert, et dont le fameux Dédale avait tracé le plan d'après celui du labyrinthe qu'il avait vu en Egypte, près du lac Mœris : ainsi parle la tradition. Mais aucun auteur de l'antiquité ne rapporte avoir vu ce labyrinthe. Diodore et Pline déclarent que, de leur temps, on n'en découvrait aucune trace. Peut-être n'a-t-il jamais existé qu'en poésie; peut-être aussi, était-il en partie élevé au-dessus de la terre et en partie souterrain : dans cette dernière hypothèse, on comprendrait que la construction extérieure, plus ancienne que la guerre de Troie, eût entièrement disparu longtemps avant Diodore et Pline; mais le souterrain peut s'être conservé jusqu'à nos jours. L'auteur de l'*Etymologicum magnum*, et Eustathius dans son Commentaire sur le passage de l'Odyssée où Homère parle de « la belle Ariane, fille de Minos », supposent même que le labyrinthe de Crète n'était qu'une caverne. Or, il existe plusieurs cavernes à galeries profondes dans différentes parties de l'île de Crète. L'une d'elles surtout, creusée au pied du mont Ida, dans le voisinage de l'antique cité de Gortyne, répondrait assez bien à l'idée que l'on peut se faire du dédale où s'était engagé le fils d'Égée, et les Candiotes n'hésitent point à affirmer qu'il ne faut pas chercher ailleurs la prison du Minotaure. Notre célèbre botaniste Tournefort paraît être le premier voyageur moderne qui l'ait visitée. Il l'a décrite vers 1702, dans ses Lettres au ministre Pontchartrain, publiées sous le titre de *Voyage du Levant*. Depuis, le savant Cockerell en a donné une description plus complète, et y a joint deux dessins que nous reproduisons. Il raconte qu'après avoir visité près d'Agio-Deka les restes de Gortyne, entre autres les ruines d'un théâtre, il passa au pied d'une montagne qui forme l'une des bases du mont Ida, et arriva, dirigé par ses guides, devant l'entrée du labyrinthe, creusée sur le penchant d'une colline. « Cette entrée n'a, dit-il, rien de remarquable, et nous ne découvrîmes alentour aucun reste de construction. Il faut même ajouter que l'emplacement n'est guère de nature à permettre de supposer qu'un édifice considérable y ait jamais été élevé. L'ouverture, basse et encombrée de terre et de fragments de rocher, conduit par une pente à un double vestibule large d'environ 25 pieds et long de 45, et percé de quatre portes, dont une seulement donne accès à l'intérieur de l'excavation. Le souterrain est d'abord si bas et si peu élevé, et d'ailleurs si obstrué par les amas de pierres, qu'on ne peut y passer qu'en rampant. » Tournefort avait pensé que le peu de largeur et de hauteur de cette première galerie était une objection décisive contre l'hypothèse que la caverne eût jamais été une carrière. Mais Cockerell regarde comme probable que ce n'était là qu'un conduit secondaire servant peut-être à la ventilation, et qu'il devait y en avoir un autre plus large conduisant à la grande galerie. Des deux côtés de cette galerie sont des pierres taillées et rangées avec ordre; mais

sur le sol on ne voit aucune trace de roues. Une des suppositions qui se présentent le plus naturellement est que ces souterrains peuvent avoir été
des hypogées : Cockerell fit les recherches les plus actives, et ne découvrit pas le moindre indice d'une destination funéraire. En continuant à avancer,
il trouva de distance en distance, à droite et à gauche, des ouvertures ou des
commencements de galerie, mais où il était impossible d'avancer par suite de la
chute des voûtes ou des pierres que l'on y avait entassées. En beaucoup d'endroits, de fausses portes profondes, taillées exactement de la même manière,

Entrée d'un Labyrinthe de Crète.

semblent avoir eu, pour objet d'induire en erreur le voyageur en l'attirant, en le
forçant à tourner plusieurs fois sur lui-même, et en troublant ainsi tout plan
qu'il se serait formé pour revenir à la lumière. Arrivé dans la partie la plus
éloignée où il soit possible de pénétrer, Cockerell se trouva dans des salles analogues à celles que les Grecs appelaient *trapèzi*. Il y remarqua une petite source :
l'eau qui suintait du rocher formait comme une couche de champignons. A cette
exception près, il n'y avait dans les chambres aucune humidité. Leur plafond,
plus élevé que celui des conduits, est soutenu par des piliers en pierres. Un
coup de pistolet tiré dans l'obscurité fit envoler un si grand nombre de chauves-
souris, que toutes les torches faillirent être éteintes. Un Grec idiot qui avait
suivi Cockerell s'égara dans une des petites galeries transversales, et l'on fut
longtemps sans pouvoir le découvrir : on fut très étonné de le rencontrer dans
une chambre éloignée, où il était parvenu par un chemin qu'il fut dans l'impos-
sibilité de désigner. Cockerell, après avoir parcouru plusieurs galeries
sinueuses se retrouva devant le fil qu'à l'exemple de Thésée il avait laissé

traîner derrière lui depuis l'entrée ; il remonta la grande galerie, et, se dirigeant cette fois à gauche, il en visita plusieurs qui lui parurent ne pas avoir
été explorées par Tournefort. Enfin, il revint sur ses pas, et il revit le jour
avec satisfaction : il avait séjourné plus de quatre heures dans ce labyrinthe
ne s'y frayant souvent un chemin qu'avec une grande fatigue. Tout examen
fait, Cockerell conclut que cette caverne, voisine d'Agio-Deka et des ruines de
Gortys, est d'une antiquité très reculée ; qu'il est certain que l'on ne peut la parcourir sans danger si l'on ne se sert d'un fil pour s'y diriger ; que rien ne s'oppose à ce qu'elle ait été le théâtre des aventures de Thésée ; et qu'il est possible qu'à des époques moins reculées elle ait servi de carrière, ou de prison,
ou de refuge en temps de guerre pour les hommes ou pour leurs troupeaux et
leurs biens. Ajoutons que si Pausanias et Strabon prétendent que le labyrinthe
de Crète était situé à Cnossus, d'autres autorités de l'antiquité et du Moyen âge,
entre autres Catulle, Cédrénus et Eustathius, le placent à Gortys, et ce dernier
avis peut paraître confirmé par la tradition populaire, qui s'est perpétuée jusqu'à
nos jours.

Plan d'un Labyrinthe de l'Île de Crète.

FIN

TABLE DES MATIÈRES